全球化视野下高校创新人才培养探索

——中国海洋大学国际化战略推进实践

Innovative Talent Cultivation in Universities from the Perspective of Globalization

——The Implementation of Internationalization Strategy in Ocean University of China

宋文红　主编

中国海洋大学出版社

·青岛·

图书在版编目(CIP)数据

全球化视野下高校创新人才培养探索 / 宋文红主编.
—青岛:中国海洋大学出版社,2018.4
ISBN 978-7-5670-1746-7

Ⅰ.①全… Ⅱ.①宋… Ⅲ.①高等学校－人才培养－
研究－中国 Ⅳ.①G649.2

中国版本图书馆 CIP 数据核字(2018)第 059110 号

出版发行	中国海洋大学出版社			
社　　址	青岛市香港东路 23 号		邮政编码	266071
出 版 人	杨立敏			
网　　址	http://www.ouc-press.com			
电子信箱	1193406329@qq.com			
订购电话	0532—82032573(传真)			
责任编辑	孙宇菲		电　　话	0532—85902469
印　　制	青岛国彩印刷有限公司			
版　　次	2018 年 4 月第 1 版			
印　　次	2018 年 4 月第 1 次印刷			
成品尺寸	170 mm×230 mm			
印　　张	23		彩　　图	8 页
字　　数	430 千			
印　　数	1～1600			
定　　价	88.00 元			

发现印装质量问题,请致电0532-88194567,由印刷厂负责调换。

Global Ocean Summit: Marine Science, Technology and Sustainable Development

2014 Qingdao·China

　　2014年中国海洋大学建校90周年之际,70多位来自国内外顶尖海洋高等教育和科研机构的一流学者聚首青岛,参加海洋科学与技术国际学术研讨会之全球海洋峰会,探讨海洋科学与技术可持续发展之路,达成《未来海洋青岛共识》,倡导共建"和平之海、合作之海、和谐之海"。

中国海洋大学和东盟高校现场签约仪式
Signing Ceremony between Ocean University of
China and ASEAN Universities

签约　仪式
Signing　Ceremony

　　2017年4月,学校主办"中国-东盟水产教育网络校长论坛暨海洋与水产科技研讨会"。来自印度尼西亚、马来西亚、泰国、菲律宾、越南、柬埔寨、老挝、缅甸等东盟国家的20余所科教机构、国际组织和中国高校的120余位专家学者参加会议。本次会议聚焦"海上丝绸之路"水产科教合作和推进"一带一路"教育行动计划,以"共商、共建、共享,推动中国-东盟水产科教协同创新"为主题,交流学术,凝聚共识。

1

　　2017年11月,党委书记鞠传进率团分别访问了德国不来梅大学,英国东英吉利大学、利物浦大学,法国海洋开发研究院、西布列塔尼大学等高校和海洋研究机构,深化与相关学校的全面战略合作伙伴关系,推动中外合作办学与学生联合培养。图为鞠传进书记等与在英国东英吉利大学交流学习的海大学子合影。

　　2014年10月,中国海洋大学与美国伍兹霍尔海洋研究所(Woods Hole Oceanographic Institution,WHOI)共建国际合作联合实验室协议签署。中国海洋大学校长于志刚与美国WHOI所长Susan Kathryn Avery代表双方签订共建国际合作联合实验室协议。中国海洋大学副校长闫菊、中国科学院院士吴立新等出席签字仪式。

　　2017年11月,由中国海洋大学和泰国农业大学共同建立的"中泰海洋和水产中心"揭牌仪式在泰国曼谷举行。中国海洋大学校长于志刚、泰国农业大学校长Chongrak Wachrinrat、中国驻泰国大使馆曹周华领事出席揭牌仪式并讲话。泰国农业大学水产学院、食品研究所等教师和学生100多人参加了揭牌仪式。

　　2016年6月,国际儿童文学知名学者、作家青岛论剑。由中国海洋大学主办的"首届国际儿童文学论坛暨第三届中美儿童文学论坛"于青岛召开,包括2016年获得国际安徒生奖的作家曹文轩在内的60余位国内外知名学者、作家出席了本届论坛。中国海洋大学副校长李华军出席论坛开幕式并致辞。

　　2015 年 7 月，应巴哈马农业与海洋学院院长戈弗雷·埃尼斯（Godfrey Eneas）邀请，于志刚校长率团访问了巴哈马。访问团围绕着落实 2015 年 1 月巴哈马总理佩里·克里斯蒂（Perry Christie）访华期间学校与巴哈马农业与海洋学院达成的合作意向，进行了实地考察和深入交流。中国驻巴哈马大使苑桂森全程陪同代表团在巴哈马期间的访问活动。图为中国海洋大学代表团与巴哈马总理合影留念（前排左起：苑桂森大使、于志刚校长、克里斯蒂总理、埃尼斯院长、格雷部长）。

　　2016 年 9 月，津巴布韦信息广电部部长、总统奖学金执行董事克里斯托弗·池度缇·穆绍威先生率代表团访问我校。党委书记鞠传进、校长于志刚欢迎代表团的到来，双方参加了"津巴布韦来华留学生委托培养项目"开学典礼。

　　2015 年 8 月学校成功组织首期 OUC-UCLA（University of California, Los Angeles）教师发展研习营，推动教师及其教学学术发展。中国海洋大学副校长李巍然专程赴美参加了开营仪式，16 位分管教学的院长、副院长和主任参加了研习营。

　　2014 年度中国政府"友谊奖"颁奖典礼在北京人民大会堂隆重举行。学校聘请的比利时根特大学帕特里克·所阁罗斯（Patrick Sorgeloos）教授荣获中国政府"友谊奖"。图为国务院副总理马凯（右）向帕特里克·所阁罗斯教授颁奖。

　　2014 年 11 月，第四届国际生物分子设计大赛（International Bio-molecular Design Competition，BIOMOD）在哈佛大学举行。由学校医药学院、食品科学与工程学院、海洋生命学院和经济学院的 9 名本科生组成的代表队（Team SeaSon），在食品科学与工程学院梁兴国教授悉心指导下，首次参赛并一举夺得比赛金奖。

　　2017 年 11 月，在美国波士顿 Hynes 会议中心举办的国际基因工程机器大赛（International Genetically Engineered Machine Competition，iGEM）中，学校代表队 OUC-China 继 2016 年首次夺得世界金奖后再次斩获全球金奖，并从来自全球的 300 多支队伍中脱颖而出，首次获得 Best New Basic Part 提名奖。

序 言

　　非常高兴地得知,反映中国海洋大学推进国际合作交流实践和研究的成果——《全球化视野下高校创新人才培养探索》一书即将出版。看到一篇篇反映教授们推动大学面向世界培养具有国际视野的创新人才的故事,一篇篇反映国际知名学者到海大面向师生的报告和讲座文稿,一篇篇展望未来国际合作新的研究计划、开启新的教改与创新旅程的研究成果,不禁为海大人勇立国际化潮头,与世界著名大学、顶尖教授开展合作研究和人才培养所取得的成效而欢欣鼓舞。在此,我从开放办学和国际合作角度谈几点看法。

　　我们已经迈入 2018 年,改革开放的第 40 个年头。40 年前我国就开始把派遣留学生作为发展教育和科技的一项重大举措。今天,中国高等教育取得举世瞩目的成绩且呈现快速发展的趋势,都是得益于我们教育的对外开放。我国高等教育的规模已经是世界第一。中国教育的发展速度创造了中国速度和世界奇迹,国际影响力日益增大,也标志着中国大学发展处于一个新的阶段。

　　与高等教育规模发展相伴随的是,世界范围内的高等院校出现功能分化、分层分类、多样性发展的特征,形成复杂而多元的高等教育体系。研究型大学则是这个系统中代表国家最高水平的人才培养、科学研究、知识生产及社会服务能力,处在国际竞争和人才争夺的前列,引起全球的关注,成为世界各国教育发展的重点。德国、法国、日本、韩国、印度等国家都先后推出顶尖研究型大学重点支持计划,通过重点投入政策,提高重点大学的国际水准和竞争力。中国相继推出的"211 工程""985 工程""双一流"建设计划等建设方案,就是致力于建设一批能够代表国家竞争力的研究型大学。与高等教育强国的欧美一流大学相比,我国高等院校仍存在一定差距,通过国际交流合作,借鉴发展经验,创建"多元文化"的育人环境,是推进我国世界一流大学建设的重要手段和路径。以中外合作办学为例,截至 2018 年 1 月,我国批准设立的中外合作办学机构和项目已达 2626 家,涉及 34 个国家、1746 所高校(中方高校 785 所),覆盖 12 个学科门类 200 多个专业。合作办学在促进学科建设、推进教育体制机制创新方面发挥着积极作用,将对全球教育治理和规则制定产生积极影响、贡献中国方案和智慧。

我校自 2012 年开始实施国际化战略,2017 年学校进入国家"世界一流大学"建设行列,迎来了新的历史发展机遇期。作为学校三大战略之一的国际化战略也迎来新的历史起点。"推进国际交流合作"成为一流大学建设的五大改革任务之一,其内容包括:加强与世界一流大学和学术机构的实质性合作,将国外优质教育资源有效融合到教学科研全过程,开展高水平人才联合培养和科学联合攻关;加强国际协同创新,积极参与或牵头组织国际和区域性重大科学计划和科学工程;营造良好的国际化教学科研环境,增强对外籍优秀教师和高水平留学生的吸引力;积极参与国际教育规则制定、国际教育教学评估和认证,切实提高我国高等教育的国际竞争力和话语权,树立中国大学的良好品牌和形象。因此,作为特色显著的国家重点建设大学,我们一方面不断拓展和深化与欧美一流或知名科教机构在优势学科领域的密切合作,建设新的高层次国际合作平台;另一方面积极拓展与东盟等"海上丝绸之路"沿线国家涉海科教机构的合作,培养爱华友华的海洋人才,建立交流渠道,为教育走出去奠定基础,逐步推动和拓展全球海洋科教合作平台与网络建设。这些探索也取得了初步的成效,本书的内容就是很好的例证。

当前,国家和国家之间从相互联系走到了相互依存的命运共同体。全球高等教育面临着一些共同而突出的挑战,如全球变暖和频发的自然灾害、海洋环境恶化等,影响着人类生活的各个方面;文化的冲突、局部战争的阴影依然存在,各种不确定性问题非常突出,也必然影响全球教育的发展;新一轮科技革命和产业革命将颠覆社会组织方式、重构未来生活方式、引发未来社会的深刻变革,发达国家正在实施以网络技术、智能科技等应用为核心的制造业转型升级的"再工业化"战略,将进一步引发全球智力流动、世界范围内的人才争夺加剧和发展中国家的人才迁移和流失;老龄化社会对经济社会和健康、教育提出了新的要求;高等教育发展过程中的不公平、不平衡依然存在。大学教育改革千头万绪,但是万变不离其宗,不忘初心,回归大学教育本性,把育人作为根本才能把握住大学自身的命运。

让我们致敬这个伟大的变革时代,并以崭新的姿态和无畏的勇气,不断开拓教育国际合作交流、推动创新人才培养、共创高等教育未来!

李华

2018 年 2 月

目　录

附录

Table of Contents

Part Five

Part Six

Part Seven

Appendix

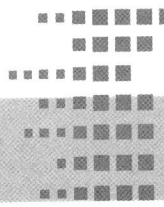

第一部分

PART ONE

我对"行远人"的期待

钱致榕*

摘要：本文是钱致榕在中国海洋大学行远书院成立和受聘时的讲话，分享了自己的人生经历和博雅教育理念，认为教育应当培养完整的"人"，要为学生的一生着想；今天的大学是为未来30～50年储备人才，应该把目标放长远；教育一定要从基础做起，让学生有宽广的文理兼备的基础，培养他们独立思考的能力，养成终生学习的能力，关怀人类未来的习惯。讲座还表达了办好行远书院、为中国高校通识教育改革与发展积累经验的期待。

关键词：中国海洋大学；人才培养；行远书院

于志刚校长，李巍然副校长，中国海大的诸位师长、诸位同学：大家好！

今天我要讲的是"我对'行远人'的期待"。今年是2015年，是改革开放后的第37年。有一件事情我记得非常清楚，那是在1979年，改革开放后的第二年，万里副总理带着安徽省一个代表团到美国去参访，临时拉我当翻译。当时有一位副省长同我说，他们出国每人每天的经费是27美元。参观马里兰州以后，在州外有一个月的参访，这位副省长担心参访、参观的经费是由马里兰州出，还是要安徽省代表自己出？假如自费的话，他们就只能到青年会三个人住一间房，即便这样，吃饭也是一个问题。这是当初中华人民共和国副总理出访时碰到的困难。我想，27美元在今天绝不是问题，甚至27万元都不能算大数目。所以，每当有朋友说差旅费不够的时候，我就想告诉他这个故事。国家变了，我们的意识

---

* 钱致榕，台湾大学物理系学士、美国耶鲁大学物理博士。现任台湾政治大学讲座教授、美国约翰·霍普金斯大学教授。曾任香港科技大学创校学术副校长，美国国家科学基金会高能物理计划主任，筹创南京大学—约翰斯·霍普金斯大学中美文化研究中心。除在大学从事物理科研教学工作之外，他重视教育理念及科技发展工作，曾40多年在大陆、台湾及香港地区，美国等地方推动教育改革，并在美国国家科学基金会主持高能物理的项目计划，从事各种科技政策顾问委员会工作。2009年始，受聘于台湾政治大学，为大学讲座教授及博雅书院总导师。2013年11月，受邀在中国海洋大学主办的"高校教师发展国际会议"和第三届本科教育教学讨论会上，做了"重新布局，培育未来人才"的报告，由此开始了与中国海洋大学的交往和酝酿建立书院的想法。2015年5月13日中国海洋大学行远书院正式成立，5月15日在聘任钱致榕为中国海洋大学顾问、特聘讲席教授、行远书院院长的仪式后，为中国海洋大学师生做了题为"我对行远人的期待"的"海外名师讲堂"报告。

也变了,所以我们当初说忍辱负重,现在已经谈到了中国的崛起,已经谈到 21 世纪是不是中国的世纪。

我一直认为人才决定未来。我们从历史中可以看出,有人才的国家一定兴盛,没有人才一定失败。所以,在春秋战国的时候,每个国家都担心贤人到邻国去。像秦孝公就认为,一些人跑到晋国、魏国去,对秦国是一个绝大的威胁。春秋战国如此,现在更是如此。所以,中国未来的崛起取决于我们培养的人才素质到底怎么样。我想今天我们的人才必须比 100 年前要强,比 50 年前要强。

我还记得,1980 年我刚刚到内地各个大学走动的时候,老师的工资是每月 57 元人民币。经过 30 多年的调整,今天的情况已经完全不一样。但是问题是,我们的工资增加了 100 倍,我们的成就、贡献是不是增加了 100 倍?生活水平提高了那么多,我们对人类的贡献是不是也提高了那么多?我们做出来的贡献都要取决于未来的人才,而在现代社会里,人才主要由大学培养,拔尖的人才是由拔尖的学校培养出来的。所以我认为,任何一个社会,拔尖的学校都有一个特别使命——必须培养出能够为社会解决未来问题的人才。

我们再回头讲国家崛起的问题。其实中国不是崛起,而应该是开始复兴。我们今天总体经济力量相当大,超过了日本,我觉得这一点也不奇怪。我们的经济力量 200 多年前就比美国大。两三百年前,中国的经济力量占世界 GDP 总量的 1/4 到 1/3,十几个世纪以来一直如此。一直到 19 世纪末,我们的经济才开始下滑。美国的兴起是在 19 世纪末到 20 世纪中期,经过两次世界大战,异军突起。可即使如此,也不过五六十年,便已开始走下坡路了,并不长久。中国想要再度兴起,可以兴起多久?是再显耀一时,还是可以长治久安?是否可以为世界和平带来更大的贡献?我想这些值得我们反思一下。

我的学生在跟我交流时说:老师,我们非常惶恐,非常焦虑。您有什么建议吗?说老实话,我也非常惶恐,非常焦虑。其中很大一部分原因是全球性的问题。我们担心全球变暖的问题,担心能源的问题。我还记得 1974 年我们碰到第一个能源危机,那个时候美国发誓在十年之内实现能源独立,现在 40 多年过去了也并没有独立,大家的能源消耗却越来越大。问题在哪里?我觉得问题就是,目前全世界的发展很多方面受资本主义掌控,而资本主义的制度是消费经济,鼓励大家消费。东西要越造越多,才能越卖越多;卖得多就必须大家花得多,花得多就要消耗天然资源,消耗能源。所以每年假如消费以 4% 或 6% 增长,十几年后,资源的消耗就会加倍,这是必然的结果。40 年来,西方一直想解决这个问题,却一直解决不了。想要真正解决这个问题,就得把消费压下来。可是消费一压下来,经济就会不景气。当经济不景气的时候,美国就大量印美元,现在已经印了十兆美元,可经济还是没有抢救过来。其他国家没有印美元的权力,所以就要承担美元贬值的后果。要解决这些问题,必须站在全新的角度看待它们。在资本主义和自由主义之下所发展起来的繁荣已经走到了死胡同,要退出这个死胡同,必须有一个基本观念的改变。比如说,我们不再鼓励消费。记得我小时候,母亲常讲的一句话叫"作孽"。不起床睡懒觉是"作孽",饭没吃完就丢掉是"作孽",钱乱花是"作孽",能够帮人却不帮是"作孽"。一开始不懂这是什么意思,后来念了《礼运·大同》才晓得。"货恶其弃于地也,不必藏于己。力恶其不出于身也,不必为己。"就是说,能做的事不做就是"作孽",可以节约却不节约东西就是"作孽"。这个心态是西方完全没有的。假如从今天开始大家拒绝"作孽",我们地球的问题、资源的问题,就可能解决。地球是个封闭系统,我们的资源是有限的,所有排上去的东西一定会掉下来。这是一个生生不息、循环不断的系统,我们要永续发展,必须爱惜有限的资源,爱惜空气、爱惜水资源。到今天我们还是做不到这些,原因就是我们要发展经济,大家要多消费,在这种情况下资源不可能节省,全球变暖也就不可避免。

资本主义有一个很大的缺点就是它的眼光不超过三个月。美国商学院训练出来的管理人才,所注意的就是这一个季度的利润是多少,只要利润超过了华尔街的预测,公司股票就会上涨,股票一上涨,董事会给经理的分红一定大量增加。在西方文明下成长,逃不出这个框框,但中国有中国的文化背景,我们可以跳出这个框框。要实现长治久安,怎么能够实现王道而不是霸道,这在中国固有文化里面或许可以找到一些解答。我们必须对自己的固有文化有一个全盘的检讨。如果我们不知道自己的固有文化,我们凭什么说我们是中国人,我们凭什么谈中国文化? 我今天不是在说所有中国文化都该保留,一个文化发展了五千年,一定有好的、有坏的,文化的精髓可以继承;不能满足社会时代需要的,必须要摈弃。这些工作谁来做? 只有我们知识分子可以做得到。可是今天我们很多知识分子所担心的,是怎样开发现代资源,怎么样使我们的国家更富,考虑的都是短期的利益,都是急功近利的。最可悲的是,最近一二十年里面,我们一流的大学,也开始走急功近利的道路,大家都把注意力集中到论文发表的篇数上了。每三个月要报告,每两个月要写文章。真正的学术气质、著作常常需要一二十年的累积,真正值得做的题目都是很大气的,有时候要一辈子才解决的,不是一两个月就解决得了的。我认为这种急功近利的风气是相当要不得的。所以到中国海洋大学以后,同校领导谈人才培育,我非常感动,这需要很大的勇气。我们的任务是培养人才,培养能够解决未来问题的人才。

下面就要讲到,我们怎么样能够解决问题。第一个就是解决什么问题,再就是解决什么时候的问题,是解决今天的问题,还是解决昨天的问题。假如我们要培养人才以解决今天的问题,我们可以按 20 年前、30 年前办大学的方法去做。

但问题是,在座的同学们,你们今天大概 18 岁、20 多岁,等你们真正能够报效国家的时候,已经是若干年以后的事情了。二三十年以后的中国有什么问题需要你们解决,有人知道吗? 不知道。这个社会越变越快,我们对未来的预言几乎都是失败的。讲得更确切一点,20 年以后你凭什么东西作为看家本领,是否有人愿意雇你,让你衣食温饱不愁,也不知道。因为 20 年后哪个行业热门,无从得知。

最近这 50 年,人类社会发生了很大的变化:第一,人类的寿命越来越长了,你们将来活得一定比今天的人长。我记得新中国成立的时候,中国的平均寿命不到 40 岁,目前大家的平均寿命都已经快到 80 岁了。假如活到 80 岁到 90 岁,时间怎么花? 精力怎么花? 钱哪里来? 这是完全不同的一个世界。同学们,你们不能看你们的老师们怎么做,你们的老师们多半一毕业就当教师,等到退休的时候还是教授,这件事情在你们身上不会发生。作为一个年轻人,现在 20 岁,你要预期至少活到 80 岁,不到 70 岁不敢退休,你们得估计你们的职业生涯是 50 年,你不可能在 50 多岁就退休了。

第二个重要的事实是,今天的社会经济变化非常之快。在美国,人们大概每 4~5 年,就要改行一次。中国虽然有社会主义特色,或者可以慢一点,但是 5~6 年大概也得改行一次。这个不是你的原因,是经济结构变了。当你的行业消失的时候,自然人家都要跳槽,去做其他事情了。也就是说你,一生里面大概要改行 10 次。在 22 岁的时候可以找到第一份工作,27 岁的时候第二份工作怎么找? 32 岁的时候第三个工作怎么保证? 如果我们认为 22 岁的年轻人找不到工作很难过的话,那么到 52 岁找不到工作是个绝对的悲剧。52 岁的时候,上有老下有小,突然失业是不得了的事情。这就是未来的经济结构,这也是机遇。从前一个年轻人做得好好的就不干了,一定被骂没出息,可将来这是个常态。在中国我们今天还强调学以致用,学的东西必须在专业领域找到工作,找不到工作一定是老师出了问题,学校出了问题,自己出了问题。其实仔细分析一下,学非所用很早就已经是个常态了,绝大部分人的专业和自己的工作没有直接的关系。我们学物理、在美国教授物理,物理系毕业的学生真正在搞物理行业的不到 1/4,即使博士毕业,三年之内也很少再继续搞物理了,都是在搞其他行业。但是同学们需要了解到,学物理是一个很好的长期职业基础训练,可以帮助学生面对未来未知的需要,我想每一个行业都必须从这个角度着眼。

今天海大乃至国外的课程设置、教学方法,基本上跟二三十年前没有太大的变化。一般的老师还在用黑板,有的老师比较现代化,有的开始用白板,有的老师用多媒体,但基本上还是老师讲,学生听;老师考试,学生答;考完两周之后,80% 都忘光。课程由老师一门门地教,学生则是一门门地忘。一看学分都不得了——惊人的学分。在中国毕业的时候 140～160 个学分是常有的事,这在美国是非常非常少的。国外最好的学校,是不准学生一个学期选择超过 15 个学分的。原因是每教一堂课,学校要求老师布置两三个小时的作业,这个作业包括课前的预习和课后的复习,写报告等,多的得三个小时。也就是说,我假如选了 15 个学分,上课要花掉 15 个小时,做作业要花掉 30～45 个小时,所以学分选得太多的话,学生就没有时间做作业。凡是真正认真教书的老师们一定懂得,学生不来上课是学不到东西的;来上课假如不做作业、不预习、不复习的话也是学不到东西的。照理说这种学生就不应该及格。而事实是,学生只要参加大考,基本上都可以及格,我们考的东西,跟学生学到多少完全脱节。我们整天在考核,考核老师的教学大纲正不正确,有没有上完,方法对不对,却很少问到学生到底学到什么东西。

假设认真的话,必须要从学生的需求开始思考,思考我们开什么课,可以帮助学生未来 50 年不断地自学、不断地找到新工作、不断地保持自己和社会发展不脱节。另一方面,我们的教法必须要鼓励学生。我们没有办法预测 20 年后需要什么知识,因为那时候的知识如今还在想象中,所以唯一的办法只有给同学打基础,训练他们自学的能力,培养他们自学的习惯,让他们毕业以后,有能力也有习惯继续不断自学 50 年,不断吸收新的知识,所以他永远在知识的前沿,永远为社会所需,不用去担心失业的问题,社会上的问题也会被适当地解决。我想这大概是大部分学校都做不到的。更让人伤心的一点是,很多老师不太关心这个问题。因为大家更关心发表论文的篇数而非人才的素质。所以中国海洋大学决心要办行远书院,我是非常佩服的。这是一个细水长流、百年树人的计划,我们希望从根开始,从一群愿意好好学、愿意为未来奋斗的学生做起,开"大口径"、不会轻易落伍的课,培养他们自学的技能,通常这种叫博雅教育。我给博雅教育重新定义:其目的是给学生一个非常广博的知识、非常开阔的胸襟和非常宏观的视野。知识、胸襟、视野这三个必须配合起来。为什么视野这么重要?因为视野奠定了格局,格局决定了未来。"雅"主要是一种非常认真的态度。有一个认真的态度,注意实践的能力,达到一个非常高雅的品格、高雅的标准。品位是最重要的一件事情,这个品位不是时尚,不是拿着一个名牌包包,穿着两件名牌衣服就是品位。那只是暴发户、是最低的品位。真正的品位是发自内心、由内而外的,是由非常深层的文化基础所透出来的。今天教你们怎么穿衣服就好像教你怎么去挤牙膏,里面没有牙膏就拼命挤一通。真正的品位应该是牙膏装得满满的,它自然就流出来了,你晓得这里面装的是自己的价值。我想这是博雅教育的真正意义。

我对"行远人"的希望就是他们能够有一个非常广博的知识,不可能把未来

50 年的知识都学到，因为大部分的知识今天还没有研发出来。我想对大家来说，至少应该有一个基础知识，对人文科学、人类文明的来龙去脉有大致的了解。假如没有这个能力，没有这些知识，我们今天就要叫这些人"现代文盲"。理科方面，必须要用理科的知识对一些社会问题做量化的思维。有一个很有名的物理学家叫费米，他曾经说过，任何一个受过适当教育的知识分子，对社会上任何一个相关问题都应该有能力估计到误差不超过 2～3 倍。假如说每个县长、每个局长、每个部长、每个省长对大部分问题都能估计到误差不超出两三倍的话，他所定下的政策就不会出大乱子。今天有的同学说我是学文的，我不懂数字，就糊弄过去了，对很多问题，都缺少一个量化思维。假如有人没有基本的理科知识、不能有量化思维的话，他就是理盲，就无法应付 21 世纪的需要。我希望"行远人"既不做文盲，也不做理盲。

面对 21 世纪，大家必须体验到，这是一个跟 20 世纪完全不一样的世纪。所以你们怎样面对未来，可能跟上一辈会非常不一样。要告诉你们的父母亲，不用帮你们的忙。你们假如失业的话，让你们自己去奋斗；假如说随时回家，妈妈继续给你洗衣服，继续给你烧饭，你一辈子很难成才。也就是说，第一，你要坚持"你的生命你来决定"。第二，必须坚持"你的决定你负责"。这样的话，当你做国家大事的时候，你才真正能够负责。所以我们在政大（台湾政治大学）办博雅书院的时候，有一点非常坚持，就是绝大部分事情都让学生去办，给他们充分犯错的机会。比如，一般学校男女学生住在不同的楼，考虑了很久以后，我们决定把男女学生都放在同一栋楼里。父母非常担心他们闯祸，而我就是要给他们闯祸的机会。在这种情况下大家可以不闯祸，才表示真正成功。你整天管得紧紧地，他们从来都不闯祸，并不表示学生成功了。我想今天的年轻人要坚持一点：你的生命你自己决定。父母亲一定要给孩子一个成长的环境，让他们自己决定念什么系，考什么大学，要不要结婚，什么时候结婚，生不生孩子。尽量让孩子自己决定，而不是父母亲决定。我想这种事情要从经济独立开始，父母亲要尽量鼓励孩子经济独立。不过这点讲起来容易，做起来实在困难。父母亲答应了，爷爷奶奶姥爷姥姥不答应，这事情又麻烦了。有时爱得不得法，就把人才毁了。

今天我要恭喜"行远人"，你们的机会真是不容易。我们家从前是七个小孩，每次东西一定是不够吃的，所以，菜从来没有剩下这回事。今天你们是"三千宠爱集一身"，六个大人宠一个孩子，把你们宠得天昏地暗。你们的机会也的确是相当多。从前出国，刚到美国我很不容易拿到奖学金，一年 2700 美金，1700 块交学费，剩下的 1000 块钱分作十个月给我。暑假不给钱，我们需要自己打工，一个月 100 美金，我要把 50 块钱寄回台湾，帮助养家，供应弟弟妹妹，还有 50 美金付我的房租，吃饭、买书的钱也全都包含在里面，拼拼凑凑也就如此生活过来了。

十年前有个同学说他的学生来美国留学,我拿着旧锅碗旧家具去帮他安顿。一到那儿我发现门口停着一辆全新的汽车,比我的新得多,我就问:"这汽车怎么来的?"他说:"爸爸给我买的。"于是我就静悄悄把我的旧家当拖回家去了。不用想,那个同学非常非常的不幸,他失去了一个奋斗的机会,失去了一个到餐馆打工的机会,他失去了一个真正了解美国社会的机会。到了美国之后,还是依靠父母亲生活,不是一件好事。我希望"行远人",今天的同学们能够抓住这个机会。

在台湾政治大学,我常常问学生:"你们为什么来政大?"一半的学生都会讲:"因为我没有考取台大。"再问:"你为什么念这个系?"答:"因为我没考取某某系,所以就念了财政系。"每个人都好像有无穷的无奈。然而我们最缺乏的是什么?人生最重要的一件事是什么?人生不如意的事十有八九,成败就在已有机会的基础之上,在你能否把得到的机会充分发展起来。也许第一志愿可能不是你现在的系,不过比一下全中国其他近千万的考生,你幸运多了,你机会多得不得了,你是天之骄子,要抓住这个机会好好做。你可能说:"老师,我对这个专业不感兴趣。"我说没有关系,你就好好学到点东西,反正五年之后你得改行的。所以今天你念哪个专业跟将来一辈子做什么事情其实没有那么大的关系,因为你要不断改行。但是有一点,知识能力都是累积的,今天你在学校学到真本事,毕业的时候找到的第一份工作就会好很多。即使你的工作不是你的专业,也没啥关系。如果第一份工作好好做,就会学到很多东西,为自己赢得声誉,于是大家知道你是可信的,知道你是可以解决问题、有实践能力的。如此,再找第二份工作自然就容易了。人生的成就是一点一点小的成功累积起来的。常听你们讲,比尔·盖茨能够冒险,他一下就不念哈佛了,然后就开办了 Microsoft,这是一个美丽的神话,也是个谎言,实际上完全不是如此。他的母亲是 IBM 的董事,那时,他跟 IBM 说他已经有一个操作系统可以操作 PC,IBM 不相信,但同意给他六个月的时间和一定的资金支持他的开发。当他拿到合同的时候,他找了一个同学,没有辍学,而是休学一个学期,并且在那个学期做了出来。开发完成后再给 IBM,再一步一步发展起来。人生都是一步一步走过的。他的成功,一方面是他有他的创见,他愿意投入地去做;另一方面是因为他有机会,他的母亲是这个公司的董事。不过他的母亲也只帮他一件事,开了一个门,给他一个小合同。现在的神话越来越多,我不喜欢把很多创业的人完全神化,因为这会让人忘掉真正要成功是靠很多的努力,靠很多的判断,靠很多的选择。今天年轻人常常有一个很大的苦恼——选择太多。比如说,我想参加这个行远书院,可是我另外还有个机会,你能不能把行远书院变一下,我可以两个都参加。天下很少有事情可以那么好。选这个还是选那个,其实没什么关系。所以我希望中国海大的学生能够扎扎实实学一些东西。专业必须学,这是生存之道。一些基础课通识课也要好好地学,因为这些课很可能在 20 年、30 年以后还有用途。

有一个问题，你的梦想是什么？这是跟 20 世纪不一样的。我们那时候有梦想，在小学时候我的梦想很简单——做飞将军，为什么做飞将军？飞上去把它打下来。每天跑警报，跑得很烦，就想做飞将军上去把所有日本鬼子的飞机打下来，这样就不用跑警报了。那时选择非常少，梦想也很简单。反而到今天，我发现一半以上的同学没有梦想。原因可能就是他从生下来那天开始，父母亲就逼着他，告诉他最重要的事情就是考取大学，其他事儿都别想。考取大学以后，却突然不知道该做什么了。我想是因为同学们太胆小。你们今天有机会决定自己的梦想是很难得的一件事，我们老一代常常没有机会去决定自己的方向。这大概是同样幸运的一件事，因为我从来没有彷徨过。那时候觉得非出国不可，因为国内既没有工作，也没有研究所可以念，所以虽然我一文不名，还是硬了头皮闯到国外去了。

今天，即使你们不做事，爸爸妈妈还可以再养你们好几年，我们那时候没有这个优势。希望你们可以把这个优势真正变成优势，而不是劣势。要好好地思考，思考"我的梦想是什么"，然后探讨一下"什么叫理想"，弄清我究竟需要什么东西，然后一步一步有计划地往前走。常常一个值得实现的计划、理想不是一天两天，甚至十年二十年可以达到的，它需要很长的时间，所以一定要一步步有计划地做下去，不断获得知识、能力。比如在当今，团队精神就非常重要，团队合作最重要的是沟通。当你要沟通的时候就要有能力解释自己的想法，其实这只是一大步。在沟通之前，更主要的一点是我们能够聆听，能够听对方讲什么。今天很多人到 50 岁还不能听对方讲什么。很多婚姻上的怨言，也都是这么出来的。要互相能够聆听，聆听以后产生自己的想法，能够解释给对方，这才是真正的沟通。假如能力差，从今天开始，从这个讲座起，就要开始锻炼了。还有什么其他东西需要改进的，就要开始把它列出来。照理说，沟通的能力是从小磨炼出来的，可是今天不是。为什么不是？从前有七个兄弟姐妹，要做任何一件事情，我得说服其他六个，都不服的话，那肯定没有希望；今天你们大多都是独子，很多事情都是别人帮你们决定帮你们安排的，这是很大的不幸。所以在博雅书院里面我做两件事：一是要求同学想一下他到底想做什么事情，为了做这件事情，他需要什么样的知识，需要选什么课，一步步规划下去；二是分析他需要什么样的能力，比如说沟通的能力。还要了解自己的能力，比如说，你到底要什么，这是最难的一件事情。当男女朋友烦恼的时候，主要原因是不知道自己要什么，不知道我要什么样的女孩子，女孩子也不知道要什么样的男孩子。希腊人 3000 年前就开始问，我是谁？我从哪里来？我到哪里去？在中国文化里，我们不太问这个问题，原因在于都觉得天经地义。我是谁，我是爸爸的儿子、妈妈的儿子，所以这个定位是完全靠家庭关系。你们和你们父母亲的关系,和我们当年是完全不一样的。现在也没有君臣关系可言,所以你们身处一个新的时代,新的价值观、新的文化,都需要在你们的手里慢慢创立起来。这个机会是不得了的,责任也是非常大的。我们这一代,只有尽量把自己的经验跟你们分享,不过究竟如何走,还是靠你们自己。

这个月中国海大决定要办一个行远书院。通过这个书院,做一系列的试验:教学应该怎么改革,教材应该怎么建设,各式各样的东西开始做起来。这些东西都是向所有有兴趣、愿意好好学的学生开放的,不管是哪个专业。进入书院的学生还是原有专业的学生,书院只是帮你们训练基本功,帮你们了解自己是谁,帮你想将来做什么,帮你们了解世界文明的来龙去脉,了解一下社会科学是怎么回事,了解一下理性思维是怎么回事。我希望每一个中国海大的同学,对自己都开始有一个觉醒,有一个要求。我常常听说中国海洋大学要发展海洋文化,到底什么是海洋文化?这是很难定义的一件事情。我想,可能就是我们要了解海洋,知道要怎么样面对它,要怎么样保护它。这个可能比目前大家对海洋关心的范围稍微广一点。一般讲海洋,就是利用各式各样的资源,而忽略掉了对整体的了解和怎么样保护整个大片的海洋。我们知道,如果把海洋毁掉的话,3/4 的地表就毁掉了,后果不堪设想。中国海洋大学有这么多的学院——并且有一个特别的结构,就是基础学科和应用学科在同一个院里面——通过这个可以发展出一个非常特别的优势,就是让基础学科和应用学科非常强地结合在一起。在一般大学里面,比如说,物理要跟土木工程结合,物理在理学院,土木工程在工学院,是很难的一件事情。在一个学院里面,有基础学科,也有应用学科的话,未尝不是一件好事,主要是看我们怎么样去运用。不过,我希望海大的年轻学子们,能够拥有自己的未来。你的未来是你的,你必须得决定,也只有你能够决定。

更重要的是,要抓住目前的机会。此外,大家一定要抱着感恩的心情。我每天在教课的时候都非常感恩。一是花这么多钱建一个一流大学,让我们参与工作;二是我学的都是人类近十个世纪累积起来的知识,我可以站在巨人的肩膀上看得更远。这些都是非常值得感恩的事情。假设我们抱着一个感恩的心情,能够充分利用我们已有的机会,并且永远面向未来,就会了解未来会在我们的手里,了解未来社会将会碰到什么样的问题,了解是否存在更好的解决方案。我相信我们中国海大的学生将来对社会一定有更大的贡献!

大学全球化的存续和国际合作研究的未来

庞中英 *

摘要：全球化是当今世界大学的主流生存、发展之道。本文认为，国际化（全球化）也是中国大学走向"世界一流"的基本路径和核心指标。我国改革开放已经 40 周年，在中国从全球战略的高度全力支持全球化存续的情况下，力争"双一流"的我国高校的全球化要坚定不移地进行下去。为了进一步促进大学的全球化，需要采取有效和独特的措施加强国际合作研究。

关键词：全球化；国际合作研究；一流大学

一、全球化仍然是世界大学的主流生存、发展之道

大学全球化（过去亦称大学国际化）是过去 30 多年总体的全球化的重要组成部分。我们看到，在过去 30 多年，发展最快的大学是最为全球化的大学。我曾经学习过的英国华威大学（University of Warwick）就是这样一所依靠全球化在过去 20 多年在欧洲和全球脱颖而出的顶尖学府。2000 年 12 月 14 日，时任英国首相布莱尔和美国总统克林顿联袂在这所大学"推销"他们的全球化政策。① 这所大学建有欧洲最大的全球化与地区化研究中心（可惜这一中心在英国退欧后将失去来自欧盟的资金支持）。我也曾经是首个在该中心的来自中国

---

* 庞中英，南开大学经济学学士、北京师范大学经济学硕士、英国华威大学政治学与国际研究文科硕士、北京大学国际政治学专业博士。现任中国海洋大学"繁荣社会科学工程"特聘教授兼（教育部人文社科重点研究基地）海洋发展研究院院长、浙江师范大学钱江学者国际政治学专业特聘教授、澳门科技大学社会与文化研究所特聘（客座）教授，长期从事世界经济、国际关系、外交和国际区域（欧洲、非洲、太平洋等）的比较研究。曾在清华大学、南开大学、中国人民大学、中山大学等任教，讲授国际关系学专业核心课程。曾为新西兰惠灵顿维多利亚大学战略研究中心博士后研究员、英国华威大学全球化与地区化研究中心（CSGR）访问研究员、美国布鲁金斯学会客座高级研究员、新加坡国立大学东亚研究所和南洋理工大学拉惹勒南国际问题研究院（RSIS）高级访问研究员、德国歌德大学跨学科东亚研究中心访问教授、法兰克福和平研究院（PRIF/HSFK）《21 世纪的大国协调》国际合作项目主要研究员。曾任（外交部直属的）中国国际问题研究院高级研究员、中国驻印度尼西亚大使馆政治处秘书。

① 布莱尔和克林顿在华威大学，https://warwick.ac.uk/services/library/mrc/explorefurther/filmvideo/blairandclinton/.

的访问研究员(2002—2003)。①

目前,全球化(globalization)在全球范围内遭遇到巨大的阻力,在一些国家(如美国)、一些地区(如欧洲),全球化成为被攻击的对象,"反全球化"(anti-globalization)或者"去全球化"(deglobalization)引人注目、令人担心。

不可视而不见"反全球化"或者"去全球化"。大学的全球化将受到"去全球化"的深入影响。比如,在美国,特朗普政府的移民政策不利于留学生,最终结果是美国大学的全球化放慢。从这个角度看,中国的大学全球化生不逢时。但是,中国大学也有好运气。这就是,在全球化陷入危机的情况下,与欧美一些国家的"去全球化"政策不同,中国采取了支持全球化的国家政策。中国大学要用好用足中国支持全球化的政策。

总体地,与欧美领先大学比较,中国大学的国际化还处在初期阶段,全球化是中国大学走向"世界一流"的基本路径和核心指标,尽管全球范围内全球化陷入低潮,中国大学也要继续走向全球。中国大学的全球化应该是中国支持全球化的政策的最重要的一部分。现在是到了中国大学以各种方式"走出去",追求"以我为主"(中国作为全球化的主要驱动力)的全球化的时候了。

二、追求有效的国际合作研究

高校的国际合作研究是高校全球化的主要内容之一。为了促进中国高校尤其是中国海洋大学的全球化,这里我提几点建议。

第一,调整大学全球化战略。高校应该充分利用中国政府发起的"一带一路"等国际倡议,以"一带一路"为主,调整大学全球化战略。中国有条件的高校应该在广义的亚洲、非洲、太平洋地区、拉美,以及欧洲等地发展。高校可以选择自己有(比较)优势的学科,组建新的有(比较)优势的学科(应该是跨学科、多学科),进入国际学科竞争,在竞争中打造一流学科。中国海洋大学可以一流的优势海洋科学为基础,结合社会科学,率先实现这个学科群的全球化发展。

第二,注重高校全球化中的微观力量。研究力量的真正中坚是年富力强的在国内外已经学有建树的教授和学者。一个国家的财富,无论是"硬"的资产,还是"软"的财产(如科学、教育、文化、制度等),有相当一部分是广义上说的"民间"。所谓"藏富于民",知识也在"民间"。同样,一所大学,知识生产和知识再生产,除了学校在各个层面组织的各种方式的集体行动(例如满足国家重大需求的重大项目),在相当程度上,是靠一个个具体的学者。2018 年是中国改革开放 40 周年。回顾和总结改革开放的成功经验,重要的一条就是解放和发展了当时被

① https://warwick.ac.uk/fac/soc/pais/research/researchcentres/csgr/.

邓小平赞扬的"第一生产力"的科学技术。这里讲的科学技术是包括社会科学的。科学技术指的不是已经物化的东西,而是一个个鲜活、动态的科学技术追求。

在这里,我举个例子来说明,大学的全球化,在微观层次上,是在大学工作的一个个研究者的全球化。大学的全球化离不开研究者的全球化。我作为高校教师,在过去的 20 年,参加了一些重要的国际研究合作。从 2011—2015 年受邀参加德国法兰克福和平研究院原院长穆勒(Harald Muller)主持的一个重大国际合作研究项目"21 世纪的大国协调——为后跨大西洋时代而促进大国多边主义"(A Twenty-First Century Concert of Powers——Promoting Great Power Multilateralism for the Post-Transatlantic Era)。穆勒是德国著名国际关系学者,他退休前长期担任德国法兰克福大学(歌德大学)国际关系学教授(1999—2016),在该校培养出一批杰出的年轻国际关系学者。他长期作为德国代表团成员,参与关于核武器不扩散条约评估的联合国大会(Nuclear Non-proliferation Treaty Review Conferences)。他曾是欧洲不扩散核武器集团的副主席(the EU Consortium for Non-proliferation),也担任过联合国秘书长的裁军事务顾问(1999—2005),以及国际原子能机构(IAEA)的顾问专家。穆勒教授担任主持人的这个项目是欧洲三大著名的私人基金会(the European foundations Compagnia di San Paolo in Turin, Italy; Riksbankens Jubileumsfond in Stockholm, Sweden; Volkswagen Stiftung in Hanover, Germany)设立的《欧洲与全球挑战》十大项目中的一个。该项目的目的是进行跨国的多学科的研究(transnational and transdisciplinary research)。为此,穆勒教授利用其全球学术联系网络,邀请了一批著名国际关系学者,包括法国巴黎索邦大学的 Bertrand Badie、在新加坡国立大学任教的印度人 Kanti Bajpai、俄罗斯科学院的 Alexander Nikitin、英国牛津大学的 Andrew Hurrell、美国乔治城大学的 Charles Kupchan、瑞士日内瓦大学 Matthias Schulz,我本人(中国国际关系学者),以及穆勒的法兰克福研究院的数位同事(包括著名俄罗斯问题专家 Hans-Joachim Spanger 等)为"主要研究员"。他要求这些研究人员与其所带的一个博士生或者博士后组成十人左右的具体研究团队(相当于中国的"子课题")。这个国际研究小组组成后,每年举行一次为期三天的年会和专题讨论会,一共举行了五次。经过五年的研究,我们完成了两份成果:第一个成果是一份政策报告《21 世纪的大国协调》。① 这份报告执笔人是现任法兰克福大学国际关系助理教授

---

① https://www.hsfk.de/fileadmin/HSFK/hsfk_downloads/PolicyPaper_ATwenty FirstCentury ConcertofPowers.pdf.

Carsten Rauch 博士。在课题进行期间，Carsten Rauch 正在法兰克福大学在穆勒指导下做他的博士论文，课题开始不久，他于 2013 年在法兰克福大学获得了政治学博士学位。另一位协助穆勒工作的是做中东问题的青年研究员 Daniel Müller，他在课题开始后成了法兰克福大学的国际关系学的博士生。第二个成果是一本论文集。这是我们的主要学术成果，英国罗特里奇出版社于 2018 年正式出版的《大国多边主义与预防战争：争论 21 世纪的大国协调》(*Great Power Multilateralism and the Prevention of War Debating a 21st Century Concert of Powers*)一书共有 16 章。① 我和南京大学政治学专业的一位学者承担第 12 章。这是目前国际上关于大国协调最新的研究。这两个成果出版后，分别在欧洲(包括欧盟)外交政策界和世界范围的国际关系理论界受到密集关注(引用)。

类似这样的结出重要成果的重要国际研究合作，在过去 20 年，我参加了许多个，涉及联合国维护和平、中非关系、亚太地区经济合作、全球治理、软实力等议题。每次参加都促进了我自己的全球化②，也为我在中国的所在学校的研究(知识)全球化做出一定的贡献。

要促进诸如中国海洋大学等国家重点高校的国际研究合作，就要重视学校一个个在职学者，把他们每个人的"国际化"情况，尤其是把他们已经建立起来的具有前途的国际研究合作搞清楚。我们过去往往重视学校、学院层面安排的官方学术交流与国际合作。这当然是主渠道，今后仍然是主渠道。但是，我们不应忽视一个个具体的学者以学校的学术身份事实上形成的尚未充分纳入学校规划、统筹的各种国际研究活动。我的观察是：中国已经是"全球的中国"(Global China)，我们已经是全球化世界的一部分。这样的在个体层面上的国际研究活动以各种形式、不同程度的开展实际上是大量的。这些活动如果与学校有组织的国际学术活动充分结合起来，"官民结合""计划与市场结合"，学校的国际学术交流与国际学术合作将大放异彩。

第三，学校的国际研究合作应该围绕"下一代"(the next generations)进行。这里说的"下一代"指的是新生代，是一个"群"或者"复数"的概念，包括两大群体，青年学者(不管他们的人事关系情况)和青年学生，他们是中心和主力。一个学校在国内和国际上的地位，主要靠学校的"下一代"。所以，学校要高度重视青年学者的学术活动(包括他们的国际学术交流)与学生的国际学习过程(在世界

---

① https：// www. routledge. com/Great-Power-Multilateralism-and-the-Prevention-of-War-Debating-a-21st/Muller-Rauch/p/book/9781138634435.

② 见香港《镜报》月刊(记者：木子南)：《庞中英：遍历百国的全球学者》，2017 年 6 月号，http：// www. themirror. com. cn/article_x. asp？ id＝1712.

上的学习）。中国海洋大学的一些重要的学术工作，完全可以让处在人生最具有活力的阶段的"下一代"进行。比如，一些国际性的学术论坛和学术期刊，甚至可以汲取国际一流大学的经验，以青年教师和学生为主，即让青年学者和青年学生办理这些事情。国际上如剑桥大学的《剑桥国际评论》或者伦敦政经学院的国际关系研究学报《千年》等都是国际顶级学术期刊，而这些期刊的主编和编辑并非专职的学者，而是正在攻读学位的学生。

学校各个学科要拿出一个名单：在全球范围内，尤其是在有关学科上国际领先的国家和大学，到底谁是本学科领域目前被看好、被认为具有潜力的"下一代"学者？我们要熟悉这样的学术前沿，要对他们进行排名。然后与这些新生代学者尽可能地建立有效联系，吸引获得美国、欧洲等有关奖学金（如富布莱特、罗德）的优秀青年学者（学生）来中国海大做研究。几年以后，这些现在被看好的青年学者可能就是未来领先的全球知名的人才。在这些外国学者申请诸如美国富布莱特奖学金时，中国海大的学者即可给他们支持、愿意接受他们来中国海大工作。中国海大要为青年国际学者来学校访问提供必要的良好工作条件和生活环境。

除了国家在学校的各种国际奖学金，中国海大要设立更多的自己独特的、具有国际竞争力的国际交流奖学金，鼓励国际上的领军学者和有前途的学生申请。

第四，我们可以尝试做一个在国内和国际上有影响的大事排名。这样的排名将大大促进学校的知名度。如上海交通大学等搞的成功的世界大学排名，大大提升了大学自身的国际知名度。学校可以通过组织一个具有充分代表性、权威性的排名委员会以及秘书处，开展有关的排名工作。例如，我们可以评审和发布全球海洋科学（广义）年度十件大事（按照联合国教科文组织的定义，海洋科学包括社会科学）。再就是搞一个全球海洋治理年度十件大事（比如，2017年的全球海洋治理大事之一就是首届联合国海洋大会的举行）。中国搞一个全球经济中的海洋经济发展指数，这个指数搞出来了，就会清楚中国的海洋经济在全球经济（全球价值链）中的地位。

第五，必须高度重视中美海洋合作。中美关系目前处在重大的转折点上。美国是世界上最大的海洋国家，也是最强的海洋国家，中国则正在从海洋大国走向海洋强国。两国未来冲突的主要领域之一正是海洋。防止中美在海洋领域的冲突，推进中美在海洋领域的合作应该是建设面向未来长期和平与合作的中美关系的关键。在这方面，中国海洋大学可以大有作为。哈佛大学原肯尼迪政府管理学院院长、"软实力"（soft power）理论的创始人约瑟夫·奈（Joseph Nye）最近指出：（美中）两国都"希望避免冲突，可增加两国相互吸引力的交流计划对双方都有好处。而在气候变化等跨国问题上，两国都可以从合作中受益，软实力可以帮助建立信任,并创造出使这种合作成为可能的网络。"①中国海洋大学是中国在海洋科学领域公认的最好大学与智库,是中国的在海洋领域的具体"软实力"。中国海洋大学要加强与美国在海洋领域的交流与合作,在预防和治理中美海洋领域的冲突方面发挥作用。为此,我们可以考虑建立中美海洋合作网络。

第六,要在全球海洋治理的研究上争取领先地位。党的十八大(2012)以来,全球治理已经成为中国外交政策中的最优先日程。党的十九大(2017)确定今后的中国外交的中心指导思想是构建"人类命运共同体"。海洋是决定人类命运的最关键领域。在全球海洋治理的研究上,中国海洋大学在已经得到批准的《双一流方案》中多次提到"全球海洋治理"。以海洋发展研究院为主要平台,应把全球海洋治理作为战略性的面向未来的综合学科(对全球海洋治理的研究,绝不仅是"文科"的任务,而且是整个海洋科学的任务)。国际学术交流与国际学术合作要促进对全球海洋治理的研究,使中国海洋大学在全球海洋治理研究方面成为不仅是中国国内,也是国际上的一个学术重镇。我们(不仅是中国海大海洋发展研究院,我们希望学校内的有关机构,以及在青岛的海洋国家实验室等)计划与国内一些领先的智库,如中国现代国际关系研究院、国观智库、上海社会科学院等联合发起"全球海洋治理论坛",这一论坛希望从一开始就是国际化的,即不仅有国内智库的参加,也应有足够的全球参与。这一论坛是综合性的,不仅是定期或者不定期举行研讨会或者讲座,而是要成为我国在构建"蓝色伙伴关系"方面的一个学术机制。这一机制希望通过争取中央海权办、外交部、教育部、国家发改委、国家海洋局等部委的支持来建立。我们的这个论坛也是中国开展全球海洋治理方面的公共外交的平台。我们也希望学校重视海内外引智,引进一些国际上著名的全球治理和全球海洋治理学者来学校讲学、开设课程,以及联合培养青年学者和研究生。第一届全球海洋治理的建议主题可以是"发展与治理的协调:在推动全球海洋发展的同时加强全球海洋治理"。

三、结语

客观地判断,目前在世界局部地区发生的局部(结构)意义上的"去全球化"当然影响很大。全球化的方向、构成和主体正在因此发生重大改变。我们必须清醒地意识到,全球化将是更新了、创新了的全球化,而不再是过时的全球化。当今世界大学的主流生存、发展之道仍然是也将继续是全球化。世界排名的超一流大学和世界一流大学没有一所不是依靠全球化得以发展的。中国大学的未

---

① Joseph Nye. China's Soft and Sharp Power[J]. Project Syndicate:The World Opinion Page,2018(4).

来也要依靠全球化。但这里讲的全球化，不是旧的，而是新的。本文认为，全球化是中国大学走向"世界一流"的基本路径和核心指标。但是，中国大学的全球化不可能简单复制西方大学全球化的模式，而是在实践中（"走向一流"）走出自己的具有可持续性的新的全球化道路。我国改革开放已经 40 周年。我国执政党和政府从"人类命运共同体"的高度深化改革开放，竭力支持全球化的继续。高校"双一流"要通过全球化实现。我国高校的全球化要在党和国家的正确领导下，坚定不移地进行下去。大政方针决定了，接下来就是如何实现高校全球化的问题了。为了实现我国高校全球化，有效而独特的国际合作研究至为重要。

美国"以学生为中心"的本科教学改革研究：课程设计与方法

赵炬明 * ■

摘要：本文围绕"以学生为中心"的课程设计，首先介绍了布鲁姆认知模型。该模型把学习分为六类，这提示教师在课程设计时要注意全面布局、合理设计，使各类学习彼此照应，均衡发展，既要注意低阶学习，也要注意高阶学习。然后介绍了 ADDIE 模型、课程矩阵编制和反向设计法。这些模型、程序和方法显示了如何把"以学生为中心"的原则贯穿到课程设计中去，并通过课程设计来改变传统课堂教学模式。最后介绍了积极学习和合作学习方法。

关键词：美国大学；以学生为中心；本科教学改革；课程设计

  自 1950 年以来，学术界对大脑（脑科学与神经科学）、学生（青春期大学生发展研究）、认知（认知心理学与认知神经科学）、学习（学习心理学和学习科学）进行了大量的研究，为"以学生为中心"（Student Center，简称 SC）的本科教学改革奠定了科学基础。根据完形心理学和皮亚杰认知发展理论，认知不是主客体两分、主体不断逼近客体的过程，而是人脑建构认知图景、认知图景不断改变的过程，即认知模型论。按照布鲁姆教育目标分类系统，传统的教学模式处在理解和记住的低阶学习阶段，并未能发挥学生认知潜力。此后，尤其是 20 世纪 70 年代美国进入知识经济时代，SC 本科教学改革在美国一些高校才逐渐推行开来。直至信息化时代，SC 本科教学改革才真正得以实现。自 SC 作为教学范式被广泛接受以来，美国高校教师和大学教学研究者，围绕 SC 改革进行了大量的实践与

  * 赵炬明，华中科技大学物理学学士、哲学硕士，加拿大麦吉尔大学高等教育管理与政策研究博士。现任华中科技大学教育科学研究院教授、博士生导师，院校发展研究中心副主任、院校研究所所长；中国院校研究专业委员会副会长兼秘书长，美国院校研究会会员。清华大学韦伦讲座特聘教授（2009—2010）、同济大学、华南理工大学等高校兼职教授。广东白云学院、西安欧亚学院等董事。教育部本科教学评估专家，参加过清华大学、浙江大学、中山大学、电子科技大学、南京大学和同济大学等十余所"985 工程"高校的首轮本科教学评估及第二轮本科教学审核评估。从事院校研究、美国高等教育、高等教育政策研究，主要研究领域为中美高校战略与管理比较研究、中美高等教育比较研究、以学生为中心的本科教学改革研究等。受邀十余次到中国海洋大学演讲，并针对将赴美国加州大学洛杉矶参加暑期教学研习的教师做校内系列培训，分别介绍了美国"以学生为中心"本科教学改革（SC 改革）的概念和历史、科学基础、美国大学最佳教学实践研究。本文是讲座的部分内容。

研究,创造了很多新的模式和方法,积累了丰富的知识和经验,也有很多深刻教训。本文对这些实践和方法作初步梳理和分析。

一、布鲁姆认知模型

布鲁姆(Benjamin Bloom,1913—1999)是美国著名教育心理学家。1956 年他领导的团队研究了各种学习与教育目标的关系,提出了一个教育目标分类系统(Taxonomy of Educational Objectives)。这个系统被称为布鲁姆教育目标分类法或布鲁姆分类法(Bloom Taxonomy)。在这个系统中,按认知发展水平,学习被分为六类:知识(knowledge)、理解(comprehension)、应用(application)、分析(analysis)、综合(synthesis)和评估(evaluation)。认为学习要以知识为基础,然后进入认知技能学习。或者说,高阶学习要以低阶学习为基础,低阶学习要向高阶学习发展。这个模型反映的是人类认知与学习发展的阶段性。

这是首个根据认知发展水平对各种学习进行分类的系统研究。它澄清了各类学习与认知发展的关系,为课程与教学设计提供了指南。该模型一经提出就获得好评,产生了广泛影响,被认为是 20 世纪以来对课程论有显著影响的著作之一。[①] 该书后来被翻译成 20 多种文字,包括中文,对世界各国的课程教学研究都产生了很大影响。

2001 年,一批认知心理学家和课程教学专家,根据后来的学术进展,重新修订了布鲁姆分类法,把六类学习分别改为:记住(remember)、理解(understand)、应用(apply)、分析(analyze)、评价(evaluate)、创造(create)。这个修订有两点值得注意,一是增加了"创造",创造作为一类高级思维能力被突显出来;二是把名词改为动词,以体现"学习是活动"的现代认知心理学思想。[②]图 1 是根据修订版做的一个示意图。

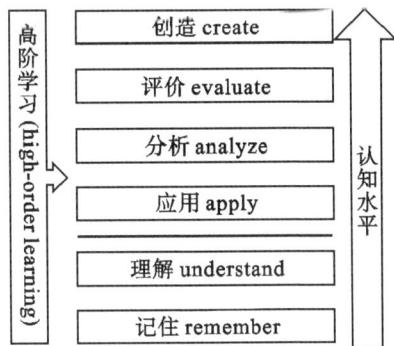

图 1　布鲁姆认知分类模型(2001 版)

这个模型对课程设计有两个重要意义。第一是区别了六类不同学习,分别培养不同水平的认知能力。传统课堂的主要弊端是使学习主要集中于低阶学习,忽视了高阶学习,因此不利于学生高阶学习能力的培养,学生心智也不能得

---

① Shane H G. Significant Writings that have Influenced the Curriculum:1906—1981[J]. Phi Delta Kappan,1981(63):311-14.

② 安德森等.布卢姆教育目标分类学(修订版)[M].北京:外语教学与研究出版社,2011.

到全面发展。这不仅影响学生,还影响社会未来发展!

第二是高阶学习要以低阶学习为基础,低阶学习要向高阶学习发展。因此在课程设计中,教师要全面布局,使各类学习彼此照应、均衡发展,既不要只有低阶学习而忽视高阶学习,也不要只有高阶学习而忽视低阶学习。这把课程设计提到了空前重要的地位。课程教学需要设计,并以此促进学生心智发展。

按布鲁姆模型设计各类学习任务时,既要结合专业特点,又要符合学生实际,脱离专业和学生实际都是不可取的。教师在课程设计时要做到两个"心中有数"。一是对这门课要帮助学生建立什么样的认知模型,要做到心中有数。然后才能进行设计,选择适当的教学材料和教学方法,并以合理的方式组织起来。二是对学生在学习中会有什么困难、需要什么帮助,要做到心中有数,然后才能有针对性地设计出适当的方法来帮助学生有效学习。或如维果斯基所说,要为学生搭建"脚手架",帮助他们完成学习与发展任务。

二、课程设计

在 SC 改革中美国大学创造了数十种课程理论和设计方法,但在实践中广泛使用的方法包括三个部分:ADDIE 课程模型、课程设计矩阵和反向设计法。

ADDIE 模型是根据系统论提出来的一个课程设计模型。它把整个课程教学过程分为五个阶段:①分析(analysis)。分析课程的要求、目的、对象、环境等。②设计(design)。设计课程教学大纲。③发展(development)。根据大纲准备教学材料,把大纲发展成具体的教学计划,建立与学生的联系。④实施(implementation)。按教学计划实施教学。⑤评价(evaluation)。对教学效果进行评价。然后不断迭代。ADDIE 是这五个阶段的英文缩写。在这个模型中,整个课程教学过程被看成一个封闭循环的过程。另一种看法是,评估不应只在最后阶段,而应贯穿所有环节,以显示过程控制的思想。因此评价环节应在中心位置,分别连接其他四个环节(图 2)。

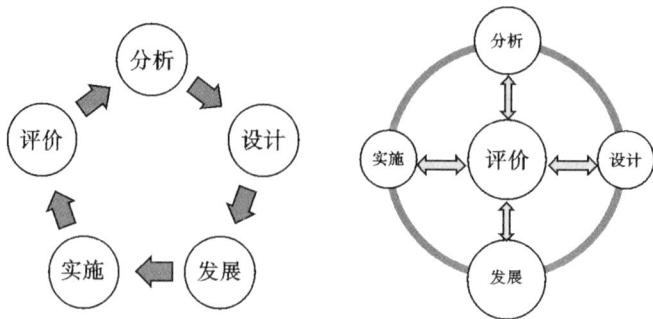

图 2　ADDIE 模型

如果去掉分析与实施环节,专门考虑课程设计环节,ADDIE 模型则可被简化为课程三角形(图 3)。三角形的三个顶端分别为:①学习目标,包括一般目标(goals)和具体目标(objective);②教学活动,包括教师活动(教法)和学生活动(学法);③效果反馈与评价,包括老师获得的反馈和老师给学生的反馈与评价。三者之间也构成一个闭环。

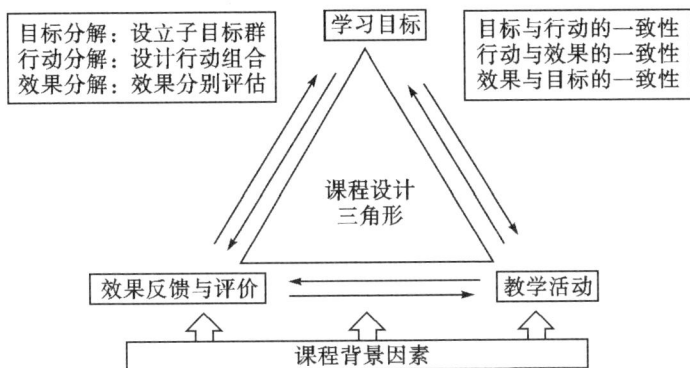

图 3　课程设计三角形①

关于课程设计三角形有几点需要说明:第一是一般目标(goal)和具体目标(objective)的区别。前者是一般陈述,后者是具体活动。也就是说,当要求学生学会某种知识或能力时,一定要要求他们能做出来,用行动表现出来。因此具体目标一定用动词来表述。表 1 是对布鲁姆认知模型中六类学习的解释和相应的动词举例。"具体目标必须用动词"这个要求反映的是"学习是行动,通过行动学习"的原则。因此教师在设计具体目标时,一定要思考,让学生做什么活动才能确保他们能学到相应的知识和能力。教师还要设想,用什么方式才能检验学生是否学到了这个知识和能力。这是学习效果评价(outcome assessment)。还要设想,学生做这个活动需要什么条件? 在哪里做最好? 这两个问题是教学技术与环境问题。还有,学生做这个活动会有什么困难,应该如何帮助学生,为他们克服学习困难提供脚手架。

一旦强调"学习是行动,通过行动学习",整个课程设计都将发生根本变化。不能用"老师在教室里讲教材"的方式教学了,而是要让学生"动"起来,在思考和活动中学习,处于主动学习状态。这样,教学的重点就不再是"教"而是"学",教

---

① 此图根据下列文献整合而成。Kumiko Haas,Instructional Activities,UCLA 教学发展中心;Dee Fink,Create a Significant Learning Experiences (2nd edit.),Jossey-Bass Publish,2013:70.

学也不再是教师的独角戏,而是要根据学科知识特点和学生学习特点,系统设计目标、活动和评价,并使三者达成一致。学生也不再仅被动听讲,而是要完成一系列规定活动,通过这些活动学习。教师还要根据学生的活动来判断学生是否真正"学到"了。总之,行动学习,在行动中学习,是 SC 课程设计的重要特征。学习是活动,活动获得经验,经验改变大脑,这是 SC 课程设计背后的科学原理。

表 1　布鲁姆认知模型六种能力的含义和例词

学习	定义	例词
创造	产生新的/原创性作品	设计、组装、构建、发展、形成等
评价	评价立场或评价决定	鉴定、辩护、争辩、判断、选择、支持、评价、批判
分析	在不同思想间建立联系	区别、组织、联系、相似、相异、检验、质疑
应用	把已知信息用到新的情境	实施、执行、应用、解决、展示、解释
理解	解释思想和概念	分类、描述、讨论、解读、认定、报告、选择、翻译
记住	回忆与复述事实和概念	回忆、重复、复述、罗列、定义

来源:Vanderbilt University Center for Teaching 网站

　　第二是在活动设计时要区别教法和学法,以学法为主。[①]　在课程设计中教师要把重点放在"学法"设计上。教师要考虑让学生做什么活动,才能使学生掌握所学知识和能力。如何知道学生学会了呢?一个简明的分级测量模式是:如果做到"三会"——会说、会做、会教,就学到了;如果没做到,就还存在问题。

　　把重点放在学法上是 SC 课程设计的关键,也是与传统教学模式的主要差别。正是在这一点上,显示出两种教学模式的根本差别。

　　设计好"学法"后,就可以设计"教法"了。教法设计的思路是,如果学生这样学,他会有什么困难?我如何为学生提供脚手架,帮助他们克服困难。因此,教法的关键不是教,而是帮助学生克服困难,有效学习。教法设计的原则是,凡是学生能自己学的一律不教;凡是学生自己学习有困难的要提供脚手架;学习任务要适当,要能把学生从舒适区带到发展区,但别送进恐怖区。

　　如果在某个环节教师必须讲授才能帮助学生克服困难,那就应当采取讲授法。也就是说,SC 改革不排斥讲授法,主要看其是否使用得当,是否促进学生有

---

　　①　在多数课程矩阵设计教材中都不分学法和教法,而统称为"教学法"(instruction),因此形成四栏矩阵。但霍普金斯大学怀特工程学院建议,应该区别学法和教法,而且应先设计学法,再设计教法。这是为了体现"为学而教"的原则。我认为这非常合理,故本文中采用这个模式。https://ep.jhu.edu/faculty/learning-roadmap-for-new-online-instructors/course-design-fundamentals.

效学习。凡能帮助学生有效学习的方法都是好方法。

第三是具体目标、学法、教法、效果评价四者之间要保持一致（alignment）。教学活动要能达到目标，效果评价要能提供达成目标的证据。保持四者一致是确保高质量设计的关键。然而文献与实践都表明，要达成这个一致并非易事，需要反复实践、多次迭代才能逐步完善。

从以上三点可以看出，课程设计在 SC 改革中至关重要。美国经验表明，如果不进行专门培训，完全依靠教师自己摸索，是很难做好这个环节的。因此普及性教师培训是有效推进 SC 改革的必要条件！

具体如何操作呢？美国大学总结出来的一个方法是编制课程矩阵。如果把课程设计三角形打开，就变成了一个矩阵（表2）。

表 2　课程矩阵示例

一般目标 Goals	具体目标 Objectives	教法 Teaching methods	学法 Learning methods	反馈/评价 Assessment
A	描述	T1	L1	O1
A	分解	T2	L2	O2
A	鉴定	T3	L3	O3
B	确定	T4	L4	O4
B	计算	T5	L5	O5
B	组装	T6	L6	O6
C	检验	T7	L7	O7
C	讨论	T8	L8	O8
D	撰写	T9	L9	O9
D	演示	T10	L10	O10

从表2可以看出，课程矩阵横向分五列，分别为：一般目标、具体目标、教法、学法、反馈/评价。纵向按时间顺序，罗列各个教学要点。这样一来，课程设计过程就变成了填表过程。在每一格里填写设计好的内容，完成课程矩阵。课程矩阵就相像我们的课程教学计划书，它全面展现了所有教学安排和教学活动。

虽然课程矩阵和课程教学计划书两者在功能上相同，但其编制哲学和编制方法却大不相同。首先看编制方法。在编制课程教学计划书时，我们会习惯地从左向右填写。先一般目标，然后具体目标、教法、学法、作业或考试。但在编制课程矩阵时,填写顺序应该反过来。在具体目标决定之后,先设计评价方法,再设计学法,最后设计教法,即根据一般目标设计具体目标,根据具体目标设计评价方法,再根据具体目标和评估设计学法,最后根据目标、评价、学法来设计教法,这就是著名的"反向设计法"(backward design)。① 图 4 和图 5 显示了这种设计的逻辑和流程。

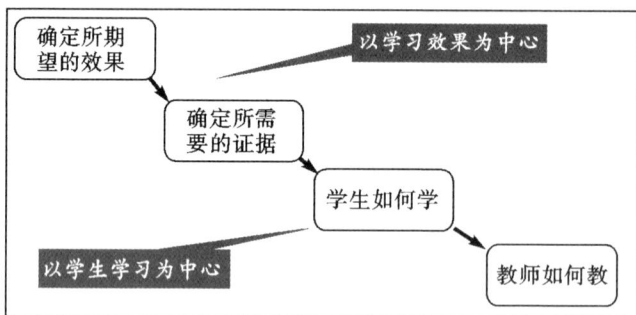

图 4 反向设计法

反向课程矩阵设计				
一般目标	具体目标	教师教法	学生学法	反馈与评价
5	1	4	3	2
一般目标	具体知识与能力/所需要效果	老师如何教才能让学生达到预期效果?	学生如何学才能达到预期效果?	可接受的证据

步骤:
1. 确定具体目标,确定培养什么知识与能力
2. 设计考察与考核题目与考核方式,确保其可以提供所需效果的证据
3. 设计学生学法,凡能让学生自学的一律不教
4. 设计教师教法,如何帮助学生学习
5. 最后确定一般目标的措辞

图 5 反向课程矩阵设计

图 4 显示了反向设计是如何把"以学生学习为中心"和"以学习效果为中心"

---

① G. Wiggins & J. McTighe, Backward Design. In A. Kalish & H. Bandeen,(2010, edit.), Teaching and Learning in the College Classroom, 3rd edition, Learning Solution. 此图根据学法教法分开的原则做了适当调整,说明部分为后加。

的原则贯穿到课程设计中去的。图5在制订步骤中特别指出,"凡学生能自己学习的一律不教",这是要把学习机会尽可能留给学生,培养学生的学习能力。培养学生自学能力是SC改革中特别重要的一点,只有学生学会学习了,他们才能获得了长久发展的能力。因此,教师千万不要剥夺学生的学习机会!课程教法设计时,教师要始终考虑的是如何帮助学生学习,如何为学生学习提供组织、引导、帮助和脚手架(包括必要的讲授)。这两条加起来就是维果斯基的最近发展区理论。

以上是美国大学总结出来的SC课程设计理论、原则、模式、程序与方法。从这个课程设计模型中可以看到,美国是如何借助课程设计这个关键环节来贯穿"以学生为中心"和"以学习效果为中心"原则,以及如何通过课程设计来推动课堂教学模式转型。这个模型的科学基础是,"学习是活动,活动产生经验,经验改变大脑"。反向课程矩阵法把这个原理清楚地表现出来了。这个SC课程设计模型是SC实践与方法的关键。借助这个课程设计模型,可以把课程与教学的其他方面,如教学内容、方法、活动、技术、环境、评价等要素组织起来,使之成为一体。

这个模式还有四个优点:①逻辑清晰。以具体目标为单位,逐行设计。每一行代表一组设计。逻辑清晰,针对性强。②易于调整和修改。当课程需要调整和修改时,只要该需要改变部分即可,不必大动,除非推倒重来。③易于使用多媒体材料。当用Excel表格做课程矩阵时,可以方便连接各类电子文档如文本、图片、视频、网站等,最后形成一个综合电子文档。这种文档调整修改都很方便。④易于分享。由于是电子文档,很容易分享,尤其是邀请他人提意见时会很方便。由于以上这些优点,这个模型在美国大学中被广泛使用,是大学课程设计的主要模型之一。

从布鲁姆教育认知模型到ADDIE模型,从课程矩阵到反向设计法,从课程设计模式到其所依赖的科学原理,所有种种都显示了认知科学、学习科学、教育科学对SC课程教学设计的深刻影响。而且,要求教师在课程矩阵编制过程中,要尽可能把科学原理和方法贯穿其中。尽管编制中也需要教师的经验与智慧,但它在原则上是基于科学,因此我把这部分内容称为"受科学研究影响而形成的实践与方法"。

有了课程设计平台,就可以嵌入内容、方法、评价等要素了。下面讨论教学方法设计。

三、教学法设计①

过去30多年的SC改革如同一场革命,促使美国高校创造了成百上千的新教学法,而信息革命爆发更进一步引发了大学教学方法创新。尽管方法很多,但这些方法大体可以归为五类:以真实为基础类、积极学习类、合作学习类、元认知类、E学习类,以及兼有各类方法特点的混合类方法。

以真实为基础类方法主要是指受生活与职业发展影响而产生的一类方法,今后将具体介绍这类方法。积极学习类方法是旨在激发学生主动学习的方法,涉及动机与情绪。合作学习类方法是利用人的社会性来促进学习。元认知类方法指通过自我反思来提高学生对自己学习活动的认识和管理,要点是"学会学习"。这在认知科学部分已有介绍,故不赘述。E学习类方法留待环境与技术部分介绍。故本文主要介绍积极学习类方法和合作学习类方法,并讨论相关的教学法设计问题。

1. 积极学习类方法

动机与情绪影响学习,因此创造条件激发学生积极动机与情绪,使学生可以主动持久地学习。在"科学基础"部分我已经指出,即内容的有用性、学习的真实性、任务的挑战性、环境的社会性、过程的互动性等,都可以促使学生积极学习和主动学习。因此,有用性、真实性、挑战性、社会性、互动性,是积极学习类方法的要点。也就是说,如果教学中做到了这五条,大概不会有学生"不爱学习"。从这个意义上讲,"学生不爱学"和课程设计有关。也就是说,教师要考虑自己的课程教学设计是否存在问题,是否抑制了学生的学习积极性,而不要把责任简单地甩给学生。此外,大脑奖励"学会"而非"学习"。因此,在教学中确保学生"学会",也是激发学生主动学习和积极学习的关键。这些是积极学习教学法设计的要点。

密西根大学教师发展中心的尼尔(Neal)和格鲁夫(Pinder-Grover),按方法的复杂性和耗时长短,把常用的积极学习方法整理成一个连续谱(图6)。

---

① 英文中关于教学有三个词:teaching, learning, instruction。本文中,teaching 指教的行为,learning 指学的行为,teaching and learning 指教与学,instruction 指整个教学活动。相比之下,中文缺一个词,因此会出现语义混淆问题。这里对应的英文是"design of teaching and learning"。如果包括课程要素,则为"instructional design"或"design of instruction"。

积极学习策略　Active Learning Strategies

复杂 Complex
经验学习实地访问
Experiential Learning (site visits)
Forum Theater
论坛/剧场
拼图讨论 Jigsaw Discussion
Inquiry Learning
探究式学习
角色扮演 Role playing
Active Review Sessions (Games or Simulations)
游戏/仿真
互动讲座 Interactive Lecture
Hands-on Technology 实用动手技术
案例研究 Case Studies
Brainstorming 头脑风暴
小组评价 Groups Evaluations
Peer Review 同伴互审
非正式小组 Informal Groups
Triad Groups 三人组
大组讨论 Large Group Discussion
Think-Pair-Share 思考/结对/分享
Writing (Minute Paper)
Self-assessment 自我评价
小作文
Simple
简单
Pause for reflection 暂停/反思

This is a spectrum of some active learning activities arranged by complexity and classroom time commitment. Prepared by Chris O'Neal and Tershia Pinder-Grover, Center for Research on Learning and Teaching, University of Michigan

图 6　积极学习策略连续谱

（来源：转引自加州大学洛杉矶教学发展中心培训材料。中文为笔者翻译）

这张图有三点启示：一是整体观。作者把各种积极学习策略看成一个整体，然后根据复杂程度和资源消耗水平整理成连续谱。教师可以根据各自的不同情况选用。这种把一类方法看成一个整体的思路揭示了各种方法之间的相关性，这不仅有助于拓宽视野，还便于老师选择。

二是成本观。任何方法都要成本，尤其是课堂耗时。从技术复杂性和可靠性角度看，越是复杂的技术成本越高，可靠性越差；越是简单的技术成本越低，可靠性越高。因此在等效条件下，应当尽可能选择简单技术，我把这称为"技术简单性原则"。

根据这个原则，在教学技术选择上应当反对"炫技"。所谓炫技指技术选择时不是根据效果和成本，而是根据技术特效或时尚。SC改革中炫技现象非常普遍。每当有某种新技术出现时，都会出现大量炫技现象，中外均如此。炫技有两个危害，一是炫技会分散学生的学习注意力，结果不是促进而是妨碍学习；二是技术特效和时尚通常意味着高成本，会消耗掉本应用来改进学生学习的资金。例如目前我国一些高校花很多钱搞所谓"智慧教室"，使这类教室出现了不必要的奢华。事实上SC教室不必非常高科技，也不必花很多钱（图7）。简言之，炫技在原则上违背了SC精神，因此应当坚决反对！

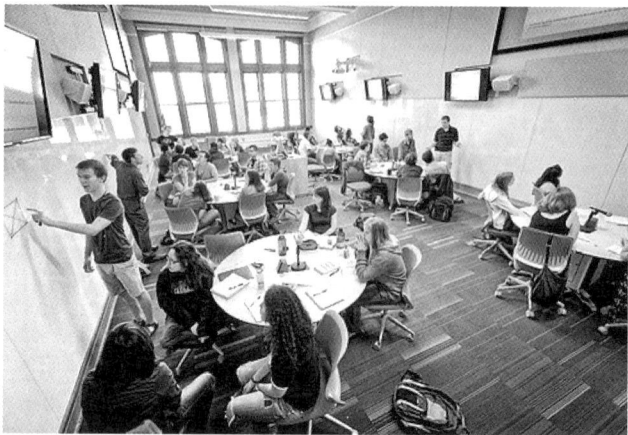

图 7 美国 Carleton College 的教室

（来源：该校网站，2010 年）

三是掌握科学原理。虽然所有积极学习策略都旨在激发学生学习的主动性和积极性，但不同策略的着力点不同。有的是重在内容的有用性，有的是着眼学习的挑战性，有的突出环境和对象，有的利用学习的社会性和互动性，有的强调任务难度适中，有的采用多因素多重激励。因此，用什么方法能最大限度调动学生积极性，这与学科的内容、学生的状况、学习环境与条件等因素有关，不可一概而论。但有一点是共同的，即需要认真思考和巧妙设计。根据什么思考呢？根据各种策略背后的科学原理。对各种策略背后的科学原理了解得越清楚，越容易设计出有效的教学法，也越会不为表面效果所迷惑！

除了图 6 中显示的方法外，还有很多其他积极学习类方法，在此不一一举例说明。这里要说明的是，尽管方法很多，但其原理一样。积极学习涉及人的动机与情感。利用内容的有用性、学习的真实性、任务的挑战性、环境的社会性、过程的互动性，并确保学会，就能激发学生学习的积极性和主动性。因此，凡具有这些特点的方法，都可归为积极学习类方法。

2. 合作学习方法

受"积极学习策略图谱"启发，我把巴克利等人编写的《合作教学方法手册》中介绍的 34 种方法，也按复杂性和耗时成本整理在一起（图 8）。①

---

① E Barkley, et al. Collaborative Learning Techniques：A Handbook for College Faculty[J]. 2nd edition. Jossey-Bass，2014.

简单 → 复杂					
讨论	互教	问题解决	信息分析	写作	游戏
思考/配对/分享	相互交流笔记	结对讲解倾听法	亲缘组合法	对话笔记	团队寻宝
圆桌发言	二人学习组	问题轮流解决法	概念分类表	圆桌会议	团队竞争赛
小组讨论	聚焦小组	案例研究	相近概念辨析	问题答案比较法	团队集体抢答赛
发言卡	角色扮演	结构性问题解决	因果顺序链	同伴修改	团队游戏锦标赛
三步访谈	拼图	分析团队	概念网	合作写作	
审辨辨论	考试团队	调查团队		团队文集	
				文章讨论会	

图8　合作学习策略连续谱

《合作教学方法手册》是一本较好的参考书,书中收集了美国高校常用的34种合作学习方法,不仅介绍了合作学习的原理和发展情况,还介绍了各种方法的技术要求和耗时水平。

如果再重看图6,就会发现很多积极学习方法也都可以划归为合作学习方法,因为其中利用到了学习的社会性和互动性,因此可以激发学生学习积极性。

美国大学教学广泛采取合作学习的另一个主要原因是,发现学生互教的效果常常会比教师教学生的效果更好。也就是说,学生互教能更有效地促进学生学习。

合作学习中有一个有名的方法叫同伴互教法,即图6中的"思考/结对/分享法"。这个方法有四步:①教师首先出一道多选题,让每个同学独立作答,用应答器提交答案。当全班答案都显示在大屏幕上时,通常是什么选项都有。②然后教师说,找身边和你答案不一样的同学讨论,为什么你们的答案会不一样? 于是所有学生都开始讨论,整个教室人声鼎沸。③5分钟后教师再出一道同类题(题目不同,但原理相同),要求大家再次独立作答。这时奇迹发生了,绝大多数同学选择了同一答案。④于是教师总结一下原理,这节内容就教完了。注意:在这个过程中教师教了吗? 没有! 那学生怎么都会了? 关键是讨论环节,已经懂了的学生把不懂的学生教会了。这就是诀窍! 由于这个过程是学生先独立思考,再结对讨论,然后分享心得,所以这个方法叫同伴互教法或思考/结对/分享法。

这个方法是由哈佛大学物理系教授马祖(Eric Mazur)发明的,他回忆了发明这个方法的过程。马祖是位优秀的物理教师,有一年他给医学预科生讲大学物理。这些学生通常非常害怕大学物理这门课。期中考试前他给这些学生上辅导课。他发现在几乎所有问题上,都有近一半学生不懂,而且无论他怎么讲也不懂。这把他急坏了。就在他快崩溃时,他忽然注意到有一半学生是懂的。于是他说,那你们自己讨论吧! 于是教室里立刻开了锅,学生们相互讨论,很快懂的学生就把不懂的学生教懂了。这个意外发现让他大吃一惊。

此外他还发现,学生的教法与自己的教法并不相同。懂的学生总能很快发现不懂学生的问题,然后一语中的! 为什么? 因为懂的学生是刚学会的,他们更容易知道不懂的学生出错的地方在哪里。而他作为教师,早把相关的学习经历忘掉了,因此不容易发现学生的问题,也不能进行有针对性的教学。这就是为什么同学互教的效果常常会比教师教的效果更好。于是他把这个经验提炼成一种教学法,命名为"同伴互教法"。①

同伴教学法特别适合有客观答案的课程如理工类课程,而且大班教学效果更佳。于是同伴教学法在美国大学里迅速流行起来,成为合作教学法中的重要方法。由于这个贡献,马祖获得了 50 万美元奖金。这可能是美国大学教学创新奖中金额最高的奖项了。②

对于没有客观答案的课程如人文社科类课程,是否可以用同伴互教法呢? 可以! 美国著名慕课网站 Coursera 创始人、斯坦福大学教授达科勒(Daphne Koller)指出,有研究表明,如果事先制订比较明确的分级评分表(rubric),学生之间的评分和教师的评分将差不多。而且,学生给自己的评分通常会比同学之间的评分更严。③ 于是 Coursera 开始大规模使用同伴互评法。大规模建立课程学习社区和使用同伴互评法,是 Coursera 采用的两种主要合作学习法。

同伴互教法还有一个作用。当学生互教时,不仅不懂的学生被教懂了,教人的学生也会学得更好。这是因为在教别人时往往会发现自己的不足,从而促使其学得更好。从认知模型角度看,自己学意味着在头脑中建立起一个认知模型,但这个模型未必是清晰的和最优的。但在教别人时,这些缺点都会暴露出来。于是教人者得到一个检验和改善自己模型的机会,此即"教学相长",这个机会是因为教人而获得的。确实,教人是一种重要的学习方式,甚至可能是效果最佳的学习方式。因此在"三会",即会说、会做、会教中,会教是最高水平的学习效果检验!

由于发现学生互教对促进学生学习有积极作用,从 20 世纪 90 年代起,美国大学就开始有组织地开展学生互教活动,其中一个措施是建立学生学习支持中心。这类中心是学习辅导机构,主要用于数学、物理、写作等公共基础课。学习

① Eric Mazure. Interview on Peer Instruction[J]. Serious Science,2014,6(17). http://serious-science. org/peer-instruction-for-active-learning-1136.

② https://www. minerva. kgi. edu/about/institute/minerva-prize/.

③ Sadler,Philip M,Eddie Good. The Impact of Self-and Peer-Grading on Student Learning[J]. Educational Assessment,2006,11(1):1-31.

有困难的学生可以到中心去寻求帮助。中心的辅导者都是学习优秀的学生。学校出空间和劳务费,中心由教师或者学生自己管理。目前美国大学普遍建有这类中心,有组织地开展合作学习。

美国著名学者麦肯奇曾经说:"若问什么是最有效的教学法?其与目标、内容、学生、教师有关。但问什么是第二有效的教学法,那就应该是学生教学生。"①由此可见,合作学习法在美国大学教学中的重要地位。

除了可以激发学生积极学习外,合作学习还可以促进大学生社会化过程。青春期大学生发展主要表现为认识自我和融入社会,主要挑战是建构认同,包括自我认同和社会认同。这个时期如果能够促进大学生的自我认同和社会认同,对其未来发展将产生重要影响,而合作学习能够促进学生的自我认同和社会融入,因此大学教学应该尽可能采用合作学习方法,促进他们的个人发展和社会融合。②

合作学习是一类广泛的教学方法,其关键在于让学生以群体方式学习。无论是两人组、三人组,还是多人组、大型团队,只要能把他们组织起来,合作学习就会发生。因此教师的主要任务是要把学生组织起来。然而这事并不容易,因为在传统教育模式中,学生被设计成相互竞争的个体,不鼓励合作学习。现在要他们合作学习,不仅观念要转变,课程设计、课堂组织、支持系统等方面都要做相应变化。但是,正是这些变化促进了合作学习。因此,学校要帮助教师做好观念转变,通过培训帮助教师掌握方法,并为合作学习提供必要的物质条件和制度支持。非此,大规模的合作学习不可能成功。总之,倡导合作学习,学校的支持系统的作用不容忽视。

最后补充一点,合作学习既指学生之间的合作,也指师生之间的合作。合作学习不排除师生互动。两者都是合作学习的重要形式。因此,在课程设计时要使两者互补,不要造成两者对立。

总之,SC改革的重点之一是课堂教学模式转型,这既涉及教什么,也涉及如何教。完整的课程设计包括课程设计、教学法设计、教学环境设计、教学技术设计、评价评估设计五部分。本文介绍了如何通过课程设计,促成教学模式转型,主要涉及前两部分。"环境与技术"和"评价与评估"部分是同样重要的内容。对美国创造的大量实践与方法,我们应该如何选择和如何创新,如果有一个指导性的方法论框架,或可使我们在实践探索中少犯错误,少走弯路。期待本文能够发挥这种作用。

---

① http://www.azquotes.com/author/31823-Wilbert_J_McKeachie.
② 赵炬明. 打开黑箱:学习与发展的科学基础(上、下)[J]. 高等工程教育研究,2017(3、4).

我国(境内)国际合作园区的空间布局研究

马学广　鹿　宇*　■

摘要: 基于我国(境内)232个国际合作园区的相关数据,运用定性分析、GIS空间分析、社会网络分析等多种研究方法,划分了国际合作园区的类型,揭示了我国(境内)国际合作园区的发展历程、空间分布特征以及空间布局影响因素。研究表明:①从园区类型看,我国国际合作园区按合作领域、空间尺度、经营管理模式分别可以划分多种类型;②从发展历程看,我国(境内)国际合作园区的发展经历了发展边境经济合作区阶段、发展新型工业园阶段以及多元化发展阶段;③受经济因素、政策因素、文化因素以及地理区位等因素影响,我国(境内)国际合作园区呈现出以"胡焕庸线"为界,东部多而西部少、沿海多而内陆少、边境地区集中布局的空间特征,并形成了以欧美发达国家为主要合作国、深化与"一带一路"沿线国家合作,逐步与其他国家开展合作的空间联系网络。

关键词: 国际合作园区;空间布局;空间联系;一带一路

进入21世纪以来,跨越多个同级行政区域,以各级政府和企业组织为主要行为主体,以土地和空间的制度化合作为主要内容,以产业转移园、异地工业园、跨境工业区和海外园区等为具体形态,具有"飞地式"异质嵌入区位属性的异地共建园区成为我国政府间合作的普遍形式,并推动生产要素在全国乃至全球范围的重新匹配和空间优化。[①] 2017年初,国务院政府工作报告提出,"坚持共商、共建、共享"的原则以扎实推进"一带一路"建设,国务院办公厅印发的《关于促进开发区改革和创新发展的若干意见》(国办发〔2017〕7号)明确提出,"促进开发区体制机制创新"和"积极探索合作办园区的发展模式"的要求。因此,异地共建园区被赋予区域协作与跨界整合体制机制创新平台的重任,助推我国区域间协调发展,成为"一带一路"倡议下国家资本输出的重要载体。

作为异地共建园区的重要类型,以及承接国家间产业转移、资本流通和生产

---

　*　马学广,中国海洋大学法政学院副教授,主要研究领域为城乡规划与区域空间治理、海洋国土空间规划与治理、住房与土地资源开发管理等。鹿宇,中国海洋大学法政学院硕士研究生,主要从事城乡规划与区域空间治理研究。本文是山东省自然科学基金面上项目(ZR2018MD005)资助的成果之一。

　①　Castells M. Grassrooting the space of flows[J]. Urban Geography, 1999,20(4):294-302;马学广. 全球城市区域的空间生产与跨界治理研究[M]. 北京:科学出版社,2016.

要素跨国流动的重要空间载体,国际合作园区逐渐成为全球网络中重要的单元,越来越受到国内外学者的关注。Perry、Martin、Lim 等学者分析总结了新加坡在中国、印度尼西亚等亚洲国家建立的海外园区的发展情况。① Dimitrov、Sakr、Zhao 等人分析了东欧国家边境地区的跨境合作、中东与北非的工业区发展以及中国广东省产业转移园区的政府间合作模式。② 随着"一带一路"倡议的提出与持续推进,以"一带一路"为视角对于国际合作园区与国际产能合作的研究逐步扩展开来。Guo、Dong、Yeerken 等人以"一带一路"为切入点,就如何推动"一带一路"沿线国际合作园区与国际产能合作进行了探讨与分析。③ 在我国,刘舒亚、马洪涛、蔡苏文等学者从国际合作、产业集聚、城市乃至区域发展方面对国际合作园区的内涵展开探讨。④ 刘雯、邹莹、梁曙霞等学者从园区的合作领域、能级层次以及经营模式等方面对国际合作园区进行分类,并对我国国际合作园区的发展历程展开了研究。⑤ 刘生军、徐天真、蒋费雯等学者通过案例聚焦或者在省级尺度上分析了国际合作园区的空间布局以及存在的问题。⑥ 随着相关研究

① Perry M, Yeoh C. Singapore's Overseas Industrial Parks and Regional Integration in Asia[J]. Regional Studies, 1999, 34(2):199-206; Martin P, Yeoh C. Asia's Transborder Industrialisation and Singapore's Overseas Industrial Parks[J]. Regional Studies, 2000, 34(2):199-206; Lim D. Regional Co-Operation and Low-Cost Investment Enclaves: An Empirical Study of Singapore's Industrial Parks in Riau, Indonesia[J]. Social Science Electronic Publishing, 2003, 5(4):43-65.

② Dimitrov M, Petrakos G, Totev S. Cross-Border Cooperation in Southeastern Europe: The Enterprises' Point of View[J]. Eastern European Economics, 2003, 41(6):5-25; Sakr D, Baas L, El-Haggar S, et al. Critical success and limiting factors for eco-industrial parks: global trends and Egyptian context [J]. Journal of Cleaner Production, 2011, 19(11):1158-1169; Zhao X, Guo H U. Research on the Game Mechanism of Inter-governmental Cooperation in Industry Transfer: A Game Analysis on the Case of Industrial Transfer Park in Guangdong Province[J]. South China Journal of Economics, 2014.

③ Guo C, Liu F, Siming P I. The "One Belt and One Road" Initiative and China's International Industrial Capacity Cooperation[J]. Global Review, 2016; Dong S, Zhao M, Guo P, et al. Development Mode and Countermeasures for International Ecotourism Zone along the Belt and Road[J]. Bulletin of Chinese Academy of Sciences, 2016; Yeerken W, Zhang W, Liu Z. Development Modes of China's Overseas Industrial Parks along the Belt and Road[J]. Bulletin of Chinese Academy of Sciences, 2017.

④ 刘舒亚.浅析江苏中外合作园区的发展创新之路[J].统计科学与实践,2015(1):37-40;马洪涛.建设国际产业合作园促进浙江经济转型升级[J].党政视野,2016(Z1):13-17;蔡苏文,杨雯.青岛市加快建设中韩合作园区的对策[J].环渤海经济瞭望,2016(8):33-35.

⑤ 刘雯.国际合作园区的未来发展:来自中德生态园的启示[J].国际经济合作,2013(3):42-43;邹莹,李晓宇.国际合作园区发展特征与趋势研究[J].中华建设,2016(4):74-75;梁曙霞,刘舒亚,祖强.促进政府主导型中外合作园区创新发展[J].唯实,2016(4):51-54.

⑥ 刘生军,李海滨.国际合作示范区城市设计探析——以珲春国际合作示范区(敬信镇区)为例[J].规划师,2016(2):123-129;徐天真,李嘉奇.浙江中德(嘉兴)产业合作园概念规划探析[J].浙江建筑,2016(12):1-7;蒋费雯,罗小龙.产业园区合作共建模式分析——以江苏省为例[J].城市问题,2016(7):38-43.

的推进,荀克宁、魏澄荣、李鲁等学者对打造国际合作园区作为"一带一路"建设新平台进行了分析与探讨。① 通观上述国内外学者对国际合作园区的既有研究成果,一是较多注重个案分析与总结,对于国家尺度乃至全球尺度的国际合作园区空间网络的研究尚未展开;二是研究方法较为单一,偏重于定性分析,并未将国际合作园区的发展态势、空间联系可视化。

因此,本文将国际合作园区定义为,通过政府间、政府与企业间,或者企业间三层次合作,以推动特定产业、技术的发展和投资意向与偏好为基础,双方或者多方在承建国共同开发建设的产业园区,包括边境经济合作区、跨境经济合作区以及国际合作产业园区。本文利用网络爬虫和文本分析法等大数据采集技术,通过检索商务部官网、各省(自治区、直辖市)商务厅官网以及各园区官网等网站共获取 232 个我国(境内)国际合作园区相关数据,并通过 GIS 空间分析以及社会网络分析法将我国国际合作园区的发展历程、空间布局可视化,从而更好地揭示我国国际合作园区的发展态势,以及在国家尺度与全球尺度的空间分布与空间联系网络,以期形成具有理论价值与实践意义的研究成果。

一、我国国际合作园区的主要类型

我国国际合作园区可以从合作领域、空间尺度、经营管理模式三个方面进行系统的分类。按合作领域划分,我国国际合作园区分为国际工业制造合作园区、国际科技创新合作园区、国际商贸合作园区、国际农业合作园区以及国际服务业合作园区五种类型。按空间尺度划分,我国国际合作园区分为境内国际合作园区、跨境经济合作区和境外国际合作园区三种类型。按经营管理模式划分,我国国际合作园区分为政府主导型国际合作园区、企业主导型国际合作园区以及政企混合型国际合作园区三种类型。

(一)按合作领域划分的我国国际合作园区的类型

随着对外开放格局的扩大和社会经济实力的提升,我国国际合作园区的合作领域从最早的以发展工业为核心的工业园区,走向更加多元化的合作模式和发展方向。基于跨国经贸合作领域的不断拓展和深化,我国国际合作园区的类型日趋丰富并逐渐多样化。我国国际合作园区主要分为五种类型:①以发展工业为主的国际工业制造合作园区,如中德(沈阳)高端装备制造产业园、中德工业服务区等;②以发展科技创新为主的国际科技创新合作园区,如中印科技国际创

---

① 荀克宁.打造俄蒙境外园区构筑山东"一带一路"建设新平台[J].东岳论丛,2015,36(2):152-156;魏澄荣."一带一路"国际科技合作模式和路径研究[J].亚太经济,2017(6):24-27;李鲁,刘乃全,刘学华.园区出海服务"一带一路"的逻辑与对策:以上海为例[J].外国经济与管理,2017,39(7):118-128.

新园、中芬北京生态创新园等；③以发展商贸物流为主的国际商贸合作园区，如中拉（东莞）经贸合作园、意大利之窗等；④以发展现代农业为主的国际农业合作园区，如中以高科技农业产业园、中法农业科技园南充港航园区等；⑤以发展服务业为主的国际服务业合作园区，如中日韩养老产品产业园、中泰（玉林）旅游文化产业园等。

（二）按空间尺度划分的我国国际合作园区的类型

根据国际合作园区在不同空间尺度上的分布，我国国际合作园区分为境内国际合作园区、跨境经济合作区、境外国际合作园区三种类型。①境内国际合作园区是在我国境内由我国同其他国家共同开发建设的产业园区，比较有代表性的园区有中新苏州工业园、青岛中德生态园等；②跨境经济合作区是由我国政府与毗邻国家政府达成一致、共同推动，在两国或多国的边境地区各自划出的区域范围内，以次区域合作为框架建立的综合经济区①，如二连浩特—扎门乌德中蒙跨境经济合作区、河口—老街中越跨境经济合作区等；③境外国际合作园区是我国政府与其他国家政府共同推动，以审批通过的中国企业为建设经营管理主体，在国外建设的经济贸易合作区，从而作为我国企业"走出去"的重要平台，如中白工业园、泰中罗勇工业园等。

（三）按经营管理模式划分的我国国际合作园区的类型

根据国际合作园区的经营管理模式，我国国际合作园区分为政府主导型、企业主导型以及政企混合型三种类型。①政府主导型国际合作园区是由中央政府或地方政府推动国家间或地区间合作共建的园区，包括两国地方政府共建的和由国家商务部与外国政府部门共同签署相关协议而设立的国际合作园区，此类合作园区一般由政府设立管理委员会直接负责园区的经营管理。②企业主导型国际合作园区是由自主投资经营、市场化运作的企业负责园区的经营管理②，此类合作园区一般不设有管理委员会，而是成立开工总公司直接负责经营管理，政府职能部门仅提供政策扶持、规划指导和职责范围内的行政服务。③政企混合型国际合作园区是由两国政府或政府与外商达成一致并签署相关协议而合作共建的国际合作园区，此类合作园区既设有管理委员会，也设有开发总公司，由管理委员会与开发公司共同经营管理。

① 马博.中国跨境经济合作区发展研究[J].云南民族大学学报（哲学社会科学版），2010(4)：117-121.
② 刘舒亚.浅析江苏中外合作园区的发展创新之路[J].统计科学与实践，2015(1)：37-40.

二、我国(境内)国际合作园区的发展历程

本文共选取 232 个我国(境内)国际合作园区,包括我国国家级边境经济合作区、跨境经济合作区以及境内国际合作园区。综合所选取园区的发展情况,研究发现,我国(境内)国际合作园区的发展经历了三个阶段,即发展边境经济合作区阶段、发展新型工业园阶段以及多元化发展阶段。

(一)发展边境经济合作区阶段——20 世纪 90 年代初期

20 世纪 90 年代初期,我国国务院相继批准设立了 14 个国家级边境经济合作区,即 1992 年批准设立的黑河边境经济合作区、绥芬河边境经济合作区、珲春边境经济合作区、丹东边境经济合作区、东兴边境经济合作区、凭祥边境经济合作区、河口边境经济合作区、瑞丽边境经济合作区、畹町边境经济合作区、满洲里边境经济合作区、博乐市边境经济合作区、伊宁市边境经济合作区、塔城市边境经济合作区 13 个国际合作园区,以及 1993 年批准设立的二连浩特边境经济合作区。在这一阶段,园区合作仅限于我国沿边开放城市与周边国家间合作,主要是为了发展边境贸易和加工进出口产业,无论是合作国家还是产业发展都比较单一,但是对发展我国与周边国家(地区)的经济贸易和睦邻友好关系、繁荣少数民族地区经济发挥了积极作用,也为我国进一步深化对外开放,加强园区国际合作提供了有利平台。

(二)发展新型工业园阶段——20 世纪 90 年代中期至 2012 年

随着我国第一个政府间合作园区——苏州新加坡工业园在 1994 年批准设立,我国境内国际合作园区相继发展起来。从 1994 年至 2012 年间,我国相继与新加坡、马来西亚、日本、韩国、俄罗斯、德国等国家合作共建了 65 个(境内)国际合作园区,并批准设立吉木乃边境经济合作区、广西凭祥—越南同登跨境经济合作区,中哈霍尔果斯国际边境合作中心,以及启动吉隆跨境经济合作区前期工作准备,从而进一步加强与周边国家的合作。此阶段我国在边境经济合作区的基础上设立了跨境经济合作区,在境内较多地设立了国际合作产业园,合作国家也从周边国家逐渐扩大到整个亚洲、东欧以及北美等区域,但主要以东欧与东南亚国家为主要合作国(图 1)。这一阶段的园区合作主要是为了引入、借鉴国外最先进的园区经营管理模式,在结合自身实际情况的基础上建设新型工业合作园,包括促进园区产业优化布局、增强自主创新能力、积极发展第三产业等。

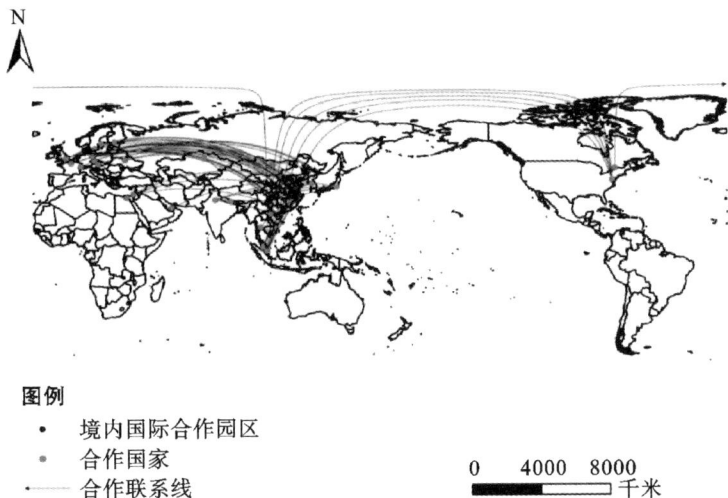

图例
• 境内国际合作园区
• 合作国家
—— 合作联系线

0   4000   8000 千米

图1 发展新型工业园阶段的我国(境内)国际合作园区的合作联系示意图
**Fig. 1　The sketch map for the connection of China's Domestic ICIPs in
new industrial cooperation park stage**

（三）多元化发展阶段——2013年至今

随着"一带一路"倡议的提出，以及"自由贸易区""中国制造2025"与"互联网＋"等发展机遇的出现，我国(境内)国际合作园区也出现了多元化发展的新阶段。自2013年至2017年，我国进一步深化与其他国家在先进技术、新兴产业等方面的合作，据不完全统计，我国境内(港澳台除外)已建或要建的国际合作产业园共计149家；据商务部数据显示，截至2016年底，我国企业在36个国家在建国际合作园区77个，在"一带一路"沿线国家建设的境外经贸合作区达56个。这一阶段与我国合作共建园区的国家遍及亚洲、非洲、欧洲、大洋洲、北美洲和南美洲六大洲，但呈现出以"一带一路"沿线国家以及欧美发达国家为主要合作对象的明显特征(图2)。这一阶段，我国(境内)国际合作园区逐渐成为"创新引领发展、时代特征显著、示范带动性强"的高端产业集聚区和技术创新引领区。

三、我国(境内)国际合作园区的空间布局

空间布局分析能够对我国国际合作园区的空间分布的集中程度、空间联系的方向、疏密程度等进行可视化描述，因此，下文将从国际合作园区的总体空间分布、数量空间分布、产业空间分布以及空间联系网络四个方面分析我国(境内)国际合作园区的空间布局。

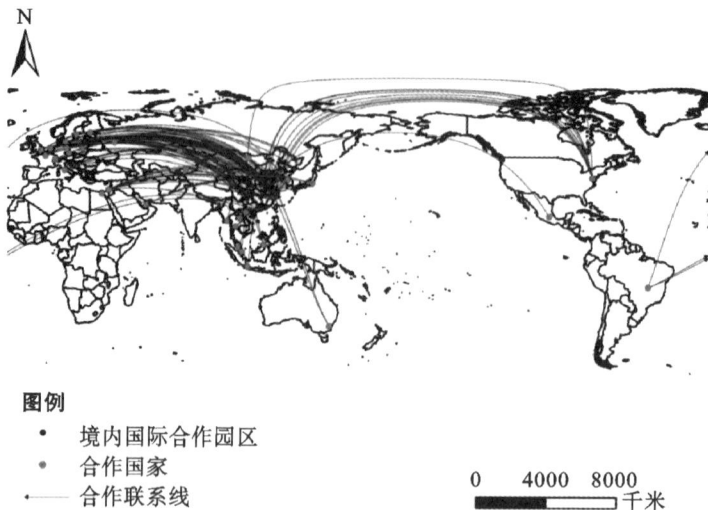

图例

· 境内国际合作园区
· 合作国家
·—— 合作联系线

0   4000   8000
千米

图2　多元化发展阶段的我国(境内)国际合作园区的合作联系示意图

**Fig. 2　The sketch map for the connection of China's Domestic ICIPs
in diversified development stage**

(一)我国(境内)国际合作园区的总体空间分布特征

我国地域辽阔,各地在建设国际合作园区选址时,一般都充分考虑了当地经济社会发展状况。就我国境内目前已建或待建国际合作园区(包括国家级边境经济合作区以及跨境经济合作区)情况看,其空间布局大致可分为三类:①以"胡焕庸线"为界,东部多西部少,且呈现自东向西逐渐递减的规律;②沿海沿边各省(直辖市、自治区)的国际合作园区主要沿海岸线、沿省界线、沿国界线分布,中部地区国际合作园区主要分布在省会或中心城市;③我国(境内)国际合作园区主要集中分布在沿海、沿边城市,其中环渤海地区、长三角地区以及珠三角地区国际合作园区分布尤为集中。

(二)我国(境内)国际合作园区的数量空间分布特征

据不完全统计,截至2017年底,我国(港澳台地区除外)已建或待建(境内)国际合作园区(包括国家级边境经济合作区以及跨境经济合作区)共计232个(图3),其中江苏省拥有25个国际合作园区,居全国之首,其次为浙江省24个。从国际合作园区的数量分布来看,拥有10个及以上国际合作园区的省(自治区、直辖市)分别是江苏省25个,浙江省24个,广东省17个,山东省13个,广西壮族自治区12个,四川省11个,河北省10个;黑龙江省、宁夏回族自治区和陕西省等23个省(自治区、直辖市)拥有10个以下国际合作园区,辽宁省、江西省和安徽省等17个省(自治区、直辖市)拥有的国际合作园区未达到平均数。基于此,可以看出我国(境内)国际合作园区在总体上发展程度不高,地区间发展差异较大,特别是西部地区以及福建省作为我国"一带一路"沿线重要省份在国际合作园区布局上与其他省份相比差距较大。

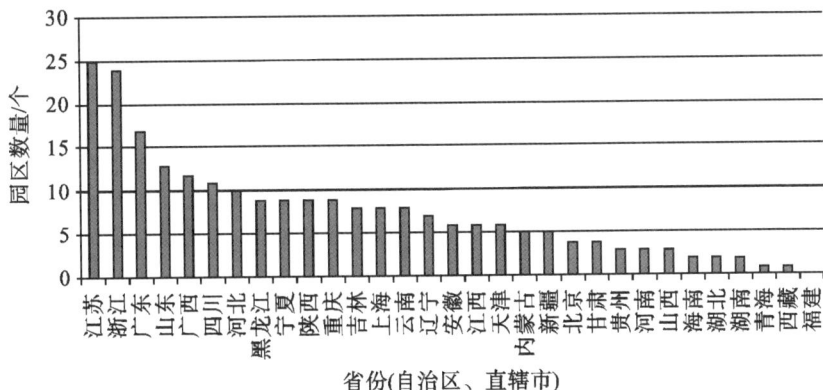

图3　我国各省、自治区、直辖市(港澳台除外)国际合作园区频数图

Fig. 3　Frequency chart of ICIPs in China's various provinces, autonomous regions and municipalities (excluding Hong Kong, Macau, Taiwan)

(三)我国(境内)国际合作园区的产业空间分布特征

我国(境内)国际合作园区按主导产业可以分为国际工业制造合作园区、国际科技创新合作园区、国际商贸合作园区、国际农业合作园区以及国际服务业合作园区五类。这五种类型的国际合作园区在空间分布上呈现出以下特征,如图4所示。①国际工业制造合作园区主要集中在沿海、沿边各省份(自治区、直辖市),特别是京津冀地区、浙江省、广西壮族自治区、新疆维吾尔自治区以及吉林省分布较多,需指出浙江省24家国际合作园区中有19家是国际工业制造合作园区,这表明浙江省国际

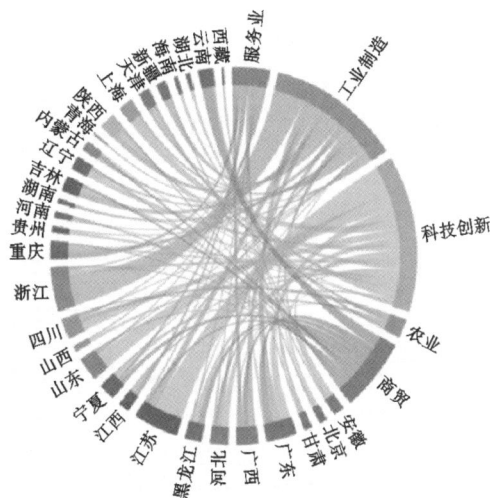

图4　我国(境内)国际合作园区产业分布弓弦图

Fig. 4　Industrial distribution of China's Domestic ICIPs bowstring graph

产业合作主要以工业制造为主;②国际科技创新合作园区主要分布在东部沿海

以及中部东区各省份,长三角、珠三角以及京津冀地区分布较为集中,其中江苏省 25 家国际合作园区中有 17 家是国际科技创新合作园区,山东省 13 家国际合作园区中有 10 家是国际科技创新合作园区,这表明以上地区特别是江苏省与山东省,主要对接国外科技创新产业;③国际商贸合作园区在云南省、黑龙江省、广西壮族自治区以及广东省沿边与沿海地区布局较为集中,且多是跨境合作区,宁夏回族自治区作为丝绸之路经济带主要省份,国际商贸合作园区布局较多;④国际农业合作园区主要分布在中西部地区,其中,适宜发展农业的四川盆地、关中平原以及华北平原国际农业合作园区分布较多;⑤国际服务业合作园区较多分布在沿海省份(自治区、直辖市)。

当前,我国(境内)国际合作园区的主导产业朝向更加多元化的方向发展,在科技创新产业、工业制造产业、商贸产业、服务业以及农业五大类国际合作产业园中,科技创新产业占比最大,为 37.07%,其次为工业制造 32.33%,最末为农业 4.31%(图 5)。国际合作园区作为我国承接国外先进技术与产业转移的载体,对于发展我国经济具有重要的指导作用。从我国国际合作园区主导产业配置来看,仍以科技创新、工业制造为主,在一定程度上契合我国一直倡导的"科教兴国"战略以及"制造强国"战略。由于近年来我国一直致力于开展商贸物流、大力发展服务业,因而国际合作园区也较多具备商贸物流功能以及承接国外服务业。但也能发现当前我国国际合作园区产业配置不均衡,重工业轻农业、重科技轻服务,联动性较弱。

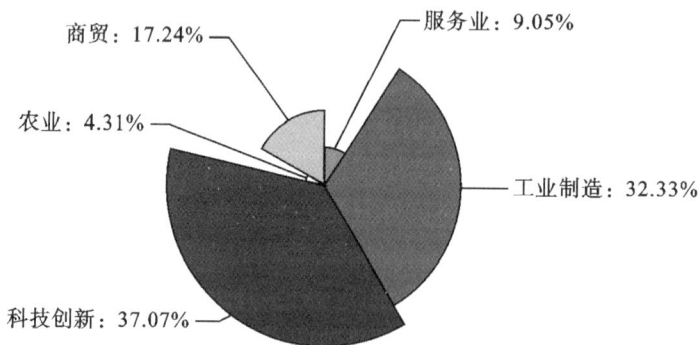

图 5 我国(境内)国际合作园区产业分布南丁格尔图

Fig. 5 Industrial distribution of China's Domestic ICIPs nightingale graph

(四)我国(境内)国际合作园区的空间联系网络特征

为顺应当前国际产业转移与国际合作的发展趋势,以及全面深化改革的国情,响应"一带一路"倡议,我国国际合作园区正在快速发展,正成为"共商、共建、

共享"原则指引下推进"一带一路"建设的抓手和平台。当前,从超国家以及国家
尺度看,我国(境内)国际合作园区联系网络已覆盖亚洲、非洲、欧洲、大洋洲、北
美洲和南美洲,但合作国家仍以德国、美国、俄罗斯等欧美发达国家为主,且联系
主要集中在北半球(图6、图7)。

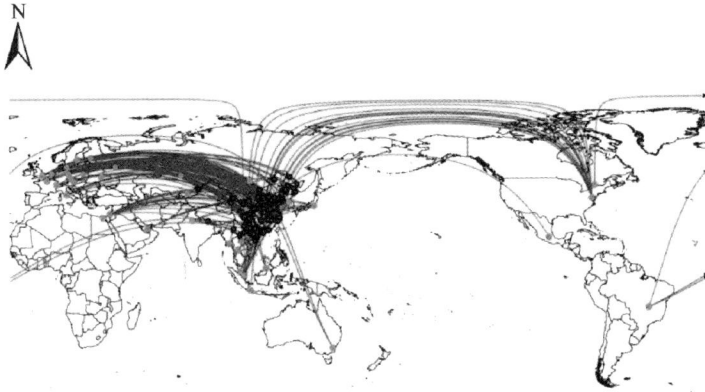

图例

· 境内国际合作园区
· 合作国家
—— 合作联系线

0   4000   8000   千米

图6 我国(境内)国际合作园区合作空间联系图

Fig. 6 Cooperation spatial connection of China's Domestic ICIPs

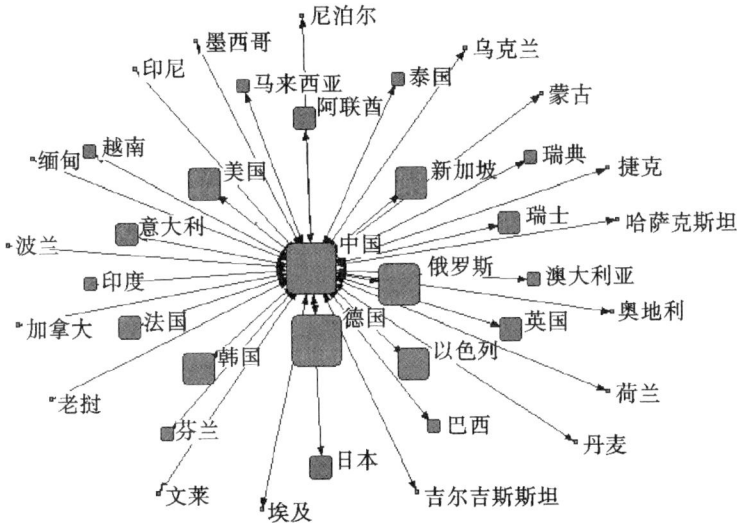

图7 我国(境内)国际合作园区合作国家网络结构图

Fig. 7 Pattern of China's Domestic ICIPs cooperation network

从次国家以及省级尺度看,因地理位置相近,东北地区主要与俄罗斯、日本、韩国展开园区的合作;环渤海地区多与日本、韩国两国共建合作园区;西部地区国际合作园区主要与中亚各国合作共建;云南、广西、广东等西南地区和东南部沿海地区,多与南亚、东南亚各国合作共建园区。总体来看,我国(境内)国际合作园区空间联系网络形成了以欧美发达国家为主要合作国,深化与"一带一路"沿线国家友好合作,逐步与其他国家开展合作的核心—边缘结构。同时,由于国际合作园区主要功能为承接国外先进技术与发达产业,而发达国家也主要集中在北半球,因而我国(境内)国际合作园区空间联系网络也呈现出北半球密集、南半球稀疏的"北密南疏"特征。

四、我国(境内)国际合作园区空间布局的影响因素

国际合作园区作为承接产业转移,吸引外商投资,加强国际合作的载体,其建设布局离不开比较有利的区域环境,具有较好的经济基础、支持性政策,以及良好的文化交流与地理位置是布局国际合作园区的前提。

(一)经济因素

经济因素的影响主要包括产业基础条件和交通条件两方面的影响。

1.产业基础条件影响

首先,当前我国相较而言,劳动力密集且廉价,在国际合作园区的承接上具有成本优势,在一定程度上推动了我国(境内)国际合作园区的发展。其次,我国沿省界线、沿国界线等地区工业开发区、边境经济合作园区发展成熟且布局较多,为国际合作园区提供了较好的平台,因而我国(境内)国际合作园区总体上呈现出沿省界线、沿国界线分布的特征。最后,我国省会城市、中心城市以及沿海地区,特别是环渤海地区、长三角地区以及珠三角地区经济发展程度高、各类基础设施完善、高校科研所等科研机构发展水平高,因而对于承接地条件要求高的国际工业制造合作园区、国际科技创新合作园区以及国际农业合作园区在此分布集中。

2.交通条件影响

我国省会城市、中心城市以及沿海地区一般具有健全的海陆空三位一体的交通功能网络体系,内陆沿国界线各省、自治区与周边国家接壤,交通往来也非常便捷,因而我国(境内)国际合作园区,特别是国际商贸合作园区,呈现出沿海、沿国界线分布以及在省会城市与中心城市分布的特征。

(二)政策因素

随着我国对外开放的深化,我国一直在鼓励"引进来",同时近年来我国一直

在倡导"一带一路",在这种大背景下我国(境内)国际合作园区逐渐发展并走向成熟。为加强对外合作,我国中央政府以及地方政府都制定并出台了一系列政策文件以加速国际合作园区的发展。如在中央层面,工业和信息化部、财政部、国土资源部、环境保护部与商务部五部委《关于深入推进新型工业化产业示范基地建设的指导意见》(工信部联规〔2016〕212号)中明确指出要加大政策支持,包括加强财政支持、完善金融保障以及完善金融保障等,同时鼓励示范基地以"一带一路"沿线国家、境外产业园区为重点,加强国际合作园区的开发与建设。国务院办公厅印发的《关于促进开发区改革和创新发展的若干意见》(国办发〔2017〕7号)也明确提出"促进开发区体制机制创新"和"积极探索合作办园区的发展模式"的要求。在地方层面,陕西"十三五"期间,将面向"一带一路"沿线国家,大力推动省级以上开发区建设承接国际产业合作专业园区,力争建成50个国际合作产业园。① 《浙江省商务厅浙江省财政厅关于创建国际产业合作园的通知》(浙商务联发〔2015〕68号)出台并发布,标志着浙江省国际合作园区的建设进入了新的发展阶段。② 另外,大部分省市都在相关政府文件中提及要推动国际合作园区的发展。因而,我国(境内)国际合作园区的发展迎来了政策机遇期。

(三)文化因素

在国际合作园的选址上,两国政府越来越重视当地与合作国的文化基础,如语言互通、风俗互通等。这体现在,我国东北地区在建筑风格、文化习俗上受俄罗斯、日本、韩国等国家影响较大,东南地区与东南亚各国在语言、风俗等方面较为相近,陕西省、宁夏回族自治区等因丝绸之路与中亚乃至东欧等国文化交流频繁,因而在这些区域都与文化互通的国家共同开发建设了较多的具有明显文化特征的国际合作园区。由此可见,文化互通已成为推动我国(境内)国际合作园区发展的重要影响因素。

(四)区位因素

从我国(境内)国际合作园区的总体分布来看,大都围绕在沿海、沿国界线分布,特别是在环渤海地区、长三角地区以及珠三角地区分布集中,这些区域都是我国对外开发的门户,与外界联系紧密,因而国际合作园区布局较多。从区域来看,东北各省与俄罗斯、日本、韩国相邻因而大多与以上三国展开园区的合作;环渤海地区与日韩两国相邻,因而该区域多与日本、韩国两国共建合作园区;西部

---

① 崔春华."十三五"我省将建50个国际合作园区[N].陕西日报,2016-3-31(3).
② 沈凤珍.浙江"国际产业合作园"创建渐入佳境[N].浙江日报,2015-7-27(10).

地区与中亚各国在地理位置上临近,因而国际合作园区主要与中亚各国合作共建;云南、广西、广东等西南地区与东南部沿海地区毗邻南亚、东南亚等国,因而多与南亚、东南亚各国合作共建园区。

五、结论

通过选取我国(境内)232 个国际合作园区,综合运用定性分析、GIS 空间分析、社会网络分析等研究方法,划分了我国国际合作园区的类型,揭示了我国(境内)国际合作园区的发展历程、空间布局及其影响因素。①从园区类型来看,我国国际合作园区按合作领域可以分为国际工业制造合作园区、国际科技创新合作园区、国际商贸合作园区、国际农业合作园区以及国际服务业合作园区五类;按空间尺度可分为境内国际合作园区、跨境经济合作区和境外国际合作园区三类;按经营管理模式可以分为政府主导型国际合作园区、政企混合型国际合作园区以及企业主导型国际合作园区三类。②从园区发展历程来看,我国(境内)国际合作园区的发展经历了发展边境经济合作区、发展新型工业园以及多元化发展三个阶段。③从园区空间分布来看,我国(境内)国际合作园区主要呈现出以"胡焕庸线"为界,东多西少,沿海沿边多的特征;从园区空间联系来看,我国(境内)国际合作园区空间联系网络形成了以欧美发达国家为主要合作国,深化与"一带一路"沿线国家合作,逐步与其他国家开展合作的核心—边缘结构。④从空间布局影响因素来看,具有较好的经济基础、支持性政策、良好的文化交流以及地理区位是我国(境内)国际合作园区空间布局的前提。相比于以往研究,本文不仅定性分析了我国(境内)国际合作园区的类型与发展历程,更通过 GIS 空间分析以及社会网络分析,从国家尺度以及全球尺度可视化了我国(境内)国际合作园区的发展进程、空间布局以及空间联系。

当下,在经济全球化不断发展,国际产业转移趋势不断增强的大背景下,未来国际合作园区的发展必将呈现国际化、现代化、特色化、生态化的特征。为进一步深化对外开放,促进经济发展,作为我国承接国际产业转移,加强与世界联系的重要平台,我国(境内)国际合作园区仍存在空间布局不均衡、地区间发展不平衡、产业配置联动性弱的问题,因此,在国家层面应出台顶层设计科学规划国际合作园区的空间布局与产业配置,继续加强同欧美发达国家的园区共建,深化与"一带一路"沿线国的园区合作,以充分发挥国际合作园区作为我国深化对外开放重要载体与经济发展新增长极的作用。

打造海洋特色体育,助力一流大学建设

——中国海洋大学海洋特色体育专业的建设构想与可行性分析

杨　韵*　■

摘要:体育是全面发展的人的培养中不可或缺的重要内容。世界一流大学的建设经验表明:一流的人才培养需要有一流的体育。立足于中国海洋大学建设一流大学的整体布局与体育专业发展的现实基础,本文认为:中国海洋大学体育专业无须遵循体育学一流学科的发展模式,而理应依托海洋学科优势,探索构建具有海洋特色的体育专业发展之道。据此提出以海洋体育科学研究为基础、以海洋体育创新人才的培养为目标、以构建具有海洋特色的校园体育文化为责任的体育专业建设构想。

关键词:一流大学体育;海洋体育;体育专业建设

自 2015 年 10 月国务院印发《统筹推进世界一流大学和一流学科建设总体方案》(以下简称《总体方案》)以来,"双一流"这个被认为是我国高等教育发展战略变革节点的新名词,就成了社会公众热议的话题。直至 2017 年 9 月《世界一流大学和一流学科建设高校及建设学科名单》公布,双一流引起的争议才算是得到了一种相对明确的解释,复归平静。然而,对每一个学科和专业而言,双一流建设名单的公布似乎更像是一个体系建设构想的开始,即便是对学科规模相对较小、学科体系也不够成熟的体育学而言,亦是如此。在中国海洋大学顺利成为世界一流大学 A 类建设高校后,体育专业显然也需要重新审视身处其中的这个全新的发展环境:所谓双一流究竟指的是什么? 体育在双一流大学的建设进程中应当怎样定位? 对应着《中国海洋大学一流大学建设方案》来看,体育专业又应当做出怎样的调整和规划?

一、一个认识的前提:一流大学的建设需要一流的体育

所谓"双一流",指的是世界一流大学和世界一流学科,这在《总体方案》的名称中早已有了明确的概念界定。然而在人们围绕着"世界一流"这个核心问题争

---

* 杨韵,中国海洋大学体育系讲师,体育人文社会学博士,主要研究领域为体育哲学、体育史。

论不休时,却很少有人会提及"体育"这个世界一流大学所必备的发展特征。正如现如今人们习惯于把美国常青藤联盟视为世界一流高校的代名词,热衷于探讨它所代表着的顶尖学术水准和教学质量,却忘了其最初得以建立的原因。1954 年,正是为了更好地组织校际间的体育比赛,哈佛大学发起了由美国东北部 8 所名校组成的校际体育赛事联盟,也就是如今的常春藤联盟。① 时至今日,这种以一流竞技体育水平为标志的一流大学建设传统,依然在美国名校联盟中得以传承。诸如哈佛大学、耶鲁大学、斯坦福大学等世界一流大学,都有着同样的世界一流的体育水平,说是世界一流体育名校亦不为过。② 作为常春藤联盟发起人的哈佛大学,历史上共培养出了 268 位奥运选手,获得了 112 块奥运奖牌;至今仍拥有 40 多支运动队,千余名学生运动员,运动员人数占本科生总人数的 16%,学生的体育参与规模达到了全美高校之最。③

体育能够在世界一流大学建设中处于如此重要的位置,源自于它无可取代的育人功能。体育运动和竞赛有如社会之于学校教育的一个缩影,在体育中,学生既能够体验到竞争与协作的共生,也能够锻造坚强的意志品质,从而真正促进身与心的协调发展。也如清华大学百年体育传统的开创者马约翰先生所阐述的那样,体育运动可以"使感觉更敏锐,使意识得到发展,在体育运动中产生的优秀品质同样可以表现在社会生活中。体育是产生优秀公民最有效、最适当和最有趣的方法"④。简言之,体育运动是人的生活与学习内容中不可或缺的组成部分,有着不可取代的教育价值,是真正伴随着人的全面发展而存在的。

而体育这一价值属性的确定,恰好也与双一流建设将人才培养视为核心内容的发展理念趋于一致。《总体方案》中明确地将"培养拔尖创新人才"作为双一流建设进程中的主要任务之一,提出"着力培养具有历史使命感和社会责任心,富有创新精神和实践能力的各类创新型、应用型、复合型优秀人才。全面提升学生的综合素质、国际视野、科学精神和创业意识、创造能力,激励学生健康成长。"⑤而无论是社会责任心、综合素质、还是健康成长,对应着这样的人才培养目标,体育丰富的精神内涵都有着自身那无可取代的功用和价值。世界一流大

① 朱浩,方云.美国"常春藤"盟校本科招生制度的历史沿革与特点分析[J].高教探索,2017(1):57-64.
② 王永盛,王超.中美一流大学竞技体育发展使命的研究:以哈佛大学和清华大学为例[J].首都体育学院学报,2017,29(5):416-420+424.
③ 王超,王永盛.哈佛大学竞技体育核心价值观研究[J].北京体育大学学报,2017,40(1):35-40+57.
④ 刘静民,刘波.全方位大学体育教育的实践——清华大学经验介绍[J].体育学刊,2017,24(4):68-71.
⑤ 国务院关于印发统筹推进世界一流大学和一流学科建设总体方案的通知[R].国发〔2015〕64号,2015.

学的建设目标是培养拔尖创新人才,而拔尖创新人才的培养又离不开体育这一重要且必要的教育方式,"一流大学"与"一流体育"之间也由此紧密地关联在一起。

如今毋庸置疑的是,一流大学的建设是需要有一流的体育的。然而,立足于中国海洋大学这个有着鲜明学科特色的发展平台,体育专业又应当怎样去寻求自身独具特色的发展之道? 在国内仅有两所高校进入一流体育学科建设名单的前提下,本就不占优势的中国海大体育,如何找到适切的一流体育之定位呢? 这还是需要回到国内体育专业发展现状与一流体育学科建设的大趋势下做更详尽的分析。

二、海洋特色的定位:对体育专业发展现状的省思与发展方向的探索

1. 现状:体育专业发展基础与整体实力相对薄弱

中国海洋大学体育系成立于 2002 年,2004 年开始设有 1 个体育本科专业(运动训练),2006 年建立体育教育训练学硕士点,2015 年获批中职教育(体育)硕士点,2017 年申请建立体育硕士专业学位授权点也已获批。现有专任教师 36人,其中教授 7 人,副教授 13 人,讲师 14 人,助教 2 人。教师队伍中 4 人具有博士学位,中青年教师基本都具有硕士学位,7 人为硕士研究生导师。

虽说历经十余年的发展,能够由一个只承担公共体育教学任务的体育教研室发展至今天的规模,已属不易。但立足于宏观的体育学科发展视角,中国海大体育专业实力仍显得相对薄弱:体育学 7 个本科专业、4 个硕士学位点中均只占其一,师资队伍不足 40 人且学历结构不合理,科研成果数量较小且尚未形成自己的研究特色。这样的专业实力倘若放到体育学科评估中,是近乎没有竞争力的。尤其在倡导建设世界一流学科的当下,与国内体育学一流学科的建设高校(北京体育大学、上海体育学院)相比,毫无疑问也是没有可比性的。因而,中国海大体育专业更适宜的选择,是与同为一流大学建设名单中的体育进行比较,尝试找到自身合适的定位。

2. 困境:在一流大学体育专业的整体实力比较中仍显不足

入选一流大学建设名单的高校有 42 所,每所高校均设有专门的体育管理机构,其体育专业发展水平也参差不齐。从专业整体实力与发展规模的角度来看,大致可分为如下几类:①建有本硕博三层次专业人才培养体系,拥有体育学一级学科硕士点、博士点及博士后流动站,师资与科研实力雄厚的体育学院。如北京师范大学体育与运动学院、华东师范大学体育与健康学院。②同样拥有本硕博专业人才培养体系和一级学科硕士点,但只设一个博士学位授权点,师资队伍规模在百人左右、科研实力较强的体育学院(系)。如清华大学、浙江大学、山东大学、吉林大学。③没有博士学位授权点,但拥有一级学科硕士点或多个二级学

科硕士点及本科专业,师资队伍规模 50 人左右,具有一定科研实力的体育系
(部)。如中山大学、东南大学、大连理工大学、厦门大学等。④以承担公共体育
教学任务为主的体育教研部,师资与科研实力普遍较弱。如中国农业大学、北京
航空航天大学等。

如果把这种分类方式换作发展层级来看,中国海洋大学体育专业的整体实
力属于第三层次的水平。但因这一层次的高校基本都拥有体育学一级学科硕士
点,且师资队伍人数基本都在 50 人以上,多则至 80 人,加之科研成果数量与研
究生培养质量等多种影响因素,中国海大体育专业与之相比,整体实力还要略显
不足一些。这样的专业实力,在部分体育业内人士看来固然是没有竞争力可言
的,甚至学界也曾有人建言这类高校应当取消体育专业设置,专注投入公共体育
教学。诸如此类的声音逐渐增多,也的确让此等实力的体育专业身处进退两难
的尴尬境地。在体育成为人才培养过程中必要手段与内容的当下,如何在保证
公共体育教学任务的前提下重构实力并不突出的专业发展之路,是需要谨慎思
虑又亟待解决的现实困境。

3.反思:一流大学体育专业建设无须遵循一流体育学科的发展模式

诸如"实力相对较弱而没有竞争力的专业应当取消"这样的思维方式,事实
上也是对"一流大学中的专业建设"与"一流学科的建设"这两个概念的一种混淆
和误读。"一流大学"是整体实力的反映,"是一个内部各要素相互支撑的体系,
反映的是全要素生产率。而'一流学科'是大学诸多组成要素中最重要的要素,
而非全部要素。"①人们在论及一流大学时,似乎很容易想当然地认为一流大学
中的所有专业也都应当是一流水平的。这种学科水平的定位方式,即便是有着
百年历史积淀、综合实力普遍较强、有多个学科入选一流学科的大学亦很难达
到,遑论有着鲜明学科特色的中国海洋大学。要求中国海洋大学的体育学科能
够达到一流学科的标准显然是不切实际的,也是没有任何理据的。或许正如有
学者所断言的那样:"一个大学在逻辑上只能部分学科是一流的或超一流的,其
他学科不可能达到一流或超一流水平。"②

自然,不以一流学科的水平为标准,只是无须遵循一流学科的发展模式。在
一流大学建设背景下生存着的体育专业,还是需要找到顺应自身发展规律又能
贴合学校发展定位的发展模式的。《总体方案》的出台事实上早已为这样的专业
发展规划提供了一种最为适切的思路,即特色专业发展。文件中明确提出,各高
校应当:"凝练学科发展方向,突出学科建设重点,创新学科组织模式,带动学校

① 吴增礼,巩红新."双一流"建设研究的核心问题[J].大学教育科学,2017(4):31-36.
② 王洪才."双一流"建设的重心在学科[J].重庆高教研究,2016,4(1):7-11.

发挥优势、办出特色。"①对应到中国海洋大学体育专业来看,就应当是在学校的学科发展优势基础上,探寻学科发展特色,以进一步探究体育与海洋大学发展特色之间的契合点。

4. 契机:探寻具有海洋特色的体育专业发展之道的可行性

沿着这样的研究思路,我们很容易将海洋学科特色与体育专业发展相结合,尝试探寻具有海洋特色的体育专业发展之道。而事实上,顺应学校的海洋学科特色只是确立这样一个专业发展特色的缘由之一。更为重要的是,"海洋体育"在体育学科发展、专业发展、学术研究领域中都还是一个近乎全新的、未曾有人开垦过的学术荒地。体育学界目前能够搜索到的海洋体育研究文献,也只是沿海城市部分高校体育教师相对零散的理论研究,且大多停留于海洋体育发展战略这样宽泛的研究层面,未有深入。

上海海洋大学体育部虽在筹建海洋体育研究所,但其师资队伍与科研实力均相对较弱,且至今也未见海洋体育相关的研究成果形成规模,因此并不具备学科建设上的竞争力。因而,面对这样一个在国内尚未形成系统性研究成果的体育学科领域,中国海洋大学兼具国内一流海洋学科建设与一流学校建设的双重身份,无疑是最具学术话语权与专业发展优势的高校。能够在充分利用学校的学科优势平台的基础上,寻找到国内体育学界相对冷僻的研究领域,对中国海大体育专业发展而言,或许也可以说是唯一适切的发展之道了。

体育界对"海洋体育"有较为明确的定义:"利用海水、海湾、海岛、沙滩、滩涂等海洋资源,以人的身体活动去感受和体验海洋自然环境带来的刺激、惊险等为主要特征,融竞技、休闲、健身、娱乐、冒险、游戏于一体的体育活动。涉及的运动项目种类繁多,包括海滨游泳、潜水、冲浪、滑水、滑板、海钓、帆板、帆船、游艇、摩托艇、悬崖跳水、铁人三项、日光浴、沙滩排球、沙滩足球、海岛自行车、海岛越野等项目。"②如此种种,一方面是休闲体育社会发展进程中受关注程度愈发增多的热门运动项目,另一方面却又是在科学研究领域未能得到足够重视的运动项目。

从研究现状来看,现如今体育学界关注的项目热点,始终集中在传统的奥运优势项目,以及2022年冬奥会引发的冰雪运动项目研究上。但事实上,从国家体育事业发展战略的长远角度来看,海洋体育及其相关领域还是有比较积极和宽广的发展空间的。2016年11月,体育总局、国家发展改革委、水利部等9部门联合印发了《水上运动产业发展规划》。该规划明确涵盖了帆船、帆板、潜水、

① 国务院关于印发统筹推进世界一流大学和一流学科建设总体方案的通知[R].国发〔2015〕64号,2015.

② 凌平,刘金利,李雪飞.对我国海洋体育发展战略的思考[J].北京体育大学学报,2013,36(3):16-22.

极限冲浪等多项海洋体育项目,将其视为健身休闲产业发展的重要组成部分,并据此提出完善水上运动赛事体系、加强人才队伍建设等多方面的发展构想。文件中还特别提出要"加强水上运动项目学科建设,建立学校教育和实践锻炼相结合的开放式培养体系。创立高校与科研院所、行业、企业联合培养水上运动人才的新机制。"①显而易见的是,在"海洋强国""健康中国""双一流"等多方面战略背景下,选择建立具有海洋特色的体育专业,既是顺应社会现实发展之所需,也是中国海大体育专业所面对的前所未有的发展契机。

三、基于海洋特色的体育专业建设构想:科学研究、人才培养与校园体育文化

《总体方案》中在论及世界一流大学建设的发展原则时,明确指出要坚持以学科为基础,凝练学科发展方向,突出学科建设重点,创新学科组织模式。因此,重视体育学科建设、推动体育学科研究水平的提升,是海洋特色体育专业建设中不可或缺的重要组成部分,在专业建设进程中理应起到一种先导作用。

1. 以海洋体育科学研究为基础

体育学界一直以来都存在着对体育科学研究价值的质疑,认为理论研究之于体育教学实践而言并不能提供实质上的发展助力。而这恰恰是体育人自身对体育本质的否定与漠视,是导致学术界长期轻视体育学研究价值的根本原因。一流大学的核心任务在于一流拔尖创新人才的培养,而一流人才的培养正需要一流的科学研究加以支撑和引领,使教学与科研能够在人才培养的进程中相互促进,共同发展。高质量的教学必然需要有同样高质量的科学研究水平。不难想见,倘若体育教师群体对体育科学研究的热点与趋势、对体育理论体系的架构一无所知,又何以能够构建起真正有理论意义和创新性的教学模式?

因而,确立海洋体育研究这个明确的体育科学研究方向,对双一流建设和体育专业自身的发展都是一种适切的选择。长期以来,科学研究成果较少、研究方向不够集中、教师参与科研积极性不足等都是体育专业发展中存在着的主要问题之一。而海洋体育作为体育学研究中一个极少有人触及的近乎崭新的问题域,可以从多个理论研究层面加以深入探究。结合我校体育专业师资队伍现有的研究基础来看,可以从体育经济学与体育管理学层面探究海洋体育产业发展问题,如海洋体育赛事品牌的打造、海上休闲体育运动与旅游产业发展的融合等;也可以立足于青岛自身体育特色与参与传统,从体育史、体育社会学的研究

---

① 关于印发《水上运动产业发展规划》的通知[EB/OL]. 国家体育总局,http://www.sport.gov.cn/n316/n336/c774567/content.html.

视角对青岛海洋体育发展史与海洋体育文化进行系统的梳理。可涉及的研究问题域众多,对我校体育专业发展和海洋体育研究而言都是一种积极的补充和完善。

2. 以海洋体育创新人才的培养为目标

海洋体育科学研究是基础和先导,从世界一流大学的发展战略高度来看,科学研究最根本的发展目标还是专业创新拔尖人才的培养。《水上运动产业发展规划》中也特别提及了人才队伍建设问题,并提出将高校教育视为人才培养的重要力量,为水上健身休闲运动的可持续发展提供人才储备力量。且明确到了具体的人才专业领域,这其中包括"运动竞技型、运动经济型、运动管理型、运动生理型、运动培训型、赛事运作型、运动保险型、职业经理人"。

这实质上也为体育专业人才的培养方向提供了一种新的思路。长期以来,中国海大体育只有运动训练这一个本科专业,招收的学生普遍存在竞技水平高而文化基础薄弱、在读期间很难有针对性地提升专业能力、在面临就业压力时也很难具备足够的竞争力。运动训练学生普遍热衷的中小学体育教师这一职业,需要有系统的体育教学理论知识和实践经验,而在这一方面我们的学生与体育教育专业的学生相比存在较大的差距。因此学生在竞聘体育教师职业时并没有竞争优势,但又苦于没有更理想的就业方向,导致运动训练专业的就业压力与日俱增。

倘若我们明确了海洋体育这个专业发展特色,那么对专业人才的培养就可以有针对性地做出调整。①运动训练本科人才的培养。可以迎合社会对水上运动人才的需求,对现有的本科人才培养方案进行优化。适当增加海洋体育运动项目的理论与实践课程,加大体育经济学、体育管理学等热门学科理论知识在课程体系中的占比,引导学生探索对海洋体育运动的兴趣,尤其游泳、帆船专项的学生可以结合自身竞技能力优势寻找更具体的发展方向。②体育教育训练学专业硕士研究生的培养。因招收的学生基础差异较大,可以针对学生的前期基础与研究兴趣,以海洋体育为基本的研究域,确立各自具体的研究方向和具体研究问题,使学位论文的选题基本围绕海洋体育研究展开。同时适当增加海洋体育运动项目的实践课程,提供更多在相关研究基地进行社会实践的机会,使其在体育学硕士研究生群体中能够有突出且有特色的专业能力。

3. 以构建具有海洋特色的校园体育文化为责任

体育作为人才培养过程中不可或缺的重要教育手段,其所针对的群体自然也不能只集中在体育专业自身,而理应面向全校学生,使体育专业建设能力的提升能够惠及更多学生,为学校培养一流拔尖创新人才提供体育专业所独有的助力。从世界一流大学的体育发展经验来看,构建一个积极而健康的校园体育文化,使体育成为学校发展的一种标志是最为合适的选择。事实上,学校体育整体实力的提升,对提升学校的知名度与社会声誉而言本就具有不可替代的价值和作用。美国诸多高校都在这一点上获益颇多。例如,克莱姆森大学在赢得橄榄球年度总冠军后,第二年的入学申请人数直接上升了17%。堪萨斯大学凭借篮球运动实力的突出赢得了较多关注,连带推动了学校整体实力的提升。①

结合中国海大体育专业发展现状,对具有海洋特色的校园体育文化的构建主要包括两方面:

(1)课程设置和拓展。公共体育课程是体育专业承担的主要教学任务,也是学生与体育运动之间最为主要的交集。目前学校已开设24种不同运动项目课程供全校学生选择,从项目设置的广度和前沿性来说已经相对充分。但倘若立足于海洋体育特色这个视角,目前的课程设置还是有所欠缺,与海洋体育相关的只有游泳、水上生存技能两门课程,且限选人数有严格限定,真正能够参与到其中的学生还是较少。相比之下,国内同为双一流建设高校的清华大学、厦门大学、中山大学都有不同程度的优势。清华大学和中山大学将游泳课程设为必修课,清华大学更是提出恢复"不会游泳不能毕业"这个缘起于20世纪20年代的老校规。而厦门大学则遵循多种特色课程并进的思路,不仅开设了游泳、潜水、帆船等多项海洋体育项目课程,还创立了攀树运动、舞龙舞狮等特色课程。这些课程的设置一方面有力提升了学生的体育参与程度,另一方面也从一定程度上提升了体育在人才培养过程中的地位及其不可替代的育人价值。因此,中国海大体育也应当积极借鉴这样的课程设置思路,围绕海洋体育专业特色,适当增加公共体育课程的种类,丰富学生的体育参与内容。

(2)校园体育活动的开展。要构建全面的校园体育文化,体育课程自然只是其中基础且重要的一个方面,同时还需要更为丰富多样的校园体育活动的开展作为补充。长期以来,学校多个学生体育社团在丰富校园体育文化的进程中都起到了积极的引导作用,但相比之下,涉及的运动项目还是显得相对散乱,不够集中,也难有项目特色。在这一方面,新西兰奥塔哥大学的办学经验值得借鉴。作为一所有着丰富的海洋体育发展经验的大学,奥塔哥大学的海洋特色体育就不仅局限于体育专业建设层面,而是更注重学生体育社团的组织建设。学校充分利用了自然环境资源优势和体育专业建设优势,仅水上运动相关项目就设置了帆船、赛艇、皮划艇、水球等多个体育社团,营造了积极的校园体育文化氛围。倘若立足于海洋体育这个专业特色来看,中国海大体育也应当积极协调各体育社团的现有基础和能力,围绕游泳、帆船等学生所熟知的、大众接受范围较广的海洋体育项目开展系列的校园体育活动。通过创办系列的校园体育赛事活动,营造独具校园特色的海洋体育校园文化氛围。

---

① 胡愒等.论美国大学竞技体育的价值[J].比较教育研究,2016,38(7):106-112.

第二部分

PART TWO

国际合作对中国海洋大学物理海洋学科发展的推动力

管长龙[*] ■

摘要：中国海洋大学物理海洋学科为国家"双一流"建设学科。本文回顾与总结了国际合作对该学科发展所起的推动和促进作用，从学科方向调整、跨学科研究的促进作用、参与国际重大计划、提升学术水平、国际合作办学项目向科研合作的拓展等方面进行了评述；最后对于新时代国际合作对于该学科所应发挥的作用做一展望。

关键词：国际合作；中国海洋大学；物理海洋；学科发展；推动力

一、引言

2017 年 9 月 21 日，教育部、财政部、国家发展改革委联合发布《关于公布世界一流大学和一流学科建设高校及建设学科名单的通知》，中国海洋大学（以下简称中国海大）列入 A 类建设高校，中国海大的海洋科学学科和水产科学学科列入建设学科。海洋科学的研究对象是约占地球表面 71% 的海洋，包括海水、溶解和悬浮于海水中的物质、生活于海洋中的生物、海底沉积和海底岩石圈，以及海面上的大气边界层和河口海岸带。海洋科学是一级学科，包括物理海洋学、海洋化学、海洋生物学与生物海洋学、海洋地质学和海洋技术五个二级学科。海洋连通全球，海洋科学是一门基于观测的科学，正因为此，几乎所有的海洋科学研究的重大进展都与新的观测技术和方法的突破有关，与全球范围的重大国际合作科学计划的实施有关。目前对海洋基础科学问题的研究，主要聚焦在海洋在气候系统中的作用、海洋的储碳能力、海洋酸化、海洋生态系统与生物多样性的变化、海底资源开发、海洋灾害预测、海洋能开发利用、海洋长期观测与预测等方面。中国海大的海洋科学学科设有国家首批博士后流动站，是国家首批博士学位授权一级学科点和国家一级重点学科，在前三轮一级学科评估中均排名第

---

* 管长龙，中国海洋大学海洋与大气学院院长、教授，博士生导师，主要研究领域为海浪与小尺度海气相互作用。1999—2009 年曾任学校物理海洋教育部重点实验室主任。

一,在第四轮一级学科评估中被列为 A$^+$ 学科。

中国海大的物理海洋学科(以下简称学科点)是体现学校海洋特色的龙头学科之一,对海大海洋科学的发展及上述成绩的取得做出了巨大的贡献,一直是其主要支撑学科。学科点成立于 1946 年,学科创建人大多是当时海外留学归来的杰出学者,从起初就奠定了学科发展的国际视野。学科点于 1981 年成为国家首批设立的博士点,于 1988 年成为国家首批重点学科,具有较高的建设起点。回顾学科点的发展历程,可以认识到,推动学科发展水平的一个重要因素就是通过国际合作提升了学科的科研水平。迄今,学科点已同国际上著名海洋研究机构建立有实质性的合作研究关系,如美国伍兹霍尔(Woods Hole)海洋研究所、美国斯克里普斯(Scripps)海洋研究所、法国海洋开发研究院(IFREMER)、俄罗斯希尔绍夫(Shirshov)海洋研究所、英国国家海洋中心、日本海洋科学技术中心等。回顾总结国际合作对学科点的推动作用,可简要归纳为对学科方向调整的促进作用、对跨学科研究的促进作用、对参与国际重大计划的促进作用、对提升学术水平的促进作用、国际合作办学项目向科研合作的拓展等方面,以下分别加以论述。

二、对学科方向调整的促进作用

学科点拥有物理海洋教育部重点实验室(以下简称为实验室)。实验室成立于 1987 年,1989 年成为国家教委部门开放研究实验室,1999 年被首批确认为教育部重点实验室,同年实验室聘请了美国伍兹霍尔海洋研究所 Van Alan Clark 讲座教授黄瑞新博士担任学术委员会主任委员。在黄瑞新教授十年的任职期间,实验室在其指导下,调整了主要研究方向,由关注海洋要素转变为关注海洋过程,由关注中国近海转变为关注世界大洋,由关注天气尺度现象转变为关注气候变化现象。目前实验室的主要研究方向为:海洋环流动力学、海洋波动与混合、海气相互作用与气候、海洋与气候模式等。得益于主要研究方向的这个重要转变,近几年来实验室主持了应对全球变化领域的 973 项目三项,国家自然科学基金创新群体项目一项、重大项目一项,还主持了五项与世界大洋及气候变化有关的国家重点研发计划项目。2015 年实验室在教育部地学领域重点实验室评估中被评为优秀,且名列前茅。

三、对跨学科研究的促进作用

学科点与德国汉堡大学海洋研究所(以下简称为德方)的合作自 1984 年起历时 20 年,曾被德国政府评价为"最具实质性的中德合作"。1998 年学科点主持了国家自然科学基金重大项目"渤海生态系统动力学"的课题,而德方长期从事北海生态系统动力学研究,处于国际前沿地位,故该课题与德方进行了密切的合作。双方在渤海进行了两次大规模综合合作考察,德方研究人员携带先进海洋观测仪器登上中国海大"东方红2"号海洋调查船,并提供了20万马克出海经费。从观测的数据中,物理与生态系统的耦合作用得到了深化的认识。合作研究成果以专集形式于2004年在国际著名刊物 *Journal of Marine Systems* 上发表。由于对此项中德科技合作的杰出贡献,德方负责人 Jurgen Sündermann 教授获得我国政府2009年度外国专家"友谊奖"。

此项合作不仅促进了我国海洋多学科交叉研究,也使得学科点的研究领域从物理海洋拓展到海洋生态系统动力学,成为与海洋化学、海洋生物交叉的学科增长点。基于上述跨学科的研究成果,学科点于2004年成功主持了国家自然科学基金重大项目"上层海洋—低层大气生物地球化学与物理过程耦合研究"。

四、对参与国际重大计划的促进作用

海洋科学研究的历史表明,国际重大合作计划对于海洋科学的学科发展起到了巨大的推动作用。学科点最早参与的国际重大合作计划是20世纪90年代执行的TOGA-COARE(热带海洋与全球大气—热带西太平洋海气耦合响应试验)计划,当时仅有几名教师作为随船观测调查人员。气候变率及可预测性研究计划(CLIVAR)是世界气候研究计划(WCRP)的核心项目之一,由于同美国伍兹霍尔海洋研究所等著名国际海洋研究机构的实质性深入合作,学科点由该计划的普通参与者而一跃成为该计划的重要参与者。CLIVAR开放科学大会于2016年在青岛召开,学科点是会议的主要承办者。通过这些深入的国际合作,以学科点为主发起了"西北太平洋海洋环流与气候试验"(NPOCE)国际合作计划,这是我国海洋学家首次发起大型国际合作计划。学科点还连续主办了三届CLIVAR边界流国际研讨会。

五、对提升学术水平的促进作用

在20世纪90年代,学科点在国际一流学术期刊上发表文章还是一件引人关注的事情。随着与国际一流海洋研究机构合作的不断深入,目前本学科点的博士生作为第一作者在 *Nature*、*Science* 等国际最著名刊物上发表论文已成为常见现象。2015年学科点的校友,美国夏威夷大学王斌教授获得美国气象学会Rossby奖,该奖被誉为"世界大气科学界的诺贝尔奖";2016年学科点的校友,美国斯克里普斯(Scripps)海洋研究所谢尚平教授获得美国气象学会Sverdrup金奖,这是国际上物理海洋学最高奖,也是华人学者首次获得该奖。这两位校友的获奖成果中,均有学科点的合作研究贡献。

六、国际合作办学项目向科研合作的拓展

学科点与澳大利亚塔斯马尼亚大学（以下简称塔大）于 2014 年开始海洋科学本科专业的合作办学项目，塔大承担此项目的机构为海洋与南极研究所（IMAS），该研究所是研究南大洋和南极的世界级研究所。目前该项目已开展博士生的联合培养，以此为桥梁进一步拓展为科研合作。学科点是青岛海洋科学与技术国家实验室的主要支撑力量，该国家实验室已与澳大利亚联邦科学与工业研发组织（CSIRO）于 2017 年共建了国际南半球海洋研究中心，将为我国积极参与"南大洋海洋观测系统"等国际计划和组织提供强有力的支持，也将在推动"一带一路"沿线国家海洋研究协同创新中发挥引领作用。这为该合作办学项目向科研合作拓展提供一个良好的机遇。

七、结语

当前，中国高等教育正面临着国际化的大潮，这是一个不以人的意志为转移的发展趋势，这是一个挑战，更是一个机遇。习近平主席提出的人类命运共同体思想，伴随着"一带一路"倡议等全球合作理念与实践而不断丰富，不断地为国际社会所认同，已成为推动全球治理体系变革、构建新型国际关系和国际新秩序的共同价值规范。一位海洋学家曾说过："海洋分隔了陆地，却联系了人民。"海洋就是联系人类命运共同体的纽带和桥梁。作为"双一流"建设的涉海学科点，需要更加以国际合作作为学科发展推动力，从而进一步提升学科水平，不仅要支撑国家的海洋强国战略和 21 世纪海上丝绸之路建设，而且要为人类命运共同体培养海洋事业的人才、提供认知海洋的知识。

发挥龙头学科优势，构筑国际合作新模式

——中国海洋大学水产学科国际合作和人才培养实践

王曙光 *

摘要：本文通过对中国海洋大学水产学科国际合作和人才培养实践的成效总结，以国际合作平台和项目为抓手，突出创新人才培养的国际合作布局；以师资队伍和国际化课程为重点，强化学院国际化能力建设；特别是结合水产学院学科实际和发展要求，提出"院长负责、专人统筹，项目主管、班子协助"的国际合作工作管理模式，所总结的经验和对未来工作的思考，对学院国际合作交流具有重要指导和借鉴意义。

关键词：水产学科；国际合作；人才培养；实践探索

中国海洋大学水产学科创建于 1946 年，是国内最早设立的水产养殖本科教育学位点，是全国唯一的水产学一级学科重点学科。历经 70 多年的办学积淀和重点建设，水产学一级学科连续四次获得国家重点学科评估国内第一名，水产学科已成为中国海洋大学的特色立校的两大引领学科之一。国际 ESI（基础科学指标）数据库显示，我校与水产学科密切关联的植物与动物学、环境学与生态学、生物学与生物化学学科已跻身 ESI 全球科研机构排名前 1%。2011—2015 年，中国海洋大学作为通讯作者机构在全部 52 种 JCR 渔业期刊总发文数和被引次数总数均居全球高校第一位，充分显示出学科学术成果的国际影响力。学科设置以来，先后培养了 6 位中国科学院和中国工程院院士，以及一大批海洋和渔业领域的科技、管理和产业工作者，为推动发展我国海水养殖产业的"五次浪潮"做出了不可替代的重要贡献。

国际化战略作为学校建设发展的三大战略之一，对于"双一流"建设具有标志性的重要意义。水产学科除了在科研、教学、推动科技产业发展等方面要继续保持优势外，还需要进一步拓展国际化视野，提升学科教育的国际化水平和国际竞争力，特别是在本科中外合作办学、服务海上丝路建设等方面，全面发挥水产

---

* 王曙光，中国海洋大学水产学院党委书记、教授。本文的撰写参考了学校国际化战略等文本资料。

学科的引领作用,这也是建设一流学科的重要任务和使命。学院已与国际上水产学科特色鲜明的美国奥本大学、泰国农业大学、韩国莞岛郡等高校和机构签署了合作协议,与30余所国际著名大学和科研机构在高层次人才培养、科学研究等方面保持着常态化的国际合作。在科技领域广泛深入开展国际合作交流的基础上,学院积极拓展渠道、创新方式,围绕着提升国际化人才培养的能力、质量和水平,开展了富有成效的实践与探索。

一、发挥学科优势,开创国际合作交流新局面

2017年7月,水产学科进入国家"世界一流学科"建设名单,并作为核心力量支撑学校进入"世界一流大学"建设行列。目前,水产学院设有水产养殖学、海洋渔业科学与技术、海洋资源与环境3个本科专业、10个硕士点和10个博士点、1个水产学博士学位授权一级学科及其博士后科研流动站。学院有海水养殖、渔业资源、捕捞学3个国家重点学科,2个省级重点学科,1个教育部水产养殖重点实验室,1个教育部海水养殖工程技术研究中心,1个农业部水产动物营养与饲料重点实验室,以及水产学国家实验教学示范中心。拥有水产动物营养与饲料、水产养殖生态学、水产动物免疫与病害、贝类遗传育种等15个教学科研团队,1个教育部优秀科技创新团队,设有2个教育部"长江学者奖励计划"特聘教授岗位。水产学科在2007年就入选教育部、国家外国专家局联合实施的"高等学校学科创新引智计划",并获得第二轮滚动支持,是山东省泰山学者优势特色学科人才团队支持计划的依托单位。

着眼世界一流学科建设目标,水产学科倡导和实施以持续供给富含优质蛋白质的高品质水产品为核心内容的"21世纪海洋蛋白质计划",推动以工程化、智能化、环境友好和可持续发展为显著特征的海水养殖新浪潮,满足国家食品安全战略和"健康中国2030"规划要求。学院将坚持"以我为主、汇聚一流、协同创新"的理念,深入实施国际化战略,拓展合作交流渠道、创新合作交流方式,大力推进与世界一流海洋渔业科教机构的实质性交流合作,全面提升学科在全球范围内的核心竞争力和影响力,成为世界海洋渔业与水产养殖科教合作交流的重要引领者和推动者、世界海洋渔业高等教育人才培养的重要基地。

二、打造国际合作创新平台,构建现代渔业科教网络

加强国际合作与交流是学科面向世界,推进国际化进程的必然要求。水产学科认真践行国家深化新时期"教育对外开放"和教育界共建"一带一路"的重要战略决策,大力推进与世界一流科教机构的实质性交流合作,大幅提升学科在全球范围内的核心竞争力和影响力,在平台共建、学科融合、人才联合培养等方面

都取得了新的进展。

1. 构建科教合作与创新平台

2016 年 12 月,在前期十余年科教合作的基础上,学校与美国奥本大学合作成立的水产养殖与环境科学联合研究中心(Joint Center for Aquaculture & Environmental Sciences)挂牌,目前已完成 2017 年度联合项目立项评审和 2018 年度项目遴选。该中心在前期科技合作研究和联合人才培养的工作基础上,聚焦水产健康养殖及其环境领域,进一步促进养殖动物高产抗逆品种的培育、生态养殖模式构建与优化、养殖动物营养基础研究与高效无公害饲料开发、水产动物免疫与病害防治等研究领域的快速发展,推动水产学科向世界一流迈进。

为响应国家"一带一路"倡议,为学校与东南亚国家涉海科研机构在资源共享、科技研发和人才培养等方面合作、发展、共赢搭建国际交流平台,2017 年 11 月 1 日,学校与泰国农业大学在前期多年合作的基础上共建的"中泰海洋与水产中心"正式成立。"中泰中心"以海洋和水产学科为核心,汇聚海洋、环境、水产、食品、医药、生命等多学科的优势资源,通过联合培养研究生,促进科技合作,实现资源共享,助力中泰渔业产业和经济的发展。

以学院为依托单位的亚太水产养殖中心(NACA)中国水生生物健康中心实验室,入围水生动物疾病国际交流平台,有效提升了水产学科的国际影响力;奥特奇—中国海洋大学水产科学研究联盟主要在藻类活性物质应用于水产饲料方面开展了相关研究和示范。学院合作建设的 4 个国际合作平台或共建联合实体,为学科深入开展国际合作交流和人才培养搭建了重要的创新平台。

2. 以合作项目为纽带实施联合人才培养

水产学院与美国、日本、泰国,以及欧洲的一批知名高校建立了长期的科研与人才培养的合作关系,为国际化人才培养奠定了坚实基础。2010 年开始,参与了为期 5 年的日中韩高级专业人才培养项目(简称 JCK 项目),旨在培养具备环境生物资源保护及能源有效利用等方面知识的高级专业人才。2016 年之后由东京海洋大学继续资助,项目每年在中日韩 3 个国家 9 所大学招收 15 位学生继续攻读硕士学位,经过各大学推荐和东京海洋大学面试两个环节进行选拔。水产学院每年推荐 2～3 名相关专业本科毕业生进入联合培养项目,入选学生免除入学金和第一年学费,还可申请奖学金。学生培养方式为课程学习与实践研修活动(每年一次)结合。2017 年水产学院成功承办中日韩 3 国学生参加的研修活动,受到参与高校的赞誉。学院持续加强与美国缅因大学的本科生联合培养工作,每年分别定向输送 2～3 名学生。学院与美国马里兰大学开展了研究生层次的联合培养工作,每年输送 2～3 名硕士研究生。

2010 年以来,通过建设高水平大学公派研究生项目和"中日韩 21 世纪优秀水产科技人才培养计划",学院共派出 82 名研究生到国外高校和科研机构进行联合培养或攻读博士学位,培养及在读留学硕士和博士研究生 35 人。

3. 以科技合作与学术交流横向开拓学生国际视野

学院坚持开放办学,积极开展国际合作与交流,开创了在国际对接平台上以联合培养研究生带动科研长期稳定合作的新格局,促进了学科和人才培养的共同发展。学院教师中有 4 人担任国际学术组织理事以上职务,5 人担任国际学术刊物编委。2010 年以来,先后成功举办了"第十四届国际鱼类营养与饲料学术研讨会""第四届生物多样性、可持续利用与保护国际会""水产健康养殖国际研讨会""贝类遗传育种国际研讨会"等 10 多个具有国际影响的高水平学术会议,为提升我国水产学科的国际地位,拓展师生国际视野发挥了重要作用。除来校参加国际学术会议的境外代表外,学院还邀请了美国、英国、日本、德国、比利时等国家和地区的专家教授来院访问、讲学 160 余人次,中外学者在科学研究和人才培养等方面开展了务实高效的交流合作。

2010 年以来,学院教师出国(境)访问开展合作交流 100 余人次。仅 2017 年,学院就参与学校的一批重要访问团组,组织教师有针对性地重点访问了澳洲的高校、纳米比亚大学、纳米比亚海事和渔业研究中心、日本北海道大学、美国奥本大学、泰国农业大学、孟加拉国渔业研究所和达卡大学,在开展校际间的科技合作、共建渔业科技平台、提升水产规模化养殖水平、推动人才联合培养等方面,进行了广泛的沟通与交流。

三、加强师资队伍国际化建设,构建国际化课程体系

国家有关政策和双一流建设方案明确对国际合作交流提出了提质增效的新要求,这也是中外合作办学发展的新机遇,而提质增效的核心和关键要素正是师资、课程和教学。

1. 建设具有国际学术背景的一流师资队伍

水产学院十分注重师资队伍建设的国际化水平和学缘结构优化。2010 年以来,先后从国外著名高校和科研机构引进"筑峰工程""青年英才工程"层次人才和取得国外博士学位的各类人才 15 名;聘请了美国密西根大学、缅因大学、马里兰大学、奥本大学的教授为学校"绿卡工程"教授;聘任了日本北海道大学水产学院研究院和东京大学大气海洋研究所的教授为客座教授。通过"水产健康养殖理论与技术学科创新引智基地"(111 计划),从美国和欧洲一流水产和渔业学科引进高水平的智力资源,与学校水产学科专家联合进行博士生培养,共同举办国际学术会议,联合开展科学研究,实现了水产学科研究生培养体系与国际接轨,大幅度提升了我校水产学科在国际学术和教育界的地位,促进了我校水产学

科进入国际主流行列。近 5 年来,先后派出 8 名青年骨干教师赴日本北海道大学、美国缅因大学、美国弗吉尼亚理工大学和英国杜伦大学进行深造和交流,显著提高了青年教师对外交流能力及学术水平;派出 3 名教师赴美国加州大学洛杉矶分校(University of California,Los Angeles,简称 UCLA)教学发展中心进行为期两周的教学研习活动,提升教师国际化的教学能力。

目前,学院共有专任教师 73 人,其中 91.78% 具有博士学位,56% 具有国外留学或工作经历。"十三五"期间,学院将继续加强人才引进与培养,争取引进和培养具有国际影响力的学术领军人才 3~4 人,国家"杰青"和"长江学者"层次的优秀中青年人才 3~4 人,国家"青千""优青"层次的青年学术才俊 10 余人。重点推进师资队伍建设的国际化进程,加强引进世界一流大学的国际合作办学资源,为教师的国际合作交流和人才培养建设国际化的师资队伍。

2.构筑国际化培养的专业和课程平台

依托"中泰中心",学院已确定在水产养殖和渔业资源专业招收留学生,主导开展国际研究生联合培养工作。从 2018 年起,双方联合招收硕士研究生,由双方共同面试筛选学生,实行双导师制,达到双方要求后,授予双方的学术型硕士学位。联合培养采取"0.5+2+0.5"模式:第一学期在泰国农业大学修满 8 个学分;第二至五学期在中国海洋大学学习,修满 18 个学分,并开展科学研究;第五学期末,通过中国海洋大学的论文答辩并达到相关学位要求,授予中国海洋大学硕士学位;第六学期末,通过泰国农业大学的论文答辩并达到相关学位要求,授予泰国农业大学硕士学位。目前,"中泰中心"完善了培养方案,制定了联合培养研究生课程体系,开设"藻类学进展""水产动物遗传育种学"等 5 门英文核心课程,为海上丝路沿线国家的学生提供优质的海洋与渔业教育资源。

2018 年,水产学一级学科点将开展国际评估。通过评估,将全面理清水产学科在学位点、科研、教学和平台等学科建设方面的现状,准确定位本学科的国际地位,找准与国际同类学科相比所具有的优势和差距,为科学制定学科发展规划提供可靠的基础数据。以此为契机,进一步加强国际化课程体系和培养方案建设,拓展国际化培养途径,建设示范性国际教育项目模式,提升国际化人才培养的质量和水平。

3.联合国际优质科教资源,强化学院国际化能力建设

2017 年 6 月,学校召开了"水产养殖与环境科学联合研究中心"学术年会,奥本大学研究生院院长、农学院院长、国际教育主管一行,以及我校国际合作交流处、研究生院、水产学院,就联合项目的实施管理、项目进展情况和后续研究计划进行了总结和磋商。奥本大学渔业、水产养殖与水域科学学院本科生课程导师与我校就国际合作办学进行了交流,双方将根据中国教育部相关规定,开展学

分互相认定、共同制定人才培养方案等合作办学项目准备工作。

随着国际化进程的深入推进,学院目前实行的工作模式,已不能充分满足国际合作与交流的需要。结合学科实际和发展要求,学院提出并实施"院长负责、专人统筹,项目主管、班子协助"的管理新模式。在各个项目前期开展工作的基础上,结合学科方向、项目属性和教师特长,增设了数个项目主管,主要由国外引进的青年骨干教师担任,分别具体对接"中国海洋大学—美国奥本大学水产养殖与环境科学联合研究中心""中国海洋大学—美国奥本大学合作办学项目"、面向"一带一路"倡议的"中泰海洋和水产中心""孟加拉海洋与水产合作项目"、面向日韩的"日本东京海洋大学 JCK 项目",以及面向非洲的"纳米比亚水产养殖合作项目",以保障各类项目高质高效的落实和推进。以提质增效为目标,创新体制机制和管理模式,共同推进现代渔业知识创新和教育发展,是学院努力的方向。

四、优化国际合作交流格局,扩展国际化教育规模

推进学院的国际化建设,要坚持以提质增效为目标,吸引国际一流师资来校任教,开展合作研究,创新体制机制和国际化人才培养模式,共同推进现代渔业知识创新和教育发展。

1. 依托国际创新平台,实现科教融合发展

推进优秀人才的国际化培养计划。以"中国海洋大学和美国奥本大学本科生国际合作办学项目"和"中国海洋大学与泰国农业大学硕士研究生联合办学"为重点,集中力量推进优秀人才的国际化培养。通过实施"水产健康养殖理论与技术学科创新引智基地"项目,以及海外名师工程、绿卡工程、英才工程等,引进国际化的高水平师资,利用全球水产教学课程资源,建立国际化水产本科生和研究生课程体系。以美国华盛顿大学渔业学科为标杆,利用"国家建设高水平大学公派研究生项目",推动博士生联合培养,促进渔业学科进入国际主流行列。

深入推进与世界一流大学和学术机构在渔业、水产领域的实质性合作,开展高水平人才联合培养和科学联合攻关。加强水产学科国际协同创新,积极参与或牵头组织国际和区域性重大科学计划和科学工程。进一步营造良好的国际化教学科研环境,增强对外籍优秀教师和高水平留学生的吸引力度,树立我国水产学科的良好品牌和形象,实现科学研究与人才培养的融合发展。

2. 汇聚资源力量,拓展国际合作领域

2017 年 12 月,我校水产学院作为国内唯一渔业领域的高校单位,加入国家海洋局牵头组织的"中国参与 APEC 海洋与渔业工作网络",将在更高的层面上发挥学科优势,全面参与 APEC 框架下海洋和渔业领域的国际合作,为国家在

APEC 海洋和渔业工作组提供科技服务和支持。2018 年,学院将承办由国家海洋局主办为期 6 天的"2018 年 APEC 海洋渔业可持续发展培训研讨班",将有 11 个国家渔业领域的数十位代表参加会议,并共设置了 8 个由国内外渔业领域的科学家主讲的专题,还设置了水产师生和代表共同参与的科教论坛和产业实践基地考察。通过主导具有国际影响力的学术活动、承办高层次的国际学术会议等,有助于提升我校水产学科国际影响力,提高水产学科科学家在国际学术组织、学术刊物等的任职数量和质量,推动参与渔业领域国际教育规则制定、国际教育教学评估和认证,最终提高我校水产和渔业学科的国际竞争力和话语权,发挥大学的引领作用。

3. 发挥学科优势,推进海上丝路国际合作交流

2018 年,学校将与孟加拉国达卡大学签署合作协议,建立全面合作关系。学校与达卡大学已通过政府资助项目,建立起高层次人才培养的联系,两校在海洋、水产、化学、地学、药学、食品科学等学科契合度高,双方开展长期、全面的合作具有良好的基础和广阔的前景。在学科专业领域的国际教育方面,借助中国政府的资助和支持,进一步加大学校在孟加拉高校的宣传力度,招收更多硕士和博士层次的留学生,推进人才专项培养交流工作,这将对提升我校服务国家"一带一路"建设的贡献力,扩大在东南亚地区的学术地位和国际影响,具有重要的意义。

推动学校与孟加拉国渔业研究所(BFRI)签署合作协议,共同建设科技支撑与服务平台。依托研究所在孟加拉的 6 个渔业研究中心,以渔业科技研发合作为牵引,争取国家"一带一路"政府项目支持,共建共享科技平台,支撑我校在孟加拉联合开展鱼类及虾蟹类育苗、病害防控、养殖生态和模式等方面的研究工作,促进当地水产养殖业健康发展。推动双方共建"中孟渔业科技创新与技术转移中心"。"中心"依托水产学科的特色优势和学校海洋学科的综合优势,以及科技人才的整体优势,围绕着科技成果、科技金融、科技人才、科技咨询、知识产权、公共技术平台等要素,推进跨境科技成果转化和技术服务。通过持续合作与建设,使"中心"逐步成为服务学校相关学科在孟加拉,乃至辐射东南亚有关国家的科学研究、产业合作和科技人才培养的核心基地。

结合海大黄岛校区建设和国际化教育发展规划,学院积极配合国际合作交流处和国际教育学院,推动设立"海大留学生招募推进及生源国构成扩充专项",与社会留学教育咨询服务平台合作,以"一带一路"沿线国家,即以东南亚、俄罗斯及东欧国家为主,大幅提升招生规模和学生质量。

水产科学与技术世界一流学科的国际合作与人才培养,承载了新的更高要求的使命与责任。水产学院将坚持开放、包容、合作、共赢的理念,聚焦国际优势

科教资源和海上丝路重点区域,通过科技联合攻关、互派留学生、教育培训、产学研融合、政策研究等多种形式,汇聚各类要素进行协同创新,全方位助推"一带一路"沿线国家的互联互通,打造海洋渔业科技和产业创新成长的孵化器、海洋文化教育传播基地和国家海上丝路建设的高端智库,大幅度拓展与世界一流科教机构全方位、多层次的深入合作,全面提升国际化的中国人才、中国化的国际人才的培养能力。

科技合作与文化交流的相互促进

——记中国海洋大学与德国汉堡大学的海洋合作研究

江文胜 * ■

摘要: 中国海洋大学与德国汉堡大学在海洋科技领域开展了 20 余年的合作,期间通过共同完成科研项目在科研资源共享、学术思想交流和人才培养等方面取得了突出成绩。这一合作的成功,既与当时的国际社会经济发展的大背景有关,也取决于双方求真务实的科学精神、严谨认真的治学态度和开放包容的文化底蕴。科学研究的合作过程促进了双方的文化交流,同时文化交流则为合作成功提供了保障。

关键词: 中德合作;海洋科学研究;人才培养;文化交流

大学作为人才培养、知识创新的重要社会机构,随着其自身的发展,正承担起越来越多的社会职能。现在我国明确提出国际交流与合作是当今大学的第五项职能,正是看到大学汇聚着一个国家的知识精英、文化精英,透过大学这个窗口,可以吸收世界上其他国家先进的理念和技术,提升自身的科技水平和创新能力,同时又可以将中国的思想文化及科技成果传播出去,使得大学在构建人类命运共同体中更好地发挥自己的作用。自 20 世纪 80 年代开始,中国海洋大学与德国汉堡大学在海洋科学研究方面有长达 20 余年的合作历史,取得了明显成效,现在重新回顾这段历史可以对我们未来的国际交流与合作提供借鉴。

一、合作的背景

由于历史的原因,改革开放之前中国的国际交流较少,并且主要局限在与东欧等社会主义国家进行交流。20 世纪 60 年代以后,这方面的交流也减少许多,主要发展带有援助性质的与第三世界国家的交往。这使得我国在相当长的一段时期内与外界几乎没有学术上的交流,加之文化大革命十年间教学科研的不正常状态,学术交流更加没有可能,连获取国外信息的学术期刊也无法正常获得。

改革开放之后,中国打开国门,派遣留学生、访问学者到世界各地进行学习,

---

* 江文胜,中国海洋大学环境科学与工程学院院长,主要从事浅海环流、悬浮泥沙输运和风暴潮研究。

也邀请外国专家来华讲学,使得研究者们有机会了解到国际学术界的发展。这时中国的海洋学者发现,在"二战"之后海洋科学研究出现了质的飞跃,许多基础理论和研究方法都在那一时期建立起来,而我们错过了这一时期。因此和其他行业一样,大家迫切地想利用各种方法来了解国际的发展。

在当时,学术期刊是获得信息的主要手段,每当图书馆到了新的期刊,大家争相阅读,而且现刊是不能借走的,只能在图书馆看,当时也没有复印设备,只能抄录。如果有人在期刊上看到一篇好的文章,他还会与相熟的老师分享,大家一起讨论,信息就是这样传递着。另外,少数的研究者可以参加国际学术会议,在会上与外国同行建立联系。

不过在有信息壁垒时代,由于交流不畅,中国学术界产生了一些独创的成果。因此当改革开放后,西方国家也急于认识刚刚打开国门的东方大国,从各方面和中国开展合作。从文化方面来说,中国这样一个东方文明古国是令人向往的,特别是封闭了近 30 年,显得更加神秘;从海洋科学来看,中国周边的海域蕴含着什么样的科学问题,在其他海域的科学规律在这里是不是照样适用,这也是值得探讨的。当然对西方学者来说,与中国研究者建立联系的机会也不多,而国际会议也就成了一个重要的场合。

二、合作的缘起

1983 年 8 月 15 日—27 日在德国汉堡举行第 18 届国际大地测量学和地球物理学联合会(IUGG)大会,这是地学界重要的世界性大会,大约每四年召开一次。中国科学院副院长叶笃正院士作为团长率团参会,其中中国海洋界共有 17 位代表,山东海洋学院(中国海洋大学前身)副院长文圣常院士作为代表参加了此次大会。中国于 1979 年正式成立 IUGG 中国委员会,因此 1983 年的这次大会是 IUGG 中国委员会成立以来第一次参会,也是中国首次派海洋界代表参加这一大会。这引起了会议承办者,时任德国汉堡大学海洋研究所所长的 Jürgen Sündermann 教授的关注。

Jürgen Sündermann 教授是世界著名海洋学家,1978 年开始担任德国汉堡大学海洋研究所所长,1989 年汉堡大学整合包括海洋研究在内的五个地学研究所成立海洋与气候中心,由他出任主任。他先后领导汉堡大学海洋科学研究 25 年,做出了重要贡献。他曾担任德国海洋学会理事长和国际海洋物理科学协会(IAPSO)副主席,在国际海洋界享有很高声誉。

这次会议是他担任所长不久后承办的一次大型学术活动,而中国代表的到来让他感到格外高兴。作为大学的教授,他自然对同样来自大学的文圣常院士更加关注。会议期间,他邀请文圣常院士访问了汉堡大学海洋研究所,双方就开展合作达成了初步意向。

也正是从那时开始，Sündermann 教授领导汉堡大学的海洋研究力量与中国海洋大学的文圣常院士、冯士筰院士、张经院士等多位教授开展了深入广泛的合作，在提供科研资源、传播学术思想和进行人才培养等方面做出了突出贡献。在建立了长期稳定可持续的科学合作关系的同时，增进了两国科学家之间的友谊。

大会结束后，双方仍然书信往返。1985 年文圣常院士正式邀请 Sündermann 教授来华讲学，希望 Sündermann 教授在山东海洋学院就海洋中的物理、生物、化学过程的模拟做出系列报告。1986 年 7 月 7 日—8 月 8 日，Sündermann 教授首次来华讲学，围绕上述内容进行了系列讲座，讲座一共分 10 次，另外还有 4 次专题讨论，吸引了学校相关领域的专家及研究生参加。在讲学期间，Sündermann 教授与我校领导及专家就合作事宜做了进一步探讨。同年 11 月 3 日"浅海海湾、河口及陆架物理学国际学术会议"在学校召开，Sündermann 教授受邀参会，11 月 6 日文圣常院士代表学校与他签署了《山东海洋学院和汉堡大学海洋研究所的合作协议》，这是我校与汉堡大学海洋研究所签署的第一份正式合作协议。

三、合作的过程及成果

协议签署后，双方即为开展实质性合作进行努力，分头向各自政府有关部门汇报，争取支持。而这时恰逢中国与德国拟开展海洋方面的合作研究，在 1978 年中德政府签订的科技合作协定框架下，1987 年 2 月在北京召开了首届中德两国政府间海洋科技合作联合委员会会议，中国国家海洋局和德国联邦教育和研究部（BMBF）代表两国政府具体负责双方在海洋领域的科技合作。我校与德国汉堡大学的合作得到联委会的支持，这意味着这一合作得到了两国政府的认可。

由于这个合作开始时即是两个单位之间的合作，不是局限在两个科学家团队之间的合作，双方的牵头人对于扩大合作的领域付出了巨大心血。我校最初是由文圣常院士促成了这一合作，后期则主要由冯士筰院士来具体推动这一合作，德方则一直是 Sündermann 教授来负责这件事。双方首席科学家定期互访，每 1~2 年会形成一个会议纪要或备忘录，对未来合作进行具体规划。经过双方的共同努力，合作交流开展得有声有色，在双方紧密合作的 20 余年间，在联合委员会的支持下，我校教授与德国汉堡大学海洋研究所的研究人员共开展了 11 个合作项目，分别是：胶州湾的环流与输运、渤海的环流与输运、渤海生态系统动力学分析和模拟研究、胶州湾的水团运动、大气中的中尺度环流和输运、黄河水沙锐减对黄河三角洲的影响、近岸水生生态系统对环境和气候变化的生物地球化学和生态响应、海洋中难降解生物异源物质的环境效应、渤海气溶胶季节变化的数值模拟、近岸水体中有害藻类水华发生消亡的围隔生态动力学研究以及全球变化对渤黄东海的影响。

从这些项目的名称来看,研究内容的覆盖面是很广的,当时校内的许多团队都参与到合作中了,而德方也不仅局限在海洋研究所,而是扩展到汉堡大学后来成立的海洋与气候中心。

合作的一个重要的成效是促进了学术思想的交融和学科的发展。合作开始的时候是相互了解,相互熟悉。Sündermann 教授及其同事将他们的先进科学思想和方法带进中国,中方的科研人员也将独到的见解融入合作研究之中。Sündermann 教授在合作初期的 1986 年来华讲座,就从物理海洋学家的角度出发,将海洋中的物理、化学、生物过程的模拟一并考虑,将当时国际上先进的理念引入中国,为我们指出了一个海洋科学内部交叉研究的方向。事实上,此后的双方合作基本沿着这条主线进行,校内的物理海洋(冯士筰、俞光耀),海洋化学(陆贤昆、张经),海洋生物(张志南、鹿守本),大气科学(吴增茂)等学科的教授紧密结合,为我校找到海洋环境这一新的学科增长点,1991 年由冯士筰院士牵头建立了国内首个环境海洋学博士点,这为我校的环境科学与工程一级博士点的建立奠定了基础。

20 世纪 90 年代中期,文圣常院士敏锐地认识到海洋生态动力学是海洋环境研究的一个发展方向,于是组织校内教授进行预研。而参加中德合作的教授们对此已经有了准备,冯士筰院士邀请 Sündermann 教授访问中国海大,期间 Sündermann 教授做了一场学术报告,专门介绍德国在欧洲北海从事的生态系统动力学研究成果。欧洲北海的海洋生态系统动力学研究对我国开展相应研究有很强的借鉴意义,经双方商讨提出了"渤海生态系统动力学分析和模拟研究"(AMBOS)项目,将欧洲北海的经验用到中国的渤海,该项目列入了 1994 年在德国波恩举行的联委会纪要,这是海大与汉堡大学目前最成功的海洋科技合作研究项目的开始。

由于联委会对于项目的支持只能提供部分双方交流的费用,要想使项目真正进入实质性实施阶段,必须要从不同渠道各自申请经费。德方从德国联邦教研部(BMBF)申请到研究经费,我方则申请到了国家自然科学基金来开展国际合作。

自合作之初,双方即抱定平等合作的宗旨,首先双方各自有自己独立申请到的科研经费,这是平等合作的前提;另外各家也独立出思想。例如,在环流动力学和输运方面,双方认可使用德方的"汉堡陆架海模型"(HAMSOM)数值模型用来进行模拟计算,使用中方提出的"拉格朗日余流和长期输运"理论来进行理论分析,使双方在合作中都有不可替代的贡献。

德方从 BMBF 得到的经费中包含 35 天的海上航次费用共计 20 万马克,利用中国海洋大学新建成的"东方红 2"号科学考察实习船在渤海进行两个航次的观测。当时我校的"东方红 2"号刚刚下水,由于经费的不足,船载仪器设备缺乏,连国际上海洋调查通用的 CTD 及采水器这样的重要必备仪器设备都没有。为了完成项目,Sündermann 教授积极协调汉堡大学海洋与气候中心的各研究所,提供价值 40 万马克的先进仪器设备用于海上观测和实验室样品分析,将这次合作中的样品、数据获取分析手段提高到了国际先进水平,也为后期我校"东方红 2"号的仪器设备选型提供了参考依据。在两个航次中,各有 8 名德国科研人员上船参加考察,与中方人员优势互补,圆满地完成了航次任务。

合作的成果则在项目开始就进行规划,原计划合作发表 8 篇文章,中德双方各牵头 4 篇,但是后来由于德方人员变动,最终只完成了 7 篇论文。这 7 篇论文在 *Journal of Marine Systems* 上以专辑形式发表,全面地介绍了合作项目的成果。

除了共同出海、共同发表论文这些成果外,这个项目还为学校培养了大批人才,汉堡大学接受了十余名我校的科学家及博士生在德国进行半年以上的访问研究,其中两人获得汉堡大学博士学位,现在都成了各自方向的骨干专家。

四、合作成功的原因分析

该项目之所以能够成功,合作双方的科学精神是关键的原因之一。双方在合作之始尽管对问题的认识深度并不一致,不过各有所长,大家都能平等地进行讨论。合作过程中每年至少召开一次研讨会,有关项目的事情都要在研讨会上进行讨论,常常争得面红耳赤,但是这种争论都是学术上的争论,最终都是从科学的角度去判定出正确结论,当然也可能基于当前的认识在有些问题上无法得出结论,那也经双方认可留待以后进一步研究。

成功的另外一个原因是中方认真努力的精神。合作中要进行联合调查,中方严格按照国家的规定进行审批,对于航次安排与德方仔细核对每一个细节,对于双方的任务及分工逐项讨论,甚至发生争执。以至于 1998 年在汉堡经过一天紧张的讨论后,俞光耀老师累晕倒了,Sündermann 教授赶紧叫来救护车,发现主要是空腹紧张工作一天所致,幸无大碍。计划确定后,中方则努力地完成所承担的任务,克服了许多德方认为不可能克服的困难。由于环节繁杂,德方的仪器设备在出航前两天才出青岛海关,需要在短短的两天内把直读 CTD 及其铠装电缆、采水器等两个集装箱的仪器吊放到"东方红 2"号船上,并安装调试,以德方的经验认为这是不可能的。可是在"东方红 2"号船员和科考队员共同努力下,硬是靠人力花一天时间把数吨重、3000 米长的钢缆从绞车上换下来,将从德国运来的铠装电缆换上。第二天德国科考人员上船看到连接好的 CTD 时,感到非常惊讶并为我们这种精神所感动。

中德双方首席科学家的开放包容的文化底蕴是合作成功的又一个保障。起初合作研究的主要方式是人员互访。在德国,Sündermann 教授尽力为中方研究人员提供了良好的生活和科研环境。后来 Sündermann 教授意识到中方人员回国后由于条件所限难以继续开展研究,因此经过诸多努力,促成汉堡大学赠送给中国海洋大学一台 SUN 工作站,大大提高了计算能力。

双方首席科学家一起以智慧化解了研究过程中的各种纷争,特别是在联合考察方案设计中,事务繁杂,经常出现分歧,Sündermann 教授和冯士笮院士总能站在科学的立场上,艺术地进行协调,既解决了问题,又使双方科学家产生了深厚的友谊。

五、合作中的文化交流

在科学研究的同时,双方还在文化上进行了广泛的交流。Sündermann 教授及其夫人十分热爱中国文化,至今家中仍铺着 20 世纪 80 年代从青岛带回的地毯。Sündermann 夫人在汉堡特地学习汉语和中国国画,每年她都会亲手绘制国画生肖贺年片,寄送给中国合作伙伴。中国同事到汉堡访问,她总是自己烹饪中餐来招待大家。

而 Sündermann 教授及团队成员访问中国时,也受到中国合作者的热情接待,他们也非常愿意体验中华文化,在科学研究之余,共同体味中华传统文化的魅力。在中德合作的两个航次中,德方的科研人员在船上每天跟随水手学习太极,到现在仍有人在坚持练习。

中方的研究人员在合作过程中也领略了德国认真到近乎刻板的文化。到德国待过一段时间的人都惊诧于其城市公交系统的准点运行,而德国式的过马路在当今我们都开车的今天,更让我们体会到人人守规矩对于一个复杂社会系统的运行是多么重要。我们也感受到了中德的文化差异,邀请德国合作者到家里吃饺子,他们品尝到美味之后,询问饺子馅的配方,而且掏出纸笔准备记录,吓得我们赶紧说我们都是依个人口味适量添加的,然后大家哈哈大笑。

这种文化上的交流使大家成了朋友,加深了大家的相互理解和相互信任。它促进科学合作,在制订合作计划时,我们比他们还关注细节,做不到的事我们坚决不承诺;他们也逐渐认识到,在他们眼里不可能的事,只要我们答应了,就一定能完成。

六、结语

双方在科技与文化方面交流的成果得到了国家的认可,Sündermann 教授于 2009 年获得中国政府颁发的"友谊奖",以表彰其对中德海洋科技合作所做出的贡献。Sündermann 教授于 2003 年退休,德国政府在当时也调整了对外科技合作的政策,使得后来没有延续与汉堡大学大规模的合作。但是前期打下的基础仍然在其后我校与德国的合作中发挥着作用,而 20 余年合作中积累的经验可以为以后开展相应的合作提供借鉴。

2000 年 4 月双方在中国海洋大学(鱼山校区)赫崇本雕像前合影
(第一排左起:刘东艳,冯士筰,J. Sündermann,D. Hainbucher,张经,T. Rabbi
第二排左起:孙军,高会旺,T. Pohlmann,于志刚)

2009 年 10 月 Sündermann 教授来京参加"友谊奖"颁奖典礼
(左起:冯士筰,Sündermann 及其夫人,江文胜)

中国海洋大学儿童文学研究国际化经验及成果

朱自强　徐德荣　赵一凡[*]

摘要：国际交流与合作对于中国儿童文学的学术发展至关重要。近年来，随着中国海洋大学国际化战略的实施，儿童文学学术团队明确将国际化作为自己的学科建设的重要目标之一，在切实努力之下，取得了一系列重要成果。这些成果包括主办两年一届的中美儿童文学论坛暨国际儿童文学论坛，实施教育部"高水平儿童文学学科建设聘请国际名师特色项目"，团队成员有规模地出国讲学、参加高水平学术会议等。本团队所开展的国际化交流合作，具有国际一流、双向交流、多语种参与、注重积累和可持续发展等特点。

关键词：中国海洋大学；儿童文学研究；国际合作

中国儿童文学是受西方影响产生的现代文学。历史经验证明，每当与国际学者互动交流，中国儿童文学就获得长足的发展，而一旦向西方掩起门户，中国儿童文学就会出现发展缓慢的状况。因此，儿童文学研究国际交流与合作是当前中国儿童文学谋求学术发展的必然要求。

就世界范围而言，中国儿童文学研究在国际化方面有很长的路要走。国际合作能够帮助中国儿童文学研究者更深刻地了解西方的儿童文学理念，反思既有的儿童观、儿童文学观，从而提升研究的高度、拓宽研究的广度。同时，儿童文学研究的国际合作也为向世界推广、普及中国优秀的儿童文学作品、儿童文学学术成果提供了契机。

近年来，随着中国海洋大学的国际化发展战略的实施，在学校的大力支持下，儿童文学学术团队明确将国际化作为自己的学科建设的重要目标之一，在切实努力之下，取得了一系列重要成果。

---

* 朱自强，中国海洋大学文学与新闻传播学院教授、博士生导师，儿童文学研究所所长，中国儿童文学研究会副会长，主要研究领域为儿童文学、语文教育、儿童教育。中国海洋大学儿童文学研究团队和"高水平儿童文学学科建设聘请国际名师特色项目"负责人。徐德荣，中国海洋大学外国语学院副教授，儿童文学研究所成员，主要研究领域为儿童文学及其翻译。赵一凡，中国海洋大学外国语学院研究生，主要研究领域为儿童文学及其翻译。

一、国际合作的学术基础

致力于国际交流与合作的中国海洋大学儿童文学团队,拥有坚实的学术基础和良好的国际学术交流、合作的条件。儿童文学研究团队的负责人儿童文学研究所所长朱自强教授是中国儿童文学学术研究的领军人物。他从事儿童文学学术研究 30 多年,出版《儿童文学概论》《儿童文学的本质》《中国儿童文学与现代化进程》《儿童文学:学科与建构》《日本儿童文学论》《现代儿童文学文论解说》等十余部学术著作,有《朱自强学术文集》(10 卷)问世。在《中国现代文学研究丛刊》《当代作家评论》《文艺争鸣》《人民教育》《学前教育研究》《大阪国际儿童文学馆学报》等国内外学术刊物上发表中文、日文论文 100 多篇,主编《世界儿童文学名著》(28 卷)等多种大型儿童文学丛书。其原创图画书《会说话的手》获首届"图画书时代奖"银奖,儿童系列故事《属鼠蓝和属鼠灰》(三册,与左伟合作)获第二届泰山文艺奖、冰心儿童图书奖,入选 2010 年度"大众喜爱的 50 种图书"评选。朱自强教授还曾翻译十余部日本儿童文学名著以及近百种图画书,入选《中国教育报》组织评选的 2010 年全国推动读书十大人物。此外,还获得并完成多项国家社会科学基金项目、教育部规划项目、文化部规划项目,获得省政府科研成果奖二等奖一项、三等奖两项、第六届鲁迅文学奖文学理论评论奖提名奖、蒋风儿童文学理论贡献奖。朱教授多次赴日本访问和研究,多次应邀赴美国、英国、加拿大、俄罗斯、日本、韩国、新加坡、马来西亚等多个国家以及我国台湾、香港地区交流儿童文学发展成果,为中国儿童文学研究的海外推广做出了较大贡献。中国海洋大学儿童文学研究所徐妍教授是中国儿童文学研究会理事,多年治学儿童文学,出版了《鲁迅论儿童文学》《文学研究的恒与变》等学术著作,发表了大量学术论文,在儿童文学界具有较大影响。徐德荣副教授系中国儿童文学研究会理事、国际儿童文学研究会(International Research Society for Children's Literature,IRSCL)成员、雷丁大学访问学者,出版专著《儿童本位的文学批评与翻译研究》,在《中国翻译》《外国文学研究》《外语研究》等国内优秀期刊发表儿童文学翻译及研究论文 20 余篇,出版多部儿童文学译著,并完成国家社会科学基金、教育部规划等多项科研项目,在儿童文学翻译研究、跨学科研究方面不断推陈出新、孜孜以求。何卫青副教授出版了《小说儿童/1980—2000:中国小说的儿童视野》《澳大利亚儿童文学导论》《中国幻想小说论》(与朱自强合著)等学术著作,在英语圈儿童文学研究方面颇有造诣。中国海洋大学儿童文学研究团队的其他成员也不断产出成果,在诸多儿童文学论坛、学术会议上都能看到中国海洋大学儿童文学研究团队成员的身影,研究成果可见于国内诸多期刊,仅 2015 年和 2016 年取得的科研项目以及在研的科研项目就共计 11 项,其中国家社科 2 项,省部级 6 项。目前,儿童文学研究队伍还在不断壮大。

中国海洋大学儿童文学学科主要依托于文学与新闻传播学院、外国语学院进行学术团队建设。团队成员大多拥有博士学位,具有留学、访学的经历,所精通的语种包括英语、日语、德语、法语、俄语,在国内高校儿童文学研究领域独具优势,具有广阔的国际交流、合作的前景。

二、国际合作的主要成果

儿童文学团队国际合作的整体思路可归纳为:"请进来、走出去",通过与国外的双向交流,提升儿童文学研究的国际水准。在儿童文学国际合作中,双向交流是至关重要的,这不仅意味着交流双方的平等性,也牢牢契合了加强国际合作的根本目的:发展自身。

中国海洋大学儿童文学国际化合作在"请进来、走出去"上做出了诸多努力,具体体现在以下几个方面:

(一)或独立主办,或与美国大学合作主办,召开两年一度的国际儿童文学论坛

2011 年,朱自强教授受邀前往美国德克萨斯 A&M 大学讲学,讲学期间,朱自强教授与德克萨斯 A&M 大学孔子学院中方院长罗贻荣教授一起与克劳蒂娅·尼尔逊教授进行了密切磋商,形成了双方合办首届中美儿童文学高端论坛的意向。在学校的大力支持下,努力将中美儿童文学论坛办成每两年一届的例会,2012 年在中国海洋大学成功举办首届中美儿童文学高端论坛(与美国德克萨斯 A&M 大学合办),2014 年在美国举办第二届中美儿童文学高端论坛(与美国南卡罗莱纳大学合办),2016 年在中国海洋大学主办第三届中美儿童文学高端论坛暨首届国际儿童文学论坛,2018 年即将在美国召开第四届中美儿童文学高端论坛暨第二届国际儿童文学论坛(与普林斯顿大学合办)。目前中美儿童文学论坛暨国际儿童文学论坛,在学校各方面的大力支持下,已经办成了成熟的例会。这一常态化的国际学术会议保证了中外双方对彼此研究领域的持续关注,有利于双方熟悉彼此的学术传统和学术热点,开展切实有效的交流、合作,不仅为我校的儿童文学研究团队提供了难得的发展机遇,也为中国儿童文学研究的国际化做出了重要贡献。

(二)实施教育部特色项目

2016 年,团队申报并获得"高水平儿童文学学科建设聘请国际名师特色项目"。该项目建设周期为 2016 年至 2018 年,邀请国际顶尖学者前来讲学、交流。2016 年邀请西方儿童文学学术领域的权威学者约翰·斯蒂芬(John Stephens)教授作为客座教授每年来校讲学。讲学内容主要包括儿童文学的国际研究现

状、研究方法等,并就儿童文学、文化研究的重大问题进行系列讲座。此外,斯蒂芬教授还同我校相关专业师生进行儿童文学研究方面的座谈交流。以"高水平儿童文学学科建设聘请国际名师特色项目"为依托,我校邀请了包括斯蒂芬、克劳蒂娅・尼尔逊(Claudia Nelson)、米歇尔・马丁(Michelle Martin)、卡琳・莱斯尼克-奥伯斯坦(Karin Lesnik-Oberstein)和三宅兴子(Okiko Miyake)在内的国际顶尖学者来校讲学,推进了儿童文学的跨学科研究,拓宽了儿童文学研究领域,提高了研究水平,也扩大了我校儿童文学研究的国际影响力。

(三)团队成员出国讲学、参加学术会议

自 1987 年起,朱自强便作为访问学者,前往日本多所大学、研究机构进行儿童文学研究、交流、讲演。2007 年,朱教授受邀在马来西亚做巡回讲演,因其在马产生的影响广泛而巨大,被马来西亚黄先炳博士称为"是我国儿童文学发展的一个里程碑"。多年来,先后出访美国、英国、俄罗斯、日本、韩国等世界各国讲学,赴美国、加拿大等国参加重要国际儿童文学学术会议,从未停下儿童文学国际交流合作的脚步。2017 年 7 月在加拿大约克大学举办的国际儿童文学研究会(IRSCL)双年会,徐德荣副教授也应邀参加,与来自世界各地的顶尖儿童文学学者进行学术交流并达成合作意向。徐德荣副教授在会上宣读的论文引发了各国学者的关注,激发了对于中国儿童文学作品及研究的兴趣。此外,徐德荣副教授 2016 年赴英国雷丁大学进行了为期一年的访学,参与并组织了 2012 年及 2014 年中美儿童文学高端论坛、2016 年中美儿童文学高端论坛暨首届国际儿童文学论坛,并将参与 2018 年于美国举办的第二届国际儿童文学论坛。

三、国际交流合作的特色

通过主办两年一度的国际儿童文学论坛、实施教育部特色项目、团队成员出国讲学、参会三种具体做法,中国海洋大学儿童文学研究的国际化交流合作实现了双向互动,不仅真切了解到国际儿童文学的前沿研究,而且也让西方看到了中国学者为儿童文学研究做出的努力。观察以上具体做法,不难发现,中国海洋大学的儿童文学国际交流合作形成了鲜明的特色。

(一)国际一流

无论是邀请到我校前来讲学的专家抑或是我校儿童文学研究团队参与的国际学术会议,均具有国际一流水平。我校邀请的约翰・斯蒂芬教授从事儿童文学教学和研究 30 余年,对儿童文学研究的国际交流贡献巨大,他曾任国际儿童文学研究学会主席(1997—1998)和《国际儿童文学研究》学术期刊主编(2008—至今),于 2007 年荣膺第 11 届国际格林兄弟奖,也是安妮・德芙洛克斯・乔丹奖(2014)得主;克劳迪娅·尼尔森教授是西方儿童文学研究的领军人物之一,曾担任国际儿童文学学会主席,是多个国际学术期刊的资深编辑,著有多部学术专著,多次获得"国际儿童文学学会著作奖",并于 2010 年荣获德克萨斯 A&M 大学颁发的"女性进步奖";卡琳·莱斯尼克—奥伯斯坦教授作为雷丁大学国际童年研究中心主任及儿童文学硕士学位点负责人,在儿童文学研究的学科构建方面兢兢业业,其研究具有极强的跨学科性质和国际视野。此外,先后来我校讲学、交流的国际顶尖学者还包括米歇尔·马丁、三宅兴子等。除了上述学者,2018 年已经确定来我校讲学的教授还有德国的 Bettina Kümmerling-Meibauer、日本儿童文学学会前会长佐藤宗子、美国著名学者伦纳德·马库斯。

国际一流专家来我校的讲学和交流,关注的都是国际儿童文学领域的热点问题、前沿问题,具有广阔的国际化视野。例如,2017 年斯蒂芬教授来校讲学时涉及的话题主要围绕儿童文学批评中的民族志诗学和概念化隐喻、图画书中的社会价值、动物小说中的人类中心主义等,这些研究课题在儿童文学领域鲜有成文,代表着儿童文学前沿研究的发展;莱斯尼克—奥伯斯坦教授来校讲学的主题包括童年和性别、童年和声音及中介、儿童文学与童年及神经科学,她所采用的学术研究方法代表了儿童文学研究的最新动向。

（二）双向交流

中国海洋大学儿童文学研究的国际合作不仅请西方一流的儿童文学学者走进来,而且团队成员也走出去传播中国的儿童文学研究成果。无论是中方学者赴海外参会、讲演还是海外学者来我校讲学,双方平等交流、取长补短、共同致力于促进世界儿童文学创作与批评的繁荣。我校儿童文学研究团队注重参加国际一流的学术会议,团队成员连续参与 2012 年、2014 年、2016 年举办的中美儿童文学高端论坛以及 2017 年国际儿童文学研究会双年会。参会者来自英国、美国、加拿大、澳大利亚、韩国、日本、德国等国家,可谓儿童文学的学术盛会。

（三）多语种参与

我校儿童文学研究团队邀请来自英国、美国、日国、德国等国专家前来讲学,并为其配备口译人员以使交流更加无障碍。团队成员出访美国、加拿大、日本等多国参加国际论坛及学术会议,其研究成果用多种语言发表,包括英文、日文、德文、法文、俄文等。通过源语言的使用,更直接、深入地了解各国儿童文学研究的方法、方向及理念,提升了国际交流合作的品质。

（四）注重积累和可持续发展

中国海洋大学儿童文学研究团队在举办、参与各类国际论坛、学术会议之后,不忘收集、整理、发表成果。2012 年中美儿童文学高端论坛的论文集分别在中国和美国以中英文出版;教育部特色项目的讲座论文集已经提前规划完毕,预计 2018 年底或 2019 年上半年付梓;《中国海洋大学学报(社会科学版)》两次开辟中美儿童文学论坛专栏,使儿童文学团队在国内的影响得以扩大。对历届中美儿童文学论坛,《文艺报》都用整版篇幅作了具有学术深度的重点报道。此外,团队也注重国际合作的可持续性。近年来,团队抓住机遇,保证了中美儿童文学高端论坛两年一度的延续性,并通过各方努力,与多位国际顶尖学者达成了长期合作关系,每年来往访学、讲学、交流不断。

总之,随着中国社会主义现代化强国建设目标的确立,随着中国社会主义现代化建设的深入展开,具有"立人"性质的儿童文学将越来越发挥出重要作用,而儿童文学的学术发展也一定会面临新的挑战和发展机遇。为使儿童文学研究获得坚实、长足的发展,在坚持中国儿童文学自身主体性的同时,借鉴西方儿童文学学术发展的经验,是谋求中国儿童文学学科发展的不可缺少的选项。我们相信,中国海洋大学儿童文学学术团队,持之以恒、常抓不懈地将国际学术交流与合作开展下去,必将夯实儿童文学学科建设的基础,进一步提升儿童文学团队的学术水平,扩大在全国乃至世界范围的学术影响力。

高校国际化人才培养中的教师发展行动
——中国海洋大学教师海外研习营案例

宋文红　刘世玉*

摘要: 为不断提升人才培养质量和国际化水平,中国海洋大学把教师作为关键建设点,致力于教师的教学发展。自2015年开始与美国加州大学洛杉矶(UCLA)开始合作,开展为期两周的教师教学发展海外研习活动。本文通过对三期教师教学研习活动的成效进行案例分析,旨在探索国外高校教学能力发展项目开展的特点和成效,为今后开展教师教学发展工作提供参考和借鉴。

关键词: 人才培养;教师发展;UCLA;教学研习

不断提高高校办学质量、培养具有国际视野和创新能力的人才是世界高等教育界的共同追求。建立内部质量保障体系更是当前中国高等院校的中心工作之一。高校教师及其教育教学水平则是影响人才培养质量的核心因素,直接关系到高校的办学水平和使命履行。欧美国家在高校教师教学能力提升方面的实践探索渐趋成熟,其中以英国和美国为主要代表。英国主要采取学程模式、集成模式等培训方式,在多元文化背景下提升教师的教学能力。美国高校则主要设立教与学发展中心,在充分发挥导师制的同时,开展校对校的教师合作进修项目,通过组织各种团体发展活动,包括助教的培训等,促进教学能力的发展,保障教学学术水平的不断提升。相比之下,虽然我国各地的高校教育研究机构和教师发展中心开展了形式多样、富有成效的教师培训工作,但是鉴于当前存在的诸如教师队伍普遍"重科研、轻教学",教学能力评价体系欠完善,"培训"的行政意味等问题,已有的高校教师教学能力发展工作仍处于摸索阶段,活动的形式和内

---

* 宋文红,高等教育学博士、教授,中国海洋大学国际合作与交流处处长,中国高等教育学会院校研究分会常务理事、中国教育发展战略学会理事、中国教育发展战略学会高等教育专业委员会常务理事,曾为美国明尼苏达大学(Dulth)访问学者、中国澳门大学访问学者,美国圣奥拉夫学院访问学者,主要研究领域为高等教育评估与管理、高校教师专业发展、高等教育国际比较。刘世玉,中国海洋大学教育系教师,美国明尼苏达大学教育学博士,主要研究领域为高等教育评估、高校教师专业发展。本文是中国高等教育学会"中国高校教师专业发展调研"子课题"国外高校教师教学能力培训成效与经验调研"(2016JSSKT 004-8)的研究成果。

容还不能充分满足教师发展的实际需要。因此,探索构建完善的教师发展机制和体系,促进符合我国国情的高校教师教学能力发展,成为高等教育研究和实践的一项重要任务。

一、项目的缘起

中国海洋大学在实施多项人才引进和培养工程的同时,2007 年专门成立了"教学支持中心",为帮助在职教师提高教学水平、增强职业能力,进行了有益的探索。该中心以专业化服务为宗旨,致力于整合学校的教学资源,协助教师改进教学方法、分享教学经验,并探索建立合理可行的教学指导制度与科学的教学评价制度,营造教学及其质量文化。

笔者自 2007 年 7 月兼任该中心主任以来,一直在探索适合本校教师发展的各种途径和方法。2010 年 8 月带着深度了解美国大学教学和教师发展的研究任务,受学校委派,赴美国明尼苏达大学德卢斯(UMD)访学,连续两个学期参加了该校教学发展服务(IDS)部门组织的几乎所有教师专业发展活动,先后采访过 UMD 的校长、学术副校长、数位院长、IDS 的资深顾问,深度了解了美国大学教师发展工作。在美国访学即将结束时,有幸参加了一个研讨班:2011 年 5 月 22 日—27 日,由教育部、国家外专局组织的中国大学参加的"高校领导赴海外培训项目:中国—密西根大学教师发展研讨班"在美国密西根大学安娜堡校区(UM)举行。笔者和来自北京大学、厦门大学等 12 所高校的 10 位校长或分管教学副校长,人事处、教务处、教学中心负责人以及教育部有关领导共 33 人一道,参加了为期一周的研讨活动。整整 6 天时间共听了 20 个专题讲座,从密西根大学的常务副校长、副教务长、前任校长詹姆士·杜德斯塔特教授,到教与学研究中心 CRLT 负责人、副校长助理康斯坦斯·库克、文理学院院长、一线教师和中心的员工,共有 25 人参与专题讲座的讲授;每天的午餐会也是和 CRLT 员工交流的机会,还有和科尔曼校长的一次共进午餐,以及教务长的宴请晚宴;差不多每天都有理论讲授、实地参观、午餐会交流、参与互动等。通过深度体验,了解了密歇根大学是如何开展教师专业发展工作的,其在创建密大教学文化、提升密大教学质量上的管理及运作方面的具体做法。实地考察和学习带来的震撼使得自己拓宽了思路和视野。此后就一直在寻找可以让本校教师到国外大学实地学习的机会。

2014 年寒假自费赴美国明尼苏达大学、密西根大学和加州大学洛杉矶(UCLA)的教师发展机构讨论组织团组赴美学习的可能性,也幸运地得到导师赵炬明教授和他夫人陈肃馆长(UCLA 东亚图书馆)的帮助和支持,和 UCLA 的教学发展办公室(OID)一同反复沟通和设计了"教师教学发展研习营"为期两周的活动课程。期间还与赵老师共同邀请了 UCLA 的 OID 前任主任 Larry 教授、Kumiko Hass 项目主任和 Michelle Lew 博士到中国参加"院校研究国际会议"并面谈教师研习项目的内容和细节。终于在 2015 年暑期开始了项目的实施,并已经连续开展了三期,第四期即将于 2018 年 8 月开展。

二、项目实施的过程和内容

项目选派各学院/中心负责教学工作的副院长/主任、国际化课程负责人。主办研习活动的 UCLA 教学发展办公室(OID)有着 20 多年的机构建设历史,现有专业人员 140 人,提供五大服务板块:教学提升、调查研究与课程评价、教学技术、评估与教育测量、教室服务,具体包括教学技能、资助与奖励、教学评估与教学评价、多媒体教学设计与维护、助教训练、教育技术应用、基于社区的学习等。该中心与 UCLA 教学学术委员会(Academic Senate Committee on Teaching)共同组织优秀教学奖评选,已连续举办了 29 届名为"the Night to Honor Teaching"的活动,营造了卓越教学文化与氛围。

为了保证海外研习的质量,项目要求参与者具有较好英语交流能力并分三个阶段开展:

第一阶段,出国前的校内教学发展研习。① 要求即将参加研习活动的教师学习一门 MOOC 课程。Coursera 平台提供的约翰霍普金斯大学教授讲授的"大学教学 101"。该课程是适合于高等教育专业和大学教育工作者学习的入门课程。通过该课程可以学到教与学的基础科学知识以及在大学环境中教学的技能、策略与方法,但主要还是在知识层面的学习。②邀请专家围绕"以学生为中心的教学范式转型"主题来校讲座。在校内开展至少三次研习活动,主要内容包括"以学生为中心"的教育哲学和理论,心理学与学习科学的最新成果,美国大学的优秀教学实践。这个环节,教师可以参与和反思。③出国前的跨文化交流讲座,了解美国文化及其与我们的差异。

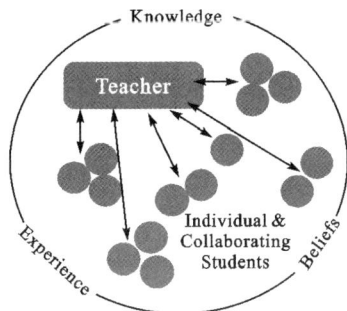

图 1　研习营"以学生为中心"
的核心理念

第二阶段,赴 UCLA 海外研习两周。研习营在"以学生为中心"的教育理念指导下(图 1),结合当前认知科学中关于学生学习的最新研究成果,针对中国大学实际和需求进行设计,深入剖析教与学的双向互动与反馈机制,从而对教学设计和评估等关键环节进行深入讨论。研习营的核心内容为主题工作坊,内容涉及美国大学治理、"以学生为中心"的教学法、反向设计的课程发展、如何使用评估促进课程建设、如何利用数据分析评估和促进学生的学习、教师同行评价、教学与学习的合作性与跨学科的支持、体验使用课堂无线即时答题器进行课程设计和教学,以及教师个人录制教学视频的软件与设备等。

研习营工作坊除了内容覆盖面广,在培训形式上也灵活多样,既包括深入、翔实的理论学习,也为教师们提供了丰富的实践和互动机会,如课程大纲设计和户外拓展练习等。其中,户外拓展练习旨在增强参训教师团队意识,使其深刻体会"以学生为中心"和合作性学习的教学理念(图 2)。教师们住宿在 UCLA 的本科生宿舍里,吃饭在学生食堂,校园内的体育设施是开放的,这使得参与者充分体验了美国大学本科生的生活。

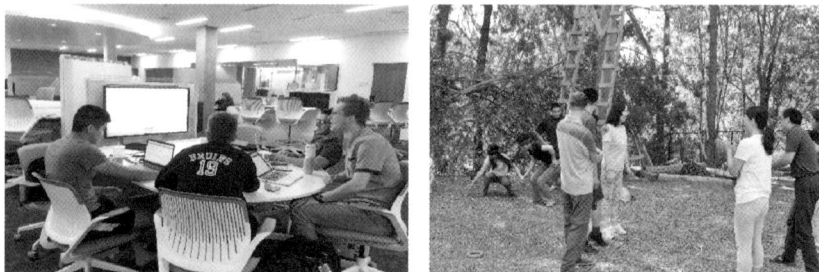

图 2　教师们参加小组讨论和户外拓展活动

除此之外,为了解 UCLA"以学生为中心"的合作学习环境特征,参加研习营的老师对 UCLA 图书馆、互动教学展示实验室以及师生学习生活场所和设施进行实地考察,其中包括研究图书馆、常规图书馆、模型与教学展示实验室、生命科学施林格实验室、材料与纳米科学实验室、教学演播室等。为加深对美国大学的整体了解,还实地考察了以理工见长的加州理工大学和海洋学科突出的加州大学圣塔芭芭拉(UCSB),探访了两校的教师发展中心、教学设施和科学实验室,并同部分师生进行交流(图 3)。

UCLA 还组织开幕和闭幕活动,并为每位参加过研习的教师颁发结业证书。

值得提出的是,为增强研习营的培训效果,教师的自我反思与总结贯穿整个培训过程。在研习营结束前,参训教师形成工作小组,对两周的研习和校园生活进行全面回顾和反思,并进行小组汇报。通过总结,老师们对世界一流大学"以学生为中心"的育人理念和学习支持环境形成更为深入的认识和理解,并且对以往在文献中读到的 SCL(Student-centered Learning)、SoTL(Scholarship of Teaching and Learning)、Bloom's Taxonomy, higher order learning, back ward design, i-clicker, faculty peer review 等专业词汇有了形象的认知,在相关使用方法与经验上有所提升。

图 3　教师们进行实地参观

　　第三阶段,研习回国后的总结与交流。海外研习结束后,除了参与教师每人提交一份书面总结外,还要求向本学院院长汇报学习收获、在本学院至少做一次教学报告、结合自己的课程进行教改探索。学校层面还组织进行校内交流汇报,讨论研习活动对教学实践的影响与收获(图 4)。每年的新团组研习活动也会邀请往期团组成员参与交流。在参与过 UCLA 研习的教师微信群里,经常性的教学交流和研讨非常热烈,已形成了一个跨学科的教师学习共同体。笔者对参加海外研习的三期教师做了书面调研,了解他们回国后"对学院人才培养国际化的贡献"以及"开展教学改革的成果"情况。统计发现,43 位分管教学的院长、副院长或系主任、系副主任,均在院系里发挥着积极的教改引领、院系教学学术守门人的作用;5 位没有担任管理工作的学院教授、副教授,也在所负责的课程上积极进行教改探索、国际化人才培养改革。在参加过 UCLA 研习的教师里,已经有多位具有管理能力的教师被推荐到了学校教务处、研究生院、教学发展中心的管理岗位上。由于教学改革需要假以时日,其影响和作用还将在以后进行跟踪。

图4　中国海洋大学海外研习营交流总结会

三、研习项目的成效分析

为更加深入地探讨国外教学培训项目的成效，我们进行了案例研究，针对学校选派参加 UCLA 研习的教师进行了调研。参与本次调研的共有 44 名教师（男 23 人，女 21 人），平均教龄为 20.3 年。其中 41

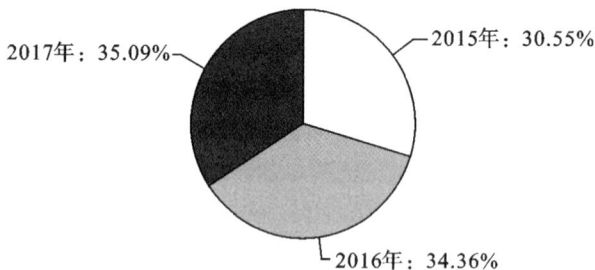

图5　本次调研对象参与培训时间和人数百分比

人为博士学历，3 人为硕士学历，正高级 31 人，副高级 12 人。教师所在专业覆盖面较广（理工科 29 人、文科 15 人）。本次调研的三届选派教师、培训年份和人数分布如图 5 所示。

本次调研以柯式四级评估模型（表 1）为理论基础，对培训效果的评估从反应评估、学习评估、行为评估和结果评估四个方面展开。调研过程将定性和定量研究方法相结合，使用问卷调查和参训教师自评总结作为主要评估依据，进行深入的分析和归纳。

本案例研究所采用了如下两种调研工具：

问卷调查。基于已有文献中关于高校教师教学能力的相关研究（徐继红，2003），本次调研使用的问卷包含三方面内容：教学能力自评、信息技术使用情况以及对所参与培训项目的评价。其中，教学能力自评主要包括教师对自身教学意识、课堂教学能力、信息技术能力和教学学术能力的自我评估。

表 1　柯式四级评估模型

评估层次	评估内容
反应评估	对培训组织、培训讲师、培训课程的满意度
学习评估	在知识、技能、态度、行为方式等方面的学习收获
行为评估	在工作过程中态度、行为方式的变化和改进
结果评估	在一定时期内取得的生产经营或技术管理方面的业绩

培训总结。本次调研汇总了 2015—2017 年间参加培训教师对培训内容和效果所进行的全部书面总结。通过内容分析法，归纳参训教师对培训成效的深度反馈。

调研数据收集与分析：调查问卷使用问卷星进行网络填写，调查结果使用 SPSS 21 进行统计分析。同时，使用 NVivo 对教师书面总结材料进行整理和内容分析。

调研结果一：教学能力自评

参与此次调研教师对参训后自身教学能力的自评得分如表 2 所示。结果显示，各题平均分在 3.59～4.70 之间，即调研对象对各题所述情况的自我感受多为"符合"和"最符合"。其中，第 1、4、5、6、11 题选择"最符合"的人数明显高于其他选项，其余各题选择"符合"的人数居多。另外，进一步统计分析显示，男女教师在教学能力自评测试中无显著差异，$t(42)=0.416$，$p=0.68$。同时，不同年份参与该培训项目的教师在教学能力方面也无显著性差异，$F(2,41)=0.496$，$p=0.613$。

表 2　参与调研教师教学能力自评结果

题目\选项	最符合 5	符合 4	一般 3	不太符合 2	最不符合 1	案例样本 平均分
1. 传达对本学科的热情很重要	31 (70.45%)	13 (29.55%)	0 (0%)	0 (0%)	0 (0%)	4.70
2. 教学对我来说是最重要的	13 (29.55%)	28 (63.64%)	3 (6.82%)	0 (0%)	0 (0%)	4.23
3. 科研对我来说是最重要的	10 (22.73%)	26 (59.09%)	8 (18.18%)	0 (0%)	0 (0%)	4.05
4. 我更愿意组成团队进行协同教学	21 (47.73%)	15 (34.09%)	8 (18.18%)	0 (0%)	0 (0%)	4.30
5. 明确课程在专业中的定位，能够撰写课程教学方案	24 (54.55%)	17 (38.64%)	3 (6.82%)	0 (0%)	0 (0%)	4.48

(续表)

题目\选项	最符合 5	符合 4	一般 3	不太符合 2	最不符合 1	案例样本 平均分
6. 有效地进行教学设计并加以实施	21 (47.73%)	18 (40.91%)	5 (11.36%)	0 (0%)	0 (0%)	4.36
7. 能够关注到每个学生,调整教学做到因材施教	9 (20.45%)	21 (47.73%)	13 (29.55%)	1 (2.27%)	0(0%)	3.86
8. 经常与同事交流,清楚表达自己的教学知识;积极参与本学科和跨学科教学协会的活动	12 (27.27%)	22 (50%)	10 (22.73%)	0 (0%)	0 (0%)	4.05
9. 发表并报告教学研究成果;获得教学研究的基金;指导他人进行教学研究	8 (18.18%)	19 (43.18%)	10 (22.73%)	5 (11.36%)	2 (4.55%)	3.59
10. 掌握学科专业知识,具备多角度分析和研究教学问题的能力	15 (34.09%)	21 (47.73%)	6 (13.64%)	2 (4.55%)	0 (0%)	4.11
11. 教学具有严谨的逻辑性,表达准确,能够启发学生的思想	19 (43.18%)	24 (54.55%)	1 (2.27%)	0 (0%)	0 (0%)	4.41
12. 教学中能够全面评价学生的学习过程和结果,并为学生提供及时、有用的反馈	8 (18.18%)	28 (63.64%)	6 (13.64%)	2 (4.55%)	0 (0%)	3.95
13. 对自身教学实践进行反思,不断改进教学状况	14 (31.82%)	27 (61.36%)	3 (6.82%)	0 (0%)	0 (0%)	4.25
14. 熟悉信息技术知识,愿意用其来改善教学,创新教学模式	8 (18.18%)	27 (61.36%)	8 (18.18%)	1 (2.27%)	0 (0%)	3.95
15. 能够利用互联网和信息化办公软件获取、建设相关的教学资源	18 (40.91%)	16 (36.36%)	8 (18.18%)	2 (4.55%)	0 (0%)	4.13
16. 能够利用多种信息化社交媒体工具开展教学交互	9 (20.45%)	19 (43.18%)	13 (29.55%)	3 (6.82%)	0 (0%)	3.77
17. 教学过程中能够利用网络动态获取学生学习情况,并通过在线方式给予个性化指导	6 (13.64%)	18 (40.91%)	16 (36.36%)	4 (9.09%)	0 (0%)	3.59
18. 经常阅读有关教学方面的文献;能够理解并描述教学决策背后的原则	8 (18.18%)	14 (31.82%)	18 (40.91%)	4 (9.09%)	0 (0%)	3.59

在信息技术使用能力方面,参与调研的教师在教学中融入混合式教学和技术辅助教学方法的比例较大,各占 56.82% 和 36.36%。然而,仍有 3 名教师很少或没有在教学中使用信息技术。另外,本调研中没有教师采用完全在线的教学方法(表3)。

表3　参与调研教师的教育技术使用情况

选项	案例样本小计(N=44)	案例样本比例
较少或没有涉及技术	3	6.82%
技术辅助教学	25	56.82%
混合式教学	16	36.36%
完全在线教学	0	0%
其他	0	0%

此外,参与调研的教师中,在课堂上进行过最多的体验式学习活动分别为:团队/小组学习、多媒体课件制作、基于问题式学习,而采用戏剧/电影制作/音乐创作/表演方式较少(表4)。

表4　参与调研教师在课堂上进行的体验式学习活动

选项	案例样本小计(N=44)	案例样本比例
示范/同伴教学	27	61.36%
戏剧/电影制作/音乐创作/表演	6	13.64%
实地考察、校外参观	10	22.73%
团队/小组学习	37	84.09%
实验课/模拟试验	14	31.82%
多媒体课件制作	32	72.73%
在线讨论/网络作业	20	45.45%
实习课/临床实践	6	13.64%
基于问题式学习	30	68.18%
以项目为主导的作业	22	50%

调研结果二:培训项目评估

调查问卷结果显示,参与此次调研教师对培训项目效果的评分平均在 1.25～1.98 之间,即调研对象对各题所述情况的自我感受多为"满意"和"非常满意"

(表5)。结合开放题的答案对问卷结果进一步分析,本次调研对象对 UCLA 研修项目主要提出了三方面建议。首先,大部分教师都表示希望有更多机会能够实际观摩课程,尤其是本学科相关的课程,从而更好地帮助自身进行教学设计的改革和创新。其次,一些教师提出,希望培训方能够持续为其教学活动提供支持、指导和服务。最后,教师们希望学校和培训方能够进一步完善前期的准备工作流程,加强筛选环节,从而提高培训项目的针对性和实践性。

表 5　参与调研教师对 UCLA 教学发展研修项目的评价

题目\选项	非常满意 1	满意 2	一般 3	不满意 4	非常不满意 5	平均分
1. 对项目整体感受和印象	24 (54.55%)	19 (43.18%)	1 (2.27%)	0 (0%)	0 (0%)	1.48
2. 培训目标和实际需求的符合程度	18 (40.91%)	20 (45.45%)	6 (13.64%)	0 (0%)	0 (0%)	1.73
3. 培训开展前的准备工作	19 (43.18%)	22 (50%)	3 (6.82%)	0 (0%)	0 (0%)	1.64
4. 培训内容的难易程度	10 (22.73%)	29 (65.91%)	5 (11.36%)	0 (0%)	0 (0%)	1.89
5. 培训授课教师专业水平	16 (36.36%)	28 (63.64%)	0 (0%)	0 (0%)	0 (0%)	1.64
6. 培训授课教师的教学风格和方式	18 (40.91%)	26 (59.09%)	0 (0%)	0 (0%)	0 (0%)	1.59
7. 培训过程的组织与管理	24 (54.55%)	18 (40.91%)	2 (4.55%)	0 (0%)	0 (0%)	1.50
8. 培训内容与实际教学的相关性	15 (34.09%)	25 (56.82%)	3 (6.82%)	1 (2.27%)	0 (0%)	1.77
9. 培训提供的学习资料和教学资源	14 (31.82%)	18 (40.91%)	11 (25%)	1 (2.27%)	0 (0%)	1.98
10. 自身参加本次培训的总体学习效果	11 (25%)	32 (72.73%)	1 (2.27%)	0 (0%)	0 (0%)	1.77
11. 培训过程中的学习氛围	33 (75%)	11 (25%)	0 (0%)	0 (0%)	0 (0%)	1.25
12. 培训的教学环境	30 (68.18%)	14 (31.82%)	0 (0%)	0 (0%)	0 (0%)	1.32

调研结果三：培训成效深度评估

本次调研对教师参加研修后的书面总结进行了内容分析。结果显示，总体而言，教师在培训过程中对于培训理念、内容、组织形式等都进行了螺旋递进性的总结与反思。首先，参加教师通过研习，对于"以学生为中心"的教育教学理念有了全面、深入的学习和理解，通过亲身参与培训中的互动环节，具体明确了合作性学习和探索学习的教学设计和实施过程。其次，研习中的核心内容之一为教学评估的设计和开展。在为期两周的研习中，教师们对于教学效果的观念产生了本质性的变化。参与初期，教师们对于教学评估的认识基本局限于纸笔测试。通过在培训中对于过程性评价和形成性评价相关教育研究文献的深入学习、教学评价工具的设计开发等活动，教师们逐渐加深了对不同教学评价方式的认识，并且能够初步将所学内容结合自身教学需求加以实践应用。另外，教师们对于研习中涉及的参观和考察环节印象深刻。多数教师第一次近距离地接触到了世界名校在教学环境方面的大力投入，对于先进信息技术在教学方面的广泛应用有了直观的认识。通过观摩名校教师的课堂教学，对于如何推进自身所在学科的教学改革进行了深刻的思考与反思。

四、UCLA 海外研习经验反思

本次调研对学校选派教师赴 UCLA 教学发展研修的经验和成效进行了全面、深入的案例分析。通过整合培训中的各类资料、档案，全面归纳与总结研习各方面的工作及其效果。调研结果总体显示，三期 UCLA 研习营教师的学习已初见成效，参与教师在教学理念、教学设计、教学评估等方面的理解和实践能力有了较大的提升。今后，学校将以此为基础，不断加强和完善相关工作流程，逐渐形成包括参训教师筛选、培训内容设计、培训成效评估等各个方面的常规化机制，从而推进教师职业能力发展方面整体工作目标的实现。特别是以课程为单位的实践改革应成为后续推进教师教学发展的着力点。

在当今世界如何培养能够适应全球化系列挑战的人才的大背景下，提升教师教学水平和能力是一个永恒主题和持续过程。通过改变教师的教学行为来促进学生的有效学习，通过将学校的发展宗旨和目标融入教师发展活动之中，营造教师与学生同成长、教师与学校共发展的氛围，进而发展大学教学学术及其文化，是大学组织的卓越追求。通过借鉴学习发达国家的高等教育经验，进而挖掘和发挥中国文化的全球教育治理作用，才有利于中国大学在不可逆的全球化浪潮中更好地参与世界高等教育的竞争与合作。

中国海洋大学日语专业国际化人才培养追踪调研

王光民　魏晓艳*

摘要:中国海洋大学日语系着力培养高水平国际化人才,努力探索与日本大学进行师生互派、学术交流的合作之路,先后与十余所日本大学建立合作培养关系,为学生提供了众多留学机会。为进一步提质增效、做好留学工作,学系分别于 2013 年夏与 2018 年初对部分留学学生进行了跟踪调查,为建立更好的留学支持与服务平台奠定了基础。

关键词:日语专业;人才培养;对外交流;追踪调研

国际化战略是实现世界高水平大学的必由之路,作为外语专业,我们深知自己在国际化战略中肩负的责任,认识到自己必须走在国际合作交流的前列。为此,我们通过努力,逐渐摸索出一条与国外大学进行师生互派,进行学术交流的合作之路。

一、学校日语专业的基本办学状况

学校日语专业设立于 1985 年,1996 年开始招收全日制本科生,2002 年开始招收日语语言文学专业硕士学位研究生,2015 年开始招收日语口译和笔译翻译专业(MTI)的硕士学位研究生。每年面向全国招收本科生 50 名左右,招收硕士研究生 25 名左右。现有专职教师 12 人,其中教授 4 人,副教授 3 人,讲师 5 人;常年聘请日籍教师 3~4 人。目前,日语专业的学科体系是以日本文学与翻译、日语语言学为中心,以日语教学、日本社会与文化等方向为补充。整体水平较高,且方向较为全面,布局较为合理。日语专业依托外国语言文学一级学科,在日语语言学、日本文学与翻译、日语教学等方向的教学与科研方面,在国内高校中具有重要地位。

与国内同类别其他重点大学相比,我校日语专业学生的对外交流起步相对较晚,首次派出本科生留学始于 2009 年 9 月。当年 5 月份,由学院自主联系、反

---

* 王光民,中国海洋大学外国语学院日语系副教授,中国日语教学研究会常务理事,山东分会副会长,主要研究领域为日本文学。魏晓艳,中国海洋大学外国语学院讲师,日语研究会会员,主要研究领域为日本语言文化。

复沟通,与日本大阪产业大学签署了"学术交流协议书"以及"学生交流补充协议"。根据此协议,日语系每年可向该校选派 4 名本科生,其中 2 名"2.5+2"模式的自费双学位生,2 名为留学 1 年的短期免学费学生。经过研究,首次留学的机会给了 2006 级本科生。由于面临毕业,留学时间只能定为半年。大阪产业大学也破例接受了所有 9 名同学的申请。双方克服种种困难,顺利使学生踏上了赴日留学的征程。他们在日期间努力学习,积极体验日本社会与文化,半年后全部以优异的成绩结束了短期学习,回到原来的班级。第一批留学的同学从本校毕业后,其中 6 位又回到日本深造,考入京都大学、大阪大学等名校,现在有的已学成归国,有的仍留在日本发展,皆有了自己理想的归宿。

从第一批学生交流的经历中,我们深感扩大交流、加强国际化培养的必要性和可行性。之后加大了对外交流的力度,分别与日本的 10 所大学签署了针对学生出国留学的学术交流协议,增加派出学生的名额和交流项目,截至 2018 年 2 月,累计派出本科生 106 名,研究生 56 名。尽管在联系学校、办理手续、制定培养方案、换算学分等环节中,需要投入极大的热情和精力,但看到一批批学生带着沉甸甸的收获学成归国,我们感到无比欣慰。让学生在国际交流中开阔视野、提高水平是日语系开展对外交流的初衷,而校院多部门的支持是我们做好这项工作的保障。

为了更好地做好对外交流工作,我们对学生交流项目的成效进行了调研,期待在当前国际合作提质增效阶段,提高我们人才培养的质量和效益。

二、日语专业学生出国交流项目调研

2013 年夏,针对日语系近年来陆续派出的同学做了一个问卷调查,回收到有效答卷 28 份。在 2018 年 2 月,时隔五年又通过问卷星 APP,面向派出的海大日语系学生做了一次问卷调查,增加了留学结束后的问答项目,回收有效答卷 51 份。两次问卷的主要内容涉及出国选拔的公平公正度、留学手续的办理情况、学生及家长对留学生活的担心内容、留学目的达成度、留学项目结束后的发展、对学校的期望及对学弟学妹的建议等几个方面。下面就两次调研进行对比分析(限于篇幅,两次调查的问卷及图表从略)。

1. 项目学生选拔的公平性问题

两次问卷调查的满意率分别为 100% 和 96%。综合分析来看,学生对选拔方法基本没有异议。第二次调查中有两名同学认为不公正,但是没有给出理由。根据以往与学生交流的经验,可能有以下原因:日方几所大学招生的时间不同,有的学生认为自己的成绩不尽如人意,心仪的学校招生时间晚,如果等待了又排名不靠前,就会失去出国的机会,为了保证能够被选中出国,只能按日方招生时间填报一所不太符合心意的学校。

为了给更多的学生提供留学机会,日语系一直采取单志愿的报名方式,即每个学生只限报一所大学。接受我校学生的日方大学均对学生提出了学籍及日语水平要求,其中广岛大学、大阪产业大学和武藏野大学每年接受留学生人数较少,完全委托日语系推荐合格人选。根据对方要求,按照日语专业课成绩排名推荐学生,并及时向学校提交选拔情况说明。

2016年起,武藏野大学追加了网络视频面试及笔试,根据面试和笔试的成绩决定学生编入的年级;2017年开始,又对交换生进行了网络笔试,以此决定交换生在日选修的课程。大阪国际大学招收人数不限,符合条件者均可申请,对方审核材料并通过笔试及网络面试后决定是否录取。广岛大学因为是招收准研究生,所以非常看重研究潜力,在研究计划通过审核后,广岛大学教授特意来青,对被推荐人进行笔试和面试,通过后,学生才会拿到录取通知书。

2.学生对留学日本的态度及担心事项

派出学生均是自愿申请留学的。在项目实施初期,由于派出名额较少,因此均是优秀学生,他们对未来的专业学习并不担心,担心事项主要集中在回校后能否顺利兑换学分,能否适应日本的生活(包括经济能力、打工、交往等方面)。随着交流规模的扩大,一部分学业成绩中等的学生也能获得出国机会,这部分学生比较担心能否快速适应日本的学习生活并顺利完成学业。

在项目的早期,日语系按照本专业培养方案,结合已修学分,为每一位同学指定在日学习的课程,以便将来兑换学分。后来教务处设立交流生事务管理科,出国及返校流程越来越规范,为学分兑换方面提供便利。但是,由于课程设置上的差异,许多学生为了达到本校的毕业要求,除了学习日方专业课程之外,还需要付出更多的时间和精力,去修一些跟日语专业相关的课程。其实,作为语言专业的学生,在国外的生活和学习经历本身就相当于某些专业课程的学习,需要在今后的学分认证方面能够有针对性地采取更加灵活的政策和措施。

3.家长对留学的态度

两次调查分别有89%和64.7%的学生认为家长表示担心,第二次的担心度有所下降,估计是与两次调查时的中日关系的变化以及家长对出国留学态度更开放有关。第一次调查的担心事项主要集中在中日关系紧张和学生的人身安全能否得到保障两方面;第二次调查主要体现在担心学生的人身安全和在日生活适应方面。

答卷统计表明,家长对学生的留学,可以说提供了百分之百的支持。但是随着中国学生出国量的不断增多,一些人身安全事件时有发生。家长对孩子安全的顾虑,也不得不引起我们的重视。尽管日本在治安方面相对安全,但是自然灾害及意外事件无法预测。如何做好留学服务工作,也是需要进一步思考的方面。

4. 留学目的及达成度

关于"留学目的达成度",第一次调查所有学生均认为实现了留学目的;第二次调查有三名同学认为没有达到目的。分析差异产生的原因,可能与前面提到的"扩招"后学生素质参差不齐有关。

关于留学目的,两次调查分别有 71% 及 92% 的学生选择了通过留学"提高日语水平",第二次比第一次提高了 20 多个百分点。众所周知,语言环境对学习外语非常重要,参与第一次调查的学生出国前大部分在浮山校区学习,与日本留学生同住一个校区、交往的机会相对较多,搬到崂山校区之后,学生接触日本人的机会非常少,渴望有机会直接交流,亲身体验日本的社会与文化。在这种情况下,留学就成了最好的选择。

另据了解,读双学位的学生,70% 的人在毕业后考入了日本的大学院攻读硕士,硕士中又有 29%(8 名)的学生继续攻读博士学位。他们考入的大学院有东京大学、京都大学、大阪大学、早稻田大学等名校,攻读经济学、社会学、语言学等专业。学生学业成功提高了我校的知名度,扩大了学校在日本的影响。

5. 赴日后的压力

学生抱着提高口语、体验日本社会的目的出国,达成这一目的的一个重要方法就是与日本人交流。据了解,日本年轻人在课余时间,除了参加社团活动,更多的是打工,宅在公寓里的也为数不少,这就为学生与日本年轻人的交往带来了障碍,所以选择"交友"压力大的最多。

在学习方面,第一次调查时的主要压力来自于"学习方法不同",第二次调查时的主要压力为"语言不过关"。本专业本校毕业所需学分为 167.5 个(2006版)和 160.5 个(2016 版),而日本只需要 124 个。从学分上讲,我们相当于比日本大学多了一学年的课程,在这种课程体系下,学生不可能拿出精力去做独立的调查研究,撰写研究报告。而日本的大学在三、四年级以研讨课为主,课堂的主体是学生,没有教师填鸭式授课,学生自己在课下要花费大量时间调查,在课堂上发表自己的调查研究结果,因此学生在留学初期很不适应这种学习方式。第二次的反馈与第一次的差异仍可以从"扩招"方面找原因。

6. 对留学生活的评价

第一次调查时,学生打工者比例占 96%,第二次的占 86%,下降了 10 个百分点,这也与当前中国经济增长状况吻合。对"你认为你的留学生活过得怎么样",两次均有 86% 的学生认为"打工学习分配合理",从中可以看出,我们的学生没有把时间浪费在打工上,而是拿出合理的时间打工,体验日本的社会,甚至到规模较大的商场(优衣库)、公司里打工,亲身感受日本的企业文化,为他们以后走上工作岗位打下基础;在学习上的努力,使得双学位留学生中的70%考取了日本有名的国立、私立大学院,这个数字也反映出了我校日语专业学生的整体实力强。

三、建议和对策

问卷调研设置了一道学生对学弟学妹、对毕业的院系、对学校三个层面的建议题,学生反馈的意见和我们的分析结果,在一定程度上可以作为如何做好我校日语专业国际化人才培养的建议和对策。

1. 对学生出国留学的建议

第一次调查中有93%的同学认为完成基础日语学习(即在校学习两年后)出国最好,第二次调查的这一比例下降到61%,而认为一年之后出国较好者占12%,认为最好三年之后出国者占18%。这些数据的变化既是学生多样化的正常反应,也是对留学项目多样化的期待。

大部分留学者很珍视留学的经历,建议学弟学妹们在家庭经济条件允许的情况下争取机会留学。他们还建议学弟学妹们在一、二年级好好学习,打牢语言基础,在学好日语的同时,多读书、拓宽知识面;赴日后多与日本人交往,不要忙于打工忽略学习。

2. 对院系的建议

建议主要集中在"增加与高水平大学的交流"这一点上,两次调查的结果分别为89%和90%。虽然我们在国际交流方面,尤其是在学生留学方面下了很多功夫,但是还需要提高交流层次,扩大交流的规模与质量。其实,在第一次问卷调查之后,我们已经在加大与日本知名大学接触的力度,有待继续推进。

根据我校国际合作交流处的资料,自20世纪90年代以来,我校与日本高校和科研院所开始建立起多渠道、多形式、多层次的合作与交流关系。先后与日本东北大学、筑波大学、东京海洋大学、北海道大学、同志社大学、神户大学等25个院校和研究机构签署了合作备忘录或交流协议,其中,东京海洋大学还是秘书处常驻我校的国际涉海大学联盟的发起学校之一。为推动国际化战略的实施,2016年学校还与环球翔飞教育集团(日中文化交流中心)正式签署学生交流项目协议书,每年有选择地向学生推荐短期交流项目,已有四五十名学生参加其各类项目。但是,与日本名校的国际合作主要还是在水产、海洋和其他非语言类专业方面,日语专业如何结合自身学科专业建设,借助这些平台,在交流的层次和水平上进一步提升,还需要多方的努力。

3. 对学校的建议

随着学生出国人数的增多,相应地在办理手续方面的工作量增多。日语系一直由一位教师兼职、义务为学生提供指导,而中国学生赴日提交的材料比任何国家所要求的都多,每年秋季学期伊始,都要在做好教学科研本职工作的同时,指导 20 多人做留学申请资料,是一项繁杂的工作。95％以上的同学能够意识到这是日语系教师的"义务劳动",对服务是满意的。但是也有个别同学不理解,甚至抱怨学校什么手续都没有帮忙。学校还要考虑如何在整体统筹学校相关工作的基础上提供专业化的服务,组织并指导学生办理有关手续,使留学手续的办理进一步规范化、程序化。

总之,通过这两次的问卷调查,我们也发现在国际化人才培养方面的一些不足。比如,学生们普遍反映应该增强与更高层次的国外大学的交流;我们向国外大学派出的多,与接受对方大学的数量还不能对等;目前我们已经实现了学生层面的交流,但是在教师互派、合作研究方面还刚刚起步;由于宣传不够,造成了一部分学生及其家长不必要的担心,等等。国际化进程是一个不断扩展、不断深化的过程。国际化战略的实施,需要各方面齐心协力,只有建立起长效机制,持之以恒,才会真正取得实效,才会可持续发展。

我们下一步的工作重点是,既要维护好与友好学校的传统友谊,在交流内容、模式、质量等方面不断深化,同时要积极扩大与日本高水平大学的合作与交流。在留学人员的选派,留学期间课程的选修,学分的换算等方面做到更加合理、科学、有序。不断扩展国际交流的渠道,使更多的学生、教师受益!同时,我们也将利用各种机会,在日本扩大对中国海洋大学的宣传,使更多的日本大学生认识海大,了解海大,留学海大,为学校一流大学建设做出贡献。

中德科研合作推动海洋科学高层次人才培养：经验与启示

王高歌*　■

摘要：在"中德海洋科学高层次人才联合培养项目"以及国家自然科学基金委中德科学交流中心项目的资助下，自2010年以来与德国同行在海藻入侵生态学机制方面开展实质性科研合作。本文介绍了中德科研合作的缘起、取得的标志性成果以及国际科研合作对海洋科学高层次人才培养所起的积极推动作用。

关键词：中德合作；海洋科学研究；高层次人才培养

高等教育国际化是21世纪世界各国大学教育的新型理念。在世界经济全球化的大环境下，高层次人才培养问题已成为全世界教育领域所关注的焦点，如何培养具有国际意识并能参与世界强国竞争的高、精、尖人才为各高校所重视，也是当今各高校重点探索的问题。研究生教育作为教育的最高形态，肩负直接为国家输送高层次人才的重任，对国家经济建设的影响显著。对于中国海洋大学而言，我们培养的海洋科学高层次人才应该是有志于服务并有能力引领海洋强国建设和中国特色社会主义建设的领军人才和骨干力量，以便在未来必争领域有足够的人力储备，占领制高点、掌握主动权。国际科研合作作为发展中国家跟上世界科技发展步伐的有效途径之一，已经成为中国高校和科研院所的战略选择。同时，国际科研合作在促进高层次创新人才培养方面也发挥着重要的作用。本文即以中德在海藻入侵生态学机制方面的科研合作为例，梳理了合作七年来所产生的国际高水平科研成果，并分析了中德科研合作是如何推动海洋科学高层次人才培养长效机制的建立，从三个方面加以阐述。

＊ 王高歌，中国海洋大学海洋生命学院教授，主要研究领域为海藻分子病理学与海藻入侵生物学。自2010年开始，在"中德海洋科学高层次人才联合培养项目"与国家自然基金委中德科学交流中心项目的资助下，与德国基尔 Helmholtz 海洋研究中心（Helmholtz-Zentrum für Ozeanforschung Kiel，GEOMAR）Florian Weinberger 教授开展海藻入侵生态学机制实质性科研合作，取得了高水平的科研成果。在本领域主流学术期刊共合作发表5篇SCI论文（其中一篇发表在 J. Ecol.，IF 5.8，一区）。中德科研合作也推动了海洋科学高层次人才培养长效机制的建成。截至目前，双方共同指导两名博士研究生，均已获得德国自然科学博士学位。

一、OUC-GEOMAR 海洋科研合作的缘起

自 1980 以来,原产亚洲的红藻真江蓠已入侵到太平洋东部和大西洋海域,对当地的群落结构和生态系统功能造成了巨大影响。尽管生态—生理学及化学研究的结果表明真江蓠的一些生态学特性和化学防御反应对草食者的抵御作用有助于其在全球的快速入侵,但关于真江蓠对新环境适应的生态学机制尚不清楚。2005 年真江蓠入侵到德国基尔波罗的海沿岸,改变了当地的生物多样性组成和潮间带群落结构,对当地生态系统造成了潜在的巨大影响。由于中德双方分别位于真江蓠原产地(中方:青岛)和入侵地(德方:基尔),因此,在实验材料的采集及实验地点两方面具有互补性和创新性。所有合作研究的实验材料均包括真江蓠土著种和入侵种,而以往的相关研究实验材料只能包括入侵种真江蓠。中德合作的创新性还体现在:中德双方的地理优势使得在原产地和入侵地进行相同的实验研究成为可能。合作研究内容如蜗牛的喂食实验、抗高温实验、抗附着和抗附着防御反应等均在中国荣成或青岛以及德国基尔各进行了相同的实验,因此,实验数据更翔实、可靠。海藻真江蓠科研合作项目的确立为海洋科学高层次人才的培养搭建了非常有效的学术平台。

二、中德科研合作标志性成果

从 2010 年开始,中德科研合作取得显著成效。首先,在真江蓠成功入侵的生态学机制方面获得重要的发现。入侵种真江蓠的低适口性、抗高温特性以及其抗附着防御反应能力的显著提高在其成功入侵的过程中起着重要的作用。其中,入侵种真江蓠抗附着防御反应的相关研究结果以双方共同第一作者发表于 J. Ecol. (2017,105(2):445-457,IF 5.8,一区)。目前在本领域主流学术期刊共合作发表 5 篇 SCI 论文,共同指导 2 名博士生。截至 2017 年共推荐我校 7 名学生赴德国基尔大学或基尔 Helmholtz 海洋研究中心攻读博士学位。

2017 年 6 月,中德双方成功地获得国家中德科学交流中心的项目资助 (Genetic and Ecological Drivers of Successful Bioinvasion by *Gracilaria vermiculophylla*, GZ1357,2017—2020),该合作项目的实施不仅使双方可以从遗传学(中方研究内容)和生态学(德方研究内容)的角度全面阐释真江蓠入侵的机制,而且还进一步加强了双方在科研和高层次人才联合培养方面建立起的稳定、长效合作机制。

三、中德联合培养海洋科学高层次人才的成效

中德双方的科研合作,离不开研究生的参与。从 2010 年开始,笔者与

Weinberger 教授开始联合培养博士研究生。在"中德海洋科学高层次人才联合培养项目"的部分资助下,Weinberger 教授的博士生 Mareike Hammann 分别在2010 年 4 月和 10 月来到中国海洋大学笔者的实验室完成了合作研究内容。期间,该生在青岛和基尔分别完成了真江蓠对取食者的抗性、抗高温以及对非生物胁迫(如长时间干燥)的抗性实验研究。基于上述研究结果,在本领域主流学术期刊联合发表了 3 篇文章。随后,在国家留学基金委的资助下,笔者的硕士研究生王莎莎同学于 2012 年 9 月顺利进入 Weinberger 教授的实验室攻读博士学位。王莎莎的博士研究内容为"海洋大型藻类土著种与入侵种的抗附着防御反应比较研究",这也是中德科研合作的延续。王莎莎的实验目的是检测土著种与入侵种真江蓠的抗附着防御反应的差异。在笔者和 Weinberger 教授的共同指导下,王莎莎同学已于 2017 年 3 月顺利地通过了德国基尔大学的博士学位论文答辩,并获得了德国自然科学博士学位。通过与 Weinberger 教授科研合作带动高层次人才的培养,笔者认为中德科研合作对海洋科学高层次人才培养的推动作用体现在多个方面。

1. 拓展海洋科学高层次人才的国际化视野和学术思维宽度

国际合作课题具有紧跟国际该领域的研究重点和难点的特点,要求合作双方需要了解拟合作领域最新的研究动态,热点问题以及新的发现和发明等,以确保双方合作研究内容的创新型和前瞻性。高层次人才通过直接参与高水平的国际科研合作项目,可激发其对本领域重大科学问题产生浓厚的兴趣。同时,在项目实施的过程中所学习的新观念和新的实验方法锻炼了他们的创新思维,强化与国际接轨的理念,这不仅开拓了科研实践中的研究思路,也培养了在科研工作中的国际化视野和学术思维,锻炼了研究生具有从世界范围、全球角度观察、思考和处理问题的能力,真正有参与国际竞争的实力,这对培养高层次人才在科研能力上具备国际竞争力是一种重要的训练手段。

2. 培养了海洋科学高层次人才严谨的治学态度和科学的探索精神

严谨的治学态度和科学的探索精神是科学研究者应具备的基本素质。历史上,德国教育改革家洪堡(1767—1835)创立柏林大学、提出"教研合一"的主张、实施高等教育改革,使得科学研究成为大学的重要职能,从而开启了世界高等教育发展的新纪元。德国文化的影响、德国的工匠精神以及德国"双元制"职业教育享誉全球。在与德方的科研合作过程中,中方研究生有机会直接接触德方优秀的同行,感受到不同文化背景下德方同行严谨的治学态度和对科学的孜孜以求的探索精神。这有助于形成中方研究生自己的治学理念。同时,在合作项目实施的过程中,会遇到各种各样的难题,通过与 Weinberger 教授以及 Mareike Hammann 博士研究生共同讨论,调整了研究手段和技术路线,并最终保证合作研究内容的顺利完成。这些工作经历对培养高层次人才具有不断探索、勇于创新、善于发现的科学精神具有重要的积极意义。如果我们的高层次人才都具备这种严谨的治学理念和百折不挠的科学探索精神,那么将来他们就能成为合格的国际化人才,并做出世界一流水平的科研成果。

3. 提高了英语交流的水平,锻炼了国际合作的能力

英语在中德科研合作中是必备的能力和工具之一。首先,在提出合作项目时,双方需要阅读大量的相关研究文献、了解最新的研究进展和动态,这样才能提出具有创新性和前瞻性的合作项目。其次,在合作项目实施的过程中,中德双方需要频繁、及时地分享实验结果、讨论研究工作计划、解决研究中出现的各种问题、论文的撰写以及进行各种形式的报告等交流活动,都需要熟练地应用英语。因此,英语是中德科研合作能否成功的重要因素。

通过中德科研合作,不仅极大地提高了直接参与合作项目的研究生的英语水平,也间接地提高了实验室整体研究生的英语水平。2010 年 4 月和 10 月,德方博士研究生 Mareike Hammann 在笔者实验室工作两个月。当时王莎莎同学全程陪同实验,王莎莎的英语口语在短期内得到突飞猛进的提高,为后来她获得国家留学基金委奖学金赴德方实验室攻读博士学位奠定了非常好的基础。另外,Mareike Hammann 融入实验室的工作中,创造出一个英语的实验室工作环境,间接地促使实验室其他的研究生意识到英语的重要性,并下决心刻苦学习,努力提高英语的听、说、读、写,以适应国际化发展的需要。

4. 通过双边研讨会平台,拓宽高层次人才培养渠道

通过举办中德藻类双边研讨会,建立有效的合作小组,为海洋科学高层次人才的培养创造更多的有效平台。2013 年,由中德科学交流中心(CDZ)立项资助,中德双方共同主办了中德藻类双边研讨会"Molecular and Ecological Research on Algae for a Sustainable Utilization"(GZ887)。研讨会期间来自德国、英国、法国和中国的 45 位藻类学家围绕藻类抗逆反应机制、藻类遗传学与基因组学、藻类生化与活性物质、藻类生理学等领域报告了各自的最新研究成果,同时,与会代表就藻类研究领域共同感兴趣的议题进行了圆桌讨论。这次会议通过广泛、深入的学术交流不仅加深了中德藻类学家的相互了解,也增进了国内藻类学家的学术交流,因此,受到了中德藻类学家的普遍欢迎。会议结束后,在藻类抗逆反应机制、藻类遗传学与基因组学、藻类生化与活性物质等研究领域分别建立 9 个中德藻类合作研究小组(表 1),促进了中德藻类合作项目的产生,共获得国家自然科学基金委中德科学交流中心立项项目 3 项,这些中德合作项目的立项将进一步促进中德科研合作的开展,以提升中德藻类研究在国际上的水平。同时,也为中方 10 名高层次人才(包括项目负责人、青年科学家及博士/硕

士研究生)提供到德方工作和学习的机会。

这次研讨会的另一个成果是在德国 *Algological Studies* 期刊出版了 *Phycology in China* 专刊,以向德国和欧洲显示我们国家藻类研究的现状和水平。由于出色地完成了专刊的出版工作,2016 年笔者被德国藻类学术期刊 *Algological Studies* 聘为共同主编(图 1)。

表 1 中德合作小组

中方	魏东	段德麟	吕雪峰	逢少军	王高歌	杨官品	王高歌	段德麟	于广利
德方	Georg Pohnert	Sandra Heinrich	Marin Hagemann	Kai Bischof	Florian Weinberger	Thomas Mock	Peter Kroth	Peter Kroth	Florian Weinberger

结束语

从 2010 年至今,中德双方结合了双方的优势和研究专长,在海藻入侵生态学机制方面开展了实质性深入合作,发表了高水平的研究成果,这不仅有助于巩固目前德方在海藻入侵生理—生态学的国际领先地位,而且也使中方填补了在国内海藻入侵遗传学研究方面的空白,有助于形成新的特色、优势研究方向,占据该领域研究的国际制高点。同时,中德科研合作为中德双方海洋科学青年优秀人才的培养建立了长效的机制。在项目的实施过程中,中德合作团队的博士研究生共同完成样品的采集、鉴定和单藻培养等工作。通过中德双方优秀青年科学家的密切科研合作交流,培养了海洋科学高层次人才,为中德科研、人才培养合作的可持续发展战略合作伙伴关系的建立做出贡献。

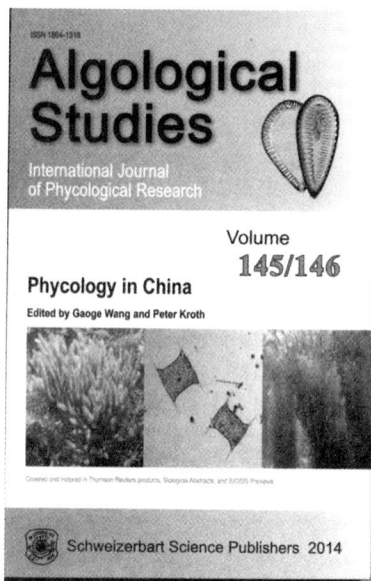

图 1 2014 年以王高歌教授与德国康斯坦茨大学 Peter Kroth 教授为主编,在德国藻类学术期刊 *Algological Studies* 出版了 *Phcology in China* 专刊

第三部分

PART THREE

中德联合培养高层次海洋人才项目的回顾与启示

傅　刚*　■

摘要：中国海洋大学与德国相关高校和科研机构围绕海洋科学领域高层次人才培养工作通力合作，取得了累累硕果。笔者自 2004 年 8 月开始涉足中德海洋科学领域高层次人才培养，从学术活动和日常管理两个层面参与到该项目的策划与实施工作中。本文根据自身经历，比较系统性地回顾了中国海洋大学与德国不来梅大学和基尔大学等联合培养高层次海洋人才项目的形成过程、中德合作取得的主要成果等，期待为学校未来的对外交流与合作工作留下一些文字材料。

关键词：中德合作；高层次海洋人才；联合培养

　　海洋约占地球表面积的 71%，是人类所共同拥有的空间与财富。虽然借助于日新月异的卫星遥感技术和计算机数值模拟技术，人类可以有条件地研究大尺度海洋现象以及与全球气候变化密切相关的海洋学问题，然而，要回答与人类生存环境和经济生活密切相关的海洋学问题，绝不是一个国家能独立完成的。无论是欧美的发达国家，还是发展中的沿海国家都充分认识到了这一点。

　　中华人民共和国政府和德意志联邦共和国政府都十分重视对海洋资源的可持续利用和海洋环境保护问题。为促进中德两国在海洋科学领域高层次人才培养和科学研究的交流与合作，中国教育部与德国联邦教育研究部（The Federal Ministry of Education and Research，德文名称 Bundesministerium für Bildung und Forschung，简称 BMBF）于 2003 年 10 月 10 日在北京签署了《中华人民共和国教育部与德意志联邦共和国教育研究部就在海洋科学领域进行合作的会谈纪要》（以下简称《会谈纪要》）。《会谈纪要》明确表示了中德两国政府将支持中国海洋大学和德国有关大学之间开展联合办学，共同进行海洋科学领域的高层次人才培养与科学研究。在中德双方教育行政管理部门的大力支持下，中国海

---

　　* 傅刚，中国海洋大学海洋与大气学院党委书记、博士生导师，主要研究领域为海洋气象学。2010 年 2 月至 2016 年 5 月曾任学校研究生院常务副院长，参与了中德海洋科学领域高层次人才项目的前期论证和后期日常管理工作。

洋大学与德国相关高校和科研机构围绕海洋科学领域高层次人才①培养工作通力合作,取得了累累硕果。笔者有幸自 2004 年 8 月开始涉足中德海洋科学领域高层次人才培养,从学术活动和日常管理两个层面参与到该项目的策划和实施工作中。在此项目实施即将满 15 年,学校开展"双一流"大学建设又有新思路和新举措之际,得到学校国际合作与交流处约稿,希望我能就该项目做系统性回顾。我以参入者和经历者的身份接受约稿,希望通过这个交流平台,可以为学校的未来对外交流与合作工作留下一些文字材料。后人若能有所感悟和启迪,将不胜荣幸。

一、项目实施的背景

2003 年 9 月,中国教育部时任部长周济访问联邦德国时,与德国联邦教育研究部国务秘书杜登豪森先生就两国在海洋领域内的合作可能性达成了共识。2003 年 10 月,杜登豪森先生率团对我国进行了回访,10 月 10 日与教育部章新胜副部长共同签署了《中华人民共和国教育部和德意志联邦共和国教育研究部就在海洋科学领域进行合作的会谈纪要》。双方确定,中国海洋大学与德国不来梅大学、基尔大学、不来梅莱布尼茨热带海洋生态研究中心(Leibniz Zentrum für Marine Tropenforschung,简称 ZMT)、基尔莱布尼茨海洋研究所作为该项目的共同承担方。

2004 年 4 月 4 日—6 日,应中国教育部和科技部的联合邀请,由德国石荷州国务秘书赫尔穆特·科尔纳博士率领的德国联邦研究教育部海洋专家代表团一行 6 人来中国海洋大学访问,旨在与我校商谈中德联合培养海洋科学人才,进行海洋科研合作等项目内容,以落实教育部周济部长 2003 年访德期间提出的成立"中德海洋高层次人才培养和科学研究中心"项目。2004 年 4 月 5 日,赫尔穆特·科尔纳博士率领德国联邦研究教育部官员和两所德国大学的专家学者和行政管理人员访问我校并商谈合作事宜,双方签署合作备忘录。

2004 年 7 月 16 日,在中德海洋科技合作联委会第十三次会议上,德国代表团团长、德国联邦教育研究部的奥利格先生向中国代表团团长、国家海洋局科技司王殿昌先生通报了该项目,并表示德国联邦教育研究部将对该项目给予经费支持,该项目被纳入此次会议纪要。

2004 年 8 月,中国海洋大学代表团出访了德国基尔大学、不来梅大学,双方一致同意建立"中德海洋高层次人才培养和科学研究中心",通过以海洋科学领

---

① 本文后面将提到中德的人才培养与科研合作领域已远远超过了海洋科学领域本身,为了简明起见,后文仍延续使用"海洋科学领域"这一表述。

域硕士研究生课程体系互认为切入点,联合培养硕士和博士研究生,实现中德三校在海洋科学人才培养和科学研究方面的合作,并签署会谈备忘录。

德国基尔大学(Kiel University,德文名称 Christain-Albrechts-Universität zu Kiel,学校网站 http://www. uni-kiel. de/index-e. shtml),位于德国的北部城市基尔,是德国最早开展海洋研究的高等学校,该校与德国海洋研究所、海洋地球科学研究中心(IFM-GEOMAR)形成了良好的合作关系,拥有 4 艘不同吨位的海洋调查船,成为集海洋科学教学和科研于一体的、国际著名海洋研究机构。不来梅大学(University of Bremen,德文名称 Universität Bremen,学校网站 https://www. uni-bremen. de/de. html)位于德国最小的联邦州不来梅州的州府、德国第二大港口城市不来梅市,在物理/电子技术、生物/化学和地质学方面有四个国际海洋研究领域的硕士专业,在这几个领域的合作中,不来梅大学在国际上处于领先的位置。不来梅大学与位于不来梅港的极地海洋研究所(AWI)有密切的合作关系。

二、项目的建设过程

1. 初访德国高校

2004 年,笔者时任学校海洋环境学院分管研究生工作和外事工作的副院长。8 月上旬,参加了由中国海洋大学吴德星常务副校长率领的访问德国团组(其他成员包括校国际合作与交流处处长陈锐,校研究生教育中心常务副主任李八方,生命科学与技术学部副主任、海洋生命学院院长张全启,国际合作与交流处翻译室主任邹卫宁,飞抵德国开展交流活动。为了保证此次访问的成效,环境科学与工程学院院长高会旺已于当年 7 月提前到达基尔,商讨了双方感兴趣的合作研究领域、研究生联合培养目标、课程设置、合作方式等。IFM-GEOMAR 所长 Peter Herzig、副所长 Douglas Wallace 以及后来成为 AWI 所长的 K. Lochte 对此事都给予了极大的关注。正在德国汉堡大学工作的陈学恩博士也从汉堡赶往不来梅与大家汇合。在 6 天的访问时间里,代表团在基尔和不来梅两个城市先后考察了 IFM-GEOMAR、极地海洋研究所、不来梅大学莱布尼茨热带海洋生态研究中心等 10 多个单位,参加了 30 多场报告与会谈。中方主要介绍中国海洋大学的基本情况、我方对中德合作的设想等,德方的每一个单位也是介绍本单位的基本情况、对中德合作的设想等,每天都工作十几个小时以上。此次访问有几件事给大家留下深刻印象。

一是吴德星副校长的存放西服的行李箱在机场被人误取,代表团成员紧急磋商,想办法为他凑齐了合适的西服和领带,保证顺利参加会谈。二是德国各接待单位对中方的情况并不十分了解,虽然代表团的访问都有德国联邦研究教育部的工作人员陪同,但代表团每到一个接待单位都要重复介绍我们是谁、我们来干什么等基本问题。三是在中德双方彼此之间不熟悉的情况,深度交流有一定困难,但关键人物发挥着至关重要的作用。如当时担任 ZMT 主任的 Venugopalan Ittekkot 教授①及其秘书 Petra Westhaus-Ekau 博士、基尔大学中德项目协调人 Stefan Sommer 博士的杰出工作,为中德开展海洋高层次人才培养和科学研究奠定了坚实的基础。四是活泼风趣的现场翻译工作是打破彼此沟通障碍的利器。学校国际合作与交流处翻译室邹卫宁主任②在英语同声传译方面有很深的造诣,凭借其丰富的工作经验在工作现场及非正式场合下的一些出神入化的翻译为中德双方加深交流发挥了不可替代的促进作用。

2004 年 11 月,不来梅大学、基尔大学派代表团访问中国海洋大学,商讨联合培养研究生专业领域和课程体系等合作内容,双方签署会谈备忘录。

2.第二次赴德访问

2005 年 7 月上旬,中国海洋大学副校长王琳带领代表团③第二次访问不来梅大学、基尔大学,中德双方就硕士研究生的联合培养进行了细致的磋商。此次出访德国的主要任务是落实执行中国教育部和德国联邦教育研究部共同支持的"中德海洋高层次人才培养和科学研究中心"框架下的硕士研究生联合培养项目

---

① Venugopalan Ittekkot 教授是国际知名海洋生物地球化学专家,他 1945 年出生在印度南部的 Ernakulam。在印度完成本科学业后到苏联留学并获得硕士学位,后赴德国汉堡大学留学,获得地球化学哲学博士学位及生物地球化学理学博士学位。他是一位国际交流经验极为丰富、为人和蔼、对中国友好的国际学术专家(见 https://de. wikipedia. org/wiki/Venugopalan_Ittekkot)。他的研究领域涵盖生物海洋学、海洋生态学、化学海洋学,工作语言包括英语、德语和俄语。1992—2000 年期间曾担任汉堡大学生物地球化学及海洋化学研究所所长,2000—2010 年任德国不来梅大学热带海洋生态学中心主任。他的研究重点为河流及河口营养盐和有机物的通量及沿岸上升流体系。截至 2016 年,他在 *Nature*、*Science*、*Earth and Planetary Science Letters*、*Geochim. Cosmochim. Acta* 等国际知名核心期刊发表过上百篇学术论文及专著。他领导并参与了大约 30 个双边、多边研究项目,由他带领的研究小组遍及欧洲、南美洲、亚洲等各个不同的海洋区域。他还是一位著名的海洋社会活动家,曾任国际科联环境问题科学委员会 (ICSU-SCOPE)执行委员、德国 ICSU-SCOPE 委员会主席,曾担任政府间气候变化专门委员会(IPCC)第二工作组(WGII)组长,负责并起草了第二及第三次评估报告。他还担任过 UNESCO 人与生物圈计划 (MAB)国际协调理事会成员及政府间海洋委员会(UNESCO-IOC)委员,并负责该委员会顾问组的工作。此外,还曾担任海洋科学委员会(SCOR)执委会特邀委员(见 https:// www. oceanexpert. net/expert/ venuittekkot)。目前,作为 SCOR 能力建设委员会(Steering Committee for Capacity Building)主席,他还致力于南美洲、非洲及东南亚等国家和地区的海洋能力建设。他为推进我校中德联合培养研究生合作项目倾注了大量心血,发挥了非常重要的作用,目前是学校的特聘顾问。

② 邹卫宁教授在 2016 年 7 月 5 日因突发心脏病不幸英年早逝,本文借此深切怀念他为促进中德交流做出的杰出贡献。

③ 代表团还访问了法国西布列塔尼大学、丹麦罗斯基尔德大学,参加由中国海洋大学倡议举行的"国际涉海大学协会"圆桌会议,实质性推动由中国海洋大学发起的这一国际学术组织的筹建,促进中国海洋大学与所造访的国际知名大学学生和教师的交流和交换。

和"首届中德海洋科学夏令营"的有关细节。此次访问主要取得三方面的成果：一是中德三校联合培养硕士研究生。在不来梅大学和基尔大学，中德双方专家分别介绍了各自学校在进行联合培养的硕士专业所设置的课程体系，以及 2007 年以前能够用英语开设的课程。进一步明确了"1+1+1"的联合培养模式，讨论了联合培养学生的遴选条件，并确定将于 2005 年 9 月份开始招收第一批联合培养的硕士研究生。同时，对于三校可以为留学生提供的条件进行了交流。成立了项目指导委员会，明确了其职能，并召开了第一次工作会议。二是组织首届中德海洋科学夏令营。确定了 2005 年 9 月 19 日—30 日在青岛举办首届中德海洋科学夏令营。德方将派遣 13 名教授(不来梅大学 7 名、基尔大学 6 名)做主题报告。此次访问确定了德方教授名单和报告题目。德方还将派 14 名研究生来参加夏令营，主要是高年级硕士生和低年级博士生。中国海洋大学也将安排同等数量的教师和研究生参加。中德双方学生将在三校教授的指导下，听取多个领域的专题讲座并进行有关的科学实验。双方还商定"第二届中德海洋科学夏令营"于 2006 年夏季在德国不来梅大学和基尔大学举行。三是联合培养博士研究生。中德三校科学家(包括德国热带海洋研究所 ZMT 和莱布尼茨海洋研究所 IFM-GEOMAR)对于联合培养博士研究生，并以此为契机，带动科研上的全面合作表现出强烈的愿望。希望通过举办学术夏令营等多种形式，加速中德科学家的全面了解，确定共同感兴趣的科学问题。

代表团一行还赴柏林拜访了德国联邦教育研究部和中国驻德国大使馆公使衔教育参赞刘京辉博士。刘京辉参赞详细回顾了教育部部长周济在 2003 年 10 月访问德国时与德国联邦教育研究部国务秘书杜登豪森博士对该项目的商讨和动议，重申了中国教育部对该项目的全力支持，并对项目在如此短时间内取得的实质性进展表示祝贺。

2005 年 9 月 19 日—30 日，以"Warming of the Oceans"为主题的首届中德海洋科学暑期夏令营如期在青岛举行。在夏令营期间，双方就以后的合作事宜进行了商讨，签署了会谈备忘录。

3. 第三次赴德访问及阶段性成果

2006 年 8 月 8 日—18 日，"第二届中德海洋科学暑期夏令营"在德国不来梅大学(8 日—14 日)、基尔大学(14 日—18 日)举行，这次暑期夏令营的主题是"Impacts of Global Change on Shelf-Open Ocean System"。中国海洋大学副校长董双林率领中国海洋大学代表团、德国不来梅大学副校长 Angelika Bunse-Gerstner 教授、ZMT 副所长 Ulrich Saint-Paul 教授、德国不来梅大学项目协调人 Petra Westhaus-Ekau 博士、德国不来梅大学和基尔大学的师生代表，以及德国 BMBF 国际合作局的代表出席了开班仪式，来自中国海洋大学的吴立新、傅刚、管长龙、张苏平、张志南、李铁、刘素美、李正炎、杨官品 9 位教授,德国不来梅大学和基尔大学的 A. Ladstaetter-Weissenmayer,D. Olbers,T. Rixen,A. Bischoff,K. Zumholz,M. Haeckel,H. Asmus,R. Asmus 和 K. Lochte 9 位教授围绕此次暑期夏令营的主题分别做了报告。

2006 年 6 月和 2007 年 1 月,中国海洋大学分别与不来梅大学、基尔大学签署了硕士研究生、博士研究生联合培养合作协议,标志着双方的研究生联合培养项目进入正式实施阶段。中德三校为该项合作确定了如下的工作步骤与时间安排:

(1)中德双方将成立指导委员会,为联合培养硕士研究生招生工作确定原则和标准。

(2)实现在欧洲学分转换系统(ECTS)框架下的课程对接。

(3)2006 年 9 月开始,中国海洋大学、基尔大学和不来梅大学开始招收联合培养的硕士研究生,中德双方学生各 20 名。中国海洋大学学生为当年被录取的全国统招硕士研究生。培养模式为"1+1+1",即第 1 年在中国(青岛)学习,第 2 年在德国(基尔或不来梅)学习,第 3 年返回中国(青岛)完成毕业论文并答辩。合格的研究生将被授予三校的学位。

(4)从 2005 年 9 月下旬开始,中德三校每年联合举办为期两周的夏令营(Summer School)。该暑期夏令营主要面向博士研究生、优秀的硕士研究生和青年教师。

(5)中德三校一致认为该项目应为长期合作,第一阶段执行期暂定为 4 年。

经过中德双方 3 年的共同努力,首批 4 名德国学生于 2006 年 9 月 9 日抵达青岛,首批来自中国海洋大学海洋环境学院、海洋地球科学学院、化学化工学院、环境科学与工程学院、生命科学与技术学部的 20 名学生也于 2006 年 10 月 11 日后赴德学习。2006 年 10 月 11 日下午,学校在鱼山校区胜利楼会议厅举行仪式欢送 20 名中德海洋科学联合培养研究生赴德深造。党委书记冯瑞龙出席欢送仪式,他高度评价了中德三校联合培养海洋科学高层次人才的重要意义,希望赴德深造的学生做到遵纪守法,爱国爱校,为今后赴德深造的学生做好表率并勉励学生潜心学习,以优异的成绩回报祖国,回报母校。

三、中德合作的主要成果

1. 中德海洋科学中心成立

2011 年 2 月 24 日,由中国教育部和德国联邦研究教育部共同支持的中德海洋科学中心(Center for Sino-German Cooperation in Marine Sciences)揭牌仪式在青岛隆重举行。远道而来的德国不来梅大学校长 Müller、基尔大学校长 Fouquet、莱布尼茨海洋科学研究所所长 Herzig、莱布尼茨热带海洋生态中心主任 Ittekkot 与中国海洋大学校长吴德星共同签署中德海洋科学中心合作协议，并为中心揭牌。

中德海洋科学中心是由中国海洋大学和德国的不来梅大学、基尔大学、莱布尼茨海洋科学研究所以及莱布尼茨热带生态中心 5 家科研教育机构联合成立、获得两国政府支持的在海洋科学领域搭建的高层次科教合作平台。该中心的宗旨是协调并促进中德双方海洋科学领域相关科研学术机构与企业组织间的合作与联络活动，尤其将促进中德双方在海洋科学高等教育与研究领域的合作。该中心的成立也是始于 2004 年的中德海洋科学高层次人才联合培养项目运行和建设的一个成果，而且是对项目的制度化建设。

2.教授之间的经常性合作与交流

除了经常性的校际访问、暑期夏令营交流外，教授们之间的学术交流成为常态。其中，不来梅大学的 Annette Ladstaetter-Weissenmayer 教授每年都到中国海洋大学来上课。Annette 教授的博士研究生导师就是因发现南极臭氧空洞而获得 1995 年度诺贝尔化学奖的三大得主之一 Paul Jozef Crutzen 教授。Annette 博士较早介入了中德联合培养高层次海洋人才项目，笔者与她初次打交道是 2006 年 9 月在第二届中德海洋科学暑期夏令营上，我们共同主持半天的报告。记得当时用英语给暑期班的学生讲了一些大气物理学的基本概念后，见中方学生反应迟钝，笔者就用中文做了一些讲解，于是引来 Annette 博士的"抗议"：你怎么能用中文讲报告？你给中国学生单独讲了些什么内容？在被告知中国学生的科技英文基础较差，有些单词不做解释他们不知道其含义之后，她虽然没有再打断笔者的报告，但依然双目紧盯 PPT 报告内容，生怕笔者多给中国学生"开小灶"。轮到她做报告时，笔者见缝插针请她休息片刻，把她报告中的一些英文单词的含义介绍给中国学生。这次"初次交手"给彼此留下深刻印象。2010 年 2 月笔者到学校研究生教育中心工作后，一次偶然的机会询问 Annette 博士能否为中国海洋大学研究生开设关于"如何用英文撰写学术文章"的课程？她欣然答应且之后每年都来学校为研究生上英语写作课。其认真负责的态度让人钦佩不已。除了上课外，她还与海洋与大气学院盛立芳教授建立了科研交流与合作关系。中国海洋大学 2011 年 5 月颁发聘书，聘任她担任客座教授，2017 年 5 月又颁发了续聘聘书。

除了 Annette Ladstaetter-Weissenmayer 教授每年都到中国海洋大学来上课外，德国亥姆霍兹基尔海洋研究所（GEOMAR）的 Martin Visbeck 教授也与中国海洋大学的吴立新教授等结下了深厚的友谊。Martin Visbeck 教授是国际著名物理海洋学家，德国亥姆霍兹基尔海洋研究所副所长，全球气候变化及可预报性（CLIVAR）科学指导组组长，德国研究协会（DFG）"未来海洋"精英学科集群主席,1999 年获 DEES 杰出贡献奖。研究领域为海洋在气候变化中的作用、区域海洋环流变化、全球海洋观测、北大西洋涛动及其影响、热带大西洋气候变异、古海洋环流与气候环境。

2012 年 10 月 15 日下午,Martin Visbeck 教授在中国海洋大学崂山校区图书馆第二会议室做了题为"未来海洋:观察、模式和海洋管理的挑战"的精彩学术报告。此次报告是中国海洋大学赫崇本海洋高端论坛的系列讲座之一,作为国际著名的物理海洋学家,Martin Visbeck 教授是首位受邀在此论坛做学术报告的学者。在报告中,Martin Visbeck 教授首先简要介绍了德国基尔大学在海洋相关研究领域的历史,陈述了"未来海洋"精英学科集群的主要宗旨,即召集不同海洋学科领域的科学家通力合作,共同实现"重现过去,研究当下和预测未来海洋变化,探索海洋资源及对其进行可持续利用的策略,同时增进对海洋灾害的认知并发展新的风险评估手段"的目标。随后,通过与会场听众互动交流的方式,Martin Visbeck 教授详细阐述了海洋调查、模式和海洋管理各方面的问题,提出了未来 5 年物理海洋学科研究的 11 个课题,并在报告最后提出,希望将来通过国际合作在青岛建立一个海洋学科蓝色硅谷。

3. 完成了新一轮研究生课程体系修订工作

学校以美国德州农工大学和奥本大学、德国基尔人学和不来梅大学以及澳大利亚新南威尔士大学等国际一流大学的相关院系为参照,组织海内外相关学科专家,认真研讨了这些大学在海洋科学、水产科学等学科领域的课程设置方面优点和特色,通过科学比对、理性分析,进一步厘清优势、认清差距、发现不足,重新修订了研究生课程体系。新制定的研究生培养方案较好地实现了国际视野、本土特色与传统优势的有机统一。依照新的研究生培养课程体系,集中建设了一批具有国际领先水平的核心课程。2011 年 10 月,学校研究制定了《中国海洋大学研究生培养国际化平台建设方案(试行)》,先后启动了"海洋科学国际研究生课程体系建设项目""水产养殖与渔业资源国际化平台课程体系建设项目""环境科学国际研究生课程体系建设项目""环境资源与保护法研究生国际化平台课程体系建设项目""国际商务硕士平台课程体系建设项目""中国学研究生课程体系综合项目"等 7 个项目。其中海洋科学、国际商务、环境资源与保护法 3 个国际化研究生培养平台共开设了 40 余门国际化课程,并连续多年招收国际学生,其他平台业已完成环境建设,起到了良好的示范效应。

4. 青岛历史气象资料完整回归

2014 年 4 月 8 日上午,100 多年前德国占领时期在青岛本地观测并被记录的珍贵历史气象资料回归青岛交接仪式在青岛市气象局举行。德国气象学会主席(President of the German Meteorological Society)Gudrun Rosenhagen 女士及其丈夫 Rosenhagen Wolfgeorg 先生,德国海岸带研究所所长(Director of Institute for Coastal Research at the Helmholtz Research Centre,以前的名字为 GKSS Research Center) Hans von Storch 教授,中国气象学会副理事长胡永云,山东省气象局局长史玉光,青岛市政府原市长助理、青岛外商投资企业协会会长武铁军,青岛市气象局局长顾润源,笔者以及陈学恩教授等出席了仪式。

青岛是中国现代气象科学的发源地,是中国气象学会的诞生地,是我国最早开展气象观测的台站之一,自 1898 年起就有了正式的气象机构,并开展气象观测。风风雨雨百余年,经历多次战乱,青岛的气象观测一直未中断。但遗憾的是青岛早期的原始气象记录多已散失。

2011 年暑期,德国海岸带研究所所长 Hans von Storch 教授到中国海洋大学进行学术访问与交流,向笔者赠送了 1898 年至 1909 年德国人在青岛观测的历史气象资料电子版。2012 年 9 月,笔者和陈学恩教授去德国访问,在 Hans von Storch 教授的陪同下,结识了时任德国气象学会主席的 Gudrun Rosenhagen 女士。在他们的周到安排下,2012 年 9 月 12 日下午在汉堡气象局大楼的阁楼上见到了存放于此的青岛历史气象资料原件。回国后我们即把在汉堡气象局见过珍贵历史气象资料的情况通报给了青岛市气象局局长顾润源。2013 年 6 月 23 日,在 Hans von Storch 教授来青岛参加学术交流活动期间,顾润源局长邀请他到青岛市气象局进行座谈,得知德国自 1898 年在青岛开展气象观测,到 1914 年撤出青岛时,将这些原始记录带回了德国,目前保存在汉堡气象局。德国虽然经历战争有不少气象资料毁于战火,但万幸的是青岛历史气象资料保存完好。Hans von Storch 教授说,根据德国法律,中国有权索要这些资料,并且别的国家有成功的先例。

后经中德双方的共同努力,最终使得存放在德国汉堡气象台的青岛部分气象原始记录(1898—1909)于 2014 年 4 月 8 日完整地回归青岛。在资料交接仪式上,青岛市气象局顾润源局长指出,正是在德国气象学会主席 Gundrun Rosenhagen 女士、Hans von Storch 教授、中国海洋大学、青岛市气象局等部门领导和专家们的共同努力下,才使得存放在德国汉堡气象台的青岛部分气象原始记录完整地回归青岛。青岛市气象局向做出重要贡献的 Gundrun Rosenhagen 女士、Hans von Storch 教授、笔者和陈学恩教授表示了感谢,并颁发了证书。青岛市气象局向 Gundrun Rosenhagen 女士颁发了气象资料接收证明,这些气象原始记录资料将由青岛市气象局和青岛市气象学会永久收藏。

根据历史文献记载,早期的青岛气象观测资料主要包括气温、气压、风向、风速、相对湿度、云量、降水等。1898 年 3 月—9 月,观测地点在青岛市馆陶路 1 号,观测场的经纬度和观测场的海拔高度不详,气压表的高度为 14.86 米,每日观测 3 次,分别为东经 120°标准时的 08、14、20 时观测。1898 年 10 月—1895 年 5 月,观测场移至上海支路,经纬度和观测场的海拔高度也不详,气压表的高度为 24.03 米,每日观测 3 次,分别为东经 120°标准时的 07、14、21 时观测。1905 年 6 月—1915 年,观测地点移到观象山,观测场经纬度分别为东经 120°19′、北纬 36°04′,观测场的海拔高度为 77.0 米,气压表的高度为 78.6 米,每日观测 3 次,分别为东经 120°标准时的 07、14、21 时观测。

5. 定期举办海洋科学暑期夏令营

中德海洋科学暑期夏令营是中德海洋科学高层次人才联合培养项目(Sino-German Initiative on Marine Sciences：High Education)合作框架下的重要活动之一。2005—2015 年,中国海洋大学与德国基尔大学、不来梅大学、亥姆霍兹基尔海洋研究所及莱布尼茨热带海洋生态中心联合举办了十届暑期夏令营,双方共有 204 位科学家及 289 名学员参与这项活动。每一次暑期夏令营主题都有所不同,但都围绕海洋科学前沿科学问题进行研讨。

2015 年 9 月 7 日,第十届中德海洋科学暑期夏令营在德国不来梅大学开幕。本届夏令营主题为"海岸带可持续开发——机遇与挑战",由中德科学中心(CDZ)立项资助(GZ1216),为期 14 天。夏令营期间,中德双方教师举办一系列有关海洋科学方面的跨学科学术讲座,内容涉及海洋资源可持续开发、遥感技术(特别是在海岸带地区的应用)、海岸带保护措施、人类对海岸带系统的影响及其相关气候、生物多样性和经济问题以及海岸带可持续开发的环境管理。同时,中德学员代表还参加小组实验讨论,共同制作 Poster、参观莱布尼茨热带海洋生态中心(ZMT)、不来梅大学海洋环境科学中心（MARUM）等研究机构;赴不来梅港 Klimahaus 考察,了解非洲、热带雨林、极地地区的不同景观;并参加 9 月 16 日—18 日举行的第五届中德海洋科学研讨会。

本届暑期夏令营,有来自中国海洋大学、浙江大学、上海海洋大学、中国科学院海洋研究所、国家海洋局北海分局、不来梅大学、莱布尼茨热带海洋生态中心、基尔大学、亥姆霍兹基尔海洋研究所、亥姆霍兹极地海洋研究中心—阿尔弗雷德. 魏格纳研究所、德国宇航局遥感技术研究所、莱布尼茨波罗的海研究所(瓦尔诺明德)以及挪威卑尔根大学的 19 位教师、21 名学员代表参加,通过举办夏令营,有效地增强了中德双方科学家以及青年学子之间的相互了解,为双方进一步加强科研交流与合作打下了良好的基础。

6. 研究生赴德交流持续开展

自 2006 年 9 月开始,中德双方开始互派硕士研究生进行联合培养。至 2009 年 9 月,中国海洋大学共派出 50 名硕士研究生参与联合培养,其中 19 名研究生获得中德双方联合颁发的硕士学位证书。同时德方派出 19 名研究生来中国海洋大学学习。自 2008 年开始,赴德与来华学生在人数上开始持平,2008 年、2009 年双方分别互派学生 8 人和 7 人。自 2007 年学校得到国家留学基金管理委员会的"国家建设高水平大学公派研究生项目"支持后,研究生赴德国留学的重点由硕士研究生改为博士研究生。

根据中国海洋大学研究生院的统计,2007—2016 年我校被国家留学基金管理委员会"国家建设高水平大学公派研究生项目"录取的研究生中,共有 110 名博士研究生获得进入德国大学或科研机构进行"联合培养"或"攻读博士学位"的资格,德国是仅次于美国的第二大留学目的地国家。110 名留德博士研究生约占被录取博士研究生总人数 804 人的 13.68%,其中男生 55 人、女生 55 人,"联合培养"为 30 人,"攻读博士学位"为 80 人。从派出学院看,包括海洋与大气学院、水产学院、信息科学与工程学院、海洋地球科学学院、海洋生命学院、化学化工学院、医药学院、环境科学与工程学院、工程学院、材料科学与工程学院、法政学院、经济学院共 12 个学院。从留学德国的机构看,除了传统的汉堡大学、不来梅大学、基尔大学外,还包括耶拿大学(University of Jena)、凯撒斯劳滕大学(University of Kaiserslautern)、明斯特大学(University of Münster)、奥尔登堡大学(University Oldenburg)、马尔堡大学(University of Marburg)、杜塞尔多夫大学(University of Duesseldorf)、柏林自由大学(Free University of Berlin)、柏林工业大学(Technical University of Berlin),以及亥姆霍兹联合会阿尔弗里德韦格纳极地与海洋研究所(Alfred Wegener Institute for Polar and Marine Research)、马克斯普朗克海洋微生物学研究所(Max Planck Institute for Marine Microbiology)、德国宇航中心(German Aerospace Center,DLR)的科研机构。由此可以看出,中德联合培养高层次海洋人才项目的"种子"效应极为显著。特别是一大批高水平人才已经脱颖而出,如 2009 年派出的张旭,2014 年在德国获得博士学位后,在阿尔弗雷德韦格纳研究所工作至今,主要从事极端气候、气候动力学及不同尺度气候变化研究,目前已在 *Nature*,*Nature Geoscience* 等国际著名期刊发表或合作发表论文 30 余篇。而在海洋与大气学院,2008 年派出的于华明、2010 年派出的边昌伟、2012 年派出的衣立都已经回到学院工作,于华明和边昌伟两位教师已经晋升为副教授。

四、感想与启示

本文回顾了自 2004 年开始的中德联合培养高层次海洋人才项目,有以下感想:

(1)中德联合培养高层次海洋人才项目是中德开展海洋科学领域人才培养与科研合作的"播种机"。迄今为止,项目已经取得成功,彰显出巨大的社会效益。中德双方在对彼此的教学、科研和基础设施进行充分了解的情况下,通过以海洋科学领域硕士研究生课程体系互认为切入点,联合培养硕士和博士研究生,实现了中德两方三校在海洋科学领域人才培养和科学研究方面的合作共赢。

(2)中德政府重视国际教育交流是开展合作的先决条件。中国教育部与德国联邦教育研究部建立了高层长期磋商机制,为两国高校牵线搭桥,协助中德高校建立实质性的强强合作关系,鼓励中德高校联合培养,把人才培养和科研项目结合起来。中德两方三校整合各自在人才培养和科学研究方面长期积累的经验,为中德双方高教人才培养与科研合作探索出一条新路子。

(3)中国海洋大学学校领导高度重视中德合作,并亲自工作在第一线为项目取得成功打下了坚实的基础。中国海洋大学在海洋科学领域是世界领先的教育和科研机构之一,多年来学校领导都高度重视与德国的合作与交流。管华诗校长、吴德星校长、于志刚校长都多次接待过德国代表团或亲自带队出访过德国,增加了彼此的了解与信任,这些都为中德双方联合培养高层次人才创造了良好条件。

(4)1986年,中国海洋大学就在国家海洋局和德国 DFG 的主持下签署了第一份对德官方合作协议。自 2003年,中国海洋大学开始与德国相关高校和科研机构联合开展海洋科学领域高层次人才培养工作,已经取得了累累硕果。15年来,中德双方都发生了一些变化。如何把由于双方工作人员岗位变动而造成的影响尽可能地减小到最低程度,是一个值得深入思考的问题。

(5)当前中德两国的高等教育与科研合作已经步入了新的阶段,国内同济大学等多所高校与德国建立了合作办学机构。中国海洋大学如何发挥位居青岛对德交流的区位优势?在中德前期合作基础上,把中德联合培养高层次海洋人才项目推向深入?如何在"双一流"大学建设的背景下重新认识中德联合培养高层次海洋人才项目,是一个值得深入思考的战略性课题。

笔者希望这篇回忆性的短文,除了能为学校未来的对外交流与合作工作留下一些文字材料外,也能对后人有所启迪。

致谢:

笔者在准备材料过程中,参考了陈锐同志和刘敏同志 2006年 12月5日发表在《光明日报》的文章《中德三校合作 联合培养高层次海洋人才的启示》,于定勇、刘岳和李爽等撰写的校内相关宣传报道,青岛市气象局张怡年、林泽磊、庞华基等撰写的新闻报道,研究生院梅涛老师提供的中国海洋大学公派到德国留学的博士研究生信息表,在此一并表达谢意!另外,中国海洋大学的宋文红教授、陈学恩教授、高会旺教授对本文提供了宝贵的修改意见和建议,在此表示衷心感谢。

2005 年 7 月 10 日在德国柏林的马克思和恩格斯雕像前合影
（左起：曹志敏、德国 BMBF 国际合作局工作人员、高会旺、陈锐、张全启、傅刚、邹卫宁）

**2014 年 4 月 8 日,在青岛气象历史资料回归交接仪式上山东省气象局史玉光局长(中)
为陈学恩教授(左)和傅刚教授(右)颁发感谢证书**

海洋日本研究与海大日本研究

修　斌 *　■

摘要: 国际海洋问题研究离不开对岛屿、岛国的研究,日本研究的必要性不言而喻。尤其需要从海洋的视角研究海洋日本,研究中日海洋关系。在学校以及各界各方面的支持下,中国海洋大学日本研究中心成立以来,汇聚校内日本研究的学术力量和资源,立足学校和区域优势,致力于突出海洋特色,在学术研究、人才培养、国际合作与交流、涉日涉海问题咨询决策,初步建成了在国内外有一定影响的研究智库,沟通起对内对外合作交流的网络。未来,海大日本研究将进一步注重海洋、立足区域、拓展综合,协同校内其他海洋人文社科和国际问题研究机构,为学校一流大学建设和国际化战略发挥了重要作用,推进中国的海洋日本研究。

关键词: 中国海洋大学;日本研究;海洋日本;中日海洋关系

一、海洋日本研究

众所周知,日本是四面环海的岛国,是典型的海洋国家,其生存和发展主要依赖于海洋,其经济生活、社会生活、海外贸易、风俗习惯、国民性格都深深打上了海洋的烙印。在很长一段时期内,海洋给日本带来了恩惠,带来了安全、财富、文化。但是,从丰臣秀吉统一日本后开始,日本的国家战略呈现出冒险、贪婪、侵略的特征。2018 年是明治维新 150 周年,中日两国学界以及东亚有关国家都计划举办相关学术研讨会,意在回顾和反思明治维新及近代日本的道路以及对中国、对东亚和世界的影响。值得注意的是,明治维新以后日本实行的对外扩张战略,无论是南进还是北进,无论是大陆政策还是海上推进,实际上都是把海洋(包括岛屿和半岛,如中国台湾、琉球、朝鲜)当作跳板,侵略领土、掠夺资源、控制战略通道,妄图建立所谓"大东亚共荣圈",主宰东亚甚至整个亚洲,但最终以失败告终。战后,在新的国际格局下,日本依靠美国的安全庇佑,以海洋贸易立国,成

---

* 修斌,中国海洋大学文学与新闻传播学院院长、教授,日本研究中心主任,国家文化产业研究中心主任,行远书院执行院长,海洋发展研究院教授,学术兼职有中华日本学会常务理事、中国海外交通史研究会副会长等。曾在日本留学和任教十年,被日本国立新潟大学授予国际交流荣誉教授称号,主要研究领域为中日关系史、中日文化交流史、东亚海洋问题。

为世界第二经济大国（直到 2010 年被中国取代）。冷战结束至今，日本把"普通国家"和"政治大国"作为 21 世纪日本国家的战略目标，在海洋国家论的基础上提出了"新的海洋立国战略"，并积极推进海洋法制建设，制订详细的海洋发展规划和推进措施。同时，根据环境的变化，配合日本国家战略不断进行调整。日本也是中国最重要的海上邻国。进入 21 世纪以来，面对中国的快速崛起，日本的海洋战略中防范中国的成分不断增大，极力渲染中国的海洋力量，特别是海军发展、海洋能源开发、海洋调查活动等，并积极串通美国和其他亚太临海国家联手应对中国的"海洋威胁"，企图遏制中国的海洋发展。所以，研究中国和亚太的海洋问题，离不开对日本的研究，尤其应当研究日本海洋战略给我国海洋发展带来的挑战和启示，并在处理中日的海洋关系时，牢牢把握中日海洋关系发展的方向，坚决维护国家的海洋权益，妥善处理中日之间海洋和岛屿的敏感问题，努力构筑安全、和平、互利的中日海洋关系。从某种意义上讲，日本研究也是东亚海洋问题研究的一部分。当然，"海洋日本研究"强调在日本研究中需要更突出的海洋视角和海洋意识。中国海洋大学日本研究中心始终把海洋日本研究、中日海洋关系研究作为研究的重点。

二、海大日本研究中心的探索和实践

1. 中国海洋大学日本研究中心

中国海洋大学日本研究中心成立于 2010 年 3 月，其前身是学校 2005 年成立的人文社会科学研究院日本研究中心。2010 年 5 月 15 日海大日本研究中心举行了隆重的揭牌仪式，时任青岛市常务副市长王书坚、日本驻青岛总领事斋藤法雄、中华日本学会常务副会长蒋立峰、学校党委书记于志刚共同为中心揭牌。日本研究界著名专家学者汤重南、王晓秋、王新生、李卓等，日本国际交流基金、日本学术振兴会、日本贸易振兴机构等驻华代表应邀出席仪式，青岛市政府和学校有关部门的负责人以及日本研究中心研究员共 50 余人到会见证了中心成立，并出席了首届"中国的日本研究"高端论坛。海大日本研究中心是青岛地区唯一的综合性日本研究机构，有研究人员 20 余人。多年以来，中心充分发挥学校的地缘优势以及自身研究团队的多学科背景优势，在中日关系史、中日文化交流史、中日海洋问题、日本语言文学、日本经典文学作品翻译、日本政治、经济、文化等诸多领域取得了一批重要的研究成果，有的成果在学术界影响较大，多份研究咨询报告得到中央领导同志和有关部门的批示和采纳。中心首批入选中国智库索引（CTTI）。目前，海大日本研究中心是多个国家级学术组织的常务理事或理事单位。中心主任修斌教授是中华日本学会常务理事、中国日本史学会常务理事兼日台关系史专业委员会会长、中国海外交通史学会副会长、中国中外关系史学会常务理事、中国中日关系史学会理事、中国海洋发展研究会理事、CFIS海洋研究中心专家委员会委员、中国国际徐福文化交流协会常务理事、中国国际贸易学会图们江分会理事、青岛市历史学会副会长、东亚文化交涉学会会员、日本日中关系学会会员、日本学士会会员等。

海大日本研究中心依托文学与新闻传播学院建设,以文科院系研究人员为主体,联合校内外、国内外的研究力量构建了日本研究的学术平台,形成了跨学科的日本研究团队,搭建起了中日学术交流的平台。在高起点整体推进的同时,突出"海洋"和"地域"特色。尤其是在"海洋研究"上,重视对海上邻国日本的海洋历史和文化、海洋战略以及中日海洋和岛屿问题的研究,在学校海洋人文社会科学建设中发挥重要作用。

2. 学术研究

"海洋"是海大日本研究中心的重点和特色,中心尤其在日本海洋战略研究、中日海洋关系研究、钓鱼岛问题研究、琉球群岛研究、日台关系和日韩关系研究领域成果突出,影响力日增,是目前国内研究海洋日本问题最有影响的研究机构之一,也是2016年成为首批入选中国智库索引(CTTI)的智库之一。中心针对中日海洋焦点问题,积极发挥海洋日本问题智库作用,承担了国家社科基金、省部级以上课题20余项,提出了一批富有建设性的对策建议报告。以中心主任修斌和中心研究员曲金良、赵成国、管颖、宋宁而等为代表的研究团队,围绕日本海洋战略、钓鱼岛问题、东亚海洋历史与文化遗产、琉球群岛问题、日台关系、日本与朝鲜半岛、日本与南海等,持续开展课题研究,不断推出研究专著、学术论文、研究咨询报告,有的报告得到中央领导同志的批示和外交部、教育部、海权办、国家海洋局、国家安全局、海军、新华社内参和地方政府部门等的高度重视和采纳,为上级决策发挥了积极作用。中心研究人员多次作为专家应邀参加国内有关部委、军方、院校召开的内部研讨会、国家和教育部重大课题或重大委托课题的评审会、开题会等。

同时,作为一个综合性的日本研究中心,中心注重多年来的优势研究领域和学者的影响,如日本经典文学翻译和研究领域,以林少华、朱自强两位资深教授为代表的中心研究员在该领域辛勤耕耘,在国内外有重要影响。林少华翻译了村上春树等日本著名作家作品近百部,并撰有《为了灵魂的自由——村上春树的文学世界》《林少华看村上——村上文学35年》等著作;朱自强领衔译介日本畅销儿童文学作品《活宝三人组》等多种儿童书、图画书,并著有《日本儿童文学导论》等专著。两位教授的成果多次获得国家重要奖项,他们积极倡导大众人文和读书活动,就文化、教育、学术等在各类媒体发表见解,回应公众对一些问题的关切,还应邀赴国内外做专题报告、巡回演讲逾百场。此外,李庆祥、修德健等的日语语言及文化研究,牛月明的《中日文论互动研究——以"象"根词的考察为中心》,宋宁而、姜春洁的《濑户内海的海民群体》及海事航运研究,黄英的《宫泽贤治的乌托邦研究》和冲绳作家作品研究,张小玲的《历史文化视域下日本当代代表作家的中国观研究》等也是中心近年取得的重要学术成果。

3. 国际合作与交流

中心与国内外学术交流频繁,与日本10余家高校和科研院所建立起稳定的协议交流关系,先后邀请数十位中日著名学者来校做演讲、学术报告、专题课程,主办或参与主办了"中国的日本研究高端论坛""中国琉球历史关系国际学术研讨会""东海安全形势与中日关系讨论会""中日关系的新动向研讨会""第二届日本学论坛"等。近年来,中心的学者也多次参加各种国际学术会议,如东亚日本研究者协议会年会、东亚文化交涉学会年会、东亚岛屿与海洋联席研讨会、东亚海港城市研究机构国际会议、新潟大学环东亚教育研究网络会议、中国琉球历史关系国际学术会议等,访问了日本多家主要海洋研究智库、大学的涉海和其他人文社科研究机构、日本官方(包括海上保安厅)的研究部门、韩国的海洋战略和岛屿文化研究机构,接待或参与接待日本外务省、海上自卫队、松下政经塾、国际问题研究所、东亚共同体协议会、中日韩三国合作机制秘书处,以及国内的中国社科院日本研究所、中日关系史学会等学术组织的访问考察团,相互沟通学术信息,深化了合作。中心学术辑刊《海大日本研究》,由中国海洋大学出版社出版,面向海内外公开发行。辑刊设有海洋东亚、中日文化交流、琉球研究、日本政治、语言文化、海洋教育、海洋政策文献等板块,得到日本研究界学者的投稿、读者的厚爱和海大出版社的大力支持。

4. 人才培养

在教育教学方面,中心研究人员开设日本研究系列课程。如面向日语语言文学专业、中国史专业、国际关系专业、区域国别研究专业的本科生和研究生开设精读、泛读、报刊选读、会话、听力、日本文学、日本事情、日本社会与文化、日本政治与外交、国际关系入门、东亚海洋与岛屿问题专题、中日文化交流史研究、东北亚关系史研究等课程,以及面向全校的通识选修课程。在选派学生赴日本留学方面,中心发挥对日交流的窗口作用,会同文学与新闻传播学院、外国语学院、法政学院等,每年都选派和推荐一定数量的本科生、研究生赴国外大学交换留学;如文学与新闻传播学院已先后选派研究生20多人赴日本新潟大学、神户大学以"特别研究生"和"特别听讲生"身份交换留学。另外,近十年来,日本研究中心研究人员指导和推荐的学生也有20多人前往日本攻读博士学位,其中有近一半获得中国国家留学基金委或日本文部科学省的国家奖学金,并有多人学成回国任教,如日本关西大学东亚文化交涉学博士毕业的杨蕾回到家乡济南的山东师范大学担任历史学副教授,她对东亚海运航路史的研究得到学界重视;日本神奈川大学民俗资料学博士毕业的王新艳毕业后回到母校中国海洋大学做师资博士后,在中日民俗比较领域崭露头角;包振山(新潟大学博士)、童德琴(九州大学博士)、杨柳(名古屋大学博士)、吴起(新潟大学博士)、范强(新潟大学博士)等几位同学也已先后毕业,分别回国(或已经落实单位即将回国)到高等院校、省社科院工作,把自己的所学奉献于学术研究和人才培养。

三、发展环境和展望

近年来,国别和区域研究越来越受到重视,在中国海洋大学的国际化战略和学校的一流大学建设方案中,国别和区域研究处于重要地位。海大基于学校特色优势和学科基础优势,逐步设立了若干深具海洋特色的国别和区域研究机构——海洋发展研究院、日本研究中心、韩国研究中心、极地法律与政治研究中心、中韩海洋文化研究中心、日本文学和村上春树研究中心等。经过多年的努力,已经取得显著的建设成效并产生重要影响。目前,学校基于海洋综合教育研究的实力,把握国别和区域研究与涉海研究的深层互动关系,发挥所在地青岛在东亚合作和"一带一路"战略中的地缘优势,进一步突出海洋发展研究特别是全球海洋问题、海洋关系、海洋治理的研究,这其中包括对日本列岛、朝鲜半岛、琉球群岛,乃至亚太岛屿、岛链、岛国和极地区域的研究。同时,注意与国内现有国别与区域研究基地的优势互补、错位发展,如相对于国内其他日本研究中心,海大突出对日本涉海问题的综合研究以及中日海洋关系研究;相对于国内其他岛国问题研究,海大侧重于以围绕"第一岛链"为主的西太平洋岛国与岛屿研究。

海洋日本研究与海港城市青岛研究的关系十分密切。青岛是我国重要的沿海开放城市、国际化大都市、海洋科教名城、山东省新旧动能转换和蓝色经济建设的龙头城市,就所处区位而言,位于中日韩东北亚区域的要冲,也是"一带一路"的重要节点、新亚欧大陆桥经济走廊的战略支点、东亚海洋合作平台总部所在地。这也为海大日本研究中心的学术研究和国际交流提供了广阔的舞台。海大是以海洋和水产为显著特色的世界一流大学建设高校,是国内涉海大学的翘楚,一直坚持"强化发展特色、协调发展综合,以特色带动综合、以综合强化特色"的学科发展思路,在自然科学的协同下,近年来海大在涉海人文社科领域也取得了长足的进步,在海洋经济、海洋管理、海洋法学、海洋文化、中外海洋关系、岛屿问题研究等方面形成了一定的特色和比较优势。文理协同的过程之中,海洋自然科学为人文社科研究提供了社会服务渠道、研究基础、问题资源以及研究方法的启发,而人文社科又拓宽了自然科学成果转化的渠道。这也为海大日本研究中心进一步扩大文理交通、学科交叉提供坚实的基础的可能。在国际交流资源方面,学校基于地缘、平台、学科的优势,也一直较国内其他高校占优。亚太国家、岛国岛屿、极地国家及其区域性组织是我校交往的重点区域,并具有交往机构全面(政府相关机构、学术机构、民间团体、驻华机构等)、交往领域广泛(人才培养、学术交流、资源共享、民间外交等)等特点。这也能为海大日本研究中心创造了可资利用的丰厚资源。

中国特色社会主义的新时代将是一个更加开放和国际化的时代,加快推进海洋强国建设需要深化对世界海洋国家包括对岛国日本的研究,中国海洋大学建设一流大学和强化海洋发展研究也需要更加重视对日本和东亚的研究。未来,中国海洋大学日本研究中心任重道远。

一流大学建设背景下中英联合培养项目的实践与思考

高会旺　迟　鑫*　■

摘要：自2013年至今，中国海洋大学与英国东英吉利大学开展了本科生联合培养项目，以此为基础，不断深化合作，取得了鼓舞人心的合作成效。尤其是以本科生联合培养项目为基础，进一步推动了双方在学术研讨、人员交流与科学研究等方面的全面合作，并与东英吉利大学建立了战略合作伙伴关系。在国家一流学科建设的背景下，中英合作既有机遇也有挑战。

关键词：中英合作；本科生培养；一流大学建设

一流大学建设对国际合作提出了新要求也产生了新需求。站在历史的新起点与改革的新时期，如何以中英本科生联合培养项目为基础，扩大国际合作的广度与深度，充分借力国际知名高校的优质教育、教学资源，开阔学生的国际化视野，培养学生创新能力，将是中国海洋大学国际化办学的新挑战。

一、实施本科生中英联合培养项目

中国海洋大学与英国东英吉利大学(University of East Anglia,简称UEA)共同开展了地球和环境科学等相关专业的本科生"2+2"项目。学生在中国海大完成前两年学习后，若专业成绩及英语成绩达到一定要求，可申请赴东英吉利大学进行后两年学习，达到两校毕业要求即可获得中国海洋大学学士学位及东英吉利大学学士学位。自2013年秋季学期至今，两校中英联合培养项目已连续开展5年，陆续有项目学生毕业，已取得合作成效。

1. 本科生联合培养专业领域的确定

中国海洋大学在地球科学、环境学与生态学等领域具有一定的国际影响力，均名列美国ESI全球科研机构排名前1‰。其中，海洋科学学科在国内历次学

---

* 高会旺，中国海洋大学环境科学与工程学院教授，博士生导师，主要研究领域为海洋与大气环境动力学。曾多次在世界知名院校作访问学者，国际合作经验丰富。自2013年至今任中国海洋大学中英联合研究中心主任，推动学校与东英吉利大学合作。本文即以此为基础撰写。迟鑫，2014年硕士毕业于中国海洋大学外国语学院，任中国海洋大学中英联合研究中心秘书，主要研究领域为英汉对比研究与翻译及口译方向。

科评估中均列全国第一,环境科学与工程学科以海洋环境为特色,在国内历次学科评估中也名列前茅。因此,在海洋科学与环境科学的交叉方向上进一步提升,是中国海洋大学强化本科人才培养,提升高等教育实力与国际影响力的突破口。

东英吉利大学是全球前 1‰的一流大学,也是欧洲乃至全球最重要的科研中心之一,其影响力在英国高校中名列前茅,特别在气候学和环境科学领域具有公认的成绩和国际知名度。UEA 建立了全球第一所环境科学学院,至今闻名于世,四个气候科学研究中心,涵盖了海洋科学、大气科学、古气候学、环境科学等气候变化的自然科学基础学科,经济学、传媒学、大众心理学、风险评估、政策建议学等社会科学领域,以及与能源、交通、建筑等日常活动相关的工程领域。UEA 在海洋与环境相关的多个学科领域都拥有雄厚的研究队伍,他们有能力也希望通过与中国海洋大学优势学科的合作,进一步提升其国际影响力。

两校在海洋、环境、大气、地质等多个专业方向达成了强强联合的意向,在人才培养方案、教学大纲、课程名称、课程内容等对接的基础上,2013 年启动了本科生中英联合培养项目,开始了本科层面的联合培养。

2. 中英本科生联合培养模式

中英本科生联合培养项目面向中国海洋大学本科二年级学生,专业涉及环境科学与工程学院、海洋与大气学院、海洋地球科学学院等学院的专业。在东英吉利大学期间,学生可以选择环境科学、气候科学、大气与海洋学、环境地球科学、环境地球物理学五个专业继续学习。

该项目采用"2+2"双学位培养模式,即注册为中国海洋大学的本科生,在我校顺利完成前两年学习后,学业成绩平均分不低于 80 分且雅思成绩不低于 6.5 分(单项成绩不低于 6 分)的学生可以申请前往 UEA 进行本科阶段后两年的学习。

根据两校协议,顺利完成四年本科学业后,符合两校毕业要求者,可同时获得两个学校的学士学位。

3. 本科生联合培养成效

中英联合培养项目的学生,有的留在了东英吉利大学继续攻读博士学位,有的选择了加利福尼亚大学、伦敦大学学院等国际知名学府继续深造,还有的就职于国内外高校从事科研工作。根据学生反馈,中英联合培养项目对学生的成长和成才产生了多方面的积极影响。

在国内的两年,遵循中国海洋大学"通识教育为体,专业教育为用"的本科教育理念,实行有限条件的自主选课制度和学业识别与毕业专业确认制度。学生完成了大学英语、高等数学、大学物理、大学化学、计算机、思想政治等基础课程,并有机会在专业范围内选择修读自己感兴趣的课程,为出国学习奠定了基础。

在东英吉利大学的两年,也是学生们快速成长、感触最深的两年。首先,他们感受到了学习方式和考核方式的不同。如果按照上课听讲、下课作业、期末考试的国内学习方式,学生在 UEA 并不能得到很好的成绩。

在东英吉利大学,学生每学期只能选三门课,每门课 20 学分。每学分要求不少于 10 个学时的学习,也就是说每学期 12 周一共要学习 600 个学时,平均每周要 50 学时左右。然而,每周仅有 15 个学时左右的课是由老师来讲授的,另外 2/3 以上的时间需要学生自学。为了让学生更好地自主学习,学校也为学生提供了齐全的设施和服务。图书馆全年无休、24 小时开放,配备百余台电脑、集体讨论室和个人自习室。每一位学生都有自己的专属学校邮箱,每天都会收到关于生活、学习的邮件,也包括实习工作的机会、学术讲座信息等,学生可以根据自己的兴趣前往。从老师灌输知识到自主学习的转变,学生的体会是“痛并快乐着”。“当你第一次逼自己读完一本书,逼自己看完一个英语采访,逼自己学会一个软件,逼自己搞清楚 report,scenario,proposal 等各种文件的格式,逼自己会弄 references,这个成就感是无与伦比的。”学生如此感慨。

在东英吉利大学,学生有更多的机会认识国际知名科学家,并同他们一起学习和交流。为学生授课的老师中,有的担任众多英国政府项目的科学指导顾问,有的参与 IPCC(政府间气候变化专业委员会)、Stern Review(斯特恩报告)等国际气候变化研究项目,也有的兼任国际知名专业期刊的编辑。他们热爱自己的研究领域,也能不断地激发学生对学术研究的热情,在东英吉利大学的课堂上,学生可以随时举手打断老师,提出自己的疑问,问题简单或复杂,质疑正确或错误,都能得到认真的倾听和仔细的回答。课后,学生也可以很方便地通过邮件和约见的方式与老师交流。学生们普遍反映:他们在 UEA 很享受“被理解”“被尊重”的感觉,于是逐渐爱上那里的学习环境,体会到学习更像是与其他老师和同学一起的“探索”。最让学生们感兴趣的是野外考察课,学生在老师的带领下,去户外采集样本,亲近大自然,课程让学生体会到了作为一名环境科学专业学生的“价值”。

文化的差异也是在国内读大学感受不到的。中国海大学生到 UEA 学习,是以插班生的方式直接转入原有的二年级班级,与英国学生和其他外籍学生一起上课,通常中国学生不会超过 5 个人。学生刚到英国的时候,经常对新环境感到恐慌,感觉“面对未知的情况,即使做了再多的准备,也难免缩手缩脚”。但正是在这种全新的环境中接受全新的挑战,学生的英语能力、学习和生活得到了锻炼。而且学校为每一位学生指配一名导师,指导学生的学习和生活,每门课都有一名助教,可为学生的专业学习提供建议。东英吉利大学还设置了专门的学生指导部门,从学习、工作、生活、情感等各个方面为学生提供服务。对于留学生,校内、校外都有专门的团体和组织,常常组织活动来鼓励留学生之间以及留学生与当地居民之间的互动。学校的社团活动也十分丰富,从社会议题到民俗风情,从艺术到体育,学生可以接触到社会各个方面,以及来自世界各地的声音和想法。学生们坦言,"一点点地进步,越来越勇敢,越来越自如,是留学生活中最棒的体验之一"。

二、推进教师间学术交流与科研合作

在校级合作协议的基础上,通过一年一度的学术研讨会,推动了教师间的密切科研合作。

1. 举办双边学术研讨会

2013年3月,第一届环境与海洋科学研讨会在青岛举行,会议主题为"海洋系统环境与气候变化的动态过程和生物地球化学过程",邀请了来自东英吉利大学、北京大学、复旦大学、中科院海洋所,以及中国海洋大学海洋和环境领域的20多位学者做了学术报告。从此以后,两校每年轮流举办中英联合研讨会,中英学者齐聚一堂,交流最新的科研成果。

2014年9月,中国海洋大学一行10人赴东英吉利大学参加第二届环境与海洋环境科学学术研讨会,与第一届相比,会议报告包含了计算机领域的前沿成果。两校学者就海洋环流变异、海气相互作用、季节性海洋缺氧、渤海悬沙季节性分布、印度洋热带地区年际海表温度变化、海洋生物地球化学循环、海洋生物多样性、海水酸化等问题进行了交流。同年,东英吉利大学校长 David Richardson 教授作为海外合作高校代表在中国海洋大学90周年校庆上致辞,并代表东英吉利大学与海大签署中英共建海洋战略联盟合作协议。

2015年12月,第三届双边学术研讨会在青岛召开,主题为"海洋生物地球化学过程与海气相互作用"。参加会议的人员除了两校的专家,还有英国环境、渔业和水产养殖科学中心、中国水产科学研究院黄海水产研究所、中国科学院烟台海岸带研究所、国家海洋局第一海洋研究所的科学家。此前,中国海洋大学校长于志刚教授率团访问东英吉利大学,并应邀做客东英吉利大学校长府邸,商讨继续推进中英共建海洋战略联盟,密切了合作关系。

2016年11月,第四届双边学术研讨会在英召开,来自法政学院、经济学院等社会科学领域的专家学者也参与到了中英合作中。代表团在英期间应邀参加了在东英吉利大学校长官邸举行的欢迎晚宴,在英学习的6名联合培养的学生也一同前往,并受到东英吉利大学校长 David Richardson 教授的亲切会见。同年4月,两校签署了战略合作伙伴协议,彼此成为对方最重要的合作伙伴之一。

2017年9月,第五届双边研讨会在青岛召开,工程学院的专家学者也在会上做了报告。至此,双边合作从最初的海洋及环境科学领域,扩展到了海洋地球科学、海洋生命科学、计算机与信息科学、化学与化工、海洋工程等领域,也吸引了海洋经济学、海洋法学领域学者的参与。会议期间,还举行了中英合作五周年纪念活动,邀请曾经参与过中英合作的中外学者和管理人员参加,推进两校合作的同时,彼此也建立起深厚的友谊。同年 11 月,中国海洋大学党委书记鞠传进教授率团访问东英吉利大学,双方进一步密切全面战略合作伙伴关系。

2.科研合作初见成效

一年一度的双边研讨会为双方的科学家提供了很好的平台,通过学术报告和合作讨论的方式,互相了解,找到了共同的研究课题。海洋生命学院张晓华教授与东英吉利大学 Jonathan D. Todd 博士结识于第一届学术研讨会,此后逐渐开展了有关二甲基巯基丙酸盐(dimethylsulphoniopropionate,DMSP)的微生物代谢机制研究方面的密切合作。两个研究团队坚持每两周进行一次视频研讨会,交流双方最新研究进展。以前普遍认为只有浮游微藻、大型藻类等真核生物才能合成 DMSP,而 Todd 博士和张晓华教授的合作研究发现,分离自我国东海水体的团聚拉布伦茨氏菌(Labrenzia Aggregata)及其他多种海洋细菌也可以合成 DMSP,这是首次发现海洋异养细菌可以合成 DMSP。他们进一步从团聚拉布伦茨氏菌中鉴定出了 DMSP 合成的关键基因,而此前由于藻类的遗传操作体系不完善,一直未能在任何生物中鉴定出合成 DMSP 的基因。该合作成果于 2017 年在国际权威杂志 *Nature Microbiology* 上发表(*Dimethylsulphoniopropionate biosynthesis in marine bacteria and identification of the key gene in this process*),引起关注。

此外,张晓华教授团队已派出两名博士研究生到 Todd 博士团队进行联合培养,两团队一些新的合作研究思路,也获得了国家自然科学基金委重点项目的资助。经济学院赵昕教授团队与东英吉利大学国际发展学院关大博教授开展了科研合作,将金融学与环境经济学交叉融合,从碳金融角度,构建了能源、经济、气候等因素对碳价影响的预测模型,研究成果发表于 *Applied Energy*。在教学方面,开展了针对本科 CFA(Chartered Financial Analyst)双语教学体系及课程实践的研讨,在创新教学方法、开阔教师国际化视野等方面,提出了合作意向。工程学院刘福顺教授与东英吉利大学刘电子副教授合作,目前已合作完成本领域顶尖期刊 *Marine Structures* 学术论文 1 篇(JCR 一区),共同申报国家自然科学基金重点项目 1 项。高会旺教授团队、刘素美教授团队与东英吉利大学 Alex Baker 教授团队之间也进行了密切交流,期望在大气沉降与气溶胶化学方面开展深入合作。

三、深化改革与创新合作途径

本科生中英联合培养项目经历五年的实践,中国海洋大学在人才培养、学术交流等方面积累了一定的经验,同时也在不断探索中比较中西方教育、教学理念和方式的差异,发现自身的不足,借鉴他山之石。

1.进一步吸引优质教育资源

中英两校在环境与海洋科学领域都具有较好影响力,为本科生提供了各具特色的优质资源,但我们更希望在深度融合中外教育资源的过程中,学习英国高校的先进理念,学习西方更有实效的教学方式,不断提升我们的办学水平和国际影响力。

一是要学习英国教育理念和方法,改进国内传统的课堂模式,使课堂更轻松、师生更加平等,更加注重培养学生的自主学习能力、提出问题和解决问题的能力。建议从政策和资金上鼓励和支持年轻教师赴英学习,学习其教学理念和方法,也同英国科研团队进行更直接、深入的交流。

二是要引进英国或联合设计课程体系和课程内容。分析比较中英课程体系和教学内容,引进或联合开发核心课程,借鉴外方课本,吸纳前沿内容等,大幅度更新本科生专业培养方案很有必要。

三是要吸引英国资深学者来学校授课。建议设立专项经费,邀请英国资深学者来华授课,让更多东英吉利大学的老师参与到联合培养中来,既能够丰富本科教学形式,也为教师们创造更多面对面的交流机会。

2.进一步扩大合作专业领域范围

已有越来越多的教师和学生参与到中英合作中,也有越来越多的学生和家长了解到中英联合培养项目的成效,因此更多学生想要参加中英联合培养项目。根据调研,化学化工学院、海洋生命学院、信息科学与工程学院、数学科学学院、外语学院等学院的本科生都有加入中英合作的意愿。东英吉利大学也有意向进一步扩大合作专业领域。在两校战略合作和一流大学建设的背景下,需要拓宽本科生中英联合培养项目所涵盖的专业领域。

建议从有强烈合作意愿和需求的学院开始做起,中英双方开展相近专业培养方案的对接,首先对双方课程名称、课程内容、开课学期、开课教师等进行研讨和评估,筛选出核心课程,尽快建立和完善学分转换和学分互认体系,加入到中英本科生联合培养项目招生中。以现有中英本科生联合培养项目为模本,与英国南安普敦大学、普利茅斯大学等更多英国知名高校开展本科生联合培养与交流,扩大国际合作的范围。

3.进一步优化国际化教育环境

目前,学校国际化办学的氛围尚不够浓厚,学生和教师参与国际交流的意愿仍不够强烈。需要进一步优化国际化教育环境,推进中英本科生联合培养项目向更深、更广领域发展,规范国际化办学的管理体制,提高国际化办学能力。

一是鼓励校内教授全英文授课,并利用学生联合培养项目及科研合作项目邀请海外专家来华授课,提高学生专业领域英语能力。二是吸引外国留学生来华学习,构建国际化的校园和国际化的学习环境。这要建立在英文授课的基础上,同时完善本科教育全英文培养方案和教学大纲,提高教学管理人员英文水平。三是完善本科生出国交流管理体制,教务处、国际合作与交流处等部门与学院合理分工、通力合作。总结本科生中英联合培养中的体制限制,改革管理体制,为学生出国交流消除后顾之忧。四是提供学生出国留学的政策和经济支持。通过在素质测评中加分、创新创业学分、提供奖学金等方式,激励学生参加雅思、托福等英语水平考试和申请出国交流。

4.进一步推动多方位的深入合作

在本科生联合培养项目的基础上,进一步推动多方位的深入合作。推进硕士、博士研究生联合培养,充分利用国家留学基金委公派留学项目,为优秀研究生提供赴外学习机会。在政策和经济两方面,鼓励青年教师赴英学习、交流,吸引英方教授来我校交流,聘请优秀科学家为兼职教授等。进一步增进学术交流,鼓励双方学者共同申请英国政府(如牛顿基金、NERC及其他基金)和中国政府(NSFC、MOST)的合作项目,以促进中英科研队伍建立更紧密的合作关系。

中国海洋大学与英国东英吉利大学的本科生联合培养项目,得到了两校领导及各相关部门、院系的重视和大力支持,在不断探索和总结中推进,正逐渐带动两校之间科学研究与人才培养融为一体的全方位合作。中国海洋大学"一流大学"建设对深化中英本科生联合培养项目是前所未有的机遇,同时也希望这一项目能够成为中国海洋大学"一流大学"建设中可以借鉴的国际合作与交流范例。

参考文献

[1] 国务院.统筹推进世界一流大学和一流学科建设总体方案.2015.

[2] 教育部,财政部,国家发展改革委.统筹推进世界一流大学和一流学科建设实施办法(暂行).2017.

[3] 鲍勖.促进高校能源动力类学生出国出境交流措施的研究——以南京理工大学为例[J].文教资料,2017(17):128-129.

[4] 于华.本科生国际交流机制的架构研究——基于南京邮电大学的样本[J].教育教学论坛,2017(50):5-6.

发挥"极地研究中心"平台作用，培养极地研究国际化创新人才

郭培清*　■

摘要：中国海洋大学极地战略研究团队是国内最早从事极地战略研究的团队，创立了中俄北极论坛、极地与海洋门户等多个国际交流平台，在国内学术界国际北极交流方面担当了引领者角色。这些合作交流对提升中俄北极合作，中国——北欧合作方面发挥了积极的推动作用。团队在研究中注重创新，很多创新性观点被国内外广泛转载和引用，多项建议被政府相关部门采纳。团队强调学科交叉和经世致用，并同国内外媒体形成了很好的互动关系。这些资源为学校极地人才培养提供了丰厚的基础。

关键词：极地研究；合作平台；创新人才培养

中国海洋大学极地战略研究团队是国内最早开展极地战略研究的团队，从2003年起我校就着手极地问题研究，2009年成立了"极地法律与政治研究所"，2017年申请的教育部国别与区域研究中心——"极地研究中心"获批备案。"极地研究中心"立足于学校极地研究在全国范围内最早开展、拥有成建制的最大研究力量的特色，依托学校极地研究的跨学科联合创新优势和业已建立的国家极地战略决策和规划、立法等重要咨议智囊平台优势，充分利用国际交流层次高、密度大的特长，打造了国家极地立法与政策制定的核心智库团队，目前正向着建设成为国家极地战略核心智库、国家海洋与极地管理事业人才培养基地、国际一流的极地人文社会科学研究中心、极地问题国际交流中心和桥头堡的目标不断迈进。本文将从中国海洋大学法政学院研究团队参与的涵盖极地政治和极地法律两大学科国际交流与合作的视角，就学院在国际交流的平台建设、学术合作方面发挥领军者作用方面，总结"极地研究中心"及其对极地研究国际化创新人才培养的作用。

---

* 郭培清，中国海洋大学法政学院教授，极地中心执行主任，中国国际关系学会理事、中国海洋发展研究会理事极地发展分会副理事长，山东省智库首批高端人才入库专家，主要从事极地政治与法律问题的研究。2012年发起成立了中俄北极论坛，2015年创立了国际智库"极地与海洋门户"（www.polaroceanportal.com）。担任中国——北欧北极研究中心专家委员会委员，负责审核访问学者基金（Research Fellowship）的年度申请，受邀担任中国中央电视台大型纪录片《北极，北极！》学术顾问。

一、国际合作的机制和平台建设

(一)主要合作平台

1. 对俄合作

俄罗斯作为最大的北极国家,在北极国际治理和国际法创设方面发挥重要作用,穿越俄罗斯近海的东北航道(俄罗斯称"北方航道")连通欧亚大陆,是我国"一带一路"的北向延伸。因此对俄北极合作具有特殊意义。鉴于此,在前期的个体教师间合作的基础上,我们在 2012 年 10 月同俄罗斯圣彼得堡国立大学联合发起了"中俄北极论坛",这个论坛吹响了俄罗斯和中国北极学者的集结号,俄罗斯众多高校和研究机构纷纷加盟,其中包括俄罗斯著名的官方智库"俄罗斯国际事务理事会"、俄罗斯北方经济研究中心等相继加入,俄罗斯驻华使馆每年都派人员与会。国内从事北极问题研究的学者更是踊跃参加。《人民日报》和俄罗斯卫星网都对我们的论坛进行了报道。按照双方约定,中俄北极论坛在圣彼得堡(莫斯科)和青岛之间轮流举办,每年集中讨论一个主题。迄今为止,已成功举办六届,是中俄两国间唯一的常态化、制度化的北极学术交流平台,已建立起中俄两国间著名的第二轨道外交机制,有力推动了中俄两国的北极合作。

2015 年 6 月俄罗斯总理梅德韦杰夫批准了《2015—2030 俄罗斯北方航道综合发展规划》之后,俄罗斯向中方发出邀请,共同开发北极航线,建设一条"冰上丝绸之路"。继之,两国第 20 次、21 次、22 次总理定期会晤都把北极合作列为重要内容。2017 年 7 月中国国家主席习近平在对俄罗斯进行国事访问之际,中俄签署了《中华人民共和国和俄罗斯联邦关于进一步深化全面战略协作伙伴关系的联合声明》,确认双方将"加强中俄在北极地区的合作""支持双方有关部门、科研机构和企业在北极航道开发利用、联合科学考察、能源资源勘探开发、极地旅游、生态保护等方面开展合作"。声明标志着北极合作正式纳入中俄全面战略协作伙伴关系中。鉴于我们在中俄合作方面的贡献,俄罗斯国际事务委员会主席、俄罗斯前外长伊戈尔·伊万诺夫等发函,表扬我们在中俄北极国际合作研究方面的贡献,希望继续在此领域发展合作关系。

2. 对美合作

美国虽然不是最大的北极国家,但因其世界超级大国地位,在北极秩序塑造过程中同样至关重要。我们在开展对俄合作的同时,也积极拓展与美国学者的合作。2015 年我校和同济大学极地团队一起,联合美国战略与国际研究中心(Center for Strategic and International Studies,CSIS)举办了第一届中美北极论坛,我校教师成为这一论坛的中方主力,也是该论坛的经常参加者。目前中美双方学者正在协商将下一届论坛移至中国海洋大学举办。中美北极论坛对于推动中美两国在北极问题上的理解和合作发挥了积极作用。

美国战略与国际研究中心（CSIS）是美国国内规模最大的国际问题研究机构之一，总部设在华盛顿。由前海军作战部长伯克上将、乔治城大学牧师霍里根和保守派学者阿布希尔于"冷战"达到高潮的 1962 年共同创建，该中心致力于为政府、国际组织、私营部门和民间社会的决策组提供分析和解决方案，是一家具有保守色彩的重要战略和政策研究机构，素有"强硬路线者之家"和"冷战思想库"之称。战略与国际研究中心研究人员多为资深的国际问题专家，在国际研究领域闯荡多年，对国际形势有清醒的认识和把握，对国际问题的发展趋势有较为准确的预测。① 近年来，北极问题已经成为该中心重大研究方向之一，由中心副主席 Heather A. Conley 负责。2015 年在前美国驻挪威大使资助下成立斯图尔特研究中心，专注于研究北极事务。

3. 与北欧国家的合作

2013 年 12 月 10 日，我校教授代表学校出席了"中国-北欧北极合作研究中心"成立大会，被选为中心学术委员会委员，并担任"访问学者资助委员会"评委，参与每年一度的中国和北欧五国访问学者的遴选和派遣事务。鉴于我校在北极研究上的突出贡献，中心初定 2019 年我校承办中国-北欧北极年度研讨会。为表彰学校在推动中国-北欧北极合作的成就，丹麦使馆武官拉斯姆森准将给学校校长发来感谢函，充分肯定了极地团队的贡献。

"中国-北欧北极合作研究中心"于 2013 年 12 月 10 日在上海成立，来自中国和北欧五国（冰岛、丹麦、芬兰、挪威、瑞典）的北极研究机构联合成立。作为中国和北欧五国开展北极研究学术交流与合作的平台，北极中心致力于增进对北极及其全球影响的认识、理解，促进北欧北极的可持续发展以及中国与北极的协调发展，并将围绕北欧北极以及国际北极热点和重大问题，推动北极气候变化及其影响、北极资源、航运及经济合作、北极政策与立法等方向的国际交流和研究合作。北极中心设立了成员机构会议制度和秘书处。成员机构会议由来自中国和北欧国家的成员机构指定代表参加，秘书处设在中国极地研究中心。中国海洋大学是创始会员单位，是历届中国-北欧北极合作论坛上的活跃力量。②

（二）极地与海洋门户

2015 年团队发起创立了"极地与海洋门户"（http：// www. polaroceanportal. com），建立中文版和英文版网站，网站包括每周新闻、要闻评论、极地政治、极地

---

① 来自互动百科"美国战略与国际研究中心". 罗琪. 走近美国战略与国际研究中心［N］. 光明日报，2015-3-1（6）.

② 中国-北欧北极合作研究中心成立，http：//news. 163. com/13/1225/11/9GUGJMDR00014JB5. html.

法律等 12 个板块,《每周新闻》定期更新并作为学校英文网站上的漂浮模块,方便大家点击。网站"研究团队"和"顾问团队"囊括了国内和北极国家几乎全部一流北极战略研究学者。

我们网站是国内唯一一家跟踪北极动态的网站,经常性访客超过 100 个国家,成为国内从事北极问题研究者的必读网站,网站信息被学术界大量转载引用,为国内外北极研究者和实业界提供了"公共产品",初步实现了占据话语高地和议题引导的目标。中国商务部、外交部等部门对我们的网站进行了介绍;俄罗斯最大的外宣媒体"俄罗斯卫星网"对我们进行了专访。网站英文版成为我校英文官网的构成部分。在经营网站的同时,我们建立了微信公众号平台,吸引了国内绝大部分北极研究者。

(三)北极大学

2013 年 6 月,团队成员郭培清代表学校赴美国参加加盟北极大学的答辩,获得全票通过,学校成为国内首家加入北极大学的高校。北极大学为成员单位提供丰富多样的学生交流机会,包括互认学分和授予学位的校际留学计划、"南方学生"到北极体验的 north2north 和 GoNorth 计划等,还设有成员单位之间的教师资源交换计划,并鼓励成员单位之间共享研究信息的资源。中国海洋大学成为北极大学准成员,可以进一步拓展学校北极研究特色学科的发展空间,开展更多北极领域的学术交流与合作,有利于学校充分利用北极国家的研究资源为我国北极事业培养后备人才,进一步提升学校的北极研究水平以及学校的国际知名度,还有利于我国通过学术外交,提高中国在北极的国际话语权。学院的陈奕彤博士担任国际学术组织"北极大学联盟"管理者委员会理事(Board of Governors,UArctic),目前是唯一的中国学生代表。

(四)极地考察

我校极地团队的成员也是文理跨学科的,在一些大型科考和研究方面开展协作研究。团队高度重视实地考察和调研,除了学校参与基地研究的以赵进平教授为团队的自然科学家和研究生,文科背景的一些教师(刘惠荣、郭培清和董跃)都曾经亲赴位于斯瓦尔巴群岛的黄河站考察。刘惠荣教授和董跃副教授还亲自参加了南极考察。在国内极地战略研究者中我校赴南北极考察人数居高校之首,开辟了我校极地人文社会科学研究赴中国极地科考站进行实证研究的先河。

(五)达沃斯论坛

近年来达沃斯论坛也十分关注北极变化,笔者被论坛邀请为全球日程理事会理事,是来自中国,也是非北极国家的唯一学者代表。在此过程中,2012 年和 2013 年学校先后参加了在阿联酋迪拜和阿布扎比的北极分委员会的多次讨论,

参与了 *Global Agenda Council on the Arctic*，*Five Arctic Myths* 的撰写。出席达沃斯论坛，对于我们了解国际社会的北极态度，贡献我们的北极治理思想，传达中国学者的北极合作愿望有重要意义。

二、国际合作研究的创新

研究中我校极地团队高度重视创新，在国内外上多次提出创新性观点，是学术界公认的中国北极战略研究领军单位。

在国际上我们率先提出成立"北极海洋生物资源调查委员会"的倡议，被北极国家采纳，这是北极法律制度建设的第一个中国方案。我校教师提出的中国同北极五国在新机构中"承担相同义务、享有相同权利、拥有相同地位"的原则被悉数接纳。2015 年 1 月在美国皮尤基金会组织的北极渔业研讨会上，我们第一次提出应该成立"北极核心区海洋生物资源调查委员会"，此后美方连续在韩国仁川、日本北海道举办会议讨论这一思想，最终我方提出的三条基本原则被采纳。目前，以美国为代表的各方正在协商构建这一科学组织。这一方案的意义在于，新机构成员不再分为成员国和观察员，中国终于跨越了"北极圈"这条无形的界线，对于中国参与北极治理有着积极意义。另外，这一机构的建立，对于中国未来参与北极渔业活动做了很好的铺垫。随着我国对海洋水产品需求的剧增，依靠我国近海养殖已经不能满足人民日益增长的对海洋蛋白的需求，遑论近海养殖严重消耗本国资源、污染近海水域，因此通过国际制度设计，为中国争取更多的远洋渔业机会已经提上了日程。

我们最早预见到"北极条约"不可能成行。2008 年 4 月在《瞭望》发表文章"北极无法走通南极道路"，被各大门户网站广泛转载。5 月 28 日北极五国通过《伊卢利萨特宣言》提出绝不成立统一的北极条约，预言获验证。

我校团队最早倡导呼吁把极地问题提升到国家安全的高度。2009 年在《瞭望》发表文章"大国战略指北极"，提出应该把极地、太空、深洋纳入国家安全战略范畴，被学者们和国内各大门户网站广泛引用转载。2015 年出台的我国新《国家安全战略》第 32 条明确将"极地、太空、深海和网络"列入国家安全新疆域。

我们最早分析了北极理事会努克标准潜藏的风险，提出不必高估北极理事会的功能。2013 在《世界经济与政治》发表文章"北极理事会的'努克标准'和中国的北极参与之路"，解剖了北极理事会的功能和观察员的价值，得到国外同行的认可。2015 年 1 月在《国际问题研究》发文"北极经济理事会：不确定的未来"，预言北极经济理事会无法发挥实质性作用，我国不应投入外交资源。这一预言已经被实践检验。

在我国北极身份定位上最早提出"北极利益攸关方"这一概念。在我们创办的网站"极地与海洋门户"上指导学生发表文章"中国应该慎用'非北极国家'概念",建议使用利益攸关方概念,2015 年 10 月冰岛召开的"北极圈论坛"上中国外交部副部长张明发言中首次使用这一称呼,在 2018 年 1 月 26 日中国政府发布的《中国的北极政策》白皮书中再次得以确认。

我们的学术观点被国外学者大量引用,美国战略与国际问题研究中心(CSIS)的报告《A New Security Architecture for the Arctic: An American Perspective》;美国海岸警卫队推出的报告《U. S. -China Economic and Security Review Commission Staff Research Report》;美国著名智库詹姆斯敦基金会(Jamestown Foundation)出版的《中国简报》,以及瑞典斯德哥尔摩国际和平研究所 SIPRI 报告中多处引用刘惠荣和郭培清教授的观点。大量引用通过 Google Scholar 可见。这些引用有力地拓展了我校在国际学术界的影响,我校成为北极国家学者开展中国政策调研的必访高校,几乎每个月都接到北极国家学者们的来访请求,我校极地战略团队已经发展成为沟通国内外极地研究的枢纽单位。

三、我校极地学术研究和国际合作的特点

我校极地团队学术研究和国际合作体现如下特点。

1. 注重学科交叉

极地问题涉及政治、法律和自然科学等诸多学科,我校极地战略研究团队集中于法政学院,这为极地政治和极地法律的融合提供了便利条件,因此,一开始我们的极地研究就实现了国际法和国际政治的深度融合。而我校在极地自然科学研究方面也拥有全国高校首屈一指的优势。我们团队主动与海洋与大气学院以赵进平、陈显尧教授为代表的自然科学团队联系,学习借鉴自然科学研究方面的研究成果和特点,实现了文理交叉。我校战略研究方向的老师全都加入了我校"极地海洋过程与全球海洋变化重点实验室",成为该实验室"极地政治与法律"分支的核心成员。我校极地研究的这些特点是国内其他高校难以匹敌的,为我校极地研究的长期发展打下了深厚基础。

2. 重视务实研究,积极服务国家战略

我校极地战略团队将学术研究与政策研究紧密结合,积极服务国家极地战略,我们站在国家极地战略需求的最前沿,把握极地最重要的研究焦点问题。团队成员在自己的研究方向上都写出了高质量的政策建议报告。团队成员撰写的对策建议报告"科学统筹制定我国北极战略"获得了习近平总书记的重要批示,另外还有两份对策建议入选中央办公厅《要报》;白佳玉教授的《我国开展北极事务合作的可行策略》被国家哲学社会科学办公室《成果要报》采纳,是我校第一篇被成果要报采纳的对策建议报告;刘惠荣教授、孙凯副教授、董跃副教授合作撰

写的对策建议报告《海上丝绸之路建设不应忽视北极航线》被教育部社科司"专家建议"采纳,这也是我校第一篇被专家建议采纳的对策研究报告;刘惠荣教授带领团队为我国北极观测网建设提供国际法及国际政治方面的论证;董跃副教授为我国穿行西北航道提供法律论证,并参加了中国关于美国、新西兰罗斯海保护区规划选址的反馈意见专家论证。

事实上,我校极地战略研究团队已经成为我国极地战略核心智库和极地问题的国际学术交流中心。

3.同知名媒体形成了良好的互动关系

除了学术活动,我们还同包括《人民日报》等传统媒体和新媒体建立了良好的互动关系,2015年我校教师受聘为中国中央电视台大型纪录片《北极,北极!》学术顾问,参与策划和剧本撰写,并接受访谈,我校因此位列支持单位名单,是该纪录片中出现的唯一高校。该纪录片在海内外播出,大大提高了公众的北极意识。此外,团队成员还接受了中央电视台英语频道及《焦点访谈》、中央人民广播电台、东方卫视、深圳卫视、英国《卫报》、美国《纽约时报》、俄罗斯卫星网等媒体访谈,为 China Daily、Global Times 撰稿。

国际知名高校,均十分重视同媒体的互动,以提高学校声望,争取更多社会资源和优质生源。我校极地团队的媒体活动,有效提高了海大在国内外的美誉度,是我校低成本投入,获得高收益的典型个案。

四、总结:对极地学术研究和人才培养的期望

相比于其他研究团队,我校极地团队作为文科研究团队中最晚形成的一支劲旅,在短短十余年时间里迅速发展,获得了国内外学术界公认的领军者地位。何为"领军者地位"? 国内外学术界的评价是重要标准。这些成就的取得,既得益于全球变暖和北极海冰融化的大趋势,更同我校国际处、文科处等部门的大力支持分不开,这些支持在我们团队成长时期尤为重要和珍贵。现在,我校极地战略研究团队已经发展成为我校"双一流"海洋发展学科群中的重要力量。然而,对比国内需求和国际发展大势,我们的极地研究仍存在如下问题。

1.核心骨干人员仍需加强,某些领域的研究力量明显偏弱

我校极地战略研究团队中十分缺乏经济学专业背景教师加盟。随着我国提出的共建"冰上丝绸之路"计划和北极开发的深入,北极研究呼唤经济学科的参与,希望学校能够通过制度化的方式动员经济学院和管理学院教师关注极地问题研究。另外我们也希望通过法政学院或者海洋发展研究院这个平台,积极招募年轻研究力量,为极地战略研究储备人才。环顾国内兄弟高校,最近几年纷纷组织智力资源,建立极地研究机构,且大多得到了所在单位的强有力的支持,全

国已经出现了异军突起、千军万马搞极地的局面,这种氛围对我校利弊兼有——利处在于会形成整体有利的学术氛围,弊端在于我们感受到了被追赶的压力。如果我们不保持昂扬向上的劲头,有可能会被超越,进而失去国内高校极地研究引领者的位置。

2.同北极国家高校之间的师生交流尚未实质性展开

北极域外国家例如我们的日韩两国,纷纷开展同北极国家高校(研究机构)的教师学生互换项目,以及开展联合项目研究;或者派出学生参加国际会议,增加其阅历,在此方面我校尚处在起步阶段。为把我校建设成国家极地事业的人才培养高地,扩展学生的国际视野,启动各种方式的学生国际交流已经日益紧迫。我校其他学院已经同国外相关高校建立起了成熟的合作交流和人才培养模式,今后我们将认真学习并借鉴这些成功的经验,实现我校极地领域人才合作培养的突破。

2013 年在阿布扎比参加世界经济论坛

2015 年中国-北欧北极研究中心成立仪式

中俄北极合作的研究梳理与进展

白佳玉　　王琳祥*　■

摘要：在"一带一路"倡议实施和《中国的北极政策》白皮书颁布的新形势下，中俄北极合作将迎来新的发展。以中俄北极合作为主线，对相关研究进行梳理，"动因与前景"研究的适时性及前瞻性应时凸显。中俄北极"合作领域"研究在重点研究领域横向发展的同时也呈现出多层次、有重点的纵向深入。中俄两国北极战略政策也深刻影响着两国合作趋向，在中俄北极合作的大趋势下，中俄北极合作研究机构有望得以系统化建立。在中俄北极合作实践检验下的中俄北极合作路径也将更加明确。中俄北极合作研究的完善未来可期。

关键词：中俄合作；北极研究；动因与前景；合作领域研究

一、中俄北极合作"动因与前景"研究的适时及前瞻性分析

近年来，中俄北极合作一直是国内外学者研究探讨的热点话题，且在国际合作成为域内外国家参与北极事务的重要方式的新形势下，中俄北极合作有继续加强的动因与可期前景。"动因与前景"是研究中俄北极合作必然要考究的主题之一，关涉着中俄北极合作能否实现及合作效果如何，且深入思考其所具备的"适时性"及"前瞻性"特点，对"动因与前景"研究至关重要。

（一）中俄北极合作"动因与前景"研究概况

中俄北极合作"动因"，实为探究中俄两国开展北极事务合作的内在驱动利益，即影响中俄两国作出北极合作事项抉择的优先考虑次序及策略选择的内驱力。对此，我国学者在西方国际合作理论的基础上，对中俄北极合作动因进行了分析与总结。俄罗斯国家安全利益、北极航道航运利益、北极地区能源资源开发所带来的经济利益等是俄罗斯寻求同中国合作的核心内驱力。[①] 其中能够带来可观经济利益的能源更是影响俄罗斯外交战略与政策的关键制约因素。[②] 此

---

　* 白佳玉，中国海洋大学法政学院教授，法学博士，从事海洋法和极地法问题研究。王琳祥，中国海洋大学法学硕士研究生。

　① 肖洋. 俄罗斯的北极战略与中俄北极合作[J]. 当代世界，2015(11)：71-74.

　② 于春苓. 俄罗斯能源外交政策研究[M]. 北京：中国社会科学出版社，2012.

外,保护俄北极生态安全利益也是俄开展北极事务国际合作的重要动因。①

就中国方面而言,同俄合作开发北极资源所创造的经济利益亦是中国考虑的动因之一,此外中俄合作亦符合中国作为"北极利益攸关方"身份参与北极事务的北极权益。中俄北极合作"动因"的实质在于两国存在共同的利益与需求。而随着国际国内情势的不断变化,多种动因会出现此消彼长的态势,并可能会出现新的动因促使两国作出新的战略抉择,中俄两国在北极合作事项上会根据不同动因所占比重对合作事项作出倾向性的安排。

中俄在北极地区的共同利益,是两国开展北极合作的基础,同时也指引着未来中俄北极国际合作的前景和方向。能源开发、北方海航道的开发与利用、环境保护仍是两国北极合作的主要方向,此外,由于俄罗斯北极地区神秘的极地景观、对极地科学认知的需求等对科考者、探险者等极地探索者巨大的吸引力以及俄北极旅游可操作性的提高,未来中俄有望在旅游层面开展合作。在展望两国北极合作前景时,仍须结合具体情势,考虑现实背景,诸如西方对俄制裁的国际形势、俄国际国内政策变化等,正确看待中俄全面战略协作伙伴关系,准确把握中俄未来北极国际合作前景,作出恰当的战略决策,促进中俄北极国际合作。②

(二)中俄北极合作"动因与前景"研究的特点与存在的问题

中俄北极合作"动因与前景"的研究存在"侧重对'国际国内情势需要'进行立足点的分析""动因基础上阐释具体前景化""前景分析与合作路径相关联"的特点。首先,国际国内情势变动影响两国共同利益(合作基础)的确定,更是两国合作动因的决定性因素,因此,"动因与前景"研究多以此为出发点及立足点展开分析;其次,中俄北极合作的"动因"与"前景"存在着相呼应的内在逻辑联系,合作"动因"即决定并揭示着中俄未来在北极地区具体合作领域和合作方式的"前景";最后,纵观中俄北极合作"动因与前景"的研究,"前景"分析指明了中俄两国未来合作的方向,未来合作方向则关涉着两国实现合作的现实路径,两者相互印证,不可断然割裂。

"动因与前景"与国际国内情势相关联,处于不断变化之中,这便决定了针对中俄北极合作"动因与前景"的研究存在着一定的不确定性。"共同利益"也会因两国间的客观情况及主观判断产生差异,处于不同性质、不同层次的"共同利益"会使两国在相关决策上有所不同,进而导致两国在北极合作行动上出现分歧。③"动因与前景"的不确定性将会使得对此的研究出现不同程度的偏差,从而对中

---

① 孟颖会.俄罗斯在北极地区的国际合作研究[D].哈尔滨:黑龙江大学,2015.

② 孙薇.中俄北极合作的利益与机遇[N].第一财经日报,2015-09-29(A13).

③ 孙凯,王晨光.国家利益视角下的中俄北极合作[J].东北亚论坛,2014,23(6):26-34+125.

俄北极合作相关研究的现实意义消减,实用价值有限。

（三）中俄北极合作"动因与前景"研究对"适时性"的把握

中俄北极合作"动因"由客观情势决定,"前景"则是对未来合作方向的"可能性"的预测,两者都需要对客观情势的准确把握,即都须具备研究的"适时性"。一方面,立足中俄两国国际国内情势,是把握"适时性"的根本要求。只有及时关注中俄两国情势变动,掌握两国北极最新动态,开展合作的"动因与前景"才能进行及时调整,把握正确合作方向,使其研究得以"适时";另一方面,"适时性"的把握要求以"两国共同利益的平衡点"为适时"节点",合作的目标在于实现两国共同的北极利益,对"适时性"的把握也需要一个根本支撑点的平衡,即中俄两国共同利益的适当平衡。只有"适"与"时"都符合的"动因与前景",才能准确把握合作方向,促进两国合作。

二、中俄北极"合作领域"研究的横纵向发展

中俄北极"合作领域"研究是中俄北极研究的重要内容。针对中俄北极"合作领域"的研究也由最初的以能源、航道等低政治敏感领域及新兴领域为重点领域的横向发展,逐渐纵向深入,并呈现出层次化、重点突出的特点。

（一）以能源、航道等低政治敏感领域以及新兴领域为重点研究领域的横向发展

以"合作领域"为纵向坐标,剖析中俄北极合作领域的横向发展,可窥见,能源、航道等低政治敏感领域以及新兴领域在众多"合作领域"研究中一直居于重点地位。中俄北极合作领域主要集中在上文提及的北极能源开发、航道利用、环境保护以及科学考察等低政治敏感度领域。中国坚持合作共赢原则[1],同俄开展北极事务合作,弥补了我国地缘位置所处的不利局面,一定程度上缓解了北极国家排斥域外国家参与北极事务的困局。[2] 针对中俄北极能源开发合作方面,学者曾运用博弈论模型推论出中国在中俄两国北极能源合作中处于劣势,且面临着俄罗斯对中国缺失政治信任等问题,解决这些问题,需要加强对俄罗斯北极能源政策研究力度、加强中俄北极能源合作开发的沟通交流。[3] 在新兴领域方面,2017年11月谈判通过的《防治北冰洋中部公海无管制渔业活动协定》也将对北极渔业资源开发秩序产生深刻的影响,伴随着北极区域政治环境的缓和,北极渔业资源开发有望实现规范化捕捞。而极地旅游作为新兴领域将会成为未来

---

① 唐国强. 北极问题与中国的政策[J]. 国际问题研究,2013(1):15-25.

② 白佳玉. 中国北极权益及其实现的合作机制研究[J]. 学习与探索,2013(12):87-94.

③ 何一鸣,赵玉雪. 中俄北极能源合作战略分析[J]. 科技与企业,2013(10):5-6.

开发的热点领域。① 中俄北极"合作领域"研究横向发展仍将持续。

(二)以多层次、有重点为特征的中俄北极合作纵向深入

中俄北极"合作领域"横向扩展的同时,对"合作领域"的纵向研究也日渐呈现出多层次、有重点的特征。中俄北极合作主要集中在政府间、政府支持和指导的公司企业合作以及科研机构之间的交流与合作。对各合作领域的研究也都以问题为导向,有重点有所侧重的进行分析。在中俄能源开发合作领域,以两国企业间合作为主,对该领域的研究则侧重于亚马尔 LNG 项目的建设及冰上丝绸之路的建构等。对亚马尔 LNG 项目的背景、现况、发展优势和意义都有相应研究进行探讨,并有学者提出在中俄合作进展缓慢的情况下,可以转向实力雄厚的俄罗斯私有公司,通过发挥私有公司的资金、技术优势推动中俄合作进程,为中俄能源合作提供了建设性的建议;②在中俄航道利用合作领域,则以政府间性质合作为主,并以北方海航道未来的开发建设和面临的困境及解决路径为研究重点;而在科学考察领域,则是以科研机构之间的交流合作为主,侧重点也相应落于北极科学考察的合作实践及取得的科研成果方面。

三、中俄北极国家战略政策对合作趋向之影响作用研究

国家北极战略政策反映了一国政府对待北极事项的官方态度,更关涉着一国同他国就北极事项开展合作的未来趋向。中俄北极国家战略政策对合作趋向的影响作用研究也因宏观性、可塑性较强的特点而使得不同研究主体对合作趋向的把握存有差异。

(一)中俄北极国家战略政策对合作趋向影响研究的概况

目前,学术界存在较多对俄罗斯北极国家战略政策的相关研究,但多集中于对俄罗斯北极政策形成、发展、实施阶段化的分析探讨。在具体领域上,重点集中在对俄罗斯北极能源开发政策、航道利用政策的阐析,并在此基础上探讨俄北极政策对我国同俄罗斯就特定领域开展合作存在的积极及不利影响。中国的北极政策从 2018 年 1 月 26 日发布的《中国的北极政策》白皮书可见一斑,白皮书指出中国作为"重要利益攸关方",合作是中国参与北极事务的有效途径。中国将开展全球、区域、多边和双边等多层次的合作,在北极建立多层次、全方位、宽领域的合作关系。由此,《中国的北极政策》白皮书表明了中国同各国合

---

① 奚源.中国参与北极资源开发战略研究——基于渐进决策理论的视角[J].理论月刊,2017(7):171-176.

② 郭俊广,夏春燕,余伟.亚马尔 LNG 项目开辟中俄能源合作蹊径[J].国际石油经济,2014,22(10):52+111.

作的期望,对中国就北极事项同北极域内外国家开展合作产生了积极的趋向作用。

(二)中俄北极国家战略政策对合作趋向影响研究的特点

中俄北极国家战略政策对合作趋向影响的研究多为由两国北极政策入手对具体领域合作的展望性探析,此类研究存在着宏观性、观点差异性较强的特点。一方面,分析国家北极战略政策的研究从宏观角度着手,以该国北极战略政策为切入点展开合作趋向的预测,使研究不可避免地带有宏观视角的宽泛色彩;另一方面,此类研究的宏观性使得不同主体对中俄北极国家战略政策对未来合作趋势走向影响的具体把握弹性较大,研究者对具体领域未来合作趋势走向的把握会受到研究主体对所研究问题的理解深浅、研究方法、思维差异等多方面因素的综合影响,所得出的结论也相应有所差异,即显现出观点差异性较强的特点。中俄北极战略政策对合作趋向影响研究的观点差异性较强这一特点为中俄北极合作研究思路的多样化奠定了基础,并有助于多种合作路径的提出,从而影响到中俄北极合作的实现效果。

四、中俄北极合作研究机构的兴起与发展特点

中俄北极合作研究机构虽层次不均、数量有限,但其作为未来中俄北极合作研究的重要平台,将会在中俄北极合作兴盛的新形势下获得充分发展,并将在中俄北极合作研究中发挥重要的载体作用。

(一)中俄北极合作研究机构的兴起

随着中俄北极合作广度和深度的拓展,国内有关中俄北极合作的研究机构不断出现。这些研究机构主要分为隶属于政府部门的科研机构和研究中心、高等院校的学术科研机构。前者如隶属于国家海洋局的中国极地研究中心、中国科学院的地球环境研究所等机构;后者有针对中俄区域经济的黑龙江当代中俄区域经济研究院、大连理工大学中俄暨独联体合作研究中心、中国海洋大学极地研究中心、中俄区域合作研究中心(吉林大学和俄罗斯科学院远东所共建)等,这些研究院所虽涉及中俄区域合作,但针对中俄北极合作的专门研究机构尚未建立,对中俄北极合作的意义有限。

中国虽在北极合作研究机构设置层面存在不足,但中俄主要参与的涉及两国北极合作的国际会议却彰显了中俄合作的良好态势,并对中俄北极合作研究机构的建立与完善奠定基础。国务院副总理汪洋将率中国代表团赴俄参加将于2018年3月29日—30日在俄罗斯阿尔汉格尔斯克市举行的"北极——对话区

域"论坛,并就"白海—科米—乌拉尔"铁路干线建设合作进行洽谈。[①] 表明了中俄两国开展北极合作的意愿。2012 年,中国海洋大学发起创立中俄北极论坛,该论坛旨在促进中俄学者间交流与学习,推动中俄北极合作,且该论坛迄今已成功举办五次。[②] 对深化中俄两国在北极领域的合作研究具有重大意义,目前该论坛已发展成为中俄两国北极学者之间制度化和常态化的交流平台。而以"北极地区的国际经济合作"为主题的中俄北极论坛第四次会议则在俄罗斯圣彼得堡国立大学召开,中国海洋大学、上海国际问题研究院等单位的国内学者参加了会议和谈论,此次论坛对俄突破欧美制裁,摆脱经济、外交困境状态,寻求同中国合作,推动包括亚马尔项目在内的合作取得实质性进展。[③] 这些会议论坛虽不是正式的研究机构,却对中俄北极合作研究做出了重大贡献。

(二)中俄北极合作研究机构的发展特点

建立并发展中俄北极合作研究机构符合未来中俄合作领域横向扩展,纵向深入趋势的需要,未来中俄北极合作研究机构的建立也将体现民间研究机构为主的层次特点;机构建设方面:数量增多;关系层面:机构间合作交流密切等三方面特点。

中俄北极合作研究机构的建立必将以民间研究机构为主要层次。由中俄北极合作研究机构存在的现况可以看出,目前中俄涉北极合作研究机构主要集中在高等院校的学术科研机构,学术科研机构往往通过专家学者的专业性探讨分析出理论性较强的学术成果,从而可为中俄北极合作提供理论性指导。此外,考虑到已建立的学术科研机构取得的促进性成果,建立以民间研究机构为主要层次的中俄北极合作研究机构具备一定必要性和可行性;在机构建设方面,中俄北极合作逐渐在更多领域拓展,会产生对不同合作领域研究机构建立的需求,且因中俄北极合作纵向深度的延展,对研究机构的专业性要求提高,故在未来中俄北极合作研究机构的机构建设方面,会呈现出数量增多的特点;不同合作领域的相互影响关系呼唤各研究机构之间的交流合作,中俄北极各个领域合作之间需要

① Китайскую делегацию на Арктическом форуме возглавит вице-премьер Госсовета КНР, http://pro-arctic. ru/03/03/2017/news/25455♯read.

② 2014 年 10 月 22 日—23 日,中国海洋大学在青岛举办第三届中俄北极论坛,与会专家学者就北极地区资源开发、北极航道开发及利用、北极地区安全等领域的合作及前景问题进行坦诚友好的探索和交流,并且就中俄北极未来合作的诸多问题进行展望和规划。2015 年 4 月 24 日,中俄北极论坛第四次会议在俄罗斯圣彼得堡国立大学召开,论坛以"北极地区的国际经济合作"为主题。2016 年 10 月 31 日,中国海洋大学在青岛举办第五届中俄北极论坛,论坛以"中俄北极合作:障碍与前景"为主题。

③ 郭培清.中俄北极论坛第四次会议在俄罗斯圣彼得堡国立大学召开.http://www. polaroceanportal.com/article/105.

信息共享与交流学习,以促成合作领域的单一化向合作领域的多样化转变,在此意义上,未来中俄北极合作研究机构的建立需要机构间形成定期的合作交流机制。

五、新形势下中俄北极合作研究的未来态势

"一带一路"倡议是中俄北极合作研究的"催化剂",有力地推动了中俄北极合作领域的拓宽,对中俄两国具有重要的战略意义。2018 年 1 月 26 日由国务院新闻办公室发布的《中国的北极政策》白皮书更是为中俄两国合作提供了适宜的国内政策环境,中俄北极合作研究也将在新形势下获得系统完善的发展,并将助力于中俄两国北极合作实践。

(一)"一带一路"倡议对中俄北极合作领域拓宽研究的推动

"一带一路"倡议对中俄北极合作研究领域拓宽起到了关键性的推动作用。"丝绸之路经济带"和"21 世纪海上丝绸之路"成为新时期中俄合作的重要平台。

北方海航道的开发与建设是"21 世纪海上丝绸之路"建设的重要一环。自 2015 年受困于国际国内政治经济局势,迫待寻求外来资本,开拓国际市场的需求,俄罗斯改变了过去主要同北极国家合作开发建设北极航道的立场,开始探求同中国的合作,并多次表达了愿与中国共同进一步开发和利用北方海航道的合作意愿。早在 2015 年,中俄总理进行第二十次定期会晤时,俄罗斯方面便提出愿同中国合作开发建设从远东至亚太地区的"冰上丝绸之路""滨海国际运输走廊"等开放战略。除此之外,中俄两国在"一带一路"战略的支持下,就经贸、能源、科技、旅游、人文等领域展开合作,为俄罗斯提供了大量的就业岗位,并提高了在俄的投资贸易额,推动了两国北极合作进程。①

(二)中国北极政策白皮书对中俄北极合作机遇(前景)的影响

在 2018 年 1 月 26 日国务院新闻办公室发布的《中国的北极政策》白皮书中明确指出,中国将在北极建立多层次、全方位、宽领域的合作关系,在气候变化、科研、环保、航道、资源、人文等领域进行全方位的合作,继续贯彻合作共赢的原则。这表明了中国同北极国家开展北极合作的态度和决心,对未来中俄北极合作的开展将是一个难得的机遇。此外,在白皮书中,中国强调了将会注重保护北极居民和土著人群体的利益,有利地减消了俄罗斯当局对同中国开展合作的顾忌,增强了两国的合作意愿。《中国的北极政策》白皮书为中俄北极合作提供了

---

① 刘洁蒋.黑龙江省企业在俄建设经贸合作区 18 个,创造就业岗位 5000 多个, https://www.yidaiyilu.gov.cn/xwzx/dfdt/47511.htm;曹家宁.中国正在俄远东落实 28 个项目 投资总额 40 亿美元, https://www.yidaiyilu.gov.cn/xwzx/hwxw/42525.htm.

有利的政策环境和政策支持,对中俄正在合作建设的项目起到了有力地推动作用,是中俄两国应抓住并利用的机遇期。

(三)中俄北极合作实践对中俄北极合作路径研究的效果验证

涉及中俄北极合作的研究浩如烟海,其中不乏对中俄北极合作路径的研究,中俄北极合作路径是中俄两国开展合作的具体实现方式。正确的合作路径会引导中俄北极合作实践取得实质性进展,即中俄北极合作实践将是对中俄北极合作路径研究正误的验证方式。中俄北极合作在通常情况下,会遵循从"科研、气候、环境、经济合作"到"航道、军事安全利益合作"的路径。① 中俄北极合作路径研究以落实实践为根本,而实践的落实则要求合作路径具备一定现实可行性。

六、结论

中俄北极合作研究在"一带一路"倡议和《中国的北极政策》白皮书发布的新形势下,必将迎来新的发展机遇期,促使中俄北极合作研究在具备"适时性""前瞻性"特征的基础上,准确把握中俄北极合作的动因与未来发展前景。中俄北极合作研究也将在中俄北极合作研究机构专家学者学术理论指导的帮助下,探析中俄北极合作的具体路径,从而推动中俄北极合作领域研究的横向扩展及纵向深入。

---

① 文焱峰.国家利益视阈下的中俄北极开发合作研究[D].兰州:兰州大学,2016.

中澳海岸带管理研究中心的运行与探索

王小华　马英杰＊

摘要：中澳海岸带管理研究中心是由中国海洋大学和澳大利亚新南威尔士大学联合发起成立的国际联合研究机构，定位为以海洋人文社会科学为主大力开展文理交叉跨学科研究，广泛开展国际比较研究，兼顾基础研究和应用研究的国际合作研究机构。从 2010 年成立以来，每年定期举办中澳合作研讨会，每年有多名合作培养的研究生。中心参与了一批重要的国际合作研究项目，在胶州湾开发、达尔文港的管理等研究中做出重要的贡献。在全球化的趋势下，在我国一带一路发展战略的实施中，加强多层次、多方位的国际合作是必然的选择。

关键词：中澳合作；海岸带管理；研究中心

改革开放以来，我国海洋科学和管理研究取得了重要的成绩，但是与发达国家相比仍然是有差距的。要在激烈的国际竞争中脱颖而出，在海洋科学与管理研究领域占有一席之地，国际交流和合作是重要的渠道。通过建立国际合作研究机构，可以互相交流先进的科研成果、科研思路和管理理念，将不同国家不同机构的科研优势结合起来，达到强强联合、优势互补的效果。中国与澳大利亚建交 45 周年了，两国间良好的政治关系和经济的高度互补性，也使得教育和科研合作获得了长足发展。为了加强合作，2010 年成立了以中国海洋大学和新南威尔士大学为核心的中澳两国海洋学者的联合研究机构：中澳海岸带管理研究中心（The Sino-Australian Research Center for Coastal Management，SARCCM），分别在中国海洋大学和新南威尔士大学设立了办公室。本文通过总结中澳海岸带管理研究中心的实践经验和不足，为未来的国际合作研究和教学提供参考。

一、SARCCM 的组织运行方式

SARCCM 的建立旨在通过跨学科研究的平台，整合相关的教学与科研资源，发展新兴交叉学科；培养满足社会需要的高素质复合型人才；加强国际和区

＊ 王小华，澳大利亚新南威尔士大学堪培拉分校教授，中国海洋大学海洋与大气学院兼职教授，主要研究领域为海洋与大气学；自 2010 年起至今担任中澳海岸带管理研究中心澳方主任。马英杰，中国海洋大学法政学院教授，主要研究环境法学、海洋法学；在 2010—2015 年期间，担任中国海洋大学中澳海岸带管理研究中心中方办公室主任。

域合作,为海洋与海岸带地区可持续发展提供决策支持。主要围绕海岸带经济社会可持续发展国家战略科技需求,瞄准海岸带研究世界科技前沿,针对区域创新体系建设和地方经济社会发展需要,研究开发海岸带资源利用、环境治理、可持续发展决策的科技理论体系和先进的技术的应用前景,重点开展环境友好型海岸带资源及海岸工程风险、海岸带环境与生态过程与退化环境的修复、海岸带信息集成与综合管理、气候变化与海岸带经济与社会发展,海洋法律等领域的基础性、战略性、前瞻性创新研究,加强海岸带可持续发展基础理论研究、案例示范,为实现我国海岸带可持续发展领域科技创新跨越发展、推动海岸带区域经济社会与资源环境相协调可持续发展,不断做出创新性贡献。

SARCCM 通过设立顾问委员会、建立研究团队、开发网站宣传、组织学术年会、开展专业评估等方式,保障合作研究机构的制度化运行。

(1)中心主任。中方的中心主任由中国海洋大学法政学院院长担任,有着丰富的管理经验和学科整合能力,确定了中心未来的发展政策。澳方主任是新南威尔士大学资深教授,并且是澳大利亚华人联合会会长,具有很强的活动能力。

(2)顾问委员会。邀请高等院校、科研机构、政府管理部门以及企业的高级专家或管理人员加入,包括中国海洋大学的校级领导、中科院海洋所的负责人、知名学者等。他们为 SARCCM 的战略发展提供咨询意见。定期专题介绍这些高校、科研机构与企业的管理模式、国际最前沿的科研进展、国际交流与合作渠道等各个方面的内容,为制定今后的发展战略给出意见与建议。[①]

(3)研究团队。除了大学、研究机构的教授和专家,相关专业背景的研究生也是这个团队的有生力量。研究人员来自理学、工学、农(水产)学、经济学、文学、医(药)学、管理学、法学、教育学等多学科,而在他们背后是众多的博士、硕士点,包括博士硕士一级学科点。其中包括法学、应用经济学、工商管理、海洋科学、水产科学、药学、生态学、生物学、环境科学与工程、计算机科学与技术、食品科学与技术等一级学科博士点的支撑,是 SARCCM 承担复杂繁重研究任务的强大后盾。在中心注册的研究人员只有 20 多人,而这 20 多人可以根据研究工作的需要随时召集更多的博士、硕士研究生参与到研究团队中来。

(4)中心的中英文网络平台。为了能够更好地宣传、介绍中心,与国内外学者进行交流合作,中澳海岸带管理研究中心建立了自己的网站。[②]

(5)设立办公室。办公室是一个单位的窗口,是部门沟通和对外联系的重要

---

① https://www.unsw.adfa.edu.au/sino-australian-research-centre-for-coastal-management/.

② http://www.science.gov.au/international/CollaborativeOpportunities/ACSRF/jointResearch/Pages/Sino-Australian-JRC-for-Healthy-Coasts.aspx.

组织。中澳海岸带管理研究中心分别在中国海洋大学和新南威尔士大学设立办公室,聘请专门人员担任办公室主任,处理日常工作。

(6)专业的评估。中国海洋大学和澳大利亚新南威尔士大学每两年对中澳海岸带管理研究中心的工作进行一次评估,对中心的工作做出客观真实的评价,对未来的发展提出建议。通过评估,吸引了比同领域的专家,对他们的研究工作也起到了牵线搭桥的作用。

二、SARCCM 已开展的工作和展现的成效

合作发表成效显著。作为研究机构,SARCCM 始终把合作研究和成果传播作为重要职责。自中心成立以来,参与中心研究的人员在各级刊物上发表文章50 余篇,很多是发表在《海岸带管理》《海事研究》《港口发展与管理》等国际知名期刊上。研究是围绕胶州湾的保护、湿地保护、达尔文港管理等几个方向展开的,承担了胶州湾保护与管理专项研究任务。研究提出的胶州湾保护立法建议被青岛市制定的《胶州湾保护条例》所采纳,并在中澳海岸带管理中发挥了积极的作用。中澳海岸带管理研究中心的刊物《海洋法律、社会与管理》也出版了 5期,收录了很多有关海岸带管理的有价值的研究文章。

成功案例值得推广。中外不同领域的科学家参与同一个项目的研究是国际合作最有效的方式,能确保知识得到有效的交流与应用。中澳海岸带管理研究中心自成立以来进行了多个研究。成功的案例如下。

1.胶州湾综合管理合作研究

胶州湾是位于黄海中部、胶东半岛南岸、青岛市境内的半封闭海湾。胶州湾面积 364 平方千米,资源丰富,有十几条河流流入湾内,对青岛的经济社会发展起了重要作用,被称为青岛的母亲湾。近年来青岛的发展速度较快,GDP(国民生产总值)的年均增长率多年保持在 9% 以上,经济总量已位居全国前 10 位。然而,经济的快速发展和城市的不断扩大也使资源短缺、环境恶化等问题日益突出。为解决胶州湾的问题,国家和地方曾经花费巨资进行了大量的研究,发表了很多学术论文,也提交了数量众多的报告。但是胶州湾的问题仍然存在。

与胶州湾的发展类似,澳大利亚的悉尼港、美国的旧金山湾、印尼的雅加达湾等都经历了污染、治理的过程。他们的经验和教训可以为我们治理胶州湾提供参考。为了吸取中外研究之长,中心召开了三次世界港协同研究学术研讨会会议,中国海洋大学、澳大利亚新南威尔士大学、悉尼海洋研究所、国家海洋环境预报中心、国家海洋信息中心、国家海洋局第一海洋研究所、烟台海岸带研究所、中科院海洋所、青岛市环境环保局、青岛市环境监测、国家海洋局东海分局监测中心的科学家针对世界不同地方港口的发展、环境的治理做了20 多个学术报告,

进行了深入广泛的交流。青岛的学者们从青岛港的建设及社会变迁、胶州湾水质对台风响应、围填海的生态影响等方面介绍了湾的综合研究进展;澳大利亚的学术团队不但就悉尼港的海洋生境修复、牡蛎对海洋环境变化的响应、澳大利亚东部陆架环流的变化及海洋港口沉积动力过程等进行了介绍,也介绍了雅加达港的发展和环境治理状况。东海监测中心的学者们则对上海港深水航道的水动力观测、沉积动力数值模拟、长江口海洋环境发展趋势及黄海微生物多样性等进行了介绍。

通过多方研讨,最后提出胶州湾综合整治的建议。包括制定法规政策、逐步淘汰商业性渔业,增加废水处理、对胶州湾环境进行修复等。尤其值得一提的是,澳方专家提出现在重新打开红岛水道对增加胶州湾水流循环治理污染意义不大,认为重新打开水道是一件劳民伤财的事情。这个研究成果引起了青岛市环境保护部门的高度重视,因为这个结论为处理青岛近年来热议的有关"打开红岛水道"的相关议案提供科学依据,可为国家节约数十亿资金。

2. 达尔文港管理合作研究

达尔文港是位于澳大利亚西北海岸的城市,澳北区的首府,面积 112 平方千米。达尔文港是澳大利亚土著族居民最集中的城市,还有很大一部分居民是从东南亚和东亚移居的移民。由于它距离亚洲最近,所以是重要的出口港口。达尔文港也是澳大利亚重要的军事基地和北部海岸巡逻艇的基地。澳大利亚北领地区政府 2015 年 10 月 13 日宣布,与中国岚桥集团达成价值 5.06 亿澳元(约合 3.56 亿美元)合作协议,将达尔文港土地、附属 EastArm 码头设施(包括达尔文海事供应基地),以及 FortHill 码头赁予岚桥集团,租期 99 年。北领地政府将保留其他若干码头设施运营权,并履行监管职能。中澳海岸带管理研究中心的澳方主任以往对达尔文港进行了大量的研究,并且亲自带领澳大利亚代表团及国内专家多次参观访问了岚桥集团所在地日照港,为中澳在达尔文港合作管理研究打下了好的基础。

三、SARCCM 未来的研究和发展思路

1. 进一步完善渤海立法研究

SARCCM 将在近年来实施的渤海特别法立法研究的基础上,完成拟订的研究出版计划,并在此项研究的基础上针对特定领域,向国家有关部门提交咨询报告。

2. 加强海岸带渔业资源持续利用中的"造血式"生态补偿机制研究及其相关研究

生态补偿已经成为我国国家层面的重大问题,造血式补偿是建立生态补偿长效机制的关键,对于生态脆弱、经济落后的世界自然遗产地社区而言,以造血式生态补偿模式培养其自我发展机制和可持续发展能力更具重要意义。为了加

强渔业资源的养护,确保资源的可持续利用,国家除了可以采取禁止性的管理手段外,生态补偿是可以更好地调动从业者积极性的一种管理方式。中心将把海岸带渔业资源持续利用中的"造血式"生态补偿作为未来研究重点之一,目标是为国家和省级海洋和渔业管理部门提供具有高度可行性的生态补偿方案。

3.中澳海岸带观测预报系统对比研究

主要研究海洋观测预报系统对经济和社会影响。以近年来的渤海湾溢油事件和青岛浒苔突发事件为例,在中国和澳大利亚的区域范围内进行相关的个案研究,分析其利益相关者。分析海洋观测预报系统的潜在的经济效益、系统的应用者以及相关的机构获取观测预报信息和相关服务的途径。此项研究的重点放在海洋观测预报对海洋运输业和渔业的影响上。

4.中澳海洋环境与渔村社区变迁研究

海洋环境变迁是自然环境和人类社会变迁过程的综合结果,是世界性的现象。近半个世纪以来,我国海洋环境经历了巨大的变迁过程。在海洋环境变迁和经济社会发展的形势下,我国渔村社区经济结构出现了分化,由此引发了渔村社区的行政组织、人口、文化、生活等各方面的变迁历程。中心力图在以往研究的基础上,继续运用田野调查方法,对中国及澳大利亚的海洋环境变迁及由此产生的渔村社区变迁进行描述和解释,以图洞悉海洋环境发生巨大变化后沿海渔村社区经济、政治、文化等方面所发生的变化,为推动沿海地区的新渔村及新农村建设提供建设性意见。

5.沿海海砂资源开发中的技术与管理研究

由于海砂资源具有重要的工业和经济价值,海洋砂矿资源开采迅猛发展,其产值目前仅次于海底石油,已成为第二大海洋矿产,与陆地相应类型的矿产资源相比,具有分布面积广、资源量大、分选好、品质优、运输方便、开采环境影响小等特点。我国东部沿海有丰富的海砂资源,是我国经济建设所需要的重要资源。近年来无序开采的情况非常严重,不仅造成了资源的浪费,而且酿成了海岸侵蚀等严重环境灾害。中澳海岸带管理研究中心将在以往调查研究的基础上,就海砂资源的开发利用开展文理交叉的研究。

6.人口趋海与沿海地区社会流动、海港城市变迁研究

进入21世纪以后,随着人类海洋开发实践活动的日益加剧,人口趋海现象日益明显,由此带动了沿海地区的社会流动,进而促进了沿海地区的社会变迁。近年来,趋海而动的趋势有增无减,而沿海城市多数都遵循"因海而建、因海而兴、因海而衰"的轨道,这种兴衰又多与港口的建立与兴衰密切相关。中心在未来将致力于以下研究:①通过调查描述人口趋海现象,揭示沿海地区社会流动的基本规律,发现其中存在的主要问题;②通过对典型海港城市地理、资源禀赋、人

口变化、产业发展等,揭示海港城市变迁的基本规律;③通过对历史文化资源状况的挖掘,对海洋文化传播规律的总结,探讨沿海城市发展与海洋文化传播之间的互动关系,寻找海洋文化健康传承的道路。

7. 中澳海洋旅游产业及游艇产业的发展比较研究

近年来,中国先富起来的一些人开始涉足游艇娱乐,在看到这一滨海娱乐业领域的巨大消费潜力之后,世界游艇制造商纷纷将目光瞄准中国,并预言中国游艇业市场潜力将不可限量。同时,世界各国豪华游轮也因中国市场的巨大消费潜力而逐渐向中国沿海的上海、广州等各大港口汇集。然而,作为一项新兴事物,其发展仍然面临不少障碍。除了政策、法律上的障碍外,还有很多技术上的障碍。澳大利亚有着很长的游艇发展历史,其游艇码头建设、游艇管理等都有着很多成熟的技术和经验,同时,澳大利亚也在豪华游轮产业及其管理方面积累了许多经验技术,这些技术和经验可以供我们学习和借鉴。在这方面开展合作研究会对我国的游艇产业的发展、相关环境规划、环境保护等有着很大的帮助。

8. 中澳周边海域离岛的综合研究

离岛研究是近年来世界各国在政治、经济及社会领域的热门话题。澳大利亚与中国周边海域都有为数众多的离岛,并共处于太平洋海域这一共同空间之中,在海平面上升、现代化及全球化对离岛社会变迁造成的影响以及全球温暖化所带来的全球政治、经济等格局的变化等领域有着相同或相似的课题,具有十分理想的比较研究的学术价值。中心在未来计划对两国周边海域的离岛及其群岛制订一系列致力于比较研究的调查计划,并积极推进这一系列的研究。

四、SARCCM 合作研究平台的建设成效和经验

1. 吸引多国科学家的加入

SARCCM 成立之后,不仅中国海洋大学和新南威尔士大学两校学者开展了跨国合作和中澳制度的比较研究,而且吸引英国、加拿大、美国学者参与到中心的研究中来,或与中心开展合作。目前,中心的队伍正在扩大,合作研究的领域不断扩展,合作研究课题的深度正在加大。中心与"东中国海环境管理伙伴关系"(PEMSEA)、"黄海大生态系(YSLME)项目办公室"等国际组织和国际项目长期保持合作关系,承担或参与其组织或委托的研究项目。中心有效开展国际合作研究的重要条件之一是研究人员都有国外学习、工作的经历。从 2010 年至今,40 多个来自中国海洋大学的学生在新南威尔士大学进行学习,其中 20 人学成后回国,包括 7 位回到中国海洋大学的学生。

2. 多学科合作

SARCCM 是按照以解决海岸带管理中的实际问题为宗旨开展多学科交叉

研究的思路设计的,中心研究人员来自多学科。在总结中国海洋大学长期开展文理交叉研究经验的基础上,经过不断探索开展交叉研究的模式和方法等,现在已经形成三种基本的研究力量组合方式:

(1)海洋遥感技术—海洋地质—海洋资源开发—海洋产业—产业政策与法律;

(2)海洋地质—海洋化学—海洋资源养护—海洋污染防治—海洋生态保护—环境与资源保护法;

(3)环境动力—海洋地质—环境科学—产业经济学—社会学—公共管理—法律。

这三种组合分别解决三类问题:第一种组合,解决如何更好地发挥海岸带优势,培育新兴产业,优化产业结构,提高经济效益。第二种组合,解决经济建设与资源可持续利用与污染防治和生态保护之间的关系,力图为避免走"先污染后治理"的老路,为实现经济效益和生态效益的双丰收出谋划策;第三种组合,解决在海岸带形成的产业、人口集聚等引起的服务、管理要求,对沿海城镇化发展提供方案论证,为海岸带地区的社会和谐,为海洋文化的传播与传承贡献智慧。

3. 较好地将以前的研究与中心的研究结合起来

SARCCM自成立以来一直围绕海岸带这个关键词,围绕海岸带开发、利用、管理保护中的问题开展研究工作。由于中心的研究人员一直都是在这个领域从事研究工作,以前的科研积累在中心的研究过程中起到了较好的作用。

中心已经完成或正在实施的研究主要包括以下几种类型:第一,立法研究。中心在以往参与《海岛法》的立法研究之外,近年来,接受有关部委的委托,一直从事渤海特别法、中华人民共和国海洋基本法的立法研究工作。第二,规划研究。主要是承担或参与山东半岛蓝色经济建设规划,与作为国家战略的山东半岛蓝色经济区建设相配套的市地海洋发展规划的制定和研究。第三,针对突发海洋事件的研究。比如,应对渤海19-3油气田溢油事件的对策研究。第四,服务于海洋产业部门的研究。第五,其他专项研究,比如关于渔业资源增殖放流技术与管理的研究。

4. 对国家有关管理部门、企事业单位的长期服务与合作

SARCCM成立以来,持续不断地向国家海洋局、环保部、农业部、林业部等提供咨询服务,包括承担专项研究任务,已经成为国家有关管理部门的重要咨询服务机构。中心伴随了山东半岛蓝色经济区建设立项、启动、建设的过程,参与了该战略项目的论证,承担了"山东半岛蓝色经济区建设办公室"下达的专项研究任务。中心有三位专家担任山东省政府聘任的"山东半岛蓝色经济区建设专家咨询委员会委员"。中心与胜利油田、青岛港务局等涉海企业事业单位长期保持合作关系。中心迄今为止是成功的,主要因为,中心的学者大多是本领域的顶尖

学者,其观点能代表本领域学术研究的方向,中心顾问有着丰富的实践经验,他们的思想代表该领域政府政策和产业发展的方向,中心的意见能够被管理部门接受。

五、SARCCM 运行中存在的问题与不足

1. 跨学科国际合作平台的管理服务有待提高

作为一个跨学科的国际合作平台,当多个学院的教授参与其中,每个学院都有独立的管理和考核系统,而教授们在中心的工作往往没有纳入到院系的考核系统,参与该平台的管理工作也得不到认可,所以教师的积极性受到了限制。跨学科协作是未来的趋势,国际合作又一贯是中国海洋大学和新南威尔士大学的发展原则,如何取得院系、部门的支持是要解决的一个重要管理问题。

缺乏对平台的经费支持,也使得平台的发展受限。对于参与中澳海岸带管理研究中心合作研究的学者们来说,参加中心的活动并没有带来直接的经费和认可度方面的益处,而且有时候还需要自掏腰包参与学术活动。从长远来看,中心应当有固定的研究编制,应当致力于组织各学科、各院系、不同国家的科研力量,联合申请大的课题,解决重要的问题。通过服务和经费的良性互动,平台未来才能得到长足的发展。

在中心未来的工作中也需要向成功者学习。例如,密西根大学与上海交通大学的合作很成功,双方领导的紧密参与是一非常重要的环节,它能保证中心的每一个重大决策都能体现学校的最终目标。密西根学院的实践证明,如果没有这样一个双方共同关心、共同参与的机制保障,学院的发展是不可能成功的。领导参与分两个层次:第一,重大战略决策由双方的校领导联合制定。第二,日常管理由双方的学院领导组成的委员会决定。

2. 有待开拓新的领域,并注重科研成果的传播交流

我国改革开放事业成功的秘诀在于通过主动融入世界市场为公司治理、政府治理引入外部监督从而提高治理效率。"一带一路"战略既是今后我国对外开放的总纲领,也是全面深化改革的总钥匙。通过融入国际治理和开展跨国合作,"一带一路"战略的实施在有效避免"西方经验"局限、防止治理本身被"短视"市场消解和坚持"四项基本原则"的同时,将为我国经济治理、国家治理、社会治理进一步引入来自治理体系之外的监督主体,创造强有力、更有效的外部监督,从根本上解决治理效率问题。

当前,在学术研究领域,也迫切需要加强以"一带一路"战略为引领构建开放型科研合作新体制。中澳海岸带管理研究中心可以为探索新的学术研究体制提供参考,同时中心也应该不断发展,不断创新,寻找更多的合作途径,研究实践需要的课题。中心未来也应当重视成果传播和教学方面的更多合作。

中法合作卓越工程师教育项目总结与思考

董军宇 * ▪

摘要：中国海洋大学信息科学与工程学院为探索工程师教育的国际化以及培养具有国际视野的工程师人才，2013年与法国南特大学签署合作协议共同成立"中法工程教育研究中心"，开展中法"3＋1＋2"（中国海洋大学本科、专业硕士＋法国工程师）卓越工程师联合培养项目，取得了显著的成果并积累了丰富的经验。

关键词：卓越工程师；中法联合培养；中国海洋大学

"卓越工程师教育培养计划"（简称"卓越计划"）是国家教育部贯彻落实《国家中长期教育改革和发展规划纲要（2010—2020年）》和《国家中长期人才发展规划纲要（2010—2020年）》的重大改革项目，也是促进我国由工程教育大国迈向工程教育强国的重大举措。该计划旨在培养造就一大批创新能力强、适应经济社会发展需要的高质量各类型工程技术人才，为国家走新型工业化发展道路、建设创新型国家和人才强国战略服务，对促进高等教育面向社会需求培养人才，全面提高工程教育人才培养质量具有十分重要的示范和引导。法国的高等体系中专门设置工程师教育，在工程教育、工程实习、国际化人才培养等方面处于国际领先水平。基于长期的研究生联合培养和科研合作，中国海洋大学信息科学与工程学院以教育部"卓越计划"为指导，与法国大学合作开展中法"3＋1＋2"卓越工程师项目。

一、中法"3＋1＋2"卓越工程师项目背景

法国工程师教育体系即法国工程师学院（École d'Ingénieur）的整体，是令法国人引以为豪的精英教育。法国工程师学院体系由拿破仑创立，主要是为了克服传统的综合性大学培养的学生理论脱离实际的弊端。经过200多年的经验积累，在世界上形成独树一帜的教学特点。

---

* 董军宇，中国海洋大学信息科学与工程学院副院长、教授，博士生导师，主要研究领域为计算机视觉、水下视觉及海洋大数据。

法国社会对工程师证书有一种近乎崇拜的认同感,工程师学院的毕业生有很高的就业率和社会地位。200 多年的法国工程师教育体系已经培养出了密特朗、希拉克和若斯潘等杰出的国家领导人和多名诺贝尔奖获得者。据经济学家的统计,法国二百强企业中 60% 的总裁和大部分高级管理人员来自于法国精英学院,因此可以说法国是一个以工程治国的国家。

全法共 224 所工程师学院,每所工程师学院每年毕业生平均约为 111 名,每年全法工程师文凭的获得者数目不到 3 万名,毕业生在全球范围内得到广泛的尊敬,培养了一大批既掌握高新技术又精通管理的高素质人才。

与法国建立联合培养工程师合作模式,也是我们工程教育与国际教育接轨的体现。

二、工程师合作培养模式

中国海洋大学与法国南特大学于 2013 年共同成立"中法工程教育研究中心",通过整合双方的教育资源,与法国大学高等工程师联盟联合,开展"3＋1＋2"(中国海洋大学本科、专业硕士＋法国工程师)卓越工程师联合培养项目,培养国际化、复合型高级工程师人才。包括计算机科学与技术专业和电子信息工程两个专业。

在目前开展的合作培养模式下,学生本科阶段的前三年在海大学习专业基础知识和法语,第四年进入"中法工程教育研究中心"学习,由法方教授承担相关课程,并完成本科毕业设计。符合学校规定条件者,获得海大相关专业的专业硕士免试入学资格,以及法方工程师学校的录取资格。后两年在法国学习,参加实习并完成毕业答辩。符合相关规定的学生可以获得海大本科和专业硕士的毕业证书和学历证书,以及法国相关高校颁发的工程师文凭。

法国南特大学是一个充满生机的大学,教育、研究中心为其周边各地提供了各个方面的人才。40 年来已经发展成为一个有 16 个教学单位、34000 名学生、1500 名教师的法国最大的综合性大学之一。学校的主要专业是医学、法律、自然科学、科学技术和文学。多年来南特大学与世界各国多所大学进行交流合作,接收了来自 90 个国家的 2000 名留学生。南特大学综合理工学院是一所由南特和圣纳塞尔的三所工程师学院(ESA-IGELEC,IRESTE,ISITEM)于 2000 年合并而成的。法国南特大学综合理工学院为法国综合理工集团(Polytech Group)下属的 13 所工程师院校之一。学院实施多学科教育,培养热学/能学、材料、电子、电力工程和计算机信息等五大主要学科的工程师。所属的法国综合理工集团是涵盖全法 14 所综合理工工程师学院的联盟,这 14 所综合理工学院分属法国科研最为领先的 14 所公立大学。各学院既有国立大学强大的学术背景,又兼具工程师教育的灵活性。

法国工程师教育体系是法国教育体制内培养各领域精英的系统,注重实习,课堂教学也以"真实"课题为研究对象,同时邀请企业中的工程师参与授课。综合理工集团授予法国工程师文凭,文凭是被法国工程师职衔委员会(CTI)所认证的国家文凭,被法国高等教育和科研部认可。通常法国学生通过高中会考选拔进入工程师预科学习两年;之后再经过全国工程师入学考试得以进入工程师学院学习三年。取得工程师文凭亦有资格攻读博士学位。

综合理工集团的专业设置涵盖包括计算机、电子工程在内的 9 个工程领域,有 80 多个工程专业可供学生选择。优秀的教学质量已经被各类国家排名所印证。

中国海洋大学信息科学与工程学院开展的中法"3+1+2"卓越工程师项目并非仅仅与法国南特大学综合理工学院进行工程师联合培养,而是以该学院为桥梁,与分布在法国不同城市的 13 所工程师院校组成的法国综合理工集团进行合作。学生在法国的 2 年工程师学习可以在这 13 所学院中自由申请,该模式极大地丰富了学生的学校选择范围,依据各学校不同的优势,在相关领域进行学习,有利于后续的实习和深造。

三、合作成果

1. 学生培养

自 2013 年起中法工程教育研究中心面向全校招收学生,并顺利开展相关教学工作。目前已有 2012、2013 两个年级的 20 名学生赴法国攻读工程师学位,其中 18 名学生获得中国海洋大学免试入学研究生资格并在研究生院注册。2014、2015、2016、2017 级有 35 名学生在学校和中法工程教育研究中心学习。

在中国海洋大学学习期间,中法卓越工程师项目的学生通过高强度的专业课程学习和法语语言学习,能够顺利适应第四年法国教授以法语讲授的专业课程。在法国能够迅速适应后续课程的学习,融入当地生活,获得不同国家的实习机会。

法国的工程师教育特别注重实践能力的培养。在 692 个课时的学习中,学生们需要完成各种实验实践任务,相关的实验课有 280 学时,并且有 12 周和 24 周两个实习学期。法国的工程师教育不仅重视专业技能培养,而且注重工程管理知识的学习,所开设的课程中有 30% 是人文、市场营销、管理和经济学课程,这是我国工程师培养所不具备的。

2012 级的 5 名学生目前已经进入法国工程师教育的最后一年,他们在法国的两年学习过程中,获得法国学校老师和同学们的一致好评。在熟悉中、法、英三国语言和具有实际工程开发技能的基础上，学生们根据自己的职业规划和专业兴趣，在法国、西班牙、中国等国家进行实习。实习单位包括 EasyBroadcast、Business&Decision、中科创达、华捷艾米、Datagrowb、Open it Solutions、马德里理工大学 CEI 实验室、京东、亚德诺半导体、瞬联软件等国际知名企业和高校。

为促进双方学生的互相交流，法国南特大学综合理工学院先后有 9 名学生来中国海洋大学进入中法工程教育研究中心学习。这些法国学生在中国海洋大学老师的指导下，深入实验室，和中国学生一起参与项目研发，取得令人满意的成果，促进了双方的交流。

2.科研合作和交流

中国海洋大学先后有 4 人到法国南特大学综合理工学院进行短期交流，12 人次到法国南特大学综合理工学院访问。南特大学综合理工学院先后有 25 人次到中国海洋大学中法工程教育研究中心访问，期间双方合作发表了 5 篇论文。

通过中法工程师教育的双边主题会议，进一步推进了学术的深入交流。2013 年，参加了华南理工大学举办的第五届中法工程师教育研讨会。2015 年，学校组团赴法国参加第六届中法工程师教育研讨会，与法方继续探讨研究中国海洋大学与法国南特大学"中法卓越工程师计划"的未来发展事宜。中法工程师教育研究中心会议由法国南特大学主办，参加会议的有以法国南特大学为首的由法国 13 所高校组成的"卓越工程师联盟"，以及由同济大学、天津大学、大连理工大学、西北工业大学等中国九所高校组成的"E9 中国卓越大学联盟"，中国海洋大学作为被邀请单位参加了此次会议。会议期间，中法双方就探索人才培养规律与模式，在本科生、研究生招生及联合培养、资源共享、产学研合作等方面开展全方位的探讨与交流，为各方进行更深层次的交流与合作打下了坚实的基础。

2017 年 6 月，学校举办了智能数据处理和通信国际学术会议暨第七届中法工程师教育研讨会。来自法国南特大学、法国马赛中央理工学院、英国朴次茅斯大学、华南理工大学、广东工业大学、上海海事大学、西安电子科技大学、青岛科技大学、天津职业技术师范大学、法国教育署驻青岛办事处、青岛法语联盟等近 70 位代表参加会议。作为会议举办方，学校针对当前的工程师教育提出新的观点也受到了与会代表的广泛认可：大数据、云计算、人工智能、5G 通信等方兴未艾，成为促进社会变革、推动经济发展的强大动力，工程技术及其产业的发展，也孕育着新型工科的诞生，是未来工程教育的新方向。

四、总结与展望

中法工程教育研究中心旨在培养兼具工程技术、科学管理知识、多语言能力和具有法国企业实践经历的国际化复合型高级工程师人才。中法双方共同制订人才培养计划与课程体系,全方位地实施本、硕、博多层次及不同专业方向的联合培养与学生交流,并积极推动中法间的科技交流与合作。

中法"3+1+2"卓越工程师项目五年的实践,使中国海洋大学在人才培养、学术交流等方面积累了宝贵的经验,也在不断解决项目面临的各种新问题的过程中探索和比较中法工程师教育在教育理念、教学方式的差异。中法双方互为借鉴、取长补短、共同进步。

1.进一步引进和整合优质教育资源

中法双方为卓越工程师项目的学生提供各具特色的优质教育资源,在实验室、多媒体教室、导师制等方面深度融合了双方的先进理念。

学习法国工程师教育理念和方法。改进国内的课程设置模式,增加实践实验课时,注重培养学生的动手能力、自学能力、团队合作能力、解决问题的能力。建议从政策和资金方面鼓励和支持年轻教师赴法学习,引进工程师教育方法,同时有利于加强双方的深入交流和科研合作。

引入先进的工程教育课程设置,增加企业管理、市场经济学等人文学科课程,培养面向高端管理型的工程师国际化人才。

探索贯穿本硕工程教育阶段的企业实习制度。在保证学生完成校园学习任务的前提下,利用假期或者小学期开展企业实习,给予学分认定,加强校企合作。

2.扩大合作专业领域

在中法卓越计划项目宣传招生期间,经常有学生咨询是否有更多的专业可供选择。根据调研,学校多个理工学院的学生都有加入中法卓越工程师项目的强烈意愿。然而,目前仅开设了计算机科学与技术、电子信息工程两个合作专业,无法满足学生们对专业选择的多样化需求。同时法方合作大学的代表也多次表达其在机械、化工、能源、生物等工程领域具有较强优势。在两校合作和建设一流大学的背景下,需要拓宽中法卓越工程师项目所涵盖的专业领域。

3.加强国际化教育环境建设,深化人才培养合作

目前的国际化教育仍缺少学校的大力支持,学生和教师参与意愿不足。由于需要多学习一门法语,很多学生会产生畏难心理。因此,应以中法卓越工程师项目为基础,提高办学能力,提高项目影响力,将中法合作推向更广泛领域。

信息学院计划在原来的基础上深化合作,申请教育部的中法"4+0"合作办学,进一步促进中法卓越工程师本硕联合项目的发展,并为将来成立中法学院做铺垫。充分利用国家留学基金委公派留学项目,为优秀的研究生提供赴法深造攻读博士学位和联合培养博士的机会。鼓励教师申请中法政府间合作项目,促进中法科研队伍建立更紧密的合作关系。

第四部分

PART FOUR

海洋科学人才培养新模式探索:基于中澳合作办学的实践

盛立芳*　■

摘要:中国海洋大学与澳大利亚塔斯马尼亚大学自开展合作办学以来,从多维度的课程设计、多层次的师生流动、多方位的深度合作和多途径的毕业选择等几个方面探索海洋科学专业人才培养的合作办学新模式,取得了良好合作成效,并通过科研转化和强强联合,为未来合作办学持续健康发展奠定了知识基础和动力源。面对中外合作办学在文化、管理和课堂模式等方面的挑战,如何在国内新兴和急需的学科专业领域开展合作办学,从而助力高校双一流建设,是不懈的探索方向。

关键词:海洋科学;中澳合作办学;培养模式

国际化是世界高等教育发展的潮流,也是提高大学质量和竞争力的重要手段,是衡量大学办学水平的一项重要指标。国际合作办学则是国际化的一个重要渠道,需要面对教育理念、跨文化交流、教学组织管理、课堂教学模式、教育体制机制等诸多挑战。如何坚持本国的教育特色,又培养出懂得国际规则、具有全球胜任力的高水平人才,是教育国际化浪潮中需要不断探索的。此外,合作办学能否在高校"双一流"建设过程中发挥引领作用,架设起学科发展和本科人才培养的平台和桥梁,既实现创新人才培养的核心任务,又助力一流大学的建设目标,是我们追求的目标。

中国海洋大学(以下简称中国海大)非常重视海洋科学专业本科教育,不断推进教育改革与创新,积极发展国际领先的海洋高等教育。2014年经国家教育部批准,与澳大利亚塔斯马尼亚大学(以下简称塔大)合作开办海洋科学专业的本科教育项目。经过三年多的实践,已经在合作办学理念、途径及发展路径方面有了一定积累。本文基于过程数据,从培养模式的视角,围绕上述几个问题,对中澳海洋科学本科人才培养实践进行总结和反思。

---

* 盛立芳,中国海洋大学海洋与大气学院副院长、教授,主要研究领域为大气环境。本文是山东省教改项目"海洋高等教育国际化人才培养模式探索与研究"(鲁教高函〔2017〕10 号)的成果之一。

一、海洋科学合作办学的定位与目标

加强海洋综合管理、维护国家海洋权益、妥善处理海上纠纷、拓展双边和多边海洋合作、向海洋强国的目标迈进,需要一大批海洋领域的领军人才和拔尖人才。作为担负国家海洋事业发展战略重任的国家重点建设大学,中国海大以培养德智体美全面发展、具有民族精神和社会责任感、具有国际视野和合作竞争意识、具有科学精神和人文素养、具有创新意识和实践能力的高素质创新型人才为目标,以造就国家海洋事业的领军人才和骨干力量为特殊使命,努力培养具有全球胜任力的高素质创新人才。按照为我所用、引进优质教育资源、主动掌握中外合作办学话语权的合作办学原则[1],围绕高素质国际化人才培养的合作办学核心,中国海大与历史悠久的澳洲海洋科学领军的名校塔大合作开办海洋科学专业,利用双方的办学优势,围绕国家海洋环境安全保障、海洋防灾减灾的需求,联合培养能够熟练使用英语,精通物理海洋学、海洋生物等专业知识,了解南极政策管理、海洋生态系统、气候研究及影响评估、环境保护以及海岸带资源管理等,在多个涉海领域有较强竞争力的国际型海洋科技人才。

在海洋领域,塔斯马尼亚在澳洲的地位类似青岛在中国的地位。其所在的城市霍巴特是澳大利亚塔斯马尼亚州的首府和最大港口城市,也是澳大利亚海洋科技中心,是南极科考的门户城市,拥有澳大利亚 40% 的海洋学家和 60% 的南极研究人员。承担合作办学主要教学任务的塔大海洋与南极研究所(IMAS)有 190 多名在职人员,185 名博士生,年度运行经费 5000 万澳元。IMAS 突破自然科学和社会科学的界限,致力于增进对环境的了解,促进可持续发展,造福澳大利亚和全世界。他们在南极科学研究领域有重大的贡献,其海洋学被《泰晤士高等教育》评选为全球前 30 强。中国海大海洋科学的办学历史可以追溯到 20 世纪 30 年代,教学与科研水平在国内独具综合优势,在历次海洋科学一级学科评估中均排名全国第一。中国海大在海洋科学研究领域覆盖面广、特色显著,而且在南北极研究领域都有突出的贡献。因此双方在海洋领域的合作是强强合作,将在人才培养、学科建设、高端引智等方面都产生优良成效。

二、合作培养模式架构与实现

合作培养涉及的要素很多,课程设置、学生与教师流动、全面深度合作等是合作的基础架构和实现培养目标的关键要素,下文将分述其在实现合作办学目标中的功能和作用。

---

[1]　薛卫洋.论中外合作办学的质量观[J].中国高教研究,2015(10):22-25.

（一）多维度的课程设计

课程在学生的知识构建过程中起着重要作用，也是学生综合能力培养的基础。课程内容要做到基础深厚、知识广博才有助学生的未来发展需求。因此在课程设计方面我们充分吸收中国海大长期积淀的优秀课程体系内涵，又根据合作办学需要，有针对性地引进一定数量课程，打破了原来相对单一的专业课程体系，从深度和广度两个方面满足人才培养的需要。

1. 扎实的数理基础培养

学习和研究海洋科学需要扎实的数理和计算机基础，因此一、二年级学生的课程集中在数学和大学物理，数十年的教学实践证明，这些课程是支撑学生未来发展潜力的重要基石。为了确保学生修读的数理课程能够满足后续由外籍教师担任的专业课程教学接受的需要，课程的门类和教学内容经过了两个学校的逐一匹配和高质量要求。总的来说，中国海大的课程内容和课时安排以及教学要求高于国外大学对低年级本科生的教学要求。比如，大学物理课程，塔大要求是力学和热学，中国海大要求的是力学、热学和电磁学；计算机类课程，中国海大也保持了传统的 FORTRAN 语言，满足学生在海洋科学领域的数值计算需要。

2. 广博的海洋知识教学

海洋科学在不同的国家有不同的发展历程和特色，是一门综合性很强的学科，20 世纪 70 年代以后，从隶属于自然科学逐渐具备了介于数学、自然科学与哲学、社会科学之间的交叉科学学科门类的基本条件。[1] 目前全球引领海洋科学研究的主要有美国、英国、澳大利亚等国，且科研热度不断上升。美国海洋科学本科教育偏重海洋生物，高端人才的培养则加大了物理和化学海洋学比重。[2] 海洋生态、海洋污染、海洋渔业等都是当前世界前沿热点领域。[3] 跨学科的国际海洋人才培养已经得到了世界主要发达国家的认可与尝试。[4]

中国海大的海洋科学一直偏重物理海洋，但是海洋气象、海洋生物、海洋化学、海洋地质等专业都是同海洋科学一起发展起来的。在 20 世纪 80 年代后，学校又发展起了海洋工程、海洋环境、海洋管理等学科专业。虽然专业方向是宽口径的，但是在海洋专业课程中比较偏重物理海洋，这不太符合当前海洋科学发展趋势对创新人才培养的要求。为此，除了保留海洋科学专业中的几门基础课程

---

[1]　胡松，刘慧，李勇攀. 美国海洋科学教育概况分析[J]. 海洋开发与管理，2012(1)：71-74.

[2]　吴白洁，陈振英. 世界海洋科学发展现状和研究热点分析——基于文献计量的视角[J]. 图书馆研究与工作，2017(3)：29-33.

[3]　宋文红，马勇，江文胜. 首届海洋教育国际研讨会综述[J]. 中国大学教学，2012(3)：93-95.

[4]　王绩琨，庞玉珍. 海洋科学的学科结构和发展对策[J]. 大连理工大学学报(社会科学版)，2006，27(1)：29-33.

外,本着依我所需、为我所用的原则,学校为合作办学项目引进了一系列知识体系宽泛的涉海课程,涉及气候、海洋生物、海洋化学、海洋地质、海洋环境和海洋法等领域(图1),全部由外籍教师教授。配合引进课程的教学,学校为学生购置了原版教材,并为每门课程配备了专业助教和英语助教。这样的专业课程设置与学校传统的海洋科学专业是有差别的,既保证了学生的专业基础,又扩大了知识面,有利于学生将来不受专业限制、自由切换到自己感兴趣的学科方向,以及从事高层次研究或有能力解决在海洋预报、观测、灾害评估等方面的问题。这些课程也是基于塔大雄厚的研究基础,专门为学生开发出来的课程,属于优势科研转化和优质课程资源输出。

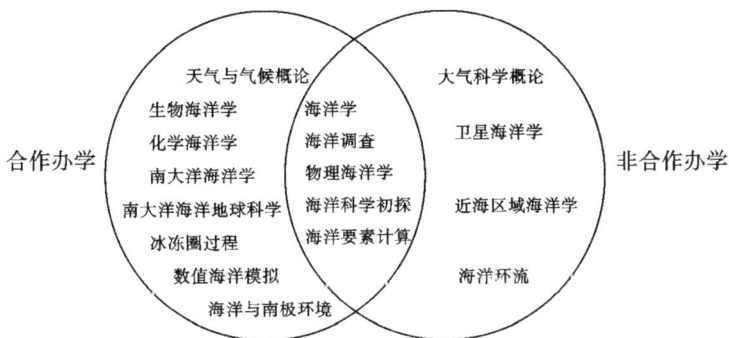

图1 海洋科学合作办学与非合作办学的专业必修课程

3.进阶式学术英语训练

英语课程不仅实现语言能力的培养,还有社交能力、跨文化交际能力和学术能力的培养,为学生在国际性环境里学习做好准备。为此学校为合作办学的学生采用了两年制大约600课时的学术英语课程,由中外教师联合授课。学时多、学习内容不同,教学方式也不同。四个学期的英语课程是进阶式设计,从基础英语到学术英语再到语言直通课程,着力于能力的逐步提高。第一学期的基础英语培养会话能力,第二到第三学期学术英语使学生的语言能力与国外入学能力等同(雅思6.0水平),第四学期语言直通课程使学生的语言能力与学术能力等同(雅思6.5水平)。语言直通课程有六项评估内容,包括论文写作、小组报告、调查报告、听记能力、主题辩论以及口头演讲。根据塔大对我校通过校际交流已经到该校就读的项目班学生的反馈,学生的语言能力较好,很快就适应了在海外的教学。

(二)多层次的师生交流

根据合作办学协议,每年两个学校之间都有不同类型的师生交流活动。教师交流内容包括业务学习和教学事务商讨等。学期内,外方教师到中国讲授专业课程;暑期中,中方教师到对方学校参加专业课程培训。教师在培训期间主修一门课程,兼听两门课程。主要学习课程的设计方法、授课方式和网络教学资源的综合运用等。教师回国后除了在自己的教学中加以应用外,还在学院与其他教师分享海外培训心得。

学生在完成了两年的基础课程和英语能力准备后,可以自愿申请到外方学校进行后两年的学习。目前已有两届 30 多名学生在塔大学习,约占每届学生数的 40%。按照双方提前商定的培养方案,学校承认塔大后两年的课程及学业安排,达到学位授予的要求,可以授予双方的学位。

2012 年澳洲政府启动了"走进亚洲计划",资助 1 万多名澳大利亚学生到亚洲国家学习和生活,以期未来一代的澳大利亚领导人不断增加对亚洲文化的掌握。受此计划资助,2017 年 11 月份塔大 10 名学生到中国海大进行了为期 10 天的学习交流与文化体验活动。塔大学生与中方学生一起上专业课,一起进行课堂测验,相互向对方学习语言,共同举办澳洲文化节和体育比赛,锻炼了中国海大学生的跨文化交流的能力。

师生、师师、生生之间多层次的交流,不仅保障了课程教学的有机对接,也丰富了两国间师生的语言和文化交流,提升了学生在国际环境中跨文化沟通合作的能力。

(三)多方位的合作关系

合作办学项目不仅仅是教学的合作,也是多方位的深度合作办学。在海洋领域,塔斯马尼亚大学,特别是承担合作办学任务的塔大海洋与南极研究所(IMAS),在南极科学研究领域有丰厚的积累和重大的贡献。中国海大在海洋科学研究领域覆盖面广、特色显著,而且在南北极研究领域都有突出的贡献。因此除了本科人才培养层面的合作,双方在科研和研究生培养领域同时进行着积极的探索,这也是合作办学健康持久发展的潜在动力。在中国海大和塔大合作办学过程中,澳方科学家与青岛国家海洋实验室也进行了广泛接触。基于这些工作基础,2016 年 12 月青岛海洋国家实验室与澳大利亚联邦科学与工业研发组织签署协议,建立了国际南半球海洋研究中心。这是我国首个在澳设立的中澳海洋联合研究中心,也是我国在世界发达国家和海洋强国设立的第一个科学研究中心。

在研究生层面,双方教师在交流过程中根据科研契合度,找到彼此的合作伙伴,联合培养研究生。中国海大与塔大在物理海洋、海洋生物、海洋化学和海洋地质等科研领域有很高的契合度,双方科学家在科研领域的共同语言很多。为全方位加强合作,中国海大为塔大的一位生物学家 Andrew 教授申请到了国家外专局短期千人计划,借此计划大力推动实验室建设和研究生联合教育。目前,已经有两名物理海洋专业的研究生进入联合培养渠道,在塔大学习。根据国家留学基金委对澳洲的公派计划,双方还商定了研究层面更广、人数更多的联合培养方案。

研究生层面的联合培养不仅是两校间科研强强联合的重要纽带和推进力,也是理工科专业通过科教融合,实现本科到研究生层次进阶式办学提升的一条通道。

（四）多途径的毕业选择

根据学生的学业情况和个人发展规划,学生既可以选择国内就读四年,获得国内文凭后就业或读研,也可以选择参加校际交流的"2+2"模式,即国内 2 年、国外 2 年,获得双学位后就业或读研。赴澳学习的学业成绩优秀的学生将获得荣誉学士学位,并可以争取直接进入博士项目。根据学业成绩,学生在第三年分流,分别执行不同的培养方案。在第四年的课程安排中,对可能获得荣誉学士学位的学生加大了研究和写作的比重要求,以帮助学生更好地适应未来的学术发展之路。

三、学生培养效果与教学评价

2018 年 5 月—6 月,合作培养项目将迎来第一届毕业学生。从学生的学业发展过程也可以看到培养的效果。2014 年合作办学项目第一年招生,招收的最高和最低分分别是 637 分和 610 分,与非合作办学的海洋科学专业在山东省的最高和最低分(673 分和 658 分)差距明显。通过合作培养,这批学生中有 20 名(约占 44%)申请到了塔大学习的机会。学生在塔大期间获得的奖学金包括 AMOS 政府奖学金、ARCSS 荣誉项目奖学金和夏季实习奖学金等。目前这些学生的成绩已经全部符合进入荣誉学士学位培养阶段的要求,其中两名学生的成绩满足毕业后直接进入博士项目的要求。

学生出国后的良好发展态势得到了塔大的高度认可,中国学生良好的数理基础和快速的适应能力使他们看到了双方联合培养的成效。从国内需求看,加强海洋科技协同创新,加快海洋经济走向深蓝,需要一大批既懂海洋又懂国际交流与合作的人才,这些有海外学习经历的优质生源就是国家经略海洋的优秀人才储备。

当前各高校普遍重视以学生为中心的教育转型。而从 20 世纪六七十年代,美国、澳大利亚、英国等国家就开始研究和实施以结果为导向的教学模式。为了解外方教师的教学状态,找准中外教学方式的差异,我们在每门课程结束后委托第三方机构对学生进行问卷调查。调查的问题分两大类,涵盖了 10 个问题,分别针对课程的安排与准备、教师的教学过程。通过统计分析可以发现,学生对大部分教师是认可的(图2)。调查也显示出学生的学习能力与教师的表现力并不对应。比如学习能力弱的学生对 C 教师评价低,而学习能力强的学生对 F 教师的评价低。另外,外籍教师有了一次教学经历,了解中国学生特点后也会调整自己的教学方式,比如 A 教师有两次任教经历,学生对其的认可度在上升。

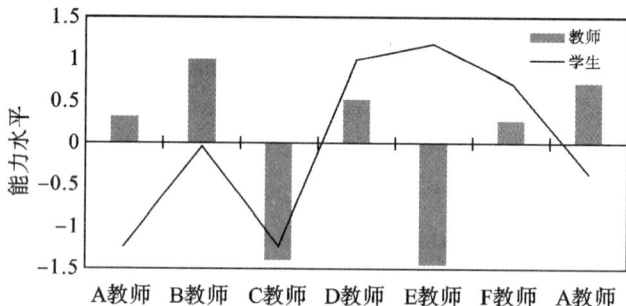

图 2　外籍教师教学能力与学生学习能力的关系

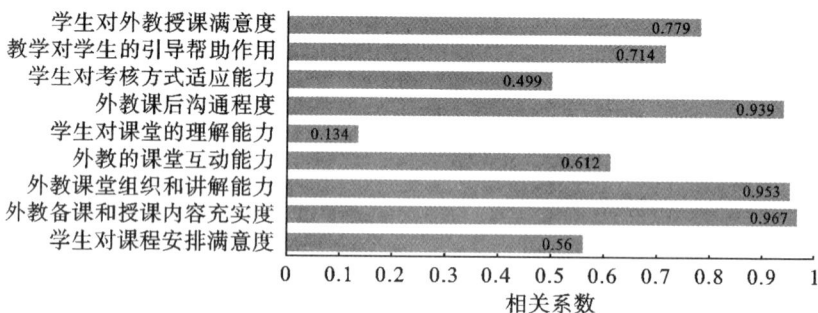

图 3　考量外籍教师工作认真负责程度的因素及评价结果

另外,统计还发现:第一,所有与教师有关的问题都有很好的相关性,教师在某一点上做到位,在其他点上也很到位。这包括:①工作是否认真;②备课是否充分,授课内容是否充实;③课堂组织是否条例清楚,讲解是否细致清晰;④课后与学生是否保持沟通,是否愿意解答学生问题等(图 3)。

第二,学生对外籍教师授课的满意度,与外籍教师讲课条理清晰、是否与学生互动、课后是否与学生保持沟通有关。

第三,学生对外籍教师的适应程度与外教在课堂是否与学生充分互动有很大的关系。

目前教学评价仅局限于学生评教,今后还要增加教师评学。按照心理学家卡尔·罗杰斯人本主义教学理论,教育应该把学生培养成富有灵活性、适应性和创造性的人,那么在教师的视域中,学生对教师的非指导性教学有怎样的响应?师生之间是否有助益性共情关系的建立? 知识的传输是相对容易的,观念的建立和潜能的激发是相对困难的,对这一问题的求证也是落实开放办学效果的重要手段。

四、总结与展望

澳大利亚在海洋研究领域和高等教育领域都有许多值得借鉴的地方,中国海大和塔大的海洋科学合作培养项目虽然历时不长,但已经开始展现出办学的成效,在提升师资队伍的国际化素养和教学水平,在培养国家海洋事业所需的创新型、有担当和全球胜任能力的人才方面迈出了一大步,在课程设计、人员交流、高层次人才培养等方面积累了可资借鉴的经验。特别是基于塔大在海洋科研领域的优势专门为中国海大开发的课程、进阶式英语学习和围绕办学的多层次多方位人员交流与合作都是人才培养模式的新探索。课程的内容是从塔大的优势科研领域转化而来的,专为中国海大的培养需求定制,由知名专家和教授上课;多层次多方位交流也从整体上满足了合作办学可持续的发展需要,达到了双赢的目的。

然而,由于国家、社会和学校对合作培养的期望与可实现的条件不同,办学的困难总是存在的。这包括外籍教师如何固定上课时间、保障课程质量,学校教学管理模式如何适应国际合作办学的需要等。因此,合作办学依然有很多值得探索的地方。在人才培养模式方面,也还有很多需要改善和提高的地方。

第一,中外课程在时间安排上有机结合,使得教学流程更顺畅。外方教师上课的时间比较集中,这不仅对整个教学安排带来压力,对学生的承受力也是挑战。为此我们已经为全部引进课程安排了中方授课教师,从 2018 级学生开始采用中外合作授课。

第二,国外教学资源(包括知识、理念和方式)的吸收与内化。国外教学对网络资源和学生实践平台的利用非常有效,除了主讲教师,还有助教分别负责课堂内容辅导和课外辅导,因此学生用于消化知识和应用知识的训练很多,而国内还是在课堂教学中传授知识花费的时间较多。针对此问题,我们计划在三、四年级学生中加大课堂外的实践教学力度,部分借鉴国外的培养模式。

第三,智慧教室、云平台等网络资源的有效运用和教育辐射作用。有效利用现代教育技术和手段可以延长学生与教师的交流时间、提高教学资源的覆盖程度,特别是对于授课时间比较集中的外方课程尤其必要。学校不断改建传统教室成为智慧教室,教室可支持多人同时在线学习,多人同时在线发表评论等,有效支持了中外合作办学项目的课程学习。

　　一所国际化的大学应该是学生可以充分、便捷获得国内外优质教育资源的地方，也应该是一所国内外师生能够不受语言的障碍而自由交流的地方，更应该是高水平人才辈出的地方。中外合作办学没有固定模式可以遵循，但是只要不忘教育初心，瞄准世界一流大学的发展目标，合作办学一定能为高等教育提质增效转型发挥更大的作用。

课证融通的金融学国际化人才培养模式创新与实践

——以中国海洋大学金融学 CFA 实验班项目为例

赵 昕 郑 慧*

摘要: 结合青岛市财富管理金融综合改革试验区建设现实需要,中国海洋大学经济学院探索进行了专业基础培养与职业资格塑造结合的课证融通金融学国际化专业人才培养模式改革,强调学生创新能力与实践能力的培养,体现"校企合作、产学结合、课证融通、技能强化"的鲜明特色。本文详细分析了学院培养模式改革的核心项目——金融学 CFA 实验班的项目架构,从培养目标、培养模式、运行效果几方面,展示了项目在金融学国际化高端化人才培养中取得的初步成效。并结合项目运作实际情况,从人才培养模式改革的总体布局、师资建设等方面提出了对策建议,以期为同类项目提供参考。

关键词: 金融学 CFA 实验班;国际化人才;培养模式

一、引言

进入 21 世纪以来,尤其是具备特殊技能和全球视野的高端金融人才短缺,成为国内经济稳定发展的一大桎梏。中国金融业发展史较短,改革开放以来虽然国家高度重视金融人才的培养和队伍建设,但专业人才缺口仍然较大。随着我国金融改革的创新发展,金融人才需求可能表现出复合型、专业型、国际型和创新型的发展趋势,我们的金融教育也需要明确与之相适应的指导思想、工作原则、主要目标及其发展措施。在当前如何更好地服务实体经济、服务供给侧结构性改革,利用互联网、人工智能,出色地完成金融学人才培养国际化、高端化转型,是摆在金融教育工作者面前的现实问题。

2014 年 2 月,中国人民银行、发改委等 11 部门联合向山东省人民政府下发《关于印发青岛市财富管理金融综合改革试验区总体方案的通知》(银发〔2014〕38 号)。这也标志了山东省青岛市财富管理金融综合改革试验区正式获得国家批复,青岛市成为我国以财富管理为主题的金融综合改革试验区。此规划的出

---

* 赵昕,中国海洋大学经济学院院长、教授,博士生导师,泰山学者特聘教授,国家海洋信息中心与中国海洋大学共建海洋经济发展研究中心主任,主要研究领域为数理金融与风险管理、海洋经济。郑慧,中国海洋大学经济学院副教授,主要研究领域为保险精算。

台吸引了大批名牌高校和科研院所纷纷进驻,山东大学财富管理产品风险控制实验室、青岛互联网金融研究院和青岛财富管理研究院等相继成立。

学校金融学专业于 2010 年成为山东省"十二五重点学科",秉承"厚基础、宽口径"的办学思想,致力于培养"有专长、基础宽、素质高",能够胜任国内外金融理论与实务工作的复合型人才及教学科研工作的尖端学术人才,多年来为区域金融人才培养做出了卓越贡献。面对如此激烈的竞争环境,如何在夯实基础的同时打造新的品牌优势,以国际化高端化双重目标为导向,满足市场人才需求,成为学科建设面临的迫切问题。对此,学院在前期充分调研的基础上,探索进行了专业基础培养与职业资格塑造结合的课证融通金融学国际化专业人才培养模式改革。

二、培养模式基本架构

(一)培养目标

金融学国际化高端人才的培养,对专业基础知识和执业操作能力有着较高的要求。金融学专业现有教学科研人员 17 人,其中国务院特殊津贴专家 1 人、教育部 21 世纪优秀人才 1 人、繁荣哲学社会科学人才工程二岗教授 1 人、泰山学者特聘专家 1 人、泰山学者青年专家 1 人、青岛市拔尖人才 1 人、博士生导师 5 人。课程设置在注重经济学理论基础和金融理论课程的同时,兼顾提供实践应用性课程和经济学研究的方法课程,完全满足金融专业各类专业人才资质培养的需要。基础夯实了,品牌提升从何着手呢? 学院在综合分析国内外金融市场发展形势基础上,先后走访调研了美国威斯康星大学、香港中文大学、澳门科技大学、中国人民大学、中南财经政法大学等国内外知名财经院校,最终选择了注册金融分析师(CFA)作为我们国际化人才培养的品牌锻造亮点。

注册金融分析师(CFA),是全球金融及投资业含金量最高的资格认证。CFA 持证人,在银行、投资公司、基金公司等金融企业中被广泛认可,在金融界被誉为"金领阶层"。例如,在美国,CFA 一直被视作全球金融第一考,是进军华尔街的入场券。国际金融投资机构普遍将其作为雇员入职的基本要求。《金融时报》杂志于 2006 年将 CFA 专业资格比喻成投资专业的黄金标准。CFA 资格认证被全球 170 多个国家认可。在未来十年,中国将会有 100 万复合型金融人才缺口,这也说明稀缺 CFA 人才对于未来雇主供不应求。

CFA 资质对金融学专业基础和英语运用能力都有很高的要求,涉及知识面广、就业空间大,很好地承载了我们金融学人才培养改革的目标。在经过近 3 年的筹备后,金融学 CFA 实验班项目于 2016 年 8 月正式启动。项目将 CFA 培养体系嵌入金融学专业培养方案,秉承"国际化、数量化、微观化"的办学理念,以金融学核心课程教学团队、双语教学示范课程群为基础,结合学校数学、法律、管理等学科优势,突出"加强基础教育、拓宽专业口径、突出主干课程、增强实践能力"的培养思想,强调学生创新能力与实践能力的培养,体现"校企合作、产学结合、课证融通、技能强化"的鲜明特色。项目致力于培养具有良好政治素质和职业道德,经济学理论基础扎实,金融数量化分析技能娴熟且具有全球视角和创新精神的应用型、复合型国际化高级金融人才。培养目标分为两个层次。

1. 取得中国海洋大学金融学专业本科毕业文凭和经济学学士学位

中国海洋大学经济学院为实验班制定专门的培养方案,将 CFA 知识体系与金融学专业本科全程培养方案有机融合,通过四年的学习,依据《中国海洋大学大学本科学生修业管理办法》,取得金融学专业本科毕业文凭,符合学位授予条件的同时授予经济学学士学位。

2. 具备通过 CFA 一、二级考试的能力

通过四年学习,学生将具备通过 CFA 一、二级考试的能力。

(二)培养模式

为规范实验班教学运行和管理,金融学 CFA 实验班实行项目管理制。实验班教学计划、课程资源建设、学生管理等工作由项目组负责。项目组讨论制定了"金融学 CFA 实验班管理办法",配备专职辅导员、兼职班主任。项目运作单独开设全日制本科班级,每年秋季面向全校择优二次招生。中国海洋大学金融学 CFA 实验班拥有独立的人才培养方案。其中,通识课与普通金融学本科班培养方案课程体系相同;CFA 一级考试纳入专业必修课体系、CFA 二级考试纳入选修课体系,共独立、双语开设 17 门专业课程。主要课程涉及货币金融学、职业道德与伦理(Ethical and Professional Standards)、CFA 中级经济理论、数量方法(Quantitative Methods)、财务报表分析(Financial Statements Analysis)、公司金融(Corporate Finance)、组合管理(Portfolio Management)、固定收益证券(Equity and Fixed Income)、衍生证券与其他投资(Derivative and Alternative Investments)、金融投资学、金融工程、金融风险管理、行为金融学、保险精算等。

相关课程除本校专任教师任教外,还将引进国外优质师资、CFA 会员完成部分实战技能、职业道德等课程辅导。依托学校、学院开放式办学平台,聘请银行、证券、保险、投融资领域的具有丰富实践经验的专家 20 余人作为兼职教师,为学生提供实习实践教学指导。此外,项目组为实验班配备了现代化的专属教研室,能够满足多媒体教学、网络资源共享等多元化教学、学习需求。

三、改革方案运行效果分析

中国海洋大学金融学 CFA 实验班已于 2016 年 8 月开始招生运行。经初

试、复试两轮激烈的角逐,共有 46 名学生正式录取。

在学生培养上,本次改革注重理论素养与实践能力的协同发展,在提供优质教育资源的同时,更重视学生创新能力、团队协作精神的养成。在师资配备上,择优聘用经验丰富、功底扎实的本校教师完成西方经济学、货币银行学、国际金融等金融学基础课程教授,顺利引导学生完成金融学基础知识的入门,培养学生良好的学习习惯和专业认知方法,为后续全英文专业授课打下基础。与此同时,积极引进国外师资,完成财务分析、经济学理论等实务操作课程全英文讲解。来自美国克利夫兰州立大学周海刚教授带来的财务分析,把枯燥的指标公式融入案例分析中,让学生掌握了财务分析理论知识,并借助案例,详细展示了金融计算器的使用,大大提高了计算速度。英国哈勃亚当斯大学牟海蓉教授利用英国脱欧、有效市场等几个模块,把西方经济理论知识结合到现实生活中,让大家在生动的课堂互动中学会了如何使用经济博弈、效用最大化理论,有效实现了理论结合实际的教学目标。在培养形式上,邀请了美国威斯康星大学、美国康奈尔大学等世界著名学府经济学教授进行了关于供给侧改革背景下宏观经济波动及对策设计、区域经济发展创新模式等热点话题的专题讲座,开拓学生国际视野、培养专业情操。

教师标准的口语,细致的讲解,很快让学生们从一开始的半知半解进入到快速反应积极参与中。外籍师资的引入,既让学生体验到国际化授课方式,更教会他们如何提高自学能力、有效进行师生互动,高效优质地完成课程学习。在完成课程学习目标的同时,也让大家感受了纯粹的国外学习过程,对他们远期留学准备有着很大的帮助。我们鼓励学生积极参与各项实践活动,培养团结、向上、求实的班风。学生们在学院、学校开设的各类活动中,均取得了优异的成绩,展现了无限的创意、激昂的活力和无尽的潜力。

项目运转两年多来,项目组在课程设置、师资匹配、实践资源等方面深耕细作。遵循由浅入深、循序渐进的教学思路,高质量完成了基础课程教学,基本实现专业基础部分培养目标;发扬工匠精神、注重完善细节,在双语授课模式下,任课教师同步进行专业英语引导,帮助学生顺利通过国际化学习的语言关;秉承"引进来、走出去"的发展规划,通过一次次的教学方法讲座、教学资源分享,显著提升自身师资队伍的创新教学能力。从学生反馈来看,从专业入门的不适应、学习方法的摸不着头绪,到能够结合金融理论分析现实问题、跟随老师的引导进行独立思考完成专业综合案例分析,CFA 实验班培养模式能够尽可能缩小金融学教育的东西方差异;专业基础教育与高端资质能力培养结合,虽然增大了学生的学习压力,但广阔的发展前景、优越的学习资源,却更能调动大家的学习积极性,花一倍的时间,获得多倍的收获。

四、结论与启示

CFA 专业人才培养在山东省尚未有机构涉足,我院的金融学 CFA 实验班培养模式改革也是我省的首次试水。项目推广过程可谓摸着石头过河。结合项目教育教学中遇到的几个问题和取得的一些成绩,我们对高校国际化办学方式的引入和创新也进行了很多思考。

(一)高端人才培养需顺应区域发展部署

人才战略是国家发展的关键,金融人才的质与量更关乎区域经济发展水平。青岛蓝色经济与财富管理建设并驾齐驱,对金融高端人才需求更是十分迫切。我们的国际化人才培养应创新思路,主动出击。重点应在提高学生的综合素质与实操能力。人才培养模式不仅要高大上,更要接地气。由此,我们组建了一支集银行证券保险等业界高管、CFA 持证人、中国精算师等资深从业者的优秀校外导师队伍。他们全程参与学生培养,在实习实践、实地调研等环节引导学生感知、了解金融实务。把金融理论与金融实务有效结合起来,实现高校人才培养的软着陆。

(二)借助国际化教学资源提高自身教学水平

为满足 CFA 国际化人才培养需要,项目建设中聘请了多位海外名师辅助教育教学。"他山之石,可以攻玉。"我们在选聘师资时,除了要求教师具备较高的专业水平外,也看中其教学方法应用能力。外聘教师同时要开设教学方法交流讲座,并开放课堂供老师们观摩。比如克利夫兰州立大学周海刚教授将财务分析与金融计算器使用相结合,利用金融实务工具令单一枯燥的公式计算课程变得深入浅出。这让老师们认识到,完成课程学习后能马上进入实务操作状态适应财务分析工作,是远胜于考试分数的衡量学习效果的途径。英国哈勃亚当斯大学牟海荣教授分享的翻转课堂教学方法,详细介绍了 Kahoot、Near-pod 等多个英国时兴实用的互联网教学系统。多位老师在试用后表示,这些教学系统既具备快速方便的集公式影音图片文字为一体的教案编辑功能,又能通过网络连接师生并吸引学生积极参与,线上线下交互式体验明确提高了学生参与度,很好地提升了教学效果、活跃课堂气氛。

本次金融学国际化人才培养模式改革,以课证融通为切入点,既是抓住提升学校品牌区域影响力的有利时机,也是金融学省级重点学科服务区域人才培养的价值体现。随着中国经济步入"新常态",金融行业在中国经济发展中将扮演越来越重要的角色。CFA 专业人才的培养,不仅能填补区域金融专业人才队伍缺口,而且它所代表的黄金标准的接纳和实施,也将助力青岛从正在进行的经济转型、国际化和金融创新中受益更多,以专业知识为监管者献计献策、以职业规范为市场的稳健发展奠定实力。

中美"体演文化"教学合作与汉语国际教育硕士培养

——中国海洋大学的教学合作项目实践

王庆云 *

摘要:中国海洋大学的对外汉语教学和汉语国际教育硕士培养,与美国南佛罗里达大学谢博得教授主持的"中美文化纽带"项目连同其博士导师俄亥俄州立大学吴伟克教授主持的"汉语旗舰"项目来华汉语教学的中美双方合作,已有十多年的历史。美方的汉语教学理念及其独创的"体演文化"教学法,通过双方的项目合作实施及学术交流,已经获得了良好效益,产生了较大影响。尤其是近年来中国海洋大学开始招生培养汉语国际教育硕士以来,已有多届硕士研究生一方面按照培养方案作为教学实习实践环节,一方面作为项目合作的中方"师资"参与了该项目,提升了中方汉语国际教育硕士培养的水平,积累了通过国际合作办好汉语国际教育硕士的经验。

关键词:中美合作;"体演文化"教学法;汉语国际教育硕士

一、中美"体演文化"教学合作相关情况

1. 中美"体演文化"教学合作项目

"体演文化"教学法(Performed Culture Approach)是由美国俄亥俄州立大学东亚语言文学系教授吴伟克提出,并通过谢博得、简小滨等不断拓展形成的一种面向美国学生学习中文的第二语言教学方法体系。"体演文化"教学法之"体",为真实或模拟场景"体验""体会","演"为"演示""表演""演练"。这是教学法将汉语作为第二语言的学习看作在目的文化环境中的文化行为,学习作为第二语言的汉语就是要通过亲身体验体会与演示演练的交互一体,习得这种目的语文化。

项目的合作实施实现了双赢。对于美方来说,美国学生通过来到中国海洋大学,融入中国的教学与社会实践环境,在每年一次为期一个月的项目合作中,不仅提高了汉语水平特别是汉语听说水平,还在真实语境下学习并演练了中国

---

 * 王庆云,中国海洋大学文学与新闻传播学院教授,汉学系主任,MTCSOL 专业负责人,主要研究领域为中国文学、海外汉学和汉语国际教育。

文化特别是行为与交际文化的应用能力。对于中方而言,汉语国际教育专业硕士研究生亲身参与并体验此教学法,也受益良多:一是通过与美国师生的教—学参与和日常接触开拓了国际视野;二是提高了英语交流水平;三是从他者的角度重新审视并认识了自己的母语文化,增强了中美文化比较和跨文化交际的能力;四是在真实语境下学习并演练了中美文化特别是行为与交际文化,成功地进行了跨文化交际理论的学习与实践,切身学习并体验了中美合作的"体演文化"教学法,获得了专业学习、实践能力和作为潜在师资的整体素质的提升。

该项目作为中国海洋大学与美国高校合作的独有国际化教学资源,无论是整体上对于学校国际化办学水平的提高和国际影响力的扩大,还是具体的对于中国汉语国际教育硕士生跨文化交际能力、对外汉语教学能力的培养和提高,意义与作用是多方面的。

2.汉语国际教育硕士培养

汉语国际教育硕士(Master of Teaching Chinese to Speakers of Other Languages,简称 MTCSOL)是应汉语国际教育与推广的师资人才需要而设置的专业硕士学位。根据国家汉办指导性培养方案,中国海洋大学该专业培养方案提出的培养目标与培养要求如下:

培养目标:汉语国际教育硕士专业学位是与国际汉语教师职业相衔接的专业学位,主要培养具有熟练的汉语作为第二语言教学技能和良好的文化传播能力、跨文化交际能力,适应汉语国际推广工作,胜任多种教学任务的高层次、应用型、复合型、国际化专门人才。

培养要求主要有六个方面:

(1)掌握马克思主义基本理论,具备良好的专业素质和职业道德。

(2)热爱国际汉语教育事业,具有奉献精神和开拓意识。

(3)具备熟练的汉语作为第二语言的教学技能,并能熟练运用现代教育技术和科技手段进行教学。

(4)具有较高的中华文化素养和传播能力。

(5)能流利地使用一种外语进行教学和交流,具有跨文化交际能力。

(6)具有语言文化国际推广项目的管理、组织与协调能力。

根据以上培养目标和要求,设置了相应的课程体系,并根据 MTCSOL 培养实践能力的要求,将部分课程如跨文化交际、教学法、汉语要素教学、中华文化传播等课程的实践部分放到中美合作项目中实施。这种利用中美合作项目独有教学资源开展 MTCSOL 人才培养的探索,取得了积极的效果。

二、MTCSOL 培养需要"体演文化"教学理论的依据

1.语言即文化,学习语言就是学习文化

学习用一种外语谈话、写作表达、交流的目的就是要获得在异国文化中确立意向的能力。其中谈话是最为基础的能力。文化是意义的来源,用某种特定的语言谈话,要求谈话人在特定的文化框架内进行交流。学习演练一种外国文化,必须构建对那种文化的"表现"的具体情景、场景的感知和记忆。可以选择利用现实的模拟创造的教学情境作为教学方法,来促进建立一种对某一异质文化的感知和记忆。这是"体演法"最重要的理论基础,这也是其区别于其他教学法的根本标志。

2.语言即行为,学习语言就是演练目标文化

"体演文化"教学法认为,第二语言能力是在交际行为中发展起来的。外语教—学就是要进行反反复复的第二语言的符合真实情景的交际使用行为,目的就是使学习者习得那些在第二语言社会中默认的、符合文化规范的行为模式。作为学习的一种方法,文化演练从意义入手,将语言编码——连同它的句子概念——当作一种参与媒介,从而更充分地参与到意义之中。这是"体演法"进行实践的主要手段。

3.第二语言教学的过程,就是演练而习得第二语言——文化的过程

"体演文化"教学法要求把演练当作一种必需的教学法而不是一种可有可无的选择。在外语学习中,想要获得异国文化的现场感,就要求有意识地反复获得并体演训练那些符合目标文化所期望的事情。"演练"是"体演文化"教学法的一个关键词,还意味着要有特定的时间、地点、观众或听众、脚本等。这种演练行为文化的理念对第二语言教学即外语教学研究的意义在于,人们不是在学习外语,而是在用外语做具体的事;学会做的事情越多,习得的这种语言就越成熟,越地道。

4."体演文化"教学法中教师与学生的角色:"教练"与"运动员"

谢博德教授将"体演文化"教学模式中的教师比作教练,将学生比作运动员;教师的工作是帮助学生理解比赛规则,训练学生,使其熟练掌握技巧和规则。在这样的课堂中,学生的主体地位被充分放大,不再是传统教学中被动接受的客体,教学活动的主要目标是让学生掌握并熟练运用目标语言及目标语文化行为。传统的教学法的教学程序为:教师讲授语言规则——组织学生操练。而在"体演文化"教学模式中,教师须少讲解语言规则,甚至不讲解。一切一般性语言知识都是在模仿、实践中习得。作为"教练",教师的任务是在真实的或模拟的具体的文化情境中指导训练学生的体演,并对学生的表现给予反馈和指导,直到学生能

够正确地运用。在实际课堂教学中,教师要用最简捷的方法把情境设置出来,让学生在语境中体演习得新的语法点和功能。这看似容易,其实很难做到。在课堂里,教师身兼导演、演员、道具数职,不但要指导学生正确练习,及时给出反馈,还要合理有效地安排道具、设置场景,并担当和扮演不同的角色给学生做示范性演示,与学生进行真实的互动表现、再现,激发学生使用新的语言点,使学生在互动表现、再现的真实情境中习得语言,也习得文化。

"体演文化"教学法认为,教师在教学活动中应该起积极的导向作用,为学生提供汉语学习的文化氛围,做好中国文化生活的示范者和引领者;而学生应该是践行者。因此,"体演文化"教学法强调教学法理论与教学实践的有机结合,课堂教学与社会教学的有机结合。中美合作在中国海洋大学的实施就是这样。谢博德团队对这种结合有着很好的设计,将在课堂上进行的语言文化体演训练延伸到课堂之外的社会,深入到校园之外广阔的中国城乡社会,从普通人的日常生活包括家庭生活、日常劳作、岁时节日生活到政府官员、企业商家、学界知识界等的非普通生活,都进入了他们的教与学的视野,通过设计、联系、组织、协调,使教师、学生都有亲身接触、感受和体演的机会,所以他们"体演"的语言文化即生活文化,便有了与目的语教学的要求相一致的广度、深度和强度。

5. 现代科技手段为学生的自主学习即自主体演创造了方便条件

"体演文化"教学法以声、光、电相结合的多媒体教材为主,让学生充分观察中国人是怎么接触、交谈和交流的,在听到声音的同时,看到具体的情景,而且自己也可参与其中,互动其中,从而达到体演、习得的目的。不是所有的第二语言学习者都能有机会亲身体验中国文化,至少其中大多数学习者没有很多的机会,所以利用现代多媒体技术创设语言环境,可以在很大程度上解决这一问题。

三、中美合作实施"体演文化"教学的主要做法与体会

1. 当你有了 100 个外国朋友,就相当于有了 100 位外语教师,那样的话,你的外语学习就会进步非常快

"体演文化"教学法在中国海洋大学的实施,基于很好的有针对性的设计组织。例如在"中美社交礼仪课"上,每个美国学生都会配有一个中国学生作为他们的中国"老师",同时也是他们体演的中国"语伴";而他们的每天的体演,都会被更换一位不同的"指导老师"。这样不停地换"老师",一般认为会存在很大的问题:每个美国学生往往和他的这一位"老师"还没有彼此熟悉,就得更换另一位,而每一位中国"老师"所运用的"教学法"又带有着"这一位"不是另一位的不同的个性差异,而且往往是不小的差异。但事实上,这正是目的语及其文化的"真实"场景。

在实际语言交流中,一个人往往面对的正是来自不同语言—文化社会角色的人,他们往往拥有不同的或至少存在着语言—文化差异的个性化特征,比如职业、年龄、性格、地域、身份、行业、阶级阶层等。甚至由于每个人都存在着一些生理体征上与别人的不同,例如仅仅从说话者的声音上来看,就是不同的,有人音高,有人音低,有人嗓音沙哑,有人嗓音清晰等。当面临不同的人时,从老师那里学会的标准化的"人工汉语"往往就无法应对更多的交际需要。语言在生活中是动态的,立体的,鲜活而丰富多样甚至是多元交汇的,因此语言的习得也应该"处于"这样的场景之中。

对于外语学习者来说,交一个朋友,就有一位外语老师;交十个朋友,就有十位外语老师;交一百个朋友,就有一百个外语老师。朋友越多,外语老师就越多,那么学习的外语内容往往就会"全面化",更符合目的语的总体特征和客观事实。谢博德教授的这种"不停换语伴法"以及他带领学生通过参加各种社会活动进入体演场景的方法,不仅有效解决了对于"语言习得者"来说的语言输入来源的单一性问题,更是有效解决了对于"文化习得者"来说的交际文化输入的单一性问题。即使在同一个文化体内,不同的人在社会交际中体现出来的个人特征也是不同的,甚至会呈现出很多、很大的不同,更何况"同一个文化体"也往往不是"纯而又纯"的,总是或多或少有跨文化交际的事实存在。因此,对作为语言文化习得的目标对象的真实和/或"仿真"呈现,在第二语言教—学中是不可或缺的。这是"体演文化"教学法对传统教—学模式的突破的意义,就在于这种教学法的创新能够使学习者所习得的第二语言—文化,是真实的、真正的"那样一种"语言文化。

2.教师要给学生设计机会,设计场景,让他们不断体验成功、不断体验失败,只有这样才能让学生更快进步

语言作为一门学科,是在文化的框架内建构的,与行为不可分割地联系在一起,因此应该把体演当成一种必需的教学法,而非一种可有可无的选择。谢博德认为,外语课堂不能是老师的"一言堂",老师要为学生设计不同的场景,让他们在各种场景中进行语言学习和练习,老师从中进行大量观察并提供反馈。外语教师要适应个人角色的转变,即从授课者转变为场景设计者。这也是对外汉语教学所追求的目标之一。在汉语作为外语的学习中,想要学习者获得汉语文化这种异国语言文化的现场感,就要求有意识地反复训练那些符合习得目标所需要的事物。

有意识地为学生创造目的语环境,使学生沉浸在这种文化氛围中,不断地体验这种文化,可以使他们在成功或者失败中,锻炼跨文化交际所应该拥有的自我总结、自我反思意识,并具有敏感性。这是"体演文化"教学法的一个重要理念,

也是这种教学法的重要特点。谢博德指出,对于场景设计,老师需要注意难易结合,既要让学生体验到成功,又要让他们体验到失败。学生的成功可以从正面强化学习效果,因为成功后总是能给人带来自信;但是体验到失败,也可以帮助学生从另一个方面认识到自己存在的问题,也能产生刺激和强化作用。

传统的教学观念认为,对学生要多夸奖,多鼓励,这样会提高学生的自尊心、自信心,但这样的结果,事实上往往会使学生忽视、忽略其"成绩"中的不当问题,并不能使之全面检测自己的实际习得内容,真实地检测到自己习得的真实的水平,因而并不能全方位提高他们的习得水平。因为夸奖并不能帮他们解决存在的问题,甚至是刻意回避了这些问题。学生意识不到这些问题,就可能一直错下去。在体演教学法的实际运用中,教师往往需要直接指出学生的错误,学生再错,就再次纠正,直到正确了为止。从中美合作教学的美国学生来看,他们受到反复纠错的训练,不仅不会伤害自尊心,反而往往成为一种"汲取教训"的自我激励。事实上学生并没有想象的那么"脆弱",他们很乐意接受这种学习方式。

3. 要使学生先学听、说,再学读、写,这样就能通过中文来学汉字,通过中文来学中文

在项目美方的汉语教学中,一直提倡要使学生先学习听、说,再学习读、写。这样的好处是,学生的口头表达能力很好,提高了语言教学的效率。学生能够在"听"中不断摸索汉语发音规律、理解汉语语言思维,然后带着汉语规律和思维去进行下一步的学习。

对于对外汉语教学的教师来说,教师语言是学习者最初的也是基本的目的语输入源,因此应尽量使用汉语作为教师语言,以保障学习者目的语的输入量。但问题又来了,在具体教学中,教师应该教给学生标准化的"人工汉语",还是自然纯粹的语言?"体演文化"教学法对这个问题的回答是明确的。语言即文化,学习语言就是操练、习得这种文化的行为,"错"不仅不应该回避,反而会成为表现汉语之所以应该"这样"而不应该"那样"的绝佳的"案例教材"。只有使学生在体演中习得"这样"而不是"那样",学生才能体会"应该'这样'而不应该'那样'"的规律,才能在真正的文化背景中做更好的语言使用者。这种观点与主流观点多不相同。主流观点认为,教师就应该说出正确的句子,不要给学生以误导。但标准化的"人工汉语"往往脱离语言实际,是"提炼出来的",并不能真实反映语言的真实场景及其背后所代表的真实的社会文化。

在中美合作教学中,往往先是中方教师包括参与教学实践的国际汉语教育硕士生说出一些"非人工化的"亦即自然的真实的亦即实际生活化的语句,然后示范给美国学生,让其在具体的场景中使用这些说法,进行模拟操练。这样,学生就会从模拟的场景中体会这些用法的具体含义,从而习得这些语言及其文化

内涵。比如说"客气客气",表达出的是说者的客气、谦逊、礼貌,还是说者对方的客气、谦逊、礼貌? 抑或是二者都有? 这就要根据设计、体验的具体场景,表达出不同的内涵,使学生得出不同的体验和认知,从而习得到"应该"是"这样"而不是"那样"的不同的用法、不同的语言—文化。

四、参与 MTCSOL 项目学生的收获和认识

MTCSOL 硕士生 A:

主人请客吃饭的时候,为客人点餐,谢老师装作主人,问一位美国同学:"你看看你喜欢吃什么?"美国同学非常郑重地告诉他:"我喜欢吃糖醋里脊。"的确如此,如果不提前告诉他们中国人言语里、动作中的深层含义,他们会以美国人的交际方式作出反应。教授为课堂教学列举出怎样做一个懂事、懂礼貌并且让中国人喜欢的人的常用语:亲和力、客气、礼貌、面子、含蓄、懂事、关系、人情味儿等。谢老师认为,要训练学生懂得怎样和中国人交流,必须懂得和中国人打交道的基本技能和策略,必须能让中国人和他们讲话时感到自在随意。应该让美国同学去了解中国人怎么看世界,怎么解释世界。这些只能从中国人那里学,甚至只有到中国才能学得到,在绝大多数语言教科书上是学不到的。特别是在和中国人意见观点不同的时候。即使不同意中国人的想法,也应该设法理解为什么会这么想,尽量了解中国人的文化根源、文化视角和世界观。谢老师的教学观念和教学主张,对于我们将英语作为外语来学习、习得的中国学生亦然。学生们学习语言的时候,应该同时尽量去学习理解另一种文化,这样会加深与自己的母文化之间的同异的了解、理解和感受,也就必然会有利于对目的语及其文化的习得。

MTCSOL 硕士生 B:

"体演文化"教学法这种在课堂上一对一互为搭档的方法,在以前的课堂上从来没有出现过。这种方式会让人有合作的意识,互帮互助,让人很有参与感和获得感。与我们在初中高中学习英语的方法不同的是,我们不仅学会了怎么地道地说,还学到了在课本上学不到的说话的语气词(包括不同语气所表示的不同内涵)和肢体语言。我们非常注重教学中即与学生的体演互动中使用语言的语气及肢体动作和表情。我们既是参与教学实践的学生(研究生),又是"老师",如果发现美方学生们有谁说话时的表情和肢体动作不到位,便会立刻指出,并让他们重新做一遍,以便于及时改变他们因中美文化差异包括习俗差异带来的"不适应"的"习惯"。比如美国人打招呼握手的时候,要看着对方的眼睛,大概握三秒钟就可以松开了,没有中国人握手时用力,而我们中国人一般表示热情的时候,握手会握的时间长一点,而且常常用力。美国人请吃饭的时候是主随客便,而中

国人则是客随主便，并且主人往往显示出很大热情，因此客人也往往需要表达出自己的礼让。在这个课堂上随处都可以看出中美文化的不同。正因为我们MTCSOL 硕士生在这样的国际合作项目中担当着"教师"的角色，我们体会到了作为"教师"不能"误人子弟"的责任，因此时时处处自觉追求作为"教师"的自身能力的提高。作为中美双方"体演"场景中的一员，我们在使美方学生受益的同时，自身也受益匪浅。

MTCSOL 硕士生 C：

中国人认为合理的、礼貌的、得体的社交礼仪，大多时候是陌生人之间的，是不同阶层、身份之间的，往往需要双方都表现出应有的客气、谦逊，尤其是年龄小、辈分低、职位低的人，还必须要表现出对对方的恭维。这些都需要通过真实的或模拟的场景，在体演中习得。比如，体演请人吃饭的场景，如果是很熟的朋友，当然无须太多客套，但一般的朋友，客套、礼节则是必需的，否则就是没有礼貌，没有修养，"不懂事"。再比如，模拟再现职员小王向局长告别的场景，最初，不少"小王"向"李局长"说的只是一句"李局长，再见"，有的希望多说点什么，加一句"有事常联系"。但在实际生活中，这样的"小王"就是"不会说话"的，"不懂礼貌"的，"没有教养"的。尤其是"有事常联系"，"小王"怎么可以"要求""局长"呢？如果局长说"有事常联系"这句话，则是得体的，应该的，往往显示出领导关心下属，平易近人，没有官架子。中国现代年轻人包括大学生、研究生往往更多地追求"时尚""新潮"，而对于传统的礼节要么知道得不多，要么视之为落后的繁文缛节。但传统的礼节正如项目的美方教授所说，是"中国人认为礼貌的交往方式"，因而是培养出"懂事的孩子"的基础。在中国，什么是懂事的孩子？大人眼中的"懂事"，往往是和传统礼节结合在一起的。而一些传统礼节正在被年轻人所遗忘，实质上就是正在进行本体文化上的"自我放逐""自我抛弃"。而这正是美方所倡导的"体演文化"教学的汉语言—文化内容，因为他们认为这正是中国文化之所以是"中国文化"的最重要、最"本真"的东西。

（感谢 2015、2016 届 MTCSOL 专业硕士生们对该项目的贡献）

参考文献

［1］Carlson. Marvin. Performance：an introduction［M］. London；New York：Routledge，1996（2）.

［2］吴伟克主编. 体演文化教学法（英汉对照）［M］. 武汉：湖北教育出版社，2010.

［3］曲抒浩，潘泰. 美国"体演文化"教学法简论［J］. 教育评论，2010（5）.

［4］周百义. 吴伟克和他的"体演文化"教学法［J］. 中国新闻出版报，2010（6）.

［5］唐春燕.谈体演文化教学法在对外汉语教学中的特色——OSU 汉语旗舰工程暑期项目实习报告［J］.青春岁月,2012(11 下).

［6］李聪.初级汉语教学中的文化体演教学［D］.上海:上海外国语大学,2012.

［7］郝影.对外汉语口语教学中的"体演文化"教学法［D］.曲阜:曲阜师范大学,2012.

［8］Dana Scott Bourgerie. The National Flagship Initiative of the United States:Changing the way Americans learn languages and building foundations for China-US cooperation［J］. The Flagship Times,2012,12(3).

［9］郭华.体演文化在跨文化交际课堂中的运用［A］.第十届中国跨文化交际国际学术研讨会论文集,2013(11).

［10］刘金义.体演文化教学法在对外汉语初级口语课堂的应用［D］.武汉:华中科技大学,2014.

［11］张娟.对外汉语文化教学中的"体演文化"教学法研究［D］.湖南:湖南大学,2014.

［12］王庆云,葛晓丹.美国汉语教学的"体演教学法"及其《体演青岛》［J］.国际汉语学报,2014(2).

做好"一带一路"国际教育合作的践行者
——中国海洋大学管理学院津巴布韦留学生培养项目建设

姜忠辉　柴寿升　邓晓辉*　■

摘要： 中国海洋大学"津巴布韦来华留学生委托培养项目"是落实教育部《推进共建"一带一路"教育行动》的具体举措。管理学院作为承办院系之一，以高度的责任感和创新精神，有效整合院内外优势资源，从培养方案设计、培养过程管理、师资课程建设三个方面同时发力，统筹兼顾，突出特色，推动项目顺利实施。培养方案设计兼顾了留学生发展需求与中国大学的比较优势；培养过程管理严宽相济，在确保培养质量的基础上，有效激发学生主动性和教师积极性；课程与师资建设双管齐下，相辅相成。以上措施经过三个学期的检验，取得良好效果。

关键词： "一带一路"教育行动；留学生教育；津巴布韦

国际教育合作是"一带一路"建设的重要组成部分，人才培养又是重中之重。"津巴布韦来华留学生委托培养项目"是在习主席南南合作、中非合作的战略构想指导下，以中津基础设施合作为基础，由国家留学基金委员会、青岛恒顺众昇集团于2015年底共同出资设立的国际教育项目，该项目拟连续三年每年资助50～100名津巴布韦优秀学生来华留学。该项目落户中国海洋大学，是学校落实教育部《推进共建"一带一路"教育行动》的重要举措，也是促进中津教育合作交流的良好平台。

2016年秋，项目正式启动，首批有20名津巴布韦学生就读管理学院工商管理专业，实行全英文授课。这是管理学院第一次大批量接受本科留学生，既是开展国际办学的重要机遇，也存在诸多挑战。为了更好地落实项目，在学院统一部署下，学院以工商管理系作为项目承办单位，整合全院和兄弟院系优质资源，从培养方案设计、培养过程管理、师资课程建设三个方面同时发力，统筹兼顾，突出特色，使得委托培养项目顺利实施。

---

* 姜忠辉，中国海洋大学管理学院副院长、教授，分管本科教学和国际交流。柴寿升，中国海洋大学管理学院院长助理，工商管理系主任、教授，津巴布韦留学生培养项目负责人。邓晓辉，中国海洋大学管理学院工商管理系讲师，津巴布韦留学生班班主任。

一、精心设计的培养方案

工商管理系选派多名有海外学习经历的教师参加报考学生的远程视频面试，通过前置性介入，对学生的文化知识背景、家庭状况、年龄性别分布、学习意向等做了较为全面的了解。在此基础上，我们广泛学习借鉴兄弟院校、院系的留学生培养经验，经过多次研讨、修订，最终确定了 2016 版工商管理专业（英语授课）培养方案。

新版培养方案旨在适应经济全球化、国家开放战略和高等教育国际化等多方面的需求，培养胜任企业管理、政府部门管理与社会服务岗位，或在高等教育科研机构从事教学与研究工作的创新型、国际型、复合型管理人才。具体的人才培养目标有五个：①具备良好的职业道德、人文素养和科学精神；②掌握企业管理、经济及法律等方面的基础知识；③熟悉中国基本国情，具有一定中国文化基础和汉语交流能力；④在组织设计、战略规划、生产运营、市场营销、财务会计、信息管理、人力资源等方面接受较为系统的技能训练；⑤能胜任工商企业、政府部门及学校等组织的管理工作。

围绕人才培养目标，我们按照"厚基础、宽口径"的基本思路，对课程体系进行了科学设计。①发挥中国大学教学体系的比较优势，为留学生安排了较高比重的基础课，如高等数学、计算机基础与网页制作、体育等，夯实了津巴布韦同学的知识基础和学习能力；②整合、优化了专业课程，管理学、经济学、市场营销管理、组织行为与人力资源管理、会计与财务管理、企业运营管理、企业战略管理等核心课程被突出和强化；③根据留学生全面发展的需要，开设了五个学期的汉语课程以及中国概论、武术、海洋科学知识等特色课程，帮助津巴布韦同学全面融入海大、融入中国。

二、严宽相济的过程管理

培养过程管理的基本思路是严宽相济，"严"是保障培养质量的基础，"宽"是激发学生学习主动性和教师工作积极性的能动因素。

（一）培养过程之"严"主要体现在三个方面

1. 严格考勤

考勤既是对纪律本身的重视，也是确保教学质量的基础工作。我们争取到任课教师的大力支持，每节课都要求学生亲笔签到。对于病假、事假都要求经过任课教师、班主任和国际教育学院学生事务部的多层批准。翔实的考勤记录不仅成为平日成绩评定的主要依据，也成为留学生签证材料的重要支撑。

2. 严格考试

所有课程考试的成绩评定都由平日成绩、期中成绩、期末成绩等构成,其中期末卷面成绩或论文成绩一般不超过50%。这一做法不仅提高了考核的科学性和精确性,也能够督促学生把精力投放在整个学习过程中,同时还有助于任课教师把控教学节奏。虽然20位同学入学时的知识基础参差不齐,但在过去三个学期的考试中没有出现不及格现象,更没有考试作弊等违规行为。经初步分析,我们也没有发现学业成绩显著全面落后的同学,实现了"不让一个人掉队"的目标。

3. 严格假期管理

根据资助方案,四年培养期内不安排津巴布韦同学回国,因此他们放假期间全部留在学校。我们与任课教师充分沟通,为学生布置了适量的假期作业,既确保了学习的连续性,也有助于留学生们维持良性生活秩序。

(二)培养过程之"宽"体现在四个方面

1. 建立平等通畅的师生沟通机制

新生入学前,我们就为留学生班指定了班主任,从迎新阶段正式介入,负责和学生以及国际教育学院的联络。入学后,班主任、任课教师、中国学生助教和津巴布韦同学共同组建的微信群保持了较高的活跃度。在前期学习中,大多数津巴布韦同学讷于与任课教师直接交流,班主任成为学生和任课教师之间的沟通桥梁。对于学习存在困难的同学,或者普遍存在的学习障碍,班主任随时掌握信息,并与任课教师积极沟通,对教学内容与进度做出了必要调整。平等、通畅的师生沟通也为我们处理特殊事项打好了基础,当学生之间发生矛盾龃龉时,当学生对某些制度或举措产生疑惑时,教师的及时介入总能顺利解决问题。

2. 培养并发挥学生的自我管理能力

通过对学生背景的分析,我们认为,大多数同学年龄偏大,完全可以培养起自主学习和自我管理的能力。从入学之初,我院就与国际教育学院、恒顺众昇集团共同选定了若干名学生干部,发挥他们的协调和自治作用。经过一个学期的努力,津巴布韦同学普遍建立起良性的学习、生活秩序。2017年新年,我院特别给每一位同学赠送了中英文对照版的《自助》(*Self-help*),这本Samuel Smiles所著的经典励志图书很受学生欢迎,也标志着津巴布韦同学的自我管理进入了新阶段。2017年11月,津巴布韦国内政局剧变,我院留学生情绪稳定,学习生活秩序井然。

3. 营造开放、多元的学习氛围

为了给津巴布韦同学创造良好的学习环境,我院一方面发动优秀的中国学生开展了大量辅导工作,并建立长效机制;另一方面,把津巴布韦同学和来自菲律宾、印度尼西亚、刚果、约旦、土耳其等国的留学生统一编班学习。这两方面的努力都取得良好效果,多数津巴布韦同学很快交上了中国朋友,在班级内部,来自菲律宾和印尼的学生发挥其较好的汉语优势,充当沟通桥梁,帮助津巴布韦同学顺利度过了过渡期。各国同学"和而不同",互帮互助,共同进步。

4.整合专业学习与文化浸染两方面的培养内容

在过去的三个学期中,津巴布韦同学完全融入了海大的校园生活。有的同学凭借其运动天赋在运动会、棒球比赛中发挥了重要作用,有的同学则充分发挥音乐和舞蹈方面的优势,广泛参加了中外学生中秋节联欢、留学生新年晚会、校庆演出、毕业晚会、国际文化节等,献演了舞蹈、说唱、人声伴奏等精彩节目,成为校园文化中靓丽的风景线。除此以外,我院与国际教育学院及合作企业共同为留学生提供走出校园的学习机会,体验中国文化和青岛民情,津巴布韦同学先后参观了青岛滨海风景区、海云庵糖球会、中国海大鱼山校区、劈柴院、青岛图书馆等,收获满满。

三、双管齐下的课程、师资建设

课程建设与师资建设是留学生教育的基础性工作,也是国际办学可持续发展的关键。我院把津巴布韦项目作为课程与师资国际化的重要契机,双管齐下,相辅相成,在不到两年的时间里,取得了显著进展。

(一)系统梳理课程资源与师资资源

承办津巴布韦项目以前,我院各层次留学生都编入中国学生班级,不单独开设外语授课班,但四系一所共开设了 20 门英语或双语专业课程,全院专任教师中有国外学习、工作经历超过半年的达到 19 人,客观上具备为英文授课班上课的能力。在全面梳理学院资源的基础上,我们进一步拓展学院以外的课程与师资渠道,得到国际教育学院、数学科学学院、文学与新闻传播学院等兄弟学院的大力支持,最终建立了比较完备的课程库和师资库,为津巴布韦项目奠定了可靠的教学资源基础。

(二)有针对性地开展课程开发与师资培养

通过梳理,我们发现既有资源与津巴布韦项目需求存在不匹配的情况,必须进行资源优化,做有针对性的开发和培养。比如,由于留学生们中学阶段的教育背景与国内学生不同,且年纪偏大,他们很希望能够尽快了解专业学习的概貌。我们根据这一需求,借鉴中国学生本科教学改革的成果,开设了工商管理专业概览课程(Overview for Business Administration)。在一个学期里,由 7 位教师合作授课,把管理学、组织行为学、战略管理、管理信息系统、统计学、创业管理、国际商务等课程的知识以普及讲座的形式引介给学生。这门课程一方面满足了学生的求知欲,使新生认识更多中国老师,了解中国老师的授课风格;另一方面,也让更多教师提前介入留学生课程教学,尽早熟悉学生,为日后开设完整课程打下基础。经过三个学期的努力,本项目专业课程的自有师资比例不断提升,2018年春季学期(第四学期)已达到 100%。

(三)全面激励教师参与留学生培养工作

一方面,我院为广大教师特别是青年教师创造参与留学生培养工作的充分机会,并锻炼他们的相关能力。2015 年以来,我院共有十余名青年教师参加了有关研修项目和教学工作坊,其中选派三名教师参加了学校组织的 UCLA 高等教育教学工作坊。此外还有多位老师开展了外语教学或双语教学的教研项目,他们的学习和研究成果都被引入到留学生课堂,取得良好效果。2017 年,我院专门选派宁靓老师参加国家留学基金委员会高等教育教学法研修项目,赴澳大利亚昆士兰科技大学商学院学习了三个月,研修前宁靓老师为津巴布韦班开设"微观经济学",研修后将继续开设"企业运营管理""电子商务"等课程。另一方面,我院也在财力允许的情况下,为讲授留学生课程的教师提供了富有吸引力的课酬。全面有效的激励对于提高教师投入和提高培养质量产生了显著的正效应。

经过多方努力,"津巴布韦来华留学生委托培养项目"已经顺利实施三个学期,根据我校与合作方的协议,未来将有新批次的学生入读。目前,我院已经积累了一定的培养经验,并不断对工作中存在的问题进行积极应对。我们有信心圆满完成这一项目,为津巴布韦建设事业培养合格人才,为中津合作培养友好使者,推动中津两国发展"全天候伙伴关系",并以津巴布韦项目为基础,全面提升管理学院国际办学水平,更好地为国家"一带一路"建设和学校国际化事业服务。

中国学与中国文化传播能力建设

罗贻荣 *

摘要：我校中国学(China Studies)国际硕士专业自 2015 年开始招生,除了培养本专业硕士,也为全校来华留学生学习中国文化提供一系列优质高端课程。三年来,以该专业为平台,锻炼和形成了一批致力于国际化人才培养、探索教育教学改革的优秀教师,也推动了中国文化的传播。同时,项目发展也存在着问题和挑战。

关键词：中国学;硕士专业;文化传播;能力建设

中国学(China Studies)专业(两年制学术型)是在学校实施国际化战略的背景下,开设的一个面向国外招生、采用全英文授课的国际硕士专业,是我校"研究生培养国际化平台课程体系建设项目",目前为每两年招生一届。自 2015 年秋季开始招生以来,项目以致力于为我校来华留学生学习中国传统文化提供优质课程为目标,除了培养本专业硕士外,本专业建设的一批课程已成为大量汉语能力尚未达到听课水平的来华留学生学习中国文化的理想选择,也成为学校研究生以英语授课的通识课程的重要组成部分。以该专业为平台,锻炼和形成了一批致力于国际化人才培养、探索教育教学改革的优秀教师,也推动了中国文化的国际传播。

一、中国学硕士专业的研究方向及特点

中国学和汉学的学科定义尚在争论当中,但我们需要"培养更多知华友华人士,'讲好中国故事,传播好中国声音'",则是共识。目前国内已有多所高校开设中国学专业,跟国外高校相比,国内高校开设中国学专业在实践教学、田野研究,特别是在当下中国热点问题研究方面的优越条件非国外高校可比。中国的环境是进行沉浸式中国文化教学的大课堂。

中国海洋大学的中国学硕士专业设置了"中国哲学与思想""中国历史与当

---

* 罗贻荣,中国海洋大学文学与新闻传播学院副院长、教授,中国学项目负责人,主要从事外国文学研究和翻译。曾在泰国东方大学任教(2000—2001),在英国剑桥大学访学(2006—2007),在美国德克萨斯 A&M 大学任孔子学院中文院长(2009—2011)。

代社会""中国语言文学"三个研究方向,所开设课程见下文"已开出课程"表格。

本专业的长远目标是利用学校的海洋学科优势和中国传统文化的地域优势,在师资条件成熟的情况下,努力形成以海洋文化和儒家传统文化为特色的中国学学科。

我校中国学专业目前采用全英文授课。这源于本专业最初的招生对象定位,同时也由我国高等教育国际化发展的需要和英语作为最主要国际通用语言的地位所决定。英文授课其实是本专业最重要的特点,目前主要优势和专业建设的困难都源自这一特点。

有人问,中国学为什么要用英文来教,美国大学为什么就不用中文来教中国留学生? 提出这个问题可以理解,但目前只能说是一种过于理想化的诘问。的确,得益于我国国际影响力的增强和推广汉语教育的努力,汉语作为外语的地位正在迅速提升。然而,汉语要成为和英语一样的世界通用外语,我们还有较长的路要走。英文作为传播中国文化的主要语言工具仍将是长期的需要。想得更长远一些,即便将来汉语有了英语一样的通用语言地位,也必定还有一个相当大的讲英文而不懂中文的人群,要向他们传播中国文化,我们仍然需要使用英语。是的,语言与文化不可分割,应该承认,学习一种文化最有效的途径是学习其语言。海大中国学专业也开设了基本的语言课程,旨在让学生具备最基础的汉语能力。但我们知道,中文要学到能够作为学习中国文化的工具的程度,难以速成。那些来华留学的汉语言专业本科生也许是中国学的理想生源,但据说他们是就业市场的热门人选,很少有人会选择中国学硕士专业继续深造。

英文不是也不应成为中国学唯一的教学语言。但英文授课方式恰好满足了相当一部分来华留学生的需求。而它也正是专业建设的一个困难所在。

二、中国学专业建设对学校国际化建设的独特意义

我们目前对中国学及其中国文化传播在国际教育交流与合作(包括学生交换学习)中的独特意义的认识还不够充分。

在高等教育现有学科门类中,我国有两个领域在整体上应该占有绝对优势,这就是中国学和中医。这两个领域的相关学科和专业国外高校或者没有,或者不强。由于学习中国文化的需求井喷式发展,目前国外高校的中国学或者汉学教学供需矛盾整体上相当突出。

我校海洋类优势学科对部分来华留学生有很大吸引力,但将学习目标定位为海洋科技的外国留学生毕竟相对整体来说只是一小部分。在跟国外高校谈学生交换学习项目的过程中,我们常常面临的一个问题是,国外高校(特别是欧美高校)往往因为我们没有让他们的学生感兴趣的专业和课程,或者有感兴趣的课

程,但存在无法逾越的语言障碍,因而无法形成对等交换,项目最终谈不下去,或者项目可以做起来,但因为我们不能提供对等课程,对方就不愿意为我们的学生减免学费。而中国学所开设的以英文讲授的课程是国外高校学生普遍感兴趣的课程。

这突显了中国学专业在国际教育交流与合作中的重要性,也说明了国际化教学能力的重要性。

三、国际化人才培养的成效

中国海洋大学中国学专业已招收两届学生,2015 年招生 6 名,2017 年招收 10 名(包括 1 名联合国项目资助的进修生)。生源具体情况见表 1。

表 1　生源具体情况

年份	爱尔兰	巴基斯坦	保加利亚	喀麦隆	韩国	加纳	荷兰	美国	蒙古	孟加拉	泰国	意大利	总数
2015	1				2					1	1	1	6
2017		1	1	1		1	1	1	1	1	1	1	10

首届 6 名学生除 1 名中途转学汉语外,5 名均已完成课程学习和毕业论文答辩(论文在答辩之前全部送到本专业相关一流大学盲评,通过盲评者方可参加答辩),于 2017 年顺利毕业。毕业生中 1 名在香港理工大学攻读博士学位,2 名回国工作(1 名在高校任教,1 名自主创业),2 名留在中国工作,其中一位已应聘成为中国科技大学的外籍教师。

本项目鼓励师生积极参与国际中国学学术活动。2016 年,海大中国学研究生肖恩歌、莱沙、沈慧玲等撰写的有关民俗文化方面的论文,通过评审,入选国家级学会中国民俗学会年会,三名同学赴南京参加了年会并宣读论文,受到专家好评,并与参会代表进行了广泛的学术交流。

项目 2014 年启动以来,经过 3 年的建设,已开出课程见表 2。

这些课程中,"中国与世界""中国古代哲学与思想""中国民俗文化""跨文化传播""中国海洋文化""中国电影""中西文化比较"等课程均接受外专业来华留学生和中国学生选课。在我校与德克萨斯 A&M 大学拟合作创办的中外合作"环境修复保护中心项目"中,部分中国学课程拟列入培养方案。

本项目目前取得的成果还是微薄的。但它的意义却不止于已培养学生和已开出课程的数量。

表 2 已开出课程

序号	中文课程名称	课程英文名称	学分	周学时/总学时	任课教师
1.	中国古代哲学与思想	Ancient Chinese Philosophy and Thought	2	2/32	李萌羽、殷振文
2.	中国古代史	History of China：From Earliest Times to 1840	2	2/32	朱建君
3.	中国古代文学经典	Classics of Ancient Chinese Literature	2	2/32	王庆云、冷卫国、薛海燕、韩梅、柳卓霞、李婧
4.	汉语速成Ⅰ	Accelerated Chinese Language Ⅰ	2	2/32	王颖
5.	中国近现代思潮	Introduction to Religion and Beliefs in China	2	2/32	刘爽、闵锐武
6.	中国近、现代历史	History and Thoughts of Modern-day China	2	2/32	俞凡、闵锐武、王绪杰
7.	中国现、当代作家	Modern and Contemporary Chinese Writers	2	2/32	李扬
8.	中国与世界	China in International Perspectives	2	2/32	邓红风
9.	汉语速成Ⅱ	Accelerated Chinese Language Ⅱ	2	2/32	王颖
10.	中国民俗文化	Chinese Folk Culture	2	2/32	李扬
11.	中国与世界经济	China and the World Economy	2	2/32	刘曙光
12.	跨文化传播	Inter Cultural Communication	2	2/32	李萌羽
13.	中西文化比较研究	A Comparative Study of Chinese and Western Cultures	2	2/32	罗贻荣
14.	中国艺术	Chinese Art	2	2/32	郑鑫、王莹莹、李蓓
15.	中国海洋文化	An Introduction to Chinese Maritime Culture	2	2/32	朱建君
16.	中国书法	Chinese Calligraphy	2	2/32	孟岗
17.	中国电影	Chinese Film	2	2/32	李扬

中国学已成为一个培养具有国际教育交流能力的教师的平台。项目启动以来,共有约 20 名教师(主要来自文学与新闻传播学院)参与项目建设,包括制定培养方案、撰写和修订教学大纲、参与试讲、教学研讨、听课评课、授课。本项目的建设目标之一是教学全面与国际接轨,教学方式秉持以学生为中心理念,实行研讨、互动、实践的教学方法,每门课每学期都实行问卷调查,并对学生反馈结果进行专题研讨。参与本项目的教师都是各专业领域的优秀学者,通过项目建设和教学,这些教师(特别是中青年教师)的国际沟通能力、国际化教学能力都经受了较大挑战,并得到了实质性提升。

教师们的努力得到了学生的高度认可,在 2015 级学生毕业之际,学生表示希望能继续在这个专业学习,并希望本专业早日建成博士项目。

四、存在的问题、挑战和建设思路

北京一所著名大学领导来海大做学术交流时,谈到该校也一直想办一个中国学专业,但因种种困难,特别是没有一个合适的人牵头做这件事,至今没有办起来。他的话佐证了开办本专业的困难。

目前我校中国学项目面临的挑战主要有以下方面:

1. 师资

一是能够实质性投入本项目教学工作的教师总体数量严重不足;二是能够自如地、熟练地以英语从事教学的教师数量不足;三是某些课程至今没有合适的任课教师。总而言之,师资规模和语言能力是项目建设的瓶颈。受制于师资问题,目前本项目只能选择隔年招生,非招生年度想申请本项目的学生只能失望而去。

2. 建设经费

项目的建设得到学校的大力支持,2015 年学校研究生院和"211、985 办公室"联合下拨启动建设经费,2016 年研究生院批准少量课程建设经费。但因为项目的特殊性和建设的艰难,项目缺乏经常性的、形成制度的经费支持。学术活动、进一步的课程建设、学生活动等都难以得到经费保障。筹集经费很困难,身兼其他工作的项目负责人没有太多的时间投入到这些事情中去。

3. 学校国际化教育环境

套用一个经典句子,目前我校的国际化建设发展需求与实际发展的不充分、不平衡之间还存在较大矛盾。学校管理的各个环节很难说已经做好了迎接教育国际化新时代到来的准备。管理机制和制度、管理人员素质方面都存在较大问题。本项目开始招生以来,在学生入学报到、注册、智能卡办理、宿舍安排、奖学金发放、毕业证制作等各个环节,问题不断,项目负责人和班主任疲于应付,往往需要进行多次沟通,甚至要通过校领导的干预,而有时候还未必有持续效果。

对应以上问题和挑战,今后本项目的专业建设应在如下方面着力。

(1)师资建设方面。应考虑为本专业配备至少1～2名专职教师(最好有精通英语的外籍汉学学者与中国学者一起工作);学院相关专业引进人才时,应适当考虑中国学专业的师资需求;继续通过各种渠道和方式培养和提高现有师资的国际化教学能力。

(2)建设经费方面。学校可参考复旦大学等兄弟院校模式,为国际化项目提供常设的、制度化的经费支持。

(3)学校大环境的改善。学校可考虑参考兄弟院校模式设置统一机构,协调管理全校国际化教学项目,为项目提供制度化管理,提供国际化教学研讨平台;采取措施提高学校有关员工的国际化管理水平和素质,提高其跨文化沟通能力,形成符合国际标准的服务意识。

(4)学科建设方面。打好基础、积累成果,结合学校和学院的大文科发展、人文学科通识教育发展,以及国家对中国传统文化国际传播的大力推进、对中国学(或者汉学)教育的大力扶持等形势,为中国学确立培养更高层次人才的学科发展目标,并努力创造相应条件。

中国海洋大学德语专业人才培养的国际化课堂建设探索

杨 帆 *

摘要:高等教育国际化是全球化背景下高等教育发展的一种必然结果和普遍趋势,外语专业因其独特的学科属性与专业特质更需要大力推进人才培养的国际化战略。中国海洋大学基于国际化复合型德语高级人才培养理念,努力建设国际化课堂。通过五年实践,探索出了一条独具特色之路:一是引进国外知名专家学者,开设国际化课程;二是积极开拓国际交流合作,打造名副其实的海外课堂。

关键词:德语;国际化课堂;人才培养

一、德语专业建设背景

德国是我国在欧盟的第一大贸易伙伴,同时也是重要的资金及技术来源国;我国是德国在亚洲地区的首要合作伙伴,30多年来两国经贸合作逐年稳步上升。中德两国在政治、经济、教育、文化科研等方面的合作不断深入,需要更多德语专业人才的同时,对精通德语的专门人才的需求日益凸显。自2000年以来,我国德语专业高等教育事业经历了一个鲜见的旺盛发展时期,开办德语专业的高校由2000年之前的40余所发展到2009年的80多所。截至2014年,德语本科专业的院校达到105所,多数德语专业均为创办时间不过十余年的新办专业。我校德语专业始建于2002年,当年招收"德英双语"专业本科生,2003年起正式招收德语专业本科学生,2008年正式招收"德语语言文学专业"研究生,2012年12月成立德语系。新办专业所面临的首要任务即是在如何快速发展壮大的同时,形成独有的办学特色与专业优势,满足社会发展对人才的不同需求。

2008年,教育部高等学校外语专业教学指导委员会德语组对未来德语专业人才的社会需求情况作出如下预测:目前中国德语学习者逐渐朝两个方向分化:一是很多人使用德语为常用工作语言,从事如机械制造、金融投资、大众传媒、法律等专业工作;二是一部分人从事德语教学、学术研究、外事工作。国内高校开

---

* 杨帆,中国海洋大学德语系主任,德国波恩大学博士研究生,主要研究领域为德汉翻译理论与实践、德语外语教学法。

办德语专业数量激增,中学设置德语作为第二外语甚至第一外语的趋势明显,对德语师资与研究者的需求随之增大。此外,随着全社会教育水平的不断提高,学生的视野越来越开阔,对外语知识的追求越来越多维和个性化。

根据发展形势和自身状况,我们认为需要加强应用型人才培养的力度,结合国家与地方经济社会发展的主流需要,注重应用型人才和研究型人才培养的结合,合理调整人才培养模式和课程体系,以满足社会多样化的需要。我们的专业办学定位是立足青岛,立足山东,辐射华东、华北,面向全国,按照"语言—人文—能力"三位一体的厚基础、高能力、宽口径培养模式,培养出适应社会发展需要的,具备扎实语言基础、较高人文素养、较强跨文化交际能力、较强创新能力和实践能力的国际化复合型复语型德语高级人才;期待培养出的本科生既掌握出色的外语能力,又能兼具全球视野、国际情怀、人文精神、跨文化沟通能力、创新和思辨能力,为中德交流和"一带一路"建设提供人才支撑和智力支持。"国际化"成为创新型外语人才培养的关键词之一,外语人才培养的国际化战略既是时代发展与国家进步的需要,也是新形势下外语教育的必然趋势。

然而,与国际化战略目标之达成不相匹配的是:目前,全国高校德语届普遍存在高水平师资青黄不接,40岁以上具有高级专业技术职位的人才稀缺,各高校之间高端学术人才引进竞争空前激烈。2012—2016年,我校德语专业8名中国教师全部为40岁以下年轻讲师,缺少学科带头人。针对国内德语界普遍存在的高水平师资短缺、年龄断层的现象,我们从2012年起通过建设国际化课堂,对实践外语人才培养国际化战略进行了积极的探索。

二、大力引进海外专家学者,开设国际化课程

中国海洋大学非常重视德语专业发展,给予人才引进方面的大力支持和特殊政策。本着"解放思想,先行先试"的精神,成立德语系聘请德国著名学者顾彬教授担任主任,在学科建设、人才培养、师资队伍建设方面发挥其影响力,推进专业发展。顾彬教授是德国当代知名的汉学家、翻译家,在中德两国享有极高的声望与广泛的影响力,他每学期为本科学生开设1门课程,包括"德国当代哲学选读与翻译""德汉翻译入门""德语翻译学导论""德汉笔译""德语文学鉴赏"等。在课堂上,顾彬教授介绍德国当代哲学、翻译理论、汉德翻译实践的最新研究成果,带领学生进行诗歌与哲学翻译,提高了本科生的学科素养,拓展了人文视野。他还组织学生积极开展翻译实践,他与学生共同翻译的诗歌和学术文章也成功发表。据进入北京外国语大学、中国人民大学、同济大学等高校继续攻读研究生的学生反馈,他的课程开拓了眼界,让学生在竞争中保持着优势。2017年11月,顾彬教授开设翻译学系列研讨课,创新性地组织学生以个人/小组的形式研

读其关于汉德翻译的专著《影之声》并进行翻译实践,按照计划,将在学生译稿的基础上整理修改中译本出版。

在聘请德国一流学者长期来校工作的同时,我们还充分利用各项国际合作交流政策,积极申请教育部和外专局的引智项目,以短期外籍专家的形式聘请国外高水平专家入校,以系列研讨课、学术报告和工作坊的形式参与人才培养,充实高水平师资力量,打造国际化课堂。2013—2017 年先后从德国聘请了 8 位高水平的短期专家,利用夏季学期为学生集中授课,累计开设高年级专业课程 11 门次,举办学术报告 6 次。专家包括柏林 IB 大学校长 Peter Schisler,不来梅大学语言文学学院的副院长 Matthias Kepser 教授,德国知名作家 Hans Buch、Ulrich Bergmann,著名汉德翻译家 Marc Hermann、Eva Schestag 等。

所邀请的短期外籍专家学者开设课程总课时数约占德语专业大三/大四专业模块课程的 31.5%,达到了国内高校传统一流德语专业北京外国语大学、北京大学、南京大学的水平。在充分考虑学生语言能力与专业知识储备的前提下,各位外籍专家学者从自己所长领域出发为其"量身定制"课程,内容涵盖文学、语言学、德汉翻译理论与实践、跨文化交际、德语教学法等领域,既有国外先进的学术动态,也有名家的个人思想观点和研究成果。授课形式多采用德国高校普遍实行的专题研讨课,以学生为课堂中心,强调自主学习能力与科学工作方法。高频率邀请高水平外国专家进校授课,目的不仅仅是传统意义的知识传授,我们更着力围绕人文与专业素养和科学研究能力的培养展开教学活动。通过与这些学者的面对面接触,学生领略到了前沿国际学术成果,具有高度的灵活性,视野开阔,认识新颖,学习积极主动,对新情况、新事物的刺激反应敏感,实践能力强,敢于面对挑战,从根本上提升了我专业的人才培养质量与层次。

三、积极开展国际交流合作,打造名副其实的海外课堂

海外课堂是我们进行国际化课堂探索的另一重要措施。经过近五年的强化建设,实现了德语专业国际交流合作的突破性提升。目前共与德国不来梅大学、波恩大学等 6 所高校建立密切交流合作关系。目前德语系共有本科生逾 170 人,每个班级规模为 20～25 人,每年超过 15 名大二、大三学生前往德国进行半年或一年的交流学习,另外还有 25 人以上的学生前往德国高校进行夏季学期中德文化交流实习。与波恩大学汉学系的学生交流项目获批国家留学基金委优秀本科生交流项目,自 2018 年开始,每年派往波恩交流的 4 名学生将有奖学金资助。在交流项目数量和交流学生数量上,都达到了国内一流德语专业的水平。

目前,我国外语专业与国外高校的学生交流项目多采用传统模式,即选拔优秀学生以个人形式前往目标语国家进行半年以上的交流学习。为了让更多的学

生有机会坐在目标语国家的大学课堂上学习原汁原味的外语,亲身体验目标语国家的国情文化,我们与国外高校联合设计了面对团体甚至班级建制的海外课堂模式。2017 年 7 月,我专业与德国卡塞尔大学签署合作协议,首次派遣 17 名学生参加卡塞尔大学的国际暑期研修班,进行一个月的学习与文化体验,开创我校学生以团队的形式利用夏季学期前往目标语国家进行研修的成功模式。

卡塞尔大学是位于德国黑森州卡塞尔的一所公立大学,现有学生近 3 万名。学校的重点领域是技术与环境科学、教育与社会研究、艺术与教师深造。通过前期沟通,卡塞尔大学经贸管理学院联合汉学专业为我专业大三学生设计了一套完整科学的夏季学期课程。课程由两大部分构成:①语言技能与专业课程,包括"德语科学工作方法""高级德语""中德跨文化比较",总课时为 120 学时。上述课程均为我专业人才培养方案中开设的课程,我校承认学生按要求修完相关课程所获得的学分。②文化实践类课程。这也是此次卡塞尔国际暑期研修班项目的特色之一。全部学生安排了德国寄宿家庭,让学生近距离亲身体验德国社会与文化。学生走进德国家庭,与普通德国人朝夕相处,同吃同住,用德语交流沟通,了解德国国情民俗的同时,宣传本国国情与文化,是最有效最生动的语言与文化学习。此外,该项目安排了一系列的集体文化考察:参观游览柏林,参观卡塞尔文献展、格林兄弟博物馆,学习德国传统民族舞蹈,参观德国中学与学习汉语的德国学生交流等。为了加深学生的反思总结,组织学生以小组为单位编辑微信文章,介绍一周学习活动内容与心得并在学院公众号发布。多所兄弟院校由此关注并向我们咨询项目的思路与具体办法。回国后,学生撰写文化实习报告,系统总结心得体会,获得人才培养方案中的夏季学期中德文化交流实习学分。

总结这次卡塞尔大学国际暑期研修班实施的成功经验,我们认为:对于外语专业学生,到目标语国家开设海外课堂对于人才培养的国际化战略是一种极具意义的新形式。海外课堂是国际性、跨文化、体验式的教育模式,贯穿了语言学习和社会体验,让学生到国外不同的文化环境中去探访,通过亲自体验而学习和理解非母语及非本地的文化历史传统,同时强化提高外语水平。海外课堂是深入目标语国家学习生活、提高国际化视野、锻炼跨文化交际能力与异文化独立生存适应能力的出色平台。在目标语国家交流期间,大学生在德国大学以留学生身份学习生活,所见、所闻、所感、所思和所得均是第一手素材资料,既深刻又较为全面生动。按照我专业人才培养方案进行课程设置,所修课程学分顺利转换,既能保证学生的参与度,又可以提升学生所承担费用的性价比。该形式的突出效果主要有以下三方面:一是语言与专业水平的提高:参与该项目的学生经过四周的在德学习生活,德语口语表达与听力理解水平普遍有明显的提升,有相当一部分的进步是飞跃性的。学生由刚刚走出国门时用德语交流时的胆怯含羞缺乏自信,变得积极主动和开放。二是跨文化交际能力的提高:寄宿德国家庭,各种形式的参观考察,开拓了学生的国际视野和相当的跨文化交际能力,在实践中建立文化差异的交际理念,形成跨文化的认知能力、体察能力、归纳能力和解决能力。三是目标语国家人文素养的提高:通过与德国家庭的日常交流以及一系列的文化考察活动,学生对德语国家国情与欧盟知识,对德国和欧洲文化(历史、文学、语言、思想等)有较为广泛的了解。

四、总结与反思

一所大学的本科教育能否培养出符合现代社会发展需求的人才在很大程度上取决于其本科教学的质量。一流大学必须具备一流的本科教育。《国家中长期教育改革和发展规划纲要(2010—2020)》中把扩大教育开放作为单独一章,可见国家已经开始重视教育中的国际交流与合作。纲要中提到的扩大教育开放的主要内容为:引进优质教育资源和提高交流合作水平,未来我国教育国际交流与合作的总趋势是由单向的"请进来"为主向"请进来"与"走出去"相结合的双向发展,双管齐下。高等教育国际化是全球化背景下高等教育发展的一种必然结果和普遍趋势,外语专业因其独特的学科属性与专业特质更需要大力推进人才培养的国际化战略。

我们根据自身特点与青岛特有的地缘优势,充分利用学校一流的国际交流合作平台,在德语专业人才培养的国际化课堂建设方面进行探索实践。一方面,"请进来",聘请国外著名学者专家来校,长期或短期开设多种形式的专业课程,推动专业人才培养质量。另一方面,"走出去",积极拓展与德国高校的交流合作项目,让学生走进目标语国家的课堂进行专业学习与社会文化体验,培养锻炼学生的跨文化交际能力,提升国际视野。几年的实践证明,上述探索是有效且成功的。但我们还处于初期起步阶段,需要在许多方面做出更多的思考和尝试。例如,如何将外籍专家课程更加有效地与本土人才培养模式相结合,发挥其更大效力;如何利用政府或学校奖学金、企业赞助、校友捐赠等多种途径加大对学生参与海外课堂项目的经费支持力度,尤其是对优秀贫困生的资助,以扩大学生国际教育交流的受益面,提高和扩大学生参与海外课堂项目的积极性和规模。任重而道远,我们须不懈努力。

参考文献

[1] 钱敏汝,卫茂平等.当代中国德语专业教育研究报告[M].上海:上海外语教育出版社,2008.

新时期本科生国际化素质培养现状与路径研究

郑文奇*

摘要:当前我国高校本科生国际化素质培养,在专业培养目标、教师与教学、合作交流与环境、管理服务等主要方面仍面临诸多问题需要解决和改善。在当前我国总体实力大幅提升、高等教育水平快速发展的新时期,高校加强本科生国际化素质的培养是日益重要的责任和使命。在培养过程中要加强对于中国文化的坚守与浸透,通过系统筹划和保障实施,确保本科生国际化素质培养的内涵式发展。

关键词:本科生;国际化素质;人才培养

随着我国各领域建设的快速发展,国家总体实力大幅提升,我国在国际舞台上的参与面越来越广,影响力越来越高。与此同时,我国所培养的能参与到不同国际交流合作与竞争之中的高素质国际化人才也相对匮乏,这是当前中国高等教育国际化人才培养的重大挑战,也是中国高等教育的责任与使命。党的十九大报告在关于加快建设创新型国家和推动文化事业、文化产业发展的规划中明确表示要"培养造就一大批具有国际水平的战略科技人才、科技领军人才、青年科技人才和高水平创新团队。推进国际传播能力建设,讲好中国故事,展现真实、立体、全面的中国,提高国家文化软实力"。① 随着我国高等教育"双一流"建设的推进,高校无论是从自身发展角度还是从服务国家社会层面,都要积极探索和创新国际化素质人才的教育培养。

不同于研究生侧重独立研究能力为目标的培养,本科生的培养过程更加注重基本素质的塑造和锻炼,通过突出广度,培养本科生全方位的基本能力和专业发展的潜力,所以相对而言,其发展的可塑性也更高。且随着高等教育的发展,我国本科大学生在毕业后选择出国读研深造的比例也越来越大。在此背景下研

---

* 郑文奇,教育学硕士,中国海洋大学信息科学与工程学院行政秘书,从事高等教育管理、大学生思想政治教育研究。

① 决胜全面建成小康社会夺取新时代中国特色社会主义伟大胜利——在中国共产党第十九次全国代表大会上的报告[EB/OL]http://www.xinhuanet.com/politics/19cpcnc/2017-10/27/c_1121867529.htm,2017-10-27.

究本科生这一群体的国际化素质培养具有很强的现实意义。

一、本科生国际化素质的内涵界定

当前国内学者对国际化人才及其应具备的素质的研究成果颇丰。宋永华认为,一流大学国际化人才培养的共性特征应包含家国情怀、国际视野,以及全球竞争力与世界担当几个方面。① 桑元峰将国际化人才的内涵解释为:掌握扎实的专业知识,拥有跨学科视野和较强的跨文化交际能力,能够适应文化"走出去"的需求,充分理解全球化内涵,积极参与国际事务,解决实际问题。② 江新兴认为,国际化人才是具备较强的外语应用能力和良好的母语运用水平,掌握较为丰富的中国文化和他国文化,能够成功开展跨文化交际和国际合作的高素质人才。③ 罗建波从意识、知识和能力三个层面阐释了大学生应具有国际化视野和思维模式,掌握相关的先进前沿的国际理论与通用知识,以及具备国际沟通与合作能力,能够应用专业实践能力参与到国际竞争与国际创新里去。④ MBA 智库百科则是从更加综合的角度定义了国际化人才是具有国际化意识和胸怀以及国际一流的知识结构,视野和能力达到国际化水准,在全球化竞争中善于把握机遇和争取主动的高层次人才。其指出了国际化人才应具备以下七种素质:宽广的国际视野和强烈的创新意识;熟悉掌握本专业的国际化知识;熟悉掌握国际惯例;较强的跨文化沟通能力;独立的国际活动能力;较强的运用和处理信息的能力;且必须具备较高的政治思想素质和健康的心理素质,能经受多元文化的冲击,在做国际人的同时不至于丧失中华民族的人格和国格。⑤

分析当前诸多学者的研究,可以发现以下特征:第一,从研究视角来看,现有研究在概念界定时,根据不同视角有所侧重,比如基于外语视角、行业视角、德育视角等不同角度,聚焦于本科生群体的研究相对较少。第二,从时间跨度来说,当前对于国际化人才所具备素质的研究和归纳较为系统全面,这种素质多是一种横跨大学本硕博阶段,甚至更长一段时期的具有连续性、高目标的长远总体要求,但具体到本科生阶段应具备什么样的国际化素质,仍然有待加强研究和继续

---

① 宋永华,伍宸. 一流大学国际化人才培养的共性特征[N]. 中国教育报,2016-12-19.

② 桑元峰. 从国际化人才培养视角探索外语教学质量监控[J]. 外语界,2014(5):83-88.

③ 江新兴,王欣欣. 国际化人才培养模式探索[J]. 北京教育(高教),2010(9):61-63.

④ 罗建波,朱哲,龚琪峰. 理工院校学生国际化素质培养的问题与策略——以中国矿业大学为例[J]. 煤炭高等教育,2016(2):90-93.

⑤ MBA 智库百科. 国际化人才[EB/OL]http://wiki.mbalib.com/wiki/%E5%9B%BD%E9%99%85%E5%8C%96%E4%BA%BA%E6%89%8D#. E5. 9B. BD. E9. 99. 85. E5. 8C. 96. E4. BA. BA. E6. 89. 8D. E7. 9A. 84. E5. AE. 9A. E4. B9. 89.

细化。第三,就地域方面而言,国际化包含国外和本土两部分,现有研究多集中和趋向于国外对人才的素质和要求,未能较好地提炼和发挥我国在培养国际化人才时的本土特点和优势。

本文在综合现有研究的基础上,结合本科生实际情况,将本科生国际化素质界定为知识、能力和素养三方面。第一,国际化知识储备是本科生国际化素质的基础,包含所在领域扎实的专业知识、国际前沿的行业知识;包含本专业相关的国际惯例规则,国际通用知识;另外还包含中华文化及相关国家文化的基础文化方面的知识。第二,国际化能力是本科生国际化素质的支撑,要求学生在一定程度上具有全球化思维和处理相关国际问题的能力,主要指的是跨文化沟通能力,其一是特定的语言读说写能力;其二是包含适应、合作相关的交流实践能力;其三是包含信息搜集处理在内的终身学习能力。要求学生具有创新意识,思考问题不局限于自身领域,能较好地进行中外联系,从兼容融合的角度思考问题。第三,国际化素养是本科生国际化素质的灵魂,主要包括人文素养和科学素养两方面,人文素养指忠于国家的信念和民族情怀,尊重差异、关爱地球人类的大爱和民族主义等;科学素养指根植于内心的对科学知识、科学方法以及国际化发展下科学对社会产生影响的理解与认识。

二、本科生国际化素质培养的现状与问题

本科生的国际化素质培养与知识构建是一个综合性较强的系统工程,从软件到硬件,从理念到实践,涉的环节较多。本科生国际化的知识、能力和素养正是依赖于这些环节,综合分析培养过程中存在的问题,主要归结集中在专业培养目标和培养过程(教师与教学、合作交流与环境、管理服务)方面。

1. 专业培养目标需要明确指向和提高定位

专业培养目标是大学本科教育的工作方针,但是纵观当前高校制定的人才培养目标,对于突出国际化人才培养的定位和重视程度还有待提升。王严淞对国内 108 所"985 工程"和"211 工程"高校的本科人才培养目标进行搜集与分析,发现各大学培养目标主要包括"定性"与"定型"两类描述。"定性描述"主要指对人才所具备的特征和品质进行白描式的勾勒,整体体现出人才的价值;"定型描述"主要指直接以分类的方式对人才的价值进行突出和强调。通过对"定性"和"定型"描述中关键词的提取分析发现,在定性描述中主要包含的九大特质及出现频次(总数为 108 所)为:家国情怀(55 所)、理想信念(13 所)、身心健康(28 所)、基础扎实(47 所)、能力突出(28 所)、创新精神(58 所)、视野宽阔(48 所)以及素质养成(65 所)。在定型描述中主要包含的六种人才类型及出现频次(总数为 108 所)为:引领者(15 所)、复合者(22 所)、创新者(39 所)、国际人(4 所)、应

用人（21所）、学术人（3所）。其中"国际人"是指高校着重培养本科生的"国际化战略人才"或"国际型人才"等。① 由此可见，当前诸多高校对于国际化人才培养的认识和重视程度大大提升，在制定目标定位时大都有此方面的目的和表述，但也存在突出的问题。主要表现在，一方面是目标定位过于宽泛，有待结合办学定位进一步明确，这些学校的人才培养目标中，清楚地表达了国际化素质培养的意愿，在中长期的目标中也有涉及，但缺乏短期如何开展实施的具体行动。另一方面是在学校的整体培养目标之下，各专业所制定的定位标准过于保守，以及各自为政、差距较大，特别是如何结合专业彰显国际化人才培养特色，如何将自身专业培养目标提升到学校培养目标的高度，或向其靠拢，还有一定差距。

2. 教师与教学的国际化水平有待提高

师资质量与教学保障是学生培养过程中最重要的方面，是进行本科生国际化素质培养的基础。对比研究生的培养方式，当前本科生普遍还是侧重于以教师授课的形式进行，学生、教师、教学是学生培养过程中非常重要的三个要素，正所谓"学高为师，身正为范"，教师自身的国际化水平，教学环节的国际化水平对本科生国际化素质的培养与知识构建尤为重要。如今高校在引进教师时逐渐加强了对其境外学习工作经历的要求，本土培养的教师进行国际合作与交流的机会也逐渐增多，但是当前存在的问题也是非常明显的。从2016年的QS排名，对照新加坡和我国香港几所研究型大学的国际（非本地）教师人数比例：新加坡国立大学（62.7%）、南洋理工大学（69.2%）、香港大学（66.1%）、香港科技大学（76.4%）、复旦大学（23.7%）、上海交通大学（25.0%）。② 可以看出在师资队伍上，一方面，外籍教师数量是严重不足的，且往往多集中在语言教学方面，专业教师数量更是稀缺。另一方面，我国具有国际教育背景或丰富的海外研修经历的本土教师的比例也偏少。当前很多高校本土教师的国际化主要以参加国际会议、国际访问交流为主，国际合作研究与短期进修却很少，而后两者恰恰是提升教师国际化水平更为重要的通道。③ 在教学上，高校国际化课程教学还有待加强，突出问题表现在教学的内容比较陈旧，与国际前沿知识存在脱节；教材体系在理念、内容、保障机制与考核等方面达不到国际学术教育的要求；实施的国际化教育方式单调生硬，缺乏活力。其根本原因还是没有真正地将国际化教育的理念意识整合于现实教学环节之中。

---

① 王严淞. 论我国一流大学本科人才培养目标[J]. 中国高教研究,2016(8):13-19.

② http://www.topuniversities.com/universities/region/asia. 李梅. 亚洲国际大都市高等教育国际化发展比较[J]. 上海师范大学学报(哲学社会科学版),2017,46(6):69-77.

③ 张莞昀,赵志刚,唐杰. 我国大学国际化战略研究[J]. 中国高等教育,2015(17):32-34.

3.国际合作交流的层次与空间仍待提升和扩展

高校的国际交流合作为本科生融入国际化的环境和氛围提供了平台,通过直接接触、亲身感受、实践锻炼的方式,能够加快其国际化素质的培养和知识构建。我国高校当前培养本科生国际化人才的模式大致有以下四种:第一,对国内学生集中办班实行双语或者外语教学,通过课程国际化培养学生的国际视野和国际交往能力。第二,通过国际教育学院对外国学生单独组班进行教学,以学历教育为依托,开设多形式的留学生教育,吸收外国专业化人才为我所用。第三,采用"2+2""3+1""4+0"等模式,进行中外合作办学。第四,选派中国学生去国外大学完成部分或全部学业,合格后获得双方学位或者国外大学学位。① 以上国际化人才培养的模式促进了我国本科生国际化素质的培养与知识构建,但局限性也是同样存在的。文东茅等人以北京大学学生为样本所做的一份调查表明,当前学生出国学习的机会非常有限,出国期间国际交流的深度有待提高,外国留学生与中国师生的交流不充分。② 从 2016 年的 QS 排名,对照新加坡和我国香港几所研究型大学的国际(非本地)学生人数比例:新加坡国立大学(28.9%)、南洋理工大学(30.9%)、香港大学(39.4%)、香港科技大学(37.3%)、复旦大学(15.6%)、上海交通大学(7.3%)。③ 诸多数据及调查表明当前我国高校的国际化交流合作仍有很大的进步空间,主要表现在对于国际化战略缺乏系统性统筹,往往是制定了国际化战略规划,但缺少量化指标和融入各项工作的机制和制度,导致在一些实际工作难以落实。另外,在本土国际化方面,学校对不同专业的国际化建设重视程度及投入差别很大,往往非优势学科专业的学生很难惠及这些政策和资源,且总体来看学生参与校内国际交流的频率以及普及化程度也亟待提高。

4.管理与服务的国际化保障亟须加强

由于当前我国国际化人才培养的具体实施还处于摸索发展阶段,国家尚未有成熟的系统管理体制进行规范和保障,所以全国各高校在开展本科生国际化素质培养的管理服务环节也是参差不齐,各自为政的。陆根书通过对我国"985工程"大学的使命陈述、大学章程、战略规划等文本中有关国际化的表述分析发

① 张骏.高校国际化人才本土培养:"一境四同"实践路径研究[J].国家教育行政学院学报,2014(10):8-11.

② 文东茅,陆骄,王友航.出国学习还是校本国际化? ——大学生国际化素质培养的战略选择[J].北京大学教育评论,2010,8(1):17-26.

③ http://www.topuniversities.com/universities/region/asia. 李梅.亚洲国际大都市高等教育国际化发展比较[J].上海师范大学学报(哲学社会科学版),2017,46(6):69-77.

现,仅有 60％ 的大学提到了管理队伍的国际化。① 由此也可见,当前我国高校对于管理队伍和服务水平的国际化的重视程度也有待提高,具体表现在本科生国际化素质培养过程中所需要的与之相配套的软、硬件投入有待加强;教育实践活动在"校、院、系"层面的实际开展缺乏系统整体的规划和组织;各种学生参与环节的学分互换规定,以及国际化培养的教学管理质量评价和保障机制亟须健全。

三、当前本科生国际化素质培养的重点与难点

新中国成立至今,我国在本科生国际化素质培养方面进行了曲折漫长的探索与尝试,且不同时期的目的、途径、工作重点和难点也不一样。新中国成立初期,我们面对西方资本主义国家的封锁,主要是沿袭苏联高等教育模式,通过国际化素质人才培养学习国外先进的技术经验,为新中国的经济社会发展服务。途径主要是通过大量引进苏联的高等教育模式、教材,建立高校间的合作联系,并派出一部分教师和学生前去学习培训,而引进的人才是少之又少的。"文革"十年使得中国的高等教育封闭,甚至不断倒退,高校的国际化人才培养几乎处于中断停止的状态。改革开放以来,我国按照"教育要面向现代化、面向世界、面向未来"的指导思想,实行人才强国的政策,逐渐开始大批量地派遣留学生出国,接受来华留学生学习,搭建平台,加强教师以及专家的国际交流,在探索中逐步开展合作办学和学生联合培养。在此过程中,国际化人才培养的重点也是学习西方发达先进的经验为我国的改革和开放服务,难点在于面对错综复杂的外部环境,缺少相对成熟的经验。如何在国际化大潮中甄别筛选我们真正需要的东西,避免全盘西化和"被国际化",保持中国的文化根基和文化自信,是我们要特别关注的。21 世纪以来,中国逐渐实现了高等教育大众化。随着全球化的加速,国际合作的需求扩大到方方面面,国际化人才培养的要求进一步提高。《国家中长期教育改革和发展规划纲要》明确提出:"要开展多层次、宽领域的教育与合作,提高我国教育国际化水平,要培养大批具有国际视野、通晓国际规则、能够参与国际事务和国际竞争的国际化人才。"②我国教育国际化人才培养总体规划和目标进一步明确。

近些年,随着中国国家实力的提升,由中国主导的国际活动和项目越来越多,影响越来越深远。特别是随着当前中国社会主义初级阶段主要矛盾的变化,中国已然进入到一个全新的发展阶段,与之相对应的中国高等教育、高校国际化

---

① 陆根书,康卉.我国"985 工程"大学高等教育国际化政策分析[J].高等工程教育研究,2015(1).
② 人民出版社.国家中长期教育改革和发展规划纲要:2010—2020 年[M].北京:人民出版社,2010.

人才培养的重点和难点也要进一步地诠释和定位。当前高校关于本科生国际化素质培养的重点是对其国际化素质的内涵式培养。所谓内涵式培养,是在立足于本科学生具备国际化视野和相关专业知识、通晓国际规则、能够具备参与国际事务与国际竞争的基本素质的基础上,突出和加强本科生国家情怀和文化植根的培养。其难点也在于本科生国家情怀和文化植根的培养,文化植根是国际化人才培养的根本问题,即在他国文化和本国文化之间微妙的关系中,如何做到保有自我的文化坚守的问题,保有我国自身的文化精髓是国际化人才培养最根本的问题。[①] 国家情怀和文化植根是国际化素质中素养的一部分,也是在当前国际化舞台上讲好中国故事,发展中国高等教育理念,提升中国文化软实力,在更高层面上加快中国社会主义现代化建设的重要举措。

四、本科生国际化素质培养的路径与策略

在当今国际化浪潮风云变幻的局势下,高等教育承担着应对国际竞争和挑战的国际化人才培养的责任使命,高校又是我国高等教育的主要力量,因此高校需要针对当前存在的主要问题,从不同方面加大本科生国际化素质培养的力度。

1. 设定明确清晰的本科人才国际化素质培养目标

专业人才培养目标的国际化定位具有极强的价值导向。本科教育层次人才培养目标不同于专科的应用性与地方性,不同于侧重培养研究生的独立研究能力。第一,本科生人才培养目标要在注重基本素质、专业技能和基础理论知识培养的基础上,重点加强基本科研素质和创新实践能力的培养,而本科国际化素质也应该作为一种精神或者理念内嵌和渗透于本科生整个人才培养方案之中,应该成为一种浸润于大学实践之中的文化。第二,高校的专业培养目标是高校人才培养指挥棒,各高校应该立足国家发展战略需要,密切结合自身办学水平和层次旗帜鲜明地制定总体的国际化人才培养定位与目标,做好顶层设计,确立发展方向。第三,高校的本科生人才培养是以专业为载体,所以要统筹好"校、院、专业"之间培养定位的关系,各专业在突出国际化人才培养目标时要上升到学校的整体高度,同时兼顾专业特色与优势,防止国际化人才培养目标流于形式化、表面化或者止步于口号。

2. 加强国际化课程教学和师资队伍建设

本科教学工作是培养国际化人才的关键环节,针对国际化师资队伍不足,以及教学过程中国际化程度不高而限制当前本科国际化人才培养的问题,我们需

---

① 李成明,张磊,王晓阳. 对国际化人才培养过程中若干问题的思考[J]. 中国高等教育,2013(6):18-20.

要系统规划,统筹兼顾。

就国际化师资而言,第一,可通过继续加强当前的校际合作、访学和派出留学等途径畅通高校教师走向国际的机会,打造国际交流的平台、提升教师交流的层次。第二,努力协调政府和社会等各方资源,营造国际化的办学环境,通过合作办学、外籍人才引进等多种途径引进高层次的国际人才来校工作。第三,在师资引进和外出学习交流的过程中要注意从语言、专业和国家来源(去向)等维度构建师资结构的多元化,努力满足不同专业、不同年级国际化素质人才培养的需求。

本科国际化人才的培养,最直接的方式是课程教学的开展实施。打造适合我国国情的本科国际化教学,应将课程置于全球大背景之下,从知识的维度培养学生扎实的基础理论知识和宽广的视野,从文化的维度培养大学生的创新力和表达能力,从方法理论的维度培养大学生的科学实践方法和实践能力。第一,针对不同专业,通过在学生的必修、选修以及通识教育环节融入不同的国际化知识、思维内容,探索中国文化与专业知识的联系,力争使中国文化注入国际化教育的不同环节,加快教材的国际化选用和建设,形成一套系统的包含国际化人才培养的课程体系。第二,充分扩大中国学生和在校留学生的共同参与课堂学习的机会,通过他们的相互影响和相互学习扩展中国学生的视野和知识,同时也在实践中向留学生传递中国文化,在碰撞和交流中营造一种本土国际化的环境。第三,积极参与和开展不同形式的国际化课程评价,及时反馈和总结当前国际化人才培养的成功经验或不足之处,并针对性地进行调整。

3. 打造本科生国际化培养与交流的常态化机制

加强本科生国际化素质的培养是一项全面而系统的工程,其面向对象是本科大学生,而人才培养质量的高低程度,最主要也是体现在若干年后大学生所具有的或潜在有待发展的相关知识、能力等。因此这项系统工程之中最重要最直接的环节就是加强本科生国际化素质的实践锻炼,也就是给其提供广阔的、高质量的国际化交流与培养平台。一方面,努力扩大本国学生出国交流和学习的机会,提高出国交流的质量。通过各种途径积极加强国际化高校的合作,主动加入世界性的国际大学组织或专业协会,通过不同层面的互派留学生和交换生,组织学生参加国际专业竞赛、跨国论坛、假期夏令营或培训班等活动,扩大不同国家间校际交流的空间,为本土学生创造更多海外交流学习的机会。另一方面,积极构建校本国际交流培养的体系。结合引进国际化师资、外国留学生以及利用来访外宾,有计划有针对性地构建第一课堂、第二课堂,互为补充,不断拓展,紧密利用国际慕课资源,努力在本校塑造国际化学习的氛围。

4. 采用国际化理念和方式开展本科生的服务管理

　　本科生国际化素质培养理应是高校人才培养工作的重要组成部分,贯穿于高校人才培养工作的各个环节。因此学校有必要积极学习和探索国际化先进的人才培养的理念和方式,校内管理服务部门紧密协作,打造国际化的校园环境,做好本科生的服务和管理工作。一方面,建设系统的本科国际化人才培养管理体制,统筹协调校内各机关职能部门和各学院,从教学计划和教学组织到教学实施和教学管理,制定一整套本科生国际化素质培养的管理体制,坚持集中管理、分散培养,坚持全校一盘棋,避免各自为政。另一方面,国际化校园环境主要包括语言环境、知识环境和文化环境,学校应积极提升管理服务岗位人员的基本素质,加强培训或国际交流,提升其在管理服务中的国际化视野和格局。在国际化要求较高的关键岗位提高对于语言的服务和要求,最大程度使学生可以更直接、更便利地接触相关资源,在校园文化建设方面积极融入国际化的元素,使学生在无形之中受到熏陶。

第五部分

PART FIVE

"创意经济"课程的中外合作教学创新模式探索

张卫晴 *

摘要:COIL是近年发展迅猛的教学创新模式,具有线上、线下学习的灵活形式。COIL重视课程建设与实施的全过程,强调不同地域的学生在课程学习过程中的跨文化体验,使学生成为课程国际化的最大受益者。本文回顾UMD与OUC近年来共同探索COIL的实践过程,总结筹备过程、课程建设及国际化进程等方面的成功经验,为丰富和完善COIL项目提供可资借鉴的方法,也为两校课程国际化和更大发展空间提供基础准备。

关键词:中美合作;课程教学;COIL;跨文化体验

当前全球范围内国际合作人才培养的渠道和模式众多,对于学习者来说,既有大量可以自学的全球MOOC课程,也有如美国等大学延伸到海外校区开展的合作办学和人才培养,还有如中国教育部鼓励的在本土开展的中外合作办学项目/机构等模式。无论哪种渠道或模式,都离不开课程教学这一核心环节。本文以美国明尼苏达大学德鲁斯分校(University of Minnesota Duluth,简称UMD)的国际协作式线上学习(Collaborative Online International Learning,简称COIL)探索为例,结合中国海洋大学(Ocean University of China,简称OUC)与UMD的文化产业专业"创意经济"课程教学创新模式,探索国际协作式线上学习给学生带来的跨文化学习体验。本文通过案例的设计和实施,希冀抛砖引玉探寻可持续性发展的COIL新模式。

一、国际协作式线上学习及其多样化形式

国际协作式线上学习是近十年来在海外高校盛行的新型教学模式,这种模式主要基于互联网技术将国内外课堂教学活动相连接,在各国高校中颇受欢迎。UMD作为较早接受并积极推广这种新教学模式的高校,在教学方式方面作出不少的尝试也积累了一定的经验和效果。COIL的多样化开发和可持续性发展

---

* 张卫晴,美国明尼苏达大学德鲁斯分校文学院世界语言与文化系副教授、博士,主要研究领域为近代翻译文学、译论和美中文化研究。多次带美国学生来中国海大参加暑期文化项目。2017年,作为OUC-UMD项目协调人,促成了两校学生在OUC同堂学习的交流活动,并以此为基础撰写本文。

成为近年国际高等教育机构研究的一个亮点。国际协作式线上学习的字母缩写COIL 契合拉丁语"聚合"和中古法语"相聚"的意思,表示国际合作的课堂是学生充分交流沟通的聚会,蕴含着对新式课堂生机勃勃的愿望。COIL 指的是不同地域的高校教师共同开发同一课程,利用网络技术将相距遥远的教室和学生相连接,增进学生互动的教学活动。其他类似术语包括虚拟交换(virtual exchange)、虚拟移动性(virtual mobility)、全球化网络学习(globally networked learning)、远程合作(telecollaboration)、跨文化线上交流(online intercultural exchange)等。

与数年前风行的远程线上教学不同的是,COIL 重视课程的完整性,即从课程的共同开发到异地教学实施的全过程都是 COIL 关注的重点,它还强调学生的跨文化学习体验,通过课程的项目设计等增加学生互动,引领学生融入跨文化学习环境、领悟、思考和成长。COIL 最大的优势则在于学生通过共同学习跨越不同国别、不同文化背景、不同人种和不同语言间的障碍,极大化地提升了多民族跨文化的理解能力。COIL 通过教师与学生的协作模式,鼓励学生通过自己的文化视角看待世界各地的异质文化。学生通过交流了解异质文化,而异质文化的认知反过来有利于他们检视自己的历史、文化、语言、政府结构等,从而学会欣赏自己的和其他民族的文化,获得国际化视野、多元文化理解力和文化适应性,将来可以胜任国际化的职业机会。

COIL 的优势是高校间免去双方学费流向、金额差异及币种汇兑等问题,学生通过各自高校的系统注册课程、提交学费,与其他学校的收费系统不相冲突,减轻了校际学分和学费等互转的工作量;另一优势在于双边高校教师共同开发课程,实现教育者之间就课程内容、课程结构、教学大纲及评价系统等课程全方位的沟通和共享。共同课程的建立缩短了各国高校间的教学内容差异,提高了国内外高校授课内容的共通性,为后期的学生继续深造或跨校转学分提供更好的准备和选项。

COIL 课程通常需要不同地域的学生组队共同完成设定项目,以达到扩展学生国际化视野的目的。它更强调不同地域的教师共同开发课程或者课程模块,完成形式灵活多样的课程设置,不同地域的教学活动既可以同步也可以不同步,教学时长既可以长至整个学期也可以短至几周。尽管课程的国际性以线上学习为主,但实际教学形式并不拘泥于线上教学,具体课程可以根据各自条件采取全线上、线上线下结合,或全线下等一种或多种混合形式。面对面的跨国界协作式教学,或线下教学的实施可以为线上教学增添丰富的经验,排除意想不到的问题得到特别收获。

二、OUC-UMD 的 COIL 模式探索

OUC 是中国教育部直属综合性重点大学、国家双一流建设大学,建校于 1924 年,学科门类齐全,多学科特别是海洋水产学科研究居全球领先地位。明尼苏达大学(UM)创建于 1851 年,是明尼苏达州最大的公立高校,也是美国为数不多的学科门类众多的大学,2018 年 QS 世界大学综合排名第 163 位、泰晤士报世界大学排名第 56 位、USNEWS 美国大学排名第 69 位,2017 上海交通大学世界大学学术排名第 34 位。UMD 是明尼苏达大学体系中最大的分校,是以教学为主的公立大学,被评为中西部地区最好的大学,距离主校区两个多小时车程,与其他三个分校区共享明尼苏达大学体系资源。UM 先后培养出 26 位诺贝尔奖得主,其中包括本科阶段就读于 UMD 的诺贝尔化学奖得主 Brian K. Kobilka(2012 年)。

OUC 与 UMD 基于长期合作协议,有多年的师生交流和良好的互信基础,两校长期互派学生参加长期或短期交换项目,建立了学位互认机制和两校教师间的互访交流机制,形成了良好的校际交流和合作关系。经过两年多的准备,与同事一道成功地将 COIL 模式付诸实践,于 2017 年 6 月组织中美学生在 OUC 校园同堂学习,共同完成课程规划项目并成功举办项目成果展。今后,我们还将进一步推进合作成果,在即将到来的春季学期推出"线上＋"的"创意经济"课程,完成我们长期规划的"线下—线上—线上＋"的 COIL 循环体系。回顾二年多的 COIL 组织协调,积累了很多可以重复的经验,或能为丰富跨国协作性教学模式提供可资借鉴的内容,完善国际协作课程设计。

1. 前期筹备

2015 年应 UMD 邀请,OUC 派出多位教授到德鲁斯参加创意经济国际学术会议,并在会上发表关于中国文化产业发展前景的论文。会议期间两校的文学院负责人就今后合作议题进行了数次座谈,确定国际化人才培养和教学发展目标,做出学科共同发展的规划,确定从 OUC 文化产业和 UMD 文化创业两个专业入手,强化各自学科发展重点,形成专业互补的合作模式。经过长达两年的深入沟通,两个专业加深了专业课程内容及专业教学人员学术背景和研究方向的了解和认识。通过视频会议的多次协调,OUC 决定邀请 UMD 文化创业的专任教师到 OUC 授课作为第一步尝试。规划与实践之间总会有大量的衔接工作,为此我们花费了大量的时间做前期铺垫工作,对实施方案调整再三,力图将首次国际协作式学习做到完善。我们从大纲设置、课程安排、课程助理设置、中美学生同堂对接等方面筹备和解决遇到的问题。

2. 定制课程大纲

邀请美国教师到 OUC 授课并非创新之举,据 OUC 国际处的信息,每年有四五百人次的境外专家学者到校讲学和合作研究,但是我们追求的并非简单的受邀授课形式,而是以专业合作为目标,因此,课程设置具有更深远的目标和意义。根据 OUC 文化产业专业学生的需求,UMD 授课教师结合自身的实践特长,将适用于美国学生的课程大纲修订成为 OUC 量身定制的课程。课程所有相关的理论依据、案例分析等阅读材料,都根据学生的专业知识结构和英文能力进行调整。为最大化提高课程效果,所有阅读材料和相关视频资料都在开课前一个月发放到 OUC 文化产业教师和学生手中,以便留出更多时间供学生阅读消化。定制的课程大纲有几方面优点,首先是提高专业课程互认程度,为今后打通两校专业课程架构、更进一步的专业合作和学科互认奠定良好基础;定制大纲更好地为 OUC 学生提供国际视野下的文化产业发展现状及前景;利用美国高校的现有教学机制,缩小课程设置差异,利于后期顺利实现专业无缝对接,便于学生的全球性职业选择和规划能力的发展。

3. 课程时间安排

由于中国大学学期安排多有别于其他海外高校,中间产生了两个月左右的时间差,这恰好成为中外合作课程的好时机。美国高校的暑期一般从 5 月开始到 8 月底,近四个月时长,期间大部分美国高校设两个小学期时段(5 月—6 月和 7 月—8 月小学期),学生可以利用这两个小学期重修课程或者弥补不足的学分,也有学生选择集中打工赚取学费、生活费等。如果提前安排,5 月—6 月两个月的时间可以完成一门封闭式课程(block course)的教学周期。所谓封闭式课程就是集中利用两个月甚至更短的时间完成课程所需教学时数和课程内容,形成学期中的小学期。这种课程时间短、内容集中,目前在国内外高校中多有出现,也颇受学生的欢迎。

"创意经济"课程尝试利用更简短的时间,把课程内容集中正常教学周的晚上和周末全天进行,这样既不干扰学校白天的教学安排,也能更集中时间完成设定课程内容。在实施过程中,学生甚至主动要求放弃周末休息或假日,一气呵成将课程上完。课程设定为 2 学分,共 34 个学时,因需要配合美国学生的时间安排,课程集中在 3 周时间内完成。也就是说,学生每周 3 个晚上 3 小时课程,外加周末全天,每周共完成 15 学时,英语讲授。由于前期准备工作到位,课程相关的阅读和视频观看工作都提前完成,因此密集课程并没有给学生带来很大困扰,相反,学生对这种新式课堂饶有兴趣,中国学生很快克服开口说英文的羞怯,积极投入课堂活动,自己提出问题并在不同的文化背景下寻找满意的答案。

4. 课程助理设置

此次教学创新的另一个特色是设置课程助理,这些助理都是 OUC 文化产业的专任教师,他们提前了解主讲教师的思路,在课堂上帮助解释并辅助学生完成课堂活动。实际课堂效果是中美教师同上一门课,美国教师主讲、中国教师从旁协助。特别是当 UMD 教师作理论讲解时,OUC 教师巡回指导作解释说明,并提示学生实操练习的步骤。参与课程助理工作的教师既有专业背景,又有良好的海外工作和学习经历,无疑增加了课堂信息量和活动效率。设置课程助理共同参与课堂教学有三个目的:第一,课程助理参与大纲制定和相关教学案例的取舍等,熟悉所有相关的教学内容、课程要求和评价标准等全流程,便于独立教学时结合自己的专长有所侧重,将这些课程加以吸收和改造,成为文化产业的特色专业课程;第二,课程助理掌握讲解节奏,利于课堂教学的良好效果;第三,课程助理的参与提高了 OUC 后续的课程设置的国际化进程,将国内专业设置和教学与国外高校相衔接,提高了专业教学的国际化程度。

5. 中美学生合作对接

学生招收是课程顺利进行的保障,也是本课程创新的亮点。UMD 当年招收了 14 位暑期留学中国的学生,对应这个人数,OUC 也在文化产业专业及其相关专业中选拔了英文能力过关的 28 个学生,这样合作课堂的模式基本成型。随后,中美学生被分入 14 个小组中,每个小组由一名美国学生和两名中国学生构成,分组的依据主要是学生专业、表现力、性别及个性差异等。分组后组员相互介绍认识,建立起最初的信任后即开始参与课堂讨论或者完成小组任务等,共同思考解决问题。通过大量的课堂讨论和课堂活动,年轻人之间的语言隔阂消失,他们就不同的表述方法和各自观点进行讨论,中国同学在短时间内英文应用能力大大提高;美国学生通过复述课堂内容,解释课堂教学方式等增进了小组成员间的了解,小组成员关系融洽。

为期三周的共同课堂经历很快结束,中美学生的分别依依不舍。中国学生利用课余时间带领美国学生去体验中国人的生活方式,带领他们去参观景点、游海滩、打篮球、品美食,临别时中国学生送小组成员的小礼物让美国学生特别感动。年轻人很快成为没有国界的好友,至今虽然时隔一年,这些美国学生依然记得在中国的各种趣事,依然保持与中国同伴的联系,当然,美国学生的中文表达能力也直线上升,很多人多次表达希望能有机会再次"回到"中国。

6. 教与学的检验

课堂教学实施过程中授课教师尽心尽责,学生们也尽情享受这难得的学习机会。规划的学时结束时,召开了文化创意展示会,学生们展示自主设计的文化创意策划方案。中美学生积极配合完善文创思路并手绘各组的大型海报。OUC 文学与新闻传播学院申请了创意展示活动地点,并在校内广发邀请,以便学生有良好的展示舞台。

学生们根据课堂所学,采用课程中学习到的文创理论和实践思路,结合OUC校园内学生们熟悉的角落进行文创活动,其中的项目包括垃圾桶改造、学生宿舍卫生改善、暖水瓶的规范管理、一次性筷子的回收和减少使用等。学生们从身边的小事入手寻找文创思路,并能从小事放大到全球环保的角度,真正将文创与经济成效结合起来,将校园象牙塔中的文思与社区建设的经济相结合。学生们在文创方面打开了思路,开阔了视野。

展示会当天学生们自己动手布置会场,做好准备迎接参展人群。参展嘉宾中有老师也有学生,学生来自OUC不同学院不同专业,他们抱着好奇的心态来看展会,然而很快就被现场学生的热情所感染,认真听取他们的构思过程以及对社区及社会的影响和意义。展示会的工作语言依然是英文,中美学生用英文向参展嘉宾作项目介绍并回答参展者的问题,场面热烈。与以往展会不同的是,参观嘉宾聆听每个展台的介绍后都会提出问题并做记录,待14个展台浏览结束后,参会嘉宾对每个项目做出评价,最后选出自己喜欢的3个展示小组。展示会最终根据参展嘉宾的意见,决出前3个优胜小组。

展示过程中为获得更多嘉宾的支持,学生们热情接待前来参展的人群,主动介绍自己的项目优势。看着这些年轻的学生热情洋溢地推介自己的项目,我们能感受到他们对自己文创身份的接受和认可,并投入地扮演着这个角色。当学生们得知自己或同伴获奖时,大家快乐拥抱互相祝贺,感谢同伴们的付出并赞赏他人的创意,真诚的笑意写在年轻的脸上。他们通过彼此间的学习学会了欣赏、理解和真诚的包容。共同的学习和体验使得中美学生跨越了国别和语言的障碍,成为真正的朋友。这门具有实践特性的创意经济课将学生的课堂与生活结合在一起,让学生们了解理论与真实世界的距离并不遥远。

三、COIL 的可持续性发展空间

两校间合作课程前期每个筹备环节都经过双方的认真设计和精心准备,双方学生成为最大的受益者,学生从一门课程中得到的动手能力和思路以及同学间不曾间断的友谊,为他们后续的职业追求和继续深造增加了更多彩的可能性,为中国学生赴美国深造及美国学生在中国深造和发展开辟了双向通道。

按照目前的规划和发展前景,OUC的学生和UMD的学生完全可以通过本校注册系统、中美学生一起线上听课,共同参与讨论并组队完成课后作业和期末创意设计项目,实现真正意义上的国际协作性网上课程学习。通过这次中美学生同堂上课,为真正的跨国网课的实现提供了实际操练,解决了预想的很多问题,具有一定的里程碑作用。

通过实际授课和相关活动的安排,美国的"创意经济"课程本身得到中国高

校的检验并获得认可。目前双方的专业课程设置都得到相互认可,这为今后的合作发展提供了很好的理论和实践依据。OUC 学生在国内完成一定的先修学分,最后一年在美国完成其余学分要求,这样就符合两校学位要求,具有获得双边学位的可能性。

在合作课程的创新过程中,学院在组织管理上付出了大量的人力物力,学校国际合作与交流处给予了经费上的大力支持,两校同时获得了宝贵的经验,为再次实施协作性课程提供了很好的思路和经验。这次合作课程的成功为今后更为广阔的合作提供想象空间,也为两校、两院可持续教学和研究提供了空间,达到了双赢共赢的局面。

作为项目协调人,我对每一次的沟通都充满期待,每一次越洋电话、视频会议都会带来实质性进展、意外的收获和更多创意的火花,不断向前推进规划直至顺利实施。回顾几年来走过的路,有感于 OUC 高效的工作效率以及教师的敬业精神和专业能力。更值得推崇的是 OUC 校领导具有国际化视野和全球化协作思路,学校的国际化战略实施为全球化人才培养以及学科合作奠定了良好的基础,期待有更多的合作成果产出。

参考文献

[1] COIL 历年年会论文及教学案例汇编:http://coil. suny. edu/index. php/case-studies.

[2] UMD 关于 COIL 简介:http://d. umn. edu/coil.

[3] Pham Thi Hong Thanh, Implementing Cross-Culture Pedagogies:Cooperative Learning at Confucian Heritage Cultures[M]. New York:Springer, 2014.

[4] Janette Ryan, Cross Cultural Teaching and Learning for Home and International Students [M]. New York:Routledge, 2013.

[5] 刘熠. 文化全球化背景下跨文化交际教学的范式转变[J]. 中国外语教育,2012,5(4):29-35+62.

[6] 高一虹. 跨文化意识与自我反思能力的培养——"语言与文化""跨文化交际"课程教学理念与实践[J]. 中国外语教育,2008,1(2):59-68+79-80.

国际合作专业课程的开发与实践案例分析

钟　敏*

摘要：高校国际合作专业课程的开发与实践需要中外师资的共同协调与贡献,在线教育手段的融入使得合作课程有效地克服了时间与空间的局限,充分利用了国外先进的教学资源与教学法,并使学生学习专业知识的同时深度体验了国外课堂文化,从而为高校教学改革另辟蹊径。本文分类阐述了在中国海洋大学等高校和研究机构进行的国际合作课程的探索性实践,包含全外教在线课堂、在线与实体课堂整合的双语课程,和全外教实体课堂三个类别的代表实例分析,以期积累经验、开发一个模式平台,未来推广到更多精品课程的开发过程中去。

关键词:国际合作;专业课程;在线教育;双语课堂;教学法

近年来,随着中国高校的国际化战略推进,除了专业研究方面的深度合作以外,在本科生和研究生的教学合作方面也在逐步拓展。在高校教学改革的东风下,越来越多的高校院系开始转变思想,利用国际合作的手段,引进国外师资和先进的教育资源,尝试开发一些国际合作的专业课程,惠及师生。

随着市场上在线教育手段的不断推广,在线教育平台已经走进中国高校,例如,广为人知的大规模在线开发课程"慕课"(MOOC)①,深圳市优课(UOOC)联盟推出的美国在线课程以及中美学分互认和学位互认项目②,都已经将很多专业的实体课成功地搬到了互联网上,为广大学子提供远程授课,并以其方便的授课模式受到了广大高校学生的欢迎。然而,类似的远程在线教育模式也容易受到授课手段单一、缺乏师生实时互动、无法持久调动学生的主观能动性,以及单一固定的课程考核测评方式等局限。在慕课背景下,高校的新型国际合作课程的开发共建将互联网平台的使用融入其中,不仅可以全面直接地引进师资、教学法和教学资源,还可以让学生学习专业知识的同时深度体验国外课堂文化,从而为教学改革另辟蹊径。

---

* 钟敏,美国奥本大学生物科学系讲师、博士,主要从事在教学法与教学实践的研究、中美合作课程的开发与建设,以及新型教学法对中国高校的引进与应用等方面的研究。

① Kaplan A M, Haenlein M. Higher education and the digital revolution：About MOOCs, SPOCs, social media, and the Cookie Monster[J]. Business Horizons. 2016,59（4）:441-50.

② UOOC (University Open Online Courses)：http://www.uooc.net.cn/league/union.

这里,我们将分类阐述在中国海洋大学进行的国际合作课程的探索实践,并对以在线教育为先导的合作课程体系的构建做一个详细的综述。

一、全外教在线课堂

这是一种以外教为主要师资的全在线课程。可以使用同一视频会议软件对教师和学生课堂两端进行实时连接。在目前技术保障(网速、电脑、视频与音频)的情况下,此类完全使用在线手段的实时课堂实现起来已经不是难题。

2017年春季,笔者应邀为天津环湖医院临床药师培训基地设计并开设了两期美国临床药师培训 seminar,课程以全英文外教在线课堂为主要形式,课程信息如下:

课程:临床药师主题 seminar

种类:专业培训课程

学生数:6～10人,小课

学分:1

总课时数:10

评估:形成性评价(formative assessment)——随堂测验;学生调查反馈

课程全部由在美国的专业教师讲授,每次在线课堂由一名外教、一名中国教师和学生组成。师生通过在线软件上课,学生可以实时与教师进行互动提问和探讨。此外,中国教师还为学生做了每节课的课前材料准备与课后的反馈评估。对课程的效果的评价主要以形成性评价为主,中国教师负责及时收集学生的调查反馈,从而有针对性的调整未来的课程设置。

1.利弊分析

益处:①时间优势。一般地,由于中美高校学期设置的不同,外教在暑期(5月—8月)的时间相对自由,而中国的暑假是7月开始,因此,两方会在5月和6月份有两个月的重合时间,外教赴中国进行学术活动也只能限于这两个月的时间。这对研究型学术活动来说并没有大问题,但是对教学活动就会成为一种挑战。在线课程的开发恰恰可以解决这个棘手的问题,它不受外教师资的授课时间段限制,使合作课程可以在全年任何时段开展。②引进全英文课程。使用在线形式全方位引进全英文外教实时课堂是对中国高校课程的一种冲击,一种挑战,更是一个难得的契机。此类课程不仅仅引进了外教资源、外国高校的优质课程体系,还引进了全英文的课堂文化。这对中国大学生、研究生全方位了解、接触,并深度体验外国优质教育资源都是非常难得的,也为学生的未来深造提供了很好的机会。③提高英语能力。这类课程对学生的英文能力的要求较高,但是同时也是促进学生提高英语能力的一个良好的手段。学生要想从此类课程中成功获取知识,需要具备较高的英文交流能力,这对学生英文学习效果也是一个有效的检验手段。

弊端:①如果引进多个教师进行授课,则对课程的体系化设计与应用将有局限性。②如果使用一个外教进行授课,则可以适当保证课程的体系化进程,但可能对外教的时间安排会有一定的要求。外教在国外大学里日常教书和研究工作都会比较繁忙,长期在网上定时授课可能会有困难。③对外教和课程的远程遥控可能会有一定的挑战。

2.可行性建议

可以开设类似课程的种类,我们建议为本科生与研究生的 seminar,以及专业讲座报告等小课。由于课量较少、学生数目也相对较少,因此比较容易操作和实现。建议课程组织过程中,协调者邀请并协调不同外教授课,而中国教师则进行课程内容的调整与补充,从而帮助学生消化课堂知识,共同努力,保证课堂效果。

二、在线与实体课堂整合的双语课程

这是一种新型国际合作课程,2017 年春季在中国海洋大学医药学院首次实践。课程融合了中教与外教、在线与实体课堂两类不同性质的资源,在大三的专业主修课程——药理学中做了探索性实践。课程由中教授课的实体课堂、外教授课的在线课堂以及外教授课的实体课堂(外教赴海大授课)三个部分贯穿组合而成,其中外教参与的英文授课时数(在线与实体课)占总课时的三分之一到一半。课程信息如下:

课程:药理学

种类:大三专业主修课

学生数:约 100 人,大课

学分:4

课程合作形式:中教实体课堂+课时外教在线课堂+外教实体课堂

评估:形成性评价(formative assessment)——随堂测验;学生调查反馈
    终结性评价(summative assessment)——期末考试;学生期末调查反馈

2017 年春季学期结束后,中国海大医药学院对参与学生做了调查反馈和分析,发现此类合作课程的开设不仅对学生的知识掌握具有带动作用,还对学生的学习积极性,甚至专业兴趣和未来职业规划的走向都起到了非常积极的促进作用。

在 2018 年,中国海洋大学鱼山校区医药学院将通过增开细胞生物学课程,进一步探索、完善此类课程的合作方式,提高课程质量。

1. 利弊分析

益处：①在线课程的过渡对外教的实体课起到了辅助效果，二者相辅相成的设计为学生降低了课程形式转换的冲击。②这种合作课程形式对高校本科生大课引进英文课提供了一个实践模式，一旦成功，将更容易推广到更多的专业课程中。

弊端：①由于外教只授部分课程，因此需要做大量的协调和对接工作，帮助学生对两部分的授课方式，以及不同内容之间实现成功转换。②外教在在线课和实体课中均需要中国助教的组织和协调。③在课程评估形式方面中教和外教之间可能会存在差异。

2. 可行性建议

这类课程可以在本科生大课中推行，但需要组织者做好协调工作，包括课程的统筹协调、中教的课后跟踪和对课程效果的评测、外教在线课堂的设计、外教实体课堂的授课方式方法的调节等，这些都对课程的整体效果起到重要作用。其中，中教的作用尤为重要，在我们的实践中，外教授课之前，中教与课程协调员共同设计了学生的课前预习词汇、问题、课堂形成性评价测验题，以及课后复习内容，及时发给学生，并在外教实体课堂中充当助教角色，做少量的现场解答，这些都非常有助于提高课堂学习效果。

基于英文课程对学生英语能力的考验，建议在中教的实体课堂部分使用英文课件，并对学生英文水平做课前调查，并据此做课堂分组，从而提高课堂讨论的学习效果。

三、全外教实体课堂

这是一种由外教亲自授课的全英文课程。2018 年夏季将在中国海洋大学鱼山校区开设的海洋生物学全英文课程，就是引进全外教师资进行的此类课程的代表。此外，据我们所知，此类课程也已在其他高校广泛开设，例如，北京建筑工程大学的"2＋2"出国小班的普通生物学等。绝大多数类似课程都具备以下特征：

（1）以实体课堂为主，需要外教赴中国进行实体授课。

（2）集中授课。由于学期安排的时差，外教赴中国授课绝大多数集中在 5 月到 6 月，一般外教利用 2～3 周教授完成 32～36 课时的专业课，因此，课程安排集中，每天可能会安排 2～6 课时，每周 10～20 课时的授课量。

（3）外教独立授课。不需要中教参与，可以实现外教的自主授课与课程评测。

1. 利弊分析

益处：有利于引进全方位的国外优质课程，使学生全方位体验国外课程和课堂活动。

弊端：①显而易见的弊端就是集中授课对学生接受能力的挑战。②同一课程,不同外教的授课质量与评测手段会有差异,需要中国高校协调人员尽可能做统一的监测。

2.可行性建议

这类课程可以针对研究生班、英文水平相对齐平的小班(例如,"2+2"项目出国班)开设。

但是,为避免集中授课的压力,可以将一定的课量转移到在线课堂中。

无论上面哪种国际合作课程,都是主要以引进国外师资为主导,强调课程的实时互动与中外协作,其开发过程都需要中国高校的专业教师、国外教师和项目协调员的积极参与,从而将课程设置融为一体、帮助学生提前适应、课后复习跟踪评估,以降低国外课堂文化对中国学生学习过程的冲击,帮助学生建立学习的主观能动性、成功地适应此类课程,并取得好的成绩。

四、高校国际合作专业课程开发的前景展望

1.在线教育对引入国际元素的贡献

通过以上实例的分析可以看出,国际合作课程的构建不仅可以全方位基因国外优质课程与课堂,为高校课程和教学改革开放一个面向世界的窗口,还可以提高大学生的国际化适应力,并拓展高校教师的国际化视野。这种"引进"不仅仅是课程和外教这么简单,更多的是课堂文化,进而形成两种课堂文化的交融,在给高校师生带来国外先进教学理念、课堂氛围、教学法改革思潮的同时,也带来了文化调和与交融的挑战。根据我们的实践经验发现,在线教育可以成为对实体课堂的一种补充手段,有效地降低这种挑战带来的负面影响。因此,在未来的探索中,我们建议增大在线课堂的开设力度,以期实现更好的效果。

2.实时国际课堂对接

随着科技的发展,实时在线课堂的对接在国外已经非常普遍了,例如,在美国奥本大学开设课堂的同时,运用在线音像设备接入其他大学的教室,使两地学生同时上课,共享课程资源,实现实时互动。在国际化大环境下,只要克服时差,这种实时课堂对接也将不是难题。将中国课堂接入美国课堂中,反之亦然,不仅可以让中国学生体验原汁原味的美国课堂、足不出户就可以享受到国际教育,而且对未来中国高校的国际交流与合作更增添了一个有益的教学平台。

3.国际先进教学理念对传统教学法的挑战

"翻转课堂"(flipped classroom)的设计与引进。翻转课堂[①]在美国大学中

---

① Alvarez B. Flipping the classroom:Homework in class, lessons at home[J]. Education Digest:Essential Readings Condensed For Quick Review,2011,77(8):18-21.

已经不是个新鲜词儿了。最近几年,对翻转课堂的倡导尤为火热。简单地说,翻转课堂就是对教师讲课、学生被动接受知识的传统授课模式的一种颠覆,教师弱化以教师为中心的传统讲课活动、利用多种技术手段、开发各种有助于主动型学习(active learning)的课堂和课外活动,营造一种以学生学习为中心的氛围,从而帮助学生提高学习的主观能动性、达到对知识的探索和掌握效果。

开发国际合作课程的过程中,我们在外教实体课中也做过少量尝试,未来将针对高校教师开展教学法引进的讲座,并逐步帮助他们完成具备新型教学法的课程开发与设计。

新型实验课堂 CURE(Course-based Undergraduate Research Experience)的引进。近几年,新型实验课堂 CURE[①] 在美国高校中掀起了对传统实验课中按部就班的刻板化实验设计与教学的挑战。简单来讲,CURE 系统强调本科生在专业实验课中以增强研究经历为主要目的、以小组为单位,对实验课题完成自主设计、探索、实施与总结的过程,教师和助教在这个过程中只起到了辅助引导作用,而不是直接给出一套设计好的实验方案,让学生去做重复的检测。如果说,传统实验课可以成功培训一名技能娴熟的专业技师,那么 CURE 系统的目的就是培训出真正具备创新思维能力的科学家。对这类新型实验课堂的引进,我们将拭目以待!

作为一名美国大学的任课教师,近些年来一直致力于新型教学法的研究工作,并参与了多个中美合作项目的开发顾问与实践探索,由此对中美高校教学活动的差异深有感触。期待在未来与中国高校的合作过程中,跟随改革步伐,逐步完善国际合作课程的模式平台的开发和新型教学法的引进,撷他山之石,琢本土之玉,推出既紧跟国际化大环境变革,又适合本国学生实情的优质课程。

---

① Bangera G, S W Brownell. Course-based undergraduate research experiences can make scientific research more inclusive[J]. CBE-Life Sciences Education, 2014(13): 602-606; Auchincloss L C, et al. Assessment of course-based undergraduate research experiences: A meeting report[J]. CBE-Life Sciences Education, 2014(13): 29-40.

拓展学习者国际视野的课程教学探索

——国家精品课"世界优秀影片赏析"

柴 焰 刘 佳 *

摘要:"世界优秀影片赏析"课经过多年建设被认定为教育部首批国家精品在线开放课程。课程在注重学习者能力培养、拓展国际视野方面进行了探索,主要体现在优化教学内容、教学方法改革、教学活动丰富以及线下辅助教学新媒体平台的创办四个方面。课程在培养学习者"放眼全球、胸怀世界",从全球视角了解和把握世界优秀电影所蕴含的经济、政治、文化、社会发展趋势,进而在文化交流互鉴中丰富学习体验、激发学习热情和创新能力方面进行了探索并取得了成效。

关键词:课程教学;能力培养;国际视野;国家精品课程

"世界优秀影片赏析"课经过多年建设被认定为教育部首批国家精品在线开放课程。课程严格按照在线开放课程的运行规律、教学体系完整、强调在线教学过程与教学内容的融合,有效实施"以学习者为中心"的"大规模开放共享"、混合式教学等多种行之有效的教学方式,特别是在学习者能力培养、拓展学习者国际视野方面的探索受到了教育界专家和选课学生的肯定和好评。本文以该课为例,对在线开放课程的建设以及取得的教学成效进行总结和回顾,期待对相关课程建设有所裨益。

一、课程的建设背景

自 2012 年起,作为互联网和高等教育的结合产物,大规模在线开放课程(Massive Open Online Courses,简称 MOOCs 或 MOOC,中文亦简称为"慕课")开始在世界发达国家美国、英国、法国等国兴起。与传统的在线课程相比较,"慕

* 柴焰,中国海洋大学文学与新闻传播学院教授,主要研究领域为文艺理论、影视美学和通识课程建设研究。刘佳,中国海洋大学文学与新闻传播学院讲师、博士,主要研究领域为文化产业管理,影视传播和通识课程建设研究。本文是作者所承担的山东省高校教改项目"高校鉴赏类通识课程慕课建设与应用研究"(2015M013)和中国海洋大学教师教学发展基金项目"慕课背景下影视鉴赏类通识课程改革的教学学术研究与教学创新探索"(2017jxjj12)的成果。

课"除了大范围参与、开放的特点,还融入了多种创新性教育理念及方式,真正将在线学习、社交服务、大数据分析、移动互联网等最前沿的信息技术手段与教育内容融为一体,赋予了现代教育新的时代内涵和变革意义。

2013 年是中国慕课元年。在线开放课程在中国高校的应用、建设方面"起步早、定位高、力度大、速度快",所取得的骄人成绩有力地推进和领跑世界信息技术与教育教学的深度融合,实现中国高等教育的变轨超车。截至 2017 年底,全国所有的"985 工程"高校都参与建设了在线开放课程。教育部和有关高校、机构自主建成 10 余个国内慕课平台,其中"爱课程中国大学 MOOC""智慧树""学堂在线"等居国际国内领先行列。目前,460 余所高校建设了 3200 余门慕课上线课程平台,5500 万人次高校学生和社会学习者选学课程。中国海洋大学从 2013 年开始启动 MOOC 建设项目,我们教学团队主讲的本科通识课"影视鉴赏"作为校级精品课入选首批在线开放课程建设名单。经过一年多的准备,在通识课"影视鉴赏"的基础上,按照慕课标准和规范进行资源重新整合和内容调整,先后建设完成"电影鉴赏"和"世界优秀影片赏析"两门通识课,并于 2016 年在教育部爱课程"中国大学 MOOC"平台正式上线开课。

2017 年 12 月,教育部认定 490 门课程为 2017 年国家精品在线开放课程。"世界优秀影片赏析"名列其中,是在全国共申报的 3200 多门课程中选优认定的国家精品在线开放课程之一。这次评选出的首批国家精品在线开放课程,包括 468 门本科教育课程和 22 门专科高职教育课程,涵盖哲学、艺术、历史、医学、计算机、量子力学等多领域,并被认为"高、广、好、强",即课程质量高、共享范围广、应用效果好、示范作用强。

"世界优秀影片赏析"慕课培养学习者"放眼全球,胸怀世界",从全球视角了解和把握世界优秀电影所蕴含的经济、政治、文化、社会发展趋势以及知识创新、科技发明、人文进步等方面,进而以开放姿态面向世界、增进对各国不同文化和审美观价值观的理解,在交流互鉴中丰富学习体验、激发学习热情和创新能力方面成效显著。

二、优化课程教学内容,注重学习者能力培养

学习者能力培养是本课程教学要达成的重要目标。具有国际视野的学习者不仅要"眼睛始终看着世界",还要具有批判精神、创新能力、团队合作以及表达能力等。"世界优秀影片赏析"教学团队根据大规模在线开放课程的教育理念、教学方式以及运行规律的要求对本课程的教学进行了不同于传统课堂教学的体系重构,包括按照慕课的要求,为该课制定出一个同时涵盖"学什么"和"怎么学""如何评价"等,以学习者的学习路径为设计纲领,帮助学习者明确学习目标、学

习内容和评价方式,以更有效地完成学习,体现"以学习者为中心"的通识课学习大纲。大纲着重强调培养学生的"3C 能力",即细致欣赏(close appreciation)、批判思考(critical thinking)和清晰写作(clear writing)的能力,从课程教学、线上线下学习活动、社会实践以及国际交流的等方面进行课程教学内容的建构。

课程建设过程中,面临最大的难题是如何按照有助于学生学习参与的思路录制教学视频。慕课教学视频需要将教学内容知识碎片化,切割成十几分钟甚至更小的"微课程"。因此,教学团队根据新的教学体系对原有的教学内容进行调整、更新和优化,不仅重新丰富了视频中的 PowerPoint 资料,还增加了大量的高清图片、表格等,并且在课程录制前,对录制内容进行了脚本设计,最终录制完成上线教学视频共 20 个,总时长 516 分钟。上线课程的测试题配置、教学在线互动及讨论题目的设置也都经过了反复斟酌和修改确定,充分强调教学活动中的"交互性"和学生的高度"可参与性",强调学习者的"3C 能力"的训练以及鼓励学习者积极开展学习实践和学习交流的教学宗旨。

"世界优秀影片赏析"课为学校文化素质教育课,以立德树人为价值追求,一改传统影视文化课程以电影艺术的理论知识和电影发展历史为主的教学内容,而将学习者的电影艺术鉴赏能力、国际视野、审美能力、人文精神培养作为教学的核心内容,蕴含着丰富的国际认知教育资源。课程精心选取了包括中国在内的近 20 部涵盖法国、美国、英国、意大利、伊朗、印度、韩国、日本等国家的优秀影片,既有经过历史检验的经典之作,也有近十年来深受观众尤其是年轻人喜爱的电影新作。在教学内容上从文化和美学的角度切入,以专业的眼光对这些电影佳作所涉及的人类情感、道德、文化、精神等诸多因素,所展现的社会发展和变革、科技创新等方面以及不同国家、不同民族之间存在的社会、经济、文化差异进行了详尽分析和生动广博、深入浅出的阐释。

课程内容着重向学习者阐明这些电影之所以能够成为经典佳作,正是由于对真、善、美的颂扬,是连接人类灵魂共通的精神,它可以跨越文化障碍,打动不同国家、不同地域、不同民族观众的内心。课程教学内容还力图以国际认识、国际知识和国际情怀来显性或隐性地影响学习者的全球胜任能力,让学习者既具有对中外优秀电影作品的审美鉴赏能力、情感体验能力和理性思辨能力,又能够以大视野、大情怀进行立场鲜明的文化价值判断,崇尚对民族精神的弘扬、对人生美德的强调,以及对理想信念的坚守,立足民族根基,增强国际理解力,汲汲于追求生命真正的价值和愉悦,明晓人类崇高理想和高尚精神的光辉,以达到通过课程教学为学习者构筑心灵的栖息地、道德的高地提供精神滋养的教学目标。

三、改革教学方法,助力学习者深度学习

互联网时代,通识课程改革的一个重点是在以生动有趣吸引学生的同时,充分利用数字化技术,采用新的教学方法来启迪学生的思维,引导他们进行主动性、批判性的有意义学习,即深度学习。"世界优秀影片赏析"课力图改变国内高校同类课程大多采用"课堂讲授电影理论知识+作品观摩"的灌输式方法,将在线学习与交互式教学融为一体,有效实现"以学习者为中心"的大规模共享在线交互式教学、校内混合式教学、翻转课堂等多种教学途径和教学方式,创设出有利于学习者学习的氛围和情境,充分发挥学习者学习的灵活性、自主性和个性化,实现将学习者从再现知识的浅层学习引入理解知识并创造出新知识的深度学习的教学目标。深度学习的目标是要让学习者真正地创造出新知识,并能够运用新知识联系和解决现实社会的问题。该课在中国大学 MOOC 上线运行后的一项重要内容是在线课程答疑和互动讨论。在课程答疑区,教学团队的老师带领助教保证每天上线解答学习者的问题,并在讨论区设置一些具有争议性的有趣的话题,鼓励和引导学习者之间开展互动解答,尽量让学生"吵起来",这样老师就可以引导争论中的"深刻性"。互联网时代的深度学习,主张在平等、公开、互助、负责和互惠的原则上建立学习共同体,强调资源共享、共同学习。活跃的交互学习能够消除学习者在线学习的"孤独感",使学习者与学习者之间、学习者与教师之间自觉建立起学习共同体,在及时频繁的交流互动中共享资源,调动起学习的活力和潜能,推进学习者进行"学习创新"。电影作为一种艺术表现形式,能直接反映出一个国家的文化风貌特征。在线上与学习者互动时,很多学习者表示,对发达国家如美国的电影佳作很熟悉,而课程内容所涉及的意大利电影、伊朗电影和印度电影等对他们来说比较陌生,课程对这些发展中国家电影佳作的讲解为他们打开了一扇电影之窗和文化之窗,让他们能够看到更多元更丰富的好电影,并对这些电影所反映出来的当地的风土人情、文化习俗、经济政治有了更直观和形象的了解。"国际视野"而非单一的"西方文化"认识视野在这里得到拓展。很多学习者之间分享了各国的优秀影片资源,他们特别关注一些不发达国家的影片,互相交流观影心得,其中不乏深度的观点和有建树的探讨。在线上答疑和讨论中,教师作为学习推进者也会根据学习者提出的具体问题和设置讨论题如"票房高的好莱坞大片一定是好电影吗",引导学习者客观评价而非"趋之若鹜"地追捧,并以开放包容的心态主动接触和了解更多国家的电影和文化,拓宽自己的国际视野,认识到国际视野不等于发达国家视野,更不等于西方国家视野。

"世界优秀影片赏析"课在校内开课采用的是基于 MOOC 资源的混合式教

学模式,将传统的课程教学与课程团队在中国大学 MOOC 平台上开课的"世界优秀影片赏析"慕课教学相结合,分"课前"和"课内"两阶段。课前阶段,学生需要登录爱课程中国大学 MOOC 平台,注册后在线观看课程视频、在线完成课程测试题和讨论题。课堂教学(32 学时)阶段,主讲教师根据所授课程的教学要求、教学内容和学生在线学习情况,针对性地设计形式多样的教学互动环节,并进行个性化指导、问题答疑或研讨、开展学习评价等。学生们在课堂互动中学习的热情、兴趣都很高,也十分专注,思维能力和表达能力得到显著提高。如在赏析美国电影《阿甘正传》时,学生们除了从故事情节、人物塑造、视听语言等方面进行分析之外,还积极主动思考,以批判的眼光指出这其实是一部宣传美国价值观的影片,中国电影也应该在塑造中国形象、传播中国的核心价值观方面不断改进和提高。而赏析伊朗电影《小鞋子》时,大家惊讶于原来伊朗也有这么优秀好看的影片,既被影片中为一双鞋子奔忙又不失善良乐观本色的小兄妹深深感动,又看到伊朗的风土人情和贫富分化的社会现状,积极主动学习和了解伊朗的历史文化政策制度等,增长了知识,开阔了视野。深度学习帮助学习者建立起积极进取的人格,所带来的创造和运用新知识的能力、解决现实问题的能力也帮助到很多选课学生在出国留学后很快熟悉和适应不同文化环境下的学习和生活,还帮助到一名学生假期在国内知名网站实习时,得到赴伊朗实地采访的机会。

四、丰富教学活动,增强学习者学习体验

学习体验是学习者对课程学习内容和过程的实际感知和评价。增强学习者的学习体验是"世界优秀影片赏析"课程实现"以学习者为中心"的教学理念的重要途径。为了增强学生对课程学习的积极性和求知欲,拓展学生的国际视野、增强国际体验能力,提升国际交流能力,"世界优秀影片赏析"课程精心设计和组织了一系列线下的教学活动与实践,为学习者营造良好的学习体验,从而增强课程知识的吸收能力和自主学习能力,提升学习效果。

从 2016 年起,课程教学团队先后举办"英国电影周""一带一路国家电影周""走近电影幕后大咖""与好莱坞金牌制作人面对面"等课外活动,邀请国外专家、留学海外的电影从业者、从事电影制作和发行的跨国公司业务主管等,就世界电影发展、电影制作、跨文化传播等内容以讲座和沙龙形式与学习者开展广泛和深入的交流。例如,在"英国电影周"活动中,邀请了在中国海洋大学学习交流的英国剑桥大学的两位学生,一起畅谈他们最喜欢的英国电影以及英国的社会文化。一位英国学生从电影的服装、建筑、人物关系等方面分析了英国经典电影《傲慢与偏见》,中国学生对它所涉及的英国历史文化很感兴趣,并对这部电影所代表的在 19 世纪英国复杂的社会背景下女性的地位之争以及大胆追求自由恋爱的

勇气有了新的理解。另一位学生则从电影的主题、灯光、演员、配乐等方面,就获得奥斯卡最佳影片的英国电影《国王的演讲》谈了自己的见解,并结合自己的社会学专业,给大家详细介绍了英国的社会阶层。中国学生反响强烈,纷纷用英语与剑桥学生就英国电影和英国社会文化等问题进行交流,讨论十分热烈。

在"一带一路国家电影周"活动中,邀请了北京聚合影联文化传媒有限公司发行中心的主管为学生们介绍近年来中国电影产业的发展以及通过建立"丝绸之路国际电影节"、电影展等机构化平台,增进中国与"一带一路"沿线国家电影从业者的交流。这让学生们大开眼界,既为中国电影产业的繁荣喝彩,又对中国电影产业在"一带一路"倡议下所承担的文化输出、交流互鉴之功能深感自信。在"走近电影幕后大咖"活动中,邀请毕业于美国纽约电影学院导演系和澳大利亚昆士兰科技大学动画专业的青岛动动吧影视文化传媒有限公司的两位动画幕后大咖与学生们一起交流影视动画行业制作流程,分享了幕后制作的故事以及个人作品。两位电影从业者结合具体动画电影揭秘了动画制作流程,讲述了动画设计特别是人物表演、动作刻画等方面的幕后故事,展示了 CG 特效的神奇魅力,引发了学生中很多动漫迷的频繁互动。

课程教学团队还积极为学习者创造进行国际交流的机会。比如,几名选课学生跟随教学团队老师出席 2016 年在上海温哥华电影学院举办的中美影视论坛,与参加论坛的好莱坞大师团包括美国著名制片人、导演迈克·里斯(代表作《辛普森一家》)、乔纳森·莫斯托(代表作《终结者 3》)、著名电视节目制作人金妮·奥尼尔(代表作《奥普拉·温弗瑞脱口秀》)等杰出的影视幕后人员进行面对面的交流。

丰富的教学活动大大拓展了教学内容,能够让学生在高度参与中获得很好的感官体验、情感体验、思考体验、知识体验和关联体验,为课程教学增添了吸引力和趣味性。体验和参与带给学生的影响是长远的,不仅促进知识从教师方高效地转移到学生方,而且激发出学生根据自身兴趣和需求进行持久而深入的终身学习的热情,不断释放学习潜能,实现成长成才。

五、创办线下辅助教学新媒体平台,扩充课程服务功能

教学团队于 2016 年 11 月创办了服务于课程在线开放教学的微信公众号"海大电影课"。该公众号的定位就是具有国际视野的新媒体教学互动平台,每天更新,为课程答疑、教学资源分享、教学成果展示、世界电影发展动态信息发布等提供便利,同时,也为老师和学生发表原创影评、剧本、微电影提供一个展现才华和创见的平台。截至 2018 年 2 月,"海大电影课"公众号累计推送了"电影鉴赏"和"世界优秀影片赏析"课程教学视频 60 个,内容中西结合,兼容并蓄,时长

超过 1200 分钟;学习者影评作品超过 300 篇,涉及中国、美国、法国、意大利、日韩、俄罗斯、越南、泰国、巴西、伊朗等多个国家电影的评论,展现了他们在课程学习中所获得的国际视野、国际认识和国际理解力。该公众号还推送了微视频 30 余部,时长超过 500 分钟,其中包括一些学习者把自己在国外交流学习生活或旅游中的故事拍摄制作而成的短视频。透过这些视频,可以看到创作者们在国际交往中的从容和自信,惊喜于他们用镜头讲述世界故事的主动性和创造性。

"海大电影课"微信公众号所推送的影评、视频展现了学习者优秀的学习成果,不仅在推动学习者学习成果转化方面发挥了巨大作用,而且受到了粉丝的热烈欢迎和好评,阅读量 10 万+,留言数 1 万+。粉丝的留言中很多都提到了"海大电影课"的推送内容"接地气、看世界、有创意、有情怀",对电影学习、文化交流、拓展国际视野很有助益。

在线开放课程"世界优秀影片赏析"在注重学习者能力培养拓展学习者国际视野方面所进行的教学改革和取得的成效受到了专家和选课者的一致肯定和好评,连续两年在爱课程中国大学 MOOC 平台所开设的 2000 多门课程中进入选课人数 TOP25。截至 2018 年 2 月,上线运行 7 期,选课人数超过 10 万人。爱课程网大数据显示,课程在学生完课率、学习质量、教学评估等多方面位列中国大学 MOOC 平台课程前茅。该课程虽被教育部认定为国家精品在线开放课程,但该称号并不是终身享有,教育部以 5 年为期限,要求与时俱进、不断完善。

教学投入无尽头,教学探索无止境,尤其是处在影视作品层出不穷、影视艺术日益繁荣、影视科技高速进步的今天,必须以放眼世界的大格局融入国际文化环境,不断进行教学创新,才能使课程继续焕发生命力和独特魅力,持续获得学习者的喜爱。

参考文献

[1] 介绍首批"国家精品在线开放课程"有关情况 文字实录. 教育部网站 2018-1-18,http://www. moe. gov. cn/jyb_xwfb/xw_fbh/moe_2069/xwfbh_2018n/xwfb_20180115/201801/t20180112_324467. html.

[2] 陈鹏. 首批四百九十门"国家精品在线开放课程"上线 中国慕课向高质量发展[N]. 光明日报,2018-1-18(1).

[3] 吴岩. 新时代高等教育面临新形势[N]. 光明日报,2017-12-19(13).

非地质专业"海洋地质学"国际化课程建设策略研究

王永红*

摘要:近年来随着世界高等教育的国际化发展,国际化课程的建设提到日益重要的日程。海洋地质作为一门重要的与海洋学科相关的课程,是很多国际留学生和非地质专业的学生感兴趣的内容,也是海洋学科体系建设中的国际化课程的重要部分。不过针对这类学生的专业特点和学业基础,想要有效地开展海洋地质学国际化英语教学,必须建立合适的海洋地质学英语教学目标,科学设置教学课程内容,选择适当的英语教学教材和进行学业质量标准评价。根据评价体系的意见反馈对现有的过程性标准进行修订和完善,逐步建立起完善的英语教学方法,从而满足这类学生的学业培养需要。

关键词:大学教学;海洋地质学;国际化课程;非地质专业

国际化是世界高等教育发展的时代潮流,纵观世界范围内的一流大学,国际化都是其发展战略的重要组成部分。在我国一流大学的建设当中,高等教育国际化问题也日益受到关注。国际化课程教学更是最突出的要素。目前我国的重点高校陆续建设起自己的国际化课程体系,即英文授课项目,来满足本校学生以及国际学生的来校学习需要。本文以中国海洋大学针对非地质专业学生开设的"海洋地质学"的英语授课的教学建设为例,通过教学目标设定、教学资料建设、教师培养、学生准备以及质量评价五个方面,探索国际化课程的教学模式和策略。

一、非地质专业的海洋地质英语课程开设背景

海洋地质的专业课程一般都是针对本专业的高年级本科学生开设。针对非本专业学生开设此课程,一个原因是随着国际交流的开展,来华留学研究生数量不断增大。一些本科阶段并非海洋地质类专业背景的留学生,因为专业内容的兴趣以及语言的问题需要选修"海洋地质学"英语课程。另一个原因是满足一些

---

* 王永红,中国海洋大学海洋地球科学学院教授,主要从事海洋沉积环境和沉积动力地貌学的理论和应用研究,是国家高中地理课程标准编写组的成员。先后赴美国等多个国家开展访学研究,参加了OUC-UCLA教师发展研习营。

学科体系的建设需要。例如中国海洋大学的海洋学专业的学生,除了需要开设海洋类的课程,还需要开设海洋地质、海洋化学、海洋生物等课程。特别是海洋类专业招收的"2＋2"(指前两年在国内,后两年在国外学习)的本科学生,也需要进行"海洋地质学"的英语教学。

对于中国海洋大学这样有特色的综合类大学,"海洋地质学"是一门非常重要的专业课程。通过海洋地质课程的英语教学,可以帮助非地质专业的学生更好地了解海洋地质现象,掌握海洋地质知识,逐步建立起海洋地质学体系知识框架,同时提高英语水平,帮助学生更方便、直接地了解到国外最前沿的研究成果,也便于学生将自身的优势推向国际市场①,满足我国不断增长的国际型海洋地质学人才的需求。不过针对这类学生开设"海洋地质学"英语教学时,则需要注意学生的专业基础特点,不宜采用和地质专业的学生进行同样的授课内容和方式。

二、课程教学理念和目标的确定

国际化课程的教学理念强调培养国际化的综合性人才。非地质专业学生进行"海洋地质学"国际化教育时,一方面要充分考虑学校的具体教学情况,例如师资情况以及其他相关资源的分配。另一方面海洋地质课程要满足差异化群体的认知需求,并与"以学生为中心"教学理念的融合,结合非地质专业学生的个体差异、认知情况、学习成绩来优化课堂组织模式,进而提升整体的教学质量。②

一般对于本专业的"海洋地质学"的英语教学目标包括:第一,通过学习了解海洋地质学的基本概念、理论和方法,并掌握本领域的专业知识;第二,学生能够一定程度了解国外先进的理念、思维方式、研究方法、最新研究动态和研究成果,并逐步培养与国外接轨的逻辑推理的思维能力,加强对学生思考能力、团队合作能力的锻炼;第三,通过海洋地质学英语课程学习,学生能掌握与专业相关的词汇,英语听说读写能力有所提高,以后在该领域内能够进行国际学术交流。③

在确定非本专业的学生的学习目标时,要考虑学生的专业基础。因此要求这类学生:第一,补充地质学的基本知识;第二,了解海洋地质学的基本概念、理

① 张永杰,王桂尧,周德泉,陈永贵.工程地质课程双语教学实践探讨[J].高等建筑教育,2014,23(1):94-98;王佳琦,吕天依,孙百麟,杜思瑶,侯小凤.本科生双语课程建设满意度研究——以北京工业大学为例[J].科教文汇,2015(323):21-22.

② 潘骏.高校师资国际化与教学变革探析[J].教育与职业,2014(26):84-85;张敏.创新教育理念下高校大学教育管理改革策略研究[J].科技经济导刊,2017(34):130.

③ 陈钰.高校建筑给排水工程课程设计理念研究[J].吉首大学学报(社会科学版),2017(38):213-214.

论和方法,以及掌握一定的本领域的专业知识,能够在国际交流中理解有关海洋地质的相关知识;第三,学生今后能够学会获取有关海洋地质的前沿知识的方法,从而促进对与本专业存在交叉的部分的理解和创新。要达到以上目标,需要对"海洋地质"国际教学的各个环节进行研究,以保证教学能够达到培养学生能力和素养的目标。学生可以在以后的专业学习和应用过程中能做到主动学习。

三、课程教学资料的建设

1. 教材建设

对于国际化教学课程来说,教材的选择将直接影响到其教学效果。目前,我国国际教学教材主要有外文原版、影印版、外文改编版以及英汉对照版等几种。其中外文原版和影印版教材是专业学科领域比较成熟的国外教材,采用外文原版和影印版教材,可以做到教学内容的国际化,保证语言地道,知识系统,一定程度上利于学生学习西方科学知识,也利于教师掌握国外先进的教学理念、教学方法和前沿的专业信息。[1]

国外原版教材虽然编写比较注重启发性、多种思路比较、创造性思维等,但其教材篇幅长、不够简练。而国内学生在以往英语学习中阅读教材多采用精读,因此在其对专业知识不够了解、英语应用能力不强时,较难区分专业教材中精读和泛读的内容。加上国外原版教材对于有些高校学生的语言能力和专业水平要求相对较高,许多教师、学生一时难以适应。[2] 所以很多时候直接采用外文原版和影印版教材并不适宜。特别是非本专业的学生,更要考虑其专业的接受程度。这时可以考虑外文改编版英语教材。教师根据学生的特点,增强地质基础的内容,以便学生先了解基本的地质基础知识,然后再扩展到海洋地质领域的知识。这样这类教材尽量在综合多本外文原版教材的基础上,通过节选和编辑,尽量保持原版教材的原汁原味,并且配有汉语的译文,从而使内容尽可能地帮助学生达到海洋地质的学习目标。当然,其前提是与有关国外出版社和作者达成协议,不侵犯知识产权。专家在编写教材的同时,还应列出一些参考书目,以作为学生的阅读书目选用。

2. 指定中文参考书

考虑到学生的英语水平和保证对教学内容的深入理解,我们可以指定主要

---

[1] 叶建敏. 做好大学英语教学向双语教学过渡的接口工作——次将基础英语和专业英语融合一体的教学尝试[J]. 外语界,2005(2):69-72.

[2] 任卫群,饶芳. 工科专业类课程双语教学的体系化[J]. 高等工程教育研究,2005(3):103-106.

中文教学参考书,例如徐茂全和陈友飞编著的《海洋地质学》,吕炳全编著的《海洋地质学概论》,李学伦编著的《海洋地质学》等。同时针对重要和必需的章节进行阅读,并指定理解的程度。配合其他中外文文献的阅读,一方面提高学生的学习兴趣和自学能力,另一方面保证了巩固和扩展教学内容。

3. 编写好英语专业词汇表

非本专业的学生对海洋地质学及有关的地质学专业词汇往往不太熟悉,这将对英语教材和英语授课的正确理解带来一定困难。因此可根据教学内容编写中英对照海洋地质学常用术语选编。① 非本专业的学生学习海洋地质课程,主要目的是要让学生读懂和理解外文改编版英语教材的内容,不能拘泥于英语语法的分析和专业单词的记忆,同时掌握一定的相关的海洋地质专业英语词汇,对专业的一些基本概念、内容能够用英语进行表述,以便与国外相关研究人员进行直接交流②。

4. 授课方式

非本专业的学生没有地质学基础,讲解矿物和岩石学基础时,可以多利用多媒体教学的优势,用图片、图表等使所讲的内容形象化、具体化,易于学生理解记忆。地质学非常注重野外实践,因此课堂上可以播放一个简短的视频,展示学生的野外实习片断,使学生熟悉野外的地质现象,例如岩石在野外的呈现方式。

教学过程中,以学生为中心,提高学生的学习主动性。避免呆板的单线灌注教学,利用图片或者视频展示新近发生的地质事件(如地震、海啸、火山喷发)激发学生的兴趣。有关章节结束的时候,亦适当布置一些思考题或者指定阅读文献,让学生们自由讨论,以加深学生对所学内容的理解及学会跟踪海洋地质领域的最新进展。

5. 课程考核

国际化教学的基本要求是使学生能够掌握相关的英文专业词汇并能查阅相关英文文献从而进行分析。而对于非本专业学生的课程考核,需要充分考虑学生的理解能力、接受程度和课程目标。因此课程考核建议分平时考核和期末考核。平时考核的指标可以是:学生的出勤情况以及在课堂上的发言次数和质量;平常布置的小作业和学生完成的情况,据此考查学生个体的专业英语的掌握能力;平时分组布置的相关英文作业和小组完成的情况,可以考查学生获取并分析

① 曾佐勋,索书田,刘立林,杨坤光,余英. "构造地质学"双语教学的实践与体会[J]. 高等理科教育,2006(1):74-75.

② 王建军,罗兰. 对双语教学一些问题的思考[J]. 北京大学学报(哲学社会科学版),2007,44(2):299-300.

英文资料以及团队合作的能力。期末考试可采用部分试题用英文出题并要求学生用英文作答（如名词解释题、填空题、选择题等），考查学生对专业英文词汇的掌握程度以及英文表达的能力。①

四、教学师资建设和学生外语水平强化

1. 师资建设

开展海洋地质学课程国际化教学需要优秀的国际化英语教师师资队伍。目前英语教师大多是学校各院系的地质专业教师。虽然有少数英语教师是英语专业出身再攻读其他学科硕士或者博士学位的复合型专业教师，这部分教师兼具英语水平和专业素养，但数量不多。② 很多学校对英语教师的培养采用引进的方式，引进对象多为本专业的归国留学人员。他们既有扎实的专业知识，又有较高的英语水平，可以很好地胜任英语教学工作。但是这部分人员有限，也不能满足所有英语课程的开设。

也可以聘请外籍教员授课，同时培养自己的英语教学师资力量。例如我校海洋学合作办学专业（"4＋0"和"2＋2"）课程，就是采用聘请外籍教授用英语授课的教学模式。同时，选派一名有较好英语基础和教学经验的中青年教员给外籍教授助课。一方面协助外籍教员搞好教学组织工作，另一方面提高自己的教学水平及英语水平，为未来用英语授课打下基础。③

一般来说，学校主要还是安排自己的教师进行英语授课。这些教师大都是精通专业，但缺乏必要的英语语言教学理论和较为扎实的语言基本功。他们对学生的英文水平也缺乏必要的了解，这使得他们想要在教学中自如地使用英语来授课有一定的难度。因此学校可以让专业教师参加英语培训（比如外教英语培训班、出国短训等），相关教师也需要提高自己的英语教学水平，通过考核获得相关的英语教学资格。

2. 学生在教学中的准备

想要获得较好的国际化课程教学效果，除了需要一定的师资力量，更需要学生有较好的准备和主动学习的能力。首先学生应该从主观意识上认识到"海洋地质学"国际化课程学习并不只是为了语言的学习，而是要正确理解课程的学习目标，从而避免对这个课程缺乏学习积极性。学生对学科设置的正确认识，对学

---

① 侯伟芬,王飞.关于我校海洋学双语教学的探讨[J].探索与实践,2013(17):230-231.
② 俞理明,袁笃平.双语教学与大学英语教学改革[J].高等教育研究,2005(3):74-78.
③ 曾佐勋,欧阳建平,杨坤光等.地质学理科基地双语教学的实践与体会[J].中国地质教育,2004(2):30-32.

习目标的正确理解,对课程学习的兴趣,以及学生对教师的积极配合,并为此付出时间和精力,是国际化课程教学取得成功的关键。

从学生实际的英语能力来说,国际化课程要求学生具有较高的英语听说读写水平。然而尽管学生们基本上都通过了全国大学生四、六级考试,但在英语的实际应用能力方面还无法适应专业英语课程的学习,听说读写以及专业词汇等方面存在的问题,直接影响了英语教学的有效实施。特别是非地质专业的学生,专业词汇的基础较弱,因此针对课堂上首次出现的专业词汇应用中文进行讲解,第二次出现时尽量用英语讲解,最终使学生掌握专业词汇。① 另外,也需要在课堂上注重外语学习的氛围,引导学生听外籍教师用外语作的关于海洋地质的学术报告,或者引导学生分组讨论海洋地质有关的话题,使学生能够时时刻刻感受海洋地质知识的魅力,逐步让英语成为同学与老师之间的交流手段之一,消除课程的语言障碍,提高学生对海洋地质知识的理解。了解海洋地质学在能源、矿产、环境等方面的作用,及时跟进国际上最新的"海洋地质学"方面的有关进展。②

非本专业的学生想要取得好的学习效果,很重要的一点是应该在课前多花时间好好预习,特别是好好预习英语专业词汇表和指定的中文教材,感兴趣的学生可以在图书馆多阅读一些其他的相关参考资料,以弥补专业知识上的空缺。为了帮助学生更好地理解课堂知识,还可以做好课程的网页,利于学生的疑问等可以随时在线回答。

五、学业质量标准

我国基础教育都遵循国家制定的学业质量标准,例如2017年出版的国家高中课程标准。大学一般会有自己学校的学业评价体系,每门课程也可以确定自己的课程评价标准。我们这里根据教学需要制定了针对非地质专业"海洋地质学"的学业质量标准。学业质量标准是对学生在完成某一阶段的学习以后应该具备的基本素养,以及在这些素养上应该达到的具体水平进行具体界定和描述,能引导教师对现有的过程性标准进行补充,建立起完善的英语教学方法,实现预期的英语教学目标。因此,有必要在不增加管理、教学、学习负担的前提下,建立

① 张永杰,王桂尧,周德泉,陈永贵. 工程地质课程双语教学实践探讨[J]. 高等建筑教育,2014,23(1):94-98.

② 王佳琦,吕天依,孙百麟,杜思瑶,侯小凤. 本科生双语课程建设满意度研究——以北京工业大学为例[J]. 科教文汇,2015(323):21-22;刘卓林. 双语教学存在的问题及教学模式评价[J]. 南京理工大学学报(社会科学版),2005(4):55-58;杨瑞召,王占刚,苑春方. 地质工程专业"地球物理勘探概论"双语教学初探[J]. 中国地质教育,2016(1):25-28.

起科学合理的学业质量标准,有效衡量学习者的学业质量。

　　质量标准的编制是为了发展学生核心素养,而不仅仅为了考试。学业质量标准不是针对海洋地质学的某个知识点,而是针对学生所能达到的"知识、能力、情感态度价值观"的整个体系。该标准建立后能够反映学生通过学习后所具有的素养的差异,有一定辨识度,也便于教师操作。在编制"海洋地质学"国际课程教学的学业质量标准时可借鉴其他类似课程的质量标准,我们这里设计了六个方面的质量描述(表1),水平是由低到高,指标包括学生学业水平、学生学习动力、学生学业负担、师生关系、教师教学方式、教学内容。

表 1　非地质专业学生的"海洋地质学"英语教学学业质量标准

水平	指标	质量描述
水平一	学生学业水平	学生很难理解海洋地质学教学内容,不能识别出海岸类型和海底地形,海底构造及海洋沉积物等,教学目标和应用要求基本没有达到,专业英语应用能力基本上没有提高,没有掌握海洋地质学英语专业词汇
	学生学习动力	学生对海洋地质学没有学习兴趣,课堂上学生从不发言,自主学习能力差
	学生学业负担	学生不能按时完成课上课下作业
	师生关系	课堂气氛不融洽,不能发挥学生主体作用,没有师生互动
	教师教学方式	课前没有发放讲义,多媒体课件单调不具有吸引力,考核方式单一,只有期末笔试考核
	教学内容	教学内容不充实,理论体系不完整,案例设计不合理
水平二	学生学业水平	少数学生能掌握教学内容,从而能判别各种海岸的类型,能对比了解大陆架、大陆坡、大陆隆的特点,了解海底构造和大洋沉积物的组分特点,一定程度上达到教学目标和应用要求,少数人能掌握海洋地质学专业英语词汇
	学生学习动力	有部分学生对海洋地质学感兴趣,课堂上很少有人发言,自主学习能力较差
	学生学业负担	少数学生能按时完成课上课下作业
	师生关系	课堂气氛较融洽,能一定程度上发挥学生主体作用,有一定的师生互动
	教师教学方式	课前发放讲义,多媒体课件有一定的吸引力,考核方式有期中考核和期末笔试考核
	教学内容	教学内容较充实,理论体系较完整,案例设计较合理

（续表）

水平	指标	质量描述
水平三	学生学业水平	教学内容能被大多数学生掌握,学生在识别出各种海岸类型的基础上了解海岸带的动力因素,能了解海底构造,可以对比了解大陆架、大陆坡、大陆隆的特点,在了解大洋沉积物的组分特点的基础上能判断大洋沉积物的来源,基本上达到教学目标和应用要求;大多数人能掌握海洋地质学专业英语词汇,并能阅读专业外文文献
	学生学习动力	大多数学生有学习兴趣,课堂上大多数人发言,自主学习能力较强
	学生学业负担	大多数学生能按时完成课上课下作业,并有一定的时间在课下阅读专业相关书籍
	师生关系	课堂气氛融洽,基本上发挥学生主体作用,师生互动较好
	教师教学方式	课前发放讲义,有时发放专业英语词汇,多媒体课件吸引力较强,考核方式有期中考核,平时考核和期末笔试考核
	教学内容	教学内容基本充实,理论体系基本完整,案例设计基本合理
水平四	学生学业水平	基本上所有学生都掌握了教学内容,掌握海岸带的定义、分类、动力因素及滨岸沉积相的特点,掌握海底构造的原理,了解三角洲的形成及各类三角洲的特点,能对比了解大陆架、大陆坡、大陆隆的特点,掌握大洋沉积作用和沉积物性质,了解海洋灾害和污染及其防治等,达到了教学目标和应用要求;专业英语应用能力极大提高,学生不仅掌握了专业英语词汇,还能阅读专业外文文献,并能和专业领域里的人进行外文交流
	学生学习动力	学生都具有强烈的学习兴趣,课堂上学生都积极发言,自主学习能力强
	学生学业负担	学生都能按时完成课上课下作业,有充足的时间在课下阅读专业相关书籍
	师生关系	课堂气氛十分融洽,充分发挥学生主体作用,师生互动良好
	教师教学方式	课前发放讲义和专业英语词汇,多媒体课件吸引力强,考核方式有期中考核,平时考核,期末笔试考核和期末口语考核
	教学内容	教学内容十分充实,理论体系十分完整,案例设计十分合理

总之,对非本地质专业的学生在进行"海洋地质学"课程国际化教学时,需要在国际化课程的理念指导下,根据学生的需求准确定位教学的目标,注重地质学基础知识的铺垫,编写适合非本专业学生的国际课程教学教材,培养优秀的英语授课教师,以及培养学生的学习热情和主动性。同时进行学业质量标准评价,并

根据评价体系的意见反馈对现有的过程性标准进行修订和完善,引导教师从培养学生能力或素养的视角探索"海洋地质学"英语课程的内容学习的方式方法,逐步建立起完善的国际化海洋地质教学方法。帮助非本专业的学生扩宽知识领域,为其今后参与更为广阔的国际交流打下基础,为其所学专业和海洋地质专业的交叉部分尽可能提供创新条件。

"双一流"战略背景下我国研究型大学课程国际化发展的路径研究

尹　玮[*]　■

摘要：伴随着高等教育国际化的推进,课程国际化的核心地位和重要作用得到了日益广泛的认可。经过30年的不懈努力,我国高等教育国际化在构建国际化课程体系方面已初见成效,但和世界一流大学,尤其是一流的研究型大学相比仍有较大的差距。本文通过梳理"双一流"战略背景和研究型大学课程国际化发展的关系,对发达国家尤其是美国研究型大学在课程国际化发展的特点和路径进行分析,从而为我国研究型大学课程国际化提供参考与借鉴,进而推动我国研究型大学课程国际化的发展,更好地服务于"双一流"研究型大学的建设。

关键词："双一流";研究型大学;课程国际化

一、"双一流"战略背景与课程国际化

"双一流"战略背景。为切实改变高等教育相对落后的现状和培育世界一流人才,国务院于2015年10月颁布了《统筹推进世界一流大学和一流学科建设总体方案》,将高等教育国际化战略与"双一流"建设紧密地结合在一起;2017年1月,教育部、财政部、国家发改委联合制定出台《统筹推进世界一流大学和一流学科建设实施办法(暂行)》,对有效落实"双一流"建设提出了具体要求,将面向世界科技发展前沿、突出国际影响力、提升国际综合实力作为重要抓手,并制定以国际公认的学校标准和学科标准为依据的一流大学和一流学科遴选方案。同年9月,三部委联合印发《关于公布世界一流大学和一流学科建设高校及建设学科名单的通知》,自此"双一流"建设真正进入了全面启动和实施阶段,而伴随着"双一流"建设的高等教育国际化战略也进入全面攻坚阶段。

课程国际化概念定义。经济合作与发展组(OECD)(2008)认为,课程国际化是指将国际化的因素融入课程的内容和形式中,以培养学生成为能胜任在国际化和多元文化环境下社会需要的专业人才为目标,面向本国学生和国际学生

---

* 尹玮,中国海洋大学外国语学院副教授,主要研究领域为英语教育学、课程开发与设计、高等教育国际化等。

对课程所进行的专门设计;北京大学季诚钧教授(2013)的观点是,课程国际化是指国家和学校在确定课程目标、进行课程设置以及规定课程内容时均须将国际化的因素包含其中。毕晓玉(2011)认为,课程国际化是指以国际观念为先导,在课程中融入国际的、多元文化的知识与观念,通过课程内容的讲授,课程结构的优化、课程管理的改进、教材建设的完善、外语教学的更新等多种途径来把学生培养成具有国际观念、开阔的国际视野和具有处理国际事务技能的国际化人才的动态发展过程。阙芳(2017)在此基础上进行了总结,提出课程国际化就是在高等教育国际化的发展进程中,国家和高校通过将国际化的和多元文化的内容融入传统课程中,使传统课程包含有国际因素,同时开设新的国际课程和项目,培养具有关心地球环境、人类发展等问题的国际态度,具有国际理解意识、相互依存意识和和平发展意识等国际意识,具有国际交往能力、处理国际事务的能力、离校后再学习能力的国际活动技能和具有多元文化视野的国际化人才,针对本国和国际学生(留学生)开设的,教学方法更加灵活、开放的课程。尽管人们对高等教育国际化的内涵释义不一,但其中有一点是肯定的,即课程的国际化是高等教育国际化最重要的内容之一。

课程国际化在高等教育国际化中的核心地位。课程作为学生获取知识的载体,是最容易注入多元文化和国际化视角的,它是高等教育国际化最有效的途径,也是高等教育国际化最关键的要素。邦德(2012)曾指出了课程国际化的战略地位:"影响高等教育国际化的因素很多,差不多有近 20 个,但课程国际化的核心地位却是没有其他元素可以与之相提并论的。"梅德斯通(2009)也非常同意这一说法,他认为课程是学生获取国际化知识和技能的有效的"媒介物"(primary vehicle)。是连接教师和学生的纽带,是学生获取知识的载体,课程的国际化程度直接影响学生的国际化程度。高等教育国际化的最终目的是实现人的国际化,人才培养目标最终要通过课程的目标来实现。课程的国际化不仅能使学生获得全球化的视角,更能在国际知识和技能、情感认识(对待人和事务的态度)、语言技能(外语水平及对外语的学习)产生深远的影响。

"双一流"战略背景与课程国际化。在"双一流"战略背景下,培养具有多元文化背景、具有理解和包容其他民族与生活方式的国际化态度、具有国际合作与竞争意识的国际化意识及能用国际知识处理国际领域活动能力的国际化人才已成为我国大学,尤其是研究型大学对人才的基本要求。国际化人才培养的最终目的是培养适应全球化时代发展要求的世界公民,在此基础上,课程的国际化程度就自然成为衡量大学办学质量的重要指标,体现在国际化课程目标上是培养学生国际化和多元文化的视角,具有先进的国际化的理论水平和知识,具有运用这些知识进行工作和交往的能力。总之,一流的大学和一流的学科客观上要求与之发展相匹配的国际化课程。

研究型大学与课程国际化。研究型大学是指以科学研究为中心的大学,是推动科技创新的关键,知识创新和学术的来源,也是高等教育拥抱全球化力量的先锋。有学者认为,21 世纪的研究型大学正形成一种全球模式(Emerging Global Model),即通过加强课程国际化来提升他们在世界大学中的位置。相应地,研究型大学的人才培养目标也随之变成了培养世界公民和世界领袖。这些国际化人才的培养,最终依赖于学校课程,形成双向互动。学生个体发展推动着课程国际化目标的调整和课程内容的选择,使课程朝满足学生自身发展要求的方向发展。发达国家研究型大学为了能培养在国际竞争和合作中立于不败之地的优秀人才,都非常注重培养学生的国际眼光和全球意识。以美国为例,美国各研究型大学在加强外语课程、区域研究课程、国际关系课程的基础上增加了国际经济贸易、全球共同问题处理等课程;还通过提高外语学习在课程国际化过程中的地位来强化外语学习与课程的整合,通过分校开设海外学位课程和合作开设联合学位课程,以及通过与教育教学领域的互动生成孵化出众多与网络技术相关的教育教学形式,大力推动网上开放课程的广泛开设,形成了比较完整的课程国际化实施策略和特色。发达国家研究型大学的这些课程国际化的举措扩大了其高等教育的全球影响力和价值传播。

二、发达国家研究型大学课程国际化发展的特点和路径分析

1. 通过国家立法制定国际化培养目标,资助并监管研究型大学课程国际化

1993 年,美国制定了《美国 2000 年教育目标法》,提出了"使每个学校的每个学生都能达到知识的世界级标准"的培养目标,这就使课程国际化目标具有法律地位,上升为国家意志,体现出国家对人才素质培养的要求。这部教育法推动了美国大学课程国际化的进程并使美国 80％以上的研究型大学于 2005 年达到了课程目标中提出国际化的要求。美国研究型大学在丰富课程与研究的国际维度方面,得到美国《高等教育法》(Higher Education Act)第六款(Title VI)"构建美国国际教育"的资助,资助的项目包括国家资源中心、外国语言和地区研究团体、本科国际学习和外语项目、商务与国际教育项目、国际商务教育中心、语言资源中心、国际研究、美国海外研究中心、外国信息接收的技术创新与合作、国际公共政策研究协会。联邦政府通过这些项目支持美国大学在外国语言、地区和国际的研究,国外许多大学都将课程的国际化理念纳入了学校的总体发展纲要和人才培养目标之中。

美国是将高等教育课程的国际化当一个系统工程来进行的,除了有联邦政府和学校的重视外,更有相应的评估机构对其评估和检测。自 2001 年起,美国

教育委员会(American Council on Education，ACE)，国际大学协会组织开始对美国高校的课程国际化情况进行定期调查和监控，以此来督促各高校不断提高课程国际化水平。从《美国校园国际化行动指南》(2012)(*Mapping Internationalization on U. S. Campuses*: 2012 Edition)中我们可以了解到，包括研究型大学在内的能够授予博士学位的高校中90%的高校已经在采取措施使本科课程国际化。

隶属于ACE的国际化和全球参与中心(The Center for Internationalization and Global Engagement)有一项重要工作就是对美国各大高校校园国际化的情况进行评估。中心每五年会对美国不同类型的高校从学校的方针政策，行政管理结构和人员配置，课程、辅助课程，学习结果，教师政策和实践，学生国际流动和与其他院校的合作伙伴关系六个方面对高校的国际化情况进行系统的评估，客观真实反映美国当前各类型高校国际化水平，指出国际化过程中存在的问题点，还提出相应的改进措施的建议。这不仅为联邦政府对高校教育国际化提供资金和法律上的资助提供了参考，也让各大院校真实了解自己在当前高等教育国际化中所处的位置和存在的问题。

相较之下，中国研究型大学相对发达国家大学而言在课程国际化的规划和管理上缺乏立法保障和系统性，国际化课程改革的深度和广度有待提高。

2. 课程国际化贯穿在研究型大学的整个教育体系和培养过程中

围绕国际化的主题组织通识教育课程。美国高等教育界一直都非常注重通过通识教育对学生进行培养，研究型大学更是如此。虽然在课程国际化方面，各研究型大学所采取的方式，课程设置的形式有所不同，但在通识教育课程中融入国际化的内容，如在原有传统课程体系中加入国外先进的科学文化知识和科学技术成果、在原有课程中加大国际化知识的数量以及在同一课程中从不同国家、不同文化的视角对同一知识点进行阐述等来实现课程的国际化却是研究型大学的普遍做法。倡导实施课程国际化的学者们认为，国际化的课程并不是一个独立的课程，也不是单独对某一门课程进行改革，而是应当将国际化的内容融合到大学课程体系之中。以明尼苏达大学为例，为了实现课程的国际化，该校重新修订了整个通识教育课程体系，在此基础上开设了四个新的领域：环境、多元文化、国际视野和公民/公共道德，然后由教师在这四个课程领域内申请设置达到要求的课程。

开发具有国际化视野的跨学科新课程。在现今的全球化时代，人类面临的一些全球性的共同问题如全球卫生问题、环境问题及和平问题，仅凭一国或一门学科之力是很难圆满解决的。这就需要国家之间、学科之间通力合作，共同解决。为了培养具有全球意识的世界公民，包含有国际化因素的跨学科新课程应运而生,许多研究型大学充分发挥了研究优势,以国际问题为主题,对不少跨学科或边缘学科性质的世界问题进行研究,诸如社会不平等现象、民族和种族等,挖掘课程中国际化的内容,开阔学生的视野。例如,密歇根大学开发了一门多学科的新课程"全球的相互依赖"(Global Interdependence),由来自 10 个以上不同学科的教授共同担任教师。课程的目的是使学生能用更开阔的视野去理解贸易在当今世界的重要作用。课程由四部分组成:国际化贸易的历史、国际经济关系、文化和国际化的竞争、一个世界:技术、健康和环境。教学上每个单元和每两次课之后会有一次讨论,以帮助学生融合多个视角来看问题。带有国际性的跨学科的新课程的开设,不仅增加了原先传统课程的活力,更是以一种新的视角从更广泛的层面关注这些全球性的问题。这不仅开阔了学生的视野,同时也提高了学生从不同的学科视角看待同一个问题的综合处理能力。

设置海外学位课程和国际联合课程。根据 ACE 在 2012 年发布的《美国校园国际化行动指南》发布的内容,包括研究型大学在内的能够授予博士学位的大学中有 74% 在 2011 年与国外的高校有联合培养、双学位、学分项目计划。可见,与国外学校联合培养国际化人才,开设海外学位课程和国际联合课程已是美国许多研究型大学加快课程国际化的一种普遍做法。通过与国内外海内外高校利用各自学校的教育优势,采取资源共享,优势互补的方式建立合作关系,设置海外学位课程和国际联合课程,这是目前美国许多研究型大学加强本校课程国际化所采取的有效方式之一。

美国各研究型大学根据自身的课程国际化发展规划,结合学校的实际条件和优势学科,努力寻找适合本校课程国际化的有效策略,如设定专业教育的国际化目标、建立国际化取向的专业课程体系和相应的实施机构并安排海外留学和实习期采取了多种形式来加强本校的课程国际化。

外语课程的多语种化。从《美国校园国际化行动指南》(2012)中我们可以了解到,92% 的高校开设西班牙语课程和 71% 的高校开设有法语课程。布什在 2006 年提出"全国语言安全行动计划"后,2011 年提供阿拉伯语和中文的高校较 2006 年分别增长了 10% 和 15%。美国各大学国际化课程设置的比重国际化课程的门数都在 300 门左右,其中哈佛大学和哥伦比亚大学国际化课程占总课程门数的比重分别为 55% 和 53%,开设外语语种数量分别为 73 和 63 种。

从美国大学课程国际化实践中我们可以总结出,发达国家的很多研究型大学都将通识教育和专业教育的国际化结合起来,课程既有知识的传授也注重实践体验,同时结合外语教学,提供多层次全方位的体验。比如将留学海外和服务海外结合起来为学生提供海外留学服务的机会,既致力于用互动和合作的方式进行跨文化交流,又提供为当地的服务。

3.通过更多的教师发展计划来提高课程的国际化程度

教师的国际化是课程国际化的一个重要因素,也是课程国际化的一个促进手段和构成内容。因此,通过有针对性的教师发展计划可以有效地提高课程国际化的程度。例如,本特雷学院(Bentley College)原来有过国际化教育经历的教师很少,所以学校从教师发展计划入手。教师发展计划使各个系的全职教师直接参与多方面的国际化课程,他们参加发展研讨会、交换项目、国外学习和带领学生游学。为了提供更广阔的交换教师的网络和合作项目,本特雷学院与法国、西班牙、比利时、爱沙尼亚、埃及、墨西哥、巴西、澳大利亚等地的高校建立了联盟。

4.通过应用教育技术支持以国际输出为导向的网络开放课程

美国研究型大学在课程国际化方面一直以输出为主,在教育技术的支持下,将其优质的教学理念传播到全球各地,将美国的优质教育资源与全球各地的学习者共享。目前,提供网上开放课程的三大主要平台 Coursera、Ed X 和 Udacity,其主要由来自美国顶尖级研究型大学的教师所创办,提供的课程也主要是美国研究型大学中的优质课程,国际化课程带有明显的输出特点。

三、"双一流"战略背景下对中国研究型大学课程国际化发展路径的建议

1.通过立法将大学课程国际化纳入国家的整体战略规划

要想快速有效地实现研究型大学课程的国际化,必须立法先行,出台相关相关法律法规。因此,建议修改我国的高等教育法规,将大学国际化课程目标列入高等教育法,明确"双一流"研究型大学和学科的人才培养目标,教学要求、评价机制等方面内容,辅以项目经费资助和评估考核,以确保大学国际化课程的建设、实施和发展。

2.将课程国际化纳入研究型大学的整体战略规划,确保课程国际化改革的系统性和持续性

"双一流"研究型大学要树立国际化意识,明确人才培养目标,制订宏观的培养计划,从政策和资金等方面对课程国际化给予支持。如将课程国际化的目标体现在学校的发展战略及学校的任务书中,从制度上保障课程国际化目标的实施;通过校级"教学指导委员会"等学术机构,研究实施课程国际化的政策机制;课程设置相关的学校职能部门对课程国际化的成效引进发达国家研究型高校的课程国际化评估机制,对课程国际化内容和程度、教学活动和评价方法等进行考核,对于国际化程度较高的课程要给予相应的政策支持和奖励。这样,围绕国际化目标全面重构学校课程,通过自上而下的课程体系整体改革来实现"双一流"

研究型大学课程全面的国际化,并形成可行的课程教学和评估范式。

3.对国际化课程体系的建议

增加国际化课程的比重。陈学飞教授(2013)认为,课程国际化,在学校课程中其他国家和国际问题的课程中应该占有越来越多的比重,而且其他所有课程都要包含国际化的观点。美国大学的国际化课程占总课程50%左右,丹麦大学是30%。据此建议我国大学应在课程体系中加大国际化课程的比重,其中,"双一流"研究型大学国际化课程的比重也应达到30%以上,这样,我国的大学才能与国际大学接轨,才能落实国际化课程的地位,发挥国际化课程的作用。

丰富课程国际化的内容和类型。课程内容的国际化主要体现在关注国际区域研究的内容;直接关注国际主题的内容、注重全球性问题的内容和引进国际案例的内容。国际化课程的类型可以参照世界经合组织归纳出的九种类型:①具有国际学科特点的课程;②国际比较与借鉴课程;③从事国际职业的课程;④跨文化交流与外事技能课程;⑤国际区域研究课程;⑥国际专业资格的课程;⑦跨国授予的学位课程或双学位课程;⑧由海外教师讲授的课程;⑨专门为海外学生设计的课程。

各大学在推进课程国际化过程中,应充分考虑各自的历史、学科优势、经费来源、规模、管理方法甚至是所处的地理位置,以更深入实际地实现课程的国际化。利用学校所在地的社会资源来提高和补充学校课程国际化的程度。"双一流"的研究型高校可以利用优势学科和团队,如充分利用现有教师的专业知识、改造原来的课程融入国际化因素,优先打造重点学科和优势学科课程全面国际化,开发具有国际化视野的跨学科新课程,设置海外学位课程和国际联合课程;对于其他学科,分层次分步骤解决不同学科之间课程国际化的程度不平衡问题,最终实现整个课程体系的全面国际化深化改革。

将外语学习融入通识教育和专业教育中,开展多种外语形式的教育。我国研究型大学应采取各种激励机制鼓励通识和专业课程的外语或双语教学,鼓励外文原版课程的使用和编写,注重语言学习与各学科国际化课程学习的整合,在部分国际化程度较高的学科领域,重视真实材料的原版引入。中国的"一带一路"正逐渐改变着由之前西方国家所主导,其他地区所跟从的经济全球化格局,演变成为东南亚等国家也高度参与其中的更加平衡的新的经济全球化局面。"双一流"研究型大学应响应国家"一带一路"的政策号召,通过开设"一带一路"沿线国家语种课程,对涉及国家和地区的语言、政治领域、经济、文化、旅游等多领域的加深了解,满足中国对通晓这些国家语言的外语人才的需求和未来对跨越亚洲、欧洲和非洲大陆的全方位、多层次合作的需求。

4.将教师培训和发展作为课程国际化的重要组成部分

　　要建设世界一流大学和一流学科,首先要提高教学质量,教学质量最根本的保障是课堂教学的质量,教学质量的竞争归根到底是教师质量的竞争,所以一流的师资队伍的建设是一流的课程设置和培养质量的根本。在国际化课程建设过程中,首先要通过教师的国际化培训、召开有关课程国际化或双语教学的研讨会、国际化课程立项等方式使现有教师群体认识到课程国际化和如何对现有课程进行国际化或开设新的国际化课程,从教学观念、教学方式等方面入手,为课程的全面国际化提供人力资源;充分发挥研究型大学师资的优势,鼓励教师采用双语教学或使用国外一流大学原版教材,鼓励教师将研究的成果及时转化为教学内容和教学成果,并将其纳入教师晋升的评价体系中;引进国外优秀的师资和课程资源,保证外籍教师与国内教师人员比例合理,逐步实现师资队伍国际化;鼓励教师参与国际合作项目,对教师参与国际化课程的效果进行评价,完善课程国际化进程中的教师发展计划。

　　5. 发挥学科和传统文化优势,开设以国际输出为导向的网络开放课程

　　作为中国"双一流"的研究型大学,我们有责任让世界了解中国,包括中国高等教育发展水平,课程国际化的程度,教师国际化教学水平等。所以,研究型高校应该在能力范围内增设优质网络课程,也可以与国外著名高校强强联合优势互补并设一些联合和互动课程,以国际输出为导向,提高我国"双一流"学校、学科和课程的国际知名度,也将我国的优秀文化等发扬光大。

四、结语

　　在"双一流"战略背景下,为应对全球化的挑战,我国研究型大学的国际课程化应紧跟时代步伐,以国际的视野为依托建构一种全新的教育体系,其目的在于培养学生在全球环境下生存和学习的能力,使学生能够成为具有多元文化背景,具有国际知识与批判性国际化思维的全球性人才。同时,借鉴发达国家研究型大学课程国际化发展的优势和路径,找出符合我国研究型大学课程国际化发展的道路,向具有全球影响力的"双一流"研究型大学迈进。

参考文献

[1] American Council on Education. Mapping Internationalization on U. S. Campuses:2012 Edition[R]. Washington, DC.

[2] Kathryn Mohrman, Wanhua Ma, David Baker. The Research University in Transition: The Emerging Global Model [J]. Higher Education Policy,2008(21):5-27 .

[3] Paige R. The American Case: the University of Minnesota[J]. Journal of Studies in International Education, 2003 (7): 52-65.

[4] Shan Feng. Portrait of Internationalized Curriculum at the University of Saskatchewan [D]. Canada：University of Saskatchewan，2008.

[5] 陈小红.美国大学课程国际化的实践与启示[J].青岛科技大学学报,2008(2):44-47.

[6] 陈学飞.国际视野中的高等教育探索[M].青岛:中国海洋大学出版社,2009:260.

[7] 高有华,张静利.美国大学国际化课程建设特点及启示[J].信阳师范学院学报(哲学社会科学版),2015(2):64-68.

[8] 李延成.高等教育课程的国际化:理念与实践[J].外国教育研究,2002(7):47-51.

[9] 刘彩玲.从美国大学课程设置谈国际化教育课程的开发和拓展[J].开封教育学院学报,2014(11):38-39.

[10] 陆小兵,王文军,钱小龙."双一流"战略背景下我国高等教育国际化发展反思[J].高校教育管理,2018(1):28-34.

[11] 孔令帅,胡佳佳.美国留学教育动向及影响因素探析——基于《门户开放报告》数据[J].世界教育信息,2015(19):22-26.

[12] 马万华.全球化时代的研究型大学——美英日德四国的政策与实践[M].北京:教育科学出版社,2013:60.

[13] 钱小龙,汪霞.美国大学课程国际化之路[J].高教发展与评估,2012(3):102-108.

[14] 阚芳.美国研究型大学课程国际化发展研究[D].沈阳:沈阳师范大学.2017.

[15] 汪霞.大学课程国际化中教师的参与[J].高等教育研究,2010(3):64-70.

[16] 吴剑丽,李娅玲.高等教育课程国际化的研究与实践[M].北京:科学出版社,2013:7.

[17] 张蓉蓉.澳加英四国高等教育课程国际化比较研究[D].武汉:湖北大学,2014.

[18] 王若梅.解析高等教育课程国际化[J].江苏高教,2011(2):74-77.

[19] 翁丽霞,陈昌贵.中美研究型大学国际化比较分析[J].高等教育研究,2010(12):94-100.

[20] 张大良,李联明.研究型大学实施课程国际化的特点与策略[J].高等理科教育,2006(2):4-8.

[21] The Carnegie Foundation for the Advancement of Teaching. Carnegie classification of institutions of higher education(2000 edition)[S]. http:// www. carcarnegiefoundation. org/classification/index. asp? key=809,2004-10-30.

[22] Global Duke. Enhancing Students' Capacity for World Citizenship. http：// www. provost. duke. edu/pdfs/QEP_final_version_Feb09. Pdf，2009-02.

[23] Odgers T D. Interculturalizing the internationalized curriculum：a faculty development approach[EB/OL]. http://www. viu. ca/internationalization/docs/Interculturalizing the Internationalized Curriculum_A Faculty Development Approach. pdf,2009-06-10.

[24] 一带一路(国家级顶层战略)[EB/OL].[2017-5-20] http://baike. m. sogou. com/baike/full Lemma. jsp? max=&lid=76507736&from Title=%

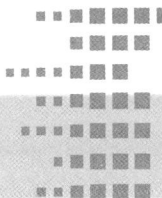

第六部分

PART SIX

语言文化与沟通风格

刘美娜 *

摘要：沟通风格指人们通过语言或非语言的暗示进行沟通的方式。根据理查德·尼滋别特（Richard Nisbett）的思维地理学说，古代希腊与古代中国因为地形地理环境不同，产生了不同的劳作方式与社会结构，从而导致人们的注意力关注对象不同，思维方式迥异的文化差异。这个学说在不同的社会心理学实验中均得到验证。本文跳出跨文化传播几乎无一例外地依赖于格特·霍夫斯泰德（Geert Hosfstede）的价值观理论解释沟通风格差异的传统，阐述了价值观理论与思维地理学说的关联，以及两者对于爱德华·霍尔（Edward Hall）的高语境和低语境沟通之间的文化差异提供的理论解释。

关键词：沟通风格；跨文化传播；思维方式；价值观；高语境与低语境沟通

It is widely acknowledged that people from different cultures communicate differently, and the differences in communication styles become a major source of misunderstanding, frustration, and conflict in intercultural communication. The communication styles of an individual, which combines both verbal and nonverbal elements, are (re) shaped by the shared cultural values, worldviews, norms, and thinking styles of the cultural group to which they belong. Needless to say, understanding the fundamental patterns of communication styles as well as the underlying systems of thought that give rise to them will help to reduce cultural barriers that hinder intercultural relationships and collaborations. This entry will begin by introducing major theoretical frameworks that have been used to describe culture. Next,

* 刘美娜，美国乔治·华盛顿大学（George Washington University）组织科学与传播系的副教授、博士、研究生项目主任、学校孔子学院的研究院长、美国中华传播学会的会长。她目前的研究领域包括组织传播、跨文化传播、冲突管理与谈判等，研究成果多次发表在传播领域的顶级期刊并多次荣获国际传播学会和美国传播学会的最佳论文奖。2017年受中国海洋大学邀请，做了题为"语言文化与沟通风格"的海外文教专家讲座，通过介绍理查德·尼滋别特（Richard Nisbett）的思维地理学说，详细阐述了东西方思维方式和价值观的差异以及对人们沟通风格的影响（讲座内容是本文的一部分）。本文已发表在《传播学牛津研究百科全书》。

fundamental patterns of communication styles will be introduced, along with a discussion of the relationship between culture and language. Finally, implications of cultural differences in communication styles will be discussed.

Cultural Frameworks

Culture has been defined in many ways. Some commonly applied definitions view culture as patterned ways of thinking, feeling, and reacting, common to a particular group of people that are acquired and transmitted through the use of symbols. Others view culture as a function of interrelated systems that include the ecology (e. g. , the physical environment, resources, and geography), subsistence (e. g. , how individuals use ecological resources to survive), and sociocultural systems (e. g. , institutions, norms, roles, and values) (Erez and Earley, 1993). It is fair to say that culture includes both objective and subjective elements: These interrelated systems do not dictate culture; rather, we can use them as a general framework to understand culture and its relation to individual and collective actions.

A number of approaches have been used to describe and explain cultural differences. This entry focuses on two approaches that are most widely accepted and relevant to our understanding of cultural variations in communication styles: value dimensions and thinking styles. Value can be defined as an enduring belief that a specific mode of conduct is socially preferable to an opposite or converse mode of conduct. Values form the basis for judging the desirability of some means or end of action. Once learned, values are integrated into an organized system of values that are relatively stable and serve a number of functions for individuals, such as predisposing them to favor particular ideologies, guide self-presentations, influence how they communicate, as well as evaluating and judging others' decisions and behaviors. The most widely cited work on cultural values is Geert Hofstede's work on dimensions of cultural values.

Thinking style, or cognitive style, can be understood as a way of thinking that influences how we feel and how we act; it's how we process and categorize information, how we select information to store in memory, and how we make inferences or attributions about causality. Like cultural values, thinking styles direct an individual's attention, guide his or her interpretation of the communication context, and influence his or her communicative choices. One influential theoretical framework to aid our understanding of cultural differences in thinking styles is Nisbett's (2003) geography of thought theory that explains how people in different cultures perceive the world differently, where such differences come from, and how thinking styles are related to cultural values.

Dimensions of Cultural Values

Based on a study of 88000 IBM employees in 72 countries between 1967 and 1973, Hofstede (2001) identified four dimensions of cultural values: (a) individualism-collectivism, with individualism defined as a loosely knit social framework in which people are supposed to take care of themselves and of their immediate families only, and collectivism defined as a tight social network in which people distinguish between ingroups and outgroups, expect their ingroup to look after them, and in return they owe absolute loyalty to it, (b) power distance, defined as the extent to which a society accepts the fact that power is distributed unequally, (c) uncertainty avoidance, defined as the extent to which a society feels threatened by uncertain and ambiguous situations, and (d) masculinity-femininity, defined as the extent to which the dominant values in society are "masculine"—that is, assertiveness, the acquisition of money and things, and not caring for others. Later, Hofstede and Bond added a fifth dimension, dynamic Confucianism, with long-term orientation refers to future-oriented values such as persistence and thrift, whereas short-term orientation refers to past-and present-oriented values such as respect for tradition and fulfilling social obligations. The individualism-collectivism dimension alone has inspired thousands of empirical studies examining cultural differences.

More specifically, people in individualistic societies, such as the United States, Australia, New Zealand, South Africa, and most of the northern and western European countries, tend to emphasize individual rights, such as freedom, privacy, and autonomy. They tend to view themselves as unique and special, and are free to express their individual thoughts, opinions, and emotions. They value independence and self-reliance and emphasize individuals' responsibility and inner motivation, also described as having an internal locus of control. Individualists also value equality; they do not differentiate between ingroups and outgroups, applying the same standards universally, also known as universalism.

In comparison, people in collectivistic societies, such as most of Latin American, African, and Asian countries, and the Middle East, tend to view themselves as part of an interconnected social network. They emphasize the obligations they have toward their ingroup members, and are willing to sacrifice their individual needs and desires for the benefits of the group. Collectivists also emphasize fitting in; they value a sense of belonging, harmony and conformity, and are more likely to exercise self control over their words and actions because they consider it immature or imprudent to freely express one's thoughts, opinions, or emotions without taking into account their impact on others. They care about their relationships with ingroups, often by treating them differently than strangers or outgroup members, which is also known as particularism.

In high power distance societies, such as many Latin American countries, most of African and Asian counties, and most counties in the Mediteranian area, people generally accept power as an integral part of the society. Hierarchy and power inequality are considered appropriate and beneficial. The superiors are expected to take care of the subordinates, and in exchange for that, the subordinates owe obedience, loyalty, and deference to them, much like the culture in the military. It is quite common that in these cultures the seniors or the superiors take precedence in seating, eating, walking, and speaking, whereas the juniors or the subordinates must wait and follow them to show proper respect. Similarly, the juniors and subordinates also tend to refrain from freely expressing their thoughts, opinions, and emotions, particularly negative ones, such as disagreements, doubts, anger, and so on. It is not surprising that except for a couple of exceptions, such as France, most high power distance societies are also collectivistic societies. In contrast, in low power distance cultures, most of which are individualistic societies, people value equality and seek to minimize or eliminate various kinds of social and class inequalities. They value democracy and the juniors and subordinates are free to question or challenge authority.

People from high uncertainty avoidance cultures, such as many Latin

American cultures, mediteranian cultures, and some European (e. g., Germany, Poland) and Asian cultures (e. g., Japan, Pakistan) tend to have greater need for formal rules, standards, and structures. Deviation from these rules and standards is considered disruptive and undesirable. They also tend to avoid conflict, seek consensus, and take fewer risks. On the other hand, in low uncertainty avoidance cultures people are more comfortable with unstructured situations. Uncertainty and ambiguity are considered natural and necessary. They value creativity and individual choice, and are free to take risks.

In masculine cultures, such as Mexico, Italy, Japan, and Australia, tough values, such as achievements, ambition, power, and assertiveness, are preferred over tender values, such as quality of life and compassion for the weak. In addition, gender roles are generally distinct and complementary, which means that men and women place separate roles in the society and are expected to differ in embracing these values. For example, men are expected to be assertive, tough, and focus on material success, whereas women are expected to be modest, tender, and focus on improving the quality of life for the family. On the other hand, in feminine cultures, such as most of Scandinavian cultures, genders roles are fluid and flexible: Men and women do not necessarily have separate roles, and they can switch their jobs while taking care of the family. Not only do feminine societies care more about quality of life, service, and nurturance, but such tender values are also embraced by both men and women in the society.

Finally, the long versus short-term orientation, based on the teachings of Confucius (also called Confucian Dynamism), deals with a society's search for virtues. Societies with a long-term orientation, such as most East Asian societies, embrace future-oriented virtues such as thrift, persistence and perseverence, ordering relationships by status, and cultivating a sense of shame for falling short of collective expectations. In contrast, societies with a short-term orientation foster more present-or past-oriented virtues such as personal steadiness and stability, respect for tradition, and reciprocation of greetings, favors, and gifts.

The Geography of Thought

The cognitive approach views culture as a complex knowledge system. From this perspective, the key to understanding culture is knowing the rules and scripts that guide action——how people make sense of their communication environment and how this influences patterned action? An important line of research that expands our understanding of cultural differences in cognitive patterns is Nisbett and colleagues' programmatic studies of thinking styles in cross-cultural psychology.

By comparing the ecologies, economies, social structures, metaphysics, and epistemologies in ancient China and ancient Greece, Nisbett (2003) proposed a Geography of Thought theory to explain how Easterners and Westerners think differently and why. According to Nisbett, the ecology of ancient China consisted of primarily fertile plains, low mountains, and navigable rivers, which favored agriculture and made centralized control of society relatively easy. As agriculture required people to stay in the geographical region and collaborate with each other, such as building an irrigation system that could not be achieved individually, complex social systems were needed to manage resources and coordinate efforts. Human relationships, therefore, provided both the chief constraint in people's social life, and a primary source of opportunities. As generation after generation, people in the farming communities must consider all kinds of social relationships when making important decisions, when they were confronted with a conflict of views, they were naturally oriented toward avoiding the conflict or resolving the contradictions in a neutral way, known as "the middle way". Hence East Asians are considered holistic thinkers addialectical thinkers.

On the other hand, the ecology of ancient Greece consisted of mostly mountains descending to the sea, which favored hunting, herding, and fishing. These occupations required relatively little cooperation with others. Nor did they require living in the same stable community. Therefore, Ancient Greeks were able to act on their own to a greater extent than ancient Chinese. In addition, the maritime location of ancient Greece made trading a lucrative occupation. The city-state also made it possible for intellectual rebels to leave a location and go to another one, maintaining the condition of a relatively free inquiry. As a result, ancient Greeks were in the habit of arguing with one another in the marketplace and debating one another in the political assembly. As less emphasis was placed on maintaining harmonious social relationships, the Greeks had the luxury of attending to objects and people without being overly constrained by their relations with other people. Over time they developed a view of causality based on the properties of the object, rather than based on the larger environment. Hence ancient Greeks are considered logical and analytical thinkers.

Analytical thinking is field-independent. Analytical thinkers attend more to focal objects and specific details; what is going on in the environment is less important. They also tend to place focal elements into a cause-effect, linear, or sequential frame, assuming that there is a clearly definable cause leading to the observed effects. On the other hand, holistic thinking is field-dependent. Holistic thinkers tend to perceive events holistically or within a large context. They assume that there is a coherent whole and individual parts cannot be fully understood unless they are placed within the interdependent relationships. Metaphorically, whereas analytical thinkers view the world as a line, holisitc thinkers view the world as a circle.

To provide support for his theory, Nisbett and colleagues conducted a series of experiments to assess whether East Asians would differ from Americans in their attentional patterns. For example, in one of the experiments, they presented animated underwater scenes to two groups of participants, from U. S. and Japan respectively, with a mixture of active objects (e. g., fish), inert objects (e. g., snail), and background objects (e. g., seaweeds), and asked them to describe what they saw (see Masuda and Nisbett, 2001). They found that (a) Japanese participants made more statements about contextual information and relationships than Americans did, and (b) Japanese participants recognized previously seen objects more accurately when they saw them in their original settings rather than in the novel settings, whereas this manipulation had relatively little effect on Americans. These findings provided substantial support for cognitive differences between Easterners and Westerners.

Analytical thinkers also tend to be logical or polarized thinkers. They prefer logical arguments that apply the law of non-contradiction, which excludes the middle between being and non-being——something either exists or does not exist. A proposition can be weakened or falsified by demonstrating that it leads to a contradiction. In contrast, holistic thinkers tend to be dialectical thinkers. They prefer dialectical arguments that apply the principles of holism, which assumes that the world consists of opposing entities and forces that are connected in time and space as a whole. Since everything is connected, one entity cannot be fully understood unless we take into account how it affects and is affected by everything else. Unlike polarized or logical thinking that excludes the middle state, dialectical thinking seeks to reconcile opposing views by finding a middle ground. Dialectical thinkers accept grey areas, assuming that things constantly change.

Nisbett's theory about cultural differences in logical and dialectical thinking also received empirical support. For example, Peng and Nisbett (1999) conducted a series of experiments and found that (a) dialectical thinking is reflected in Chinese folk wisdom in that dialectical proverbs are more preferred by Chinese than by Americans, (b) in response to a conflict situation, a significantly greater percentage of Chinese participants preferred a dialectical resolution than Americans, and (c) when two apparently contradictory propositions were presented, Americans polarized their views whereas Chinese accepted both propositions.

High-context and Low-context Communication Cultures

A communication style is the way people communicate with others verbally and nonverbally. It combines both language and nonverbal cues and is the metamessage that dictates how listeners receive and interpret verbal messages. Scholars have proposed different typologies for describing communication styles. Of the theoretical perspectives proposed to understand cultural variations in communication styles, the most widely cited one is the differentiation between high-context and low-context communication by Edward Hall (1976).

Hall's high-context and low-context communication is inspired by Bernstein's (1966) conceptualization of restricted and elaborate codes. Bernstein hypothesizes that our speech patterns are conditioned by our social context. Restricted codes involve transmission of messages through verbal (words) and nonverbal (intonation, facial features, gestures) channels. They rely heavily on the hidden, implicit cues of the social context, such as interpersonal relationships, the physical and psychological environments, and other contextual cues. Jargons or "shorthand" speeches are examples of restricted codes where speakers are almost telegraphic in conveying their meanings: Succinct, simple assertions are used "against a backdrop of assumptions common to the speakers, against a set of closely shared interests and identifications, against a system of shared expectations; in short, (they) presuppose a local cultural identity which reduces the need for the speakers to elaborate their intent verbally and to make it explicit" (Bernstein, 1966: 433-434). Code words used by doctors, engineers, prisoners, street gangs, or between family members and close friends are highly implicit in meaning and are known primarily to the members of such groups. Elaborated codes, on the other hand, involves the use of verbal amplifications, or rich and expressive language, in transmitting meaning, placing relatively little reliance on nonverbal and other contextual cues. The verbal channel is the dominant source of information for transmitting elaborated codes; context is not critical in understanding elaborate codes.

Although restricted and elaborated codes are universal styles of communication, according to Hall (1976), cultures differ in the importance they place on words, and one communication style tends to be more predominant in one culture than another. He differentiated between high-context and low-context communication cultures and argued that low-context communication is used predominantly in individualistic cultures, whereas high-context communication is used predominantly in collectivistic cultures. Specifically, high-context communication occurs when most of the information is either in the physical context or internalized in the person, with very little information given in the coded, explicit, transmitted part of the message. Members of high-context communication cultures rely on their pre-existing knowledge of each other and the setting to convey or interpret meaning, which reduces their reliance on explicit verbal codes. Explicit, direct messages are considered either unnecessary or potentially face threatening. It is the receiver of the message that assumes responsibility for inferring the hidden or contextual meanings of the message.

In contrast, in low-context communication most of the meaning is conveyed in the explicit verbal code. Members of low-context communication cultures expect the message sender to be direct, provide detailed information, and use unambiguous language because they do not assume pre-existing knowledge of the people or the setting. If there is miscommunication or misunderstanding, the send of the message is often held responsible for not constructing a clear, direct, and unambiguous message for the listener to decode easily.

Researchers have provided considerable empirical evidence for the influence of individualism and collectivism on the use of high-context and low-context communication styles. On a conceptual level, collectivistic and individualistic values shape the norms and rules that guide behavior in these cultures. As members of individualistic cultures are socialized into major societal values such as independence, freedom, and privacy, they tend to acquire independent self construals viewing themselves as unique and unconstrained individuals, free to express themselves and be direct. Therefore, they are more likely to prefer a sender-oriented, low-context communication style. On the other hand, as members of collectivistic cultures are socialized into major societal values such as interdependence, relational harmony, and connectedness, they tend to formulate interdependent self construals viewing themselves as part of encompassing social relationships whose behaviors are largely influenced by the thoughts, feelings, and actions of others in the relationship. Therefore they are more likely to prefer a receiver-oriented, high-context communication styles. On an empirical level, with data collected from the United States, Japan, Korea, and Australia, Gudykunst and colleagues (1991) found evidence that the individualistic and collectivistic values of members of these cultures are associated with their independent and interdependent self construals, both of which mediate the influence of national culture on their high-context and low-context communication styles.

The differences between high-context versus low-context communication can also be explained by cultural differences in thinking styles. The long tradition of the study of rhetoric in the United States and many European cultures reflects the cultural pattern of logical, rational, and analytical thinking. Attention is given primarily to the verbal messages independent of its communicative context. Speakers and listeners are viewed as separate entities who enter a relationship through the transmission of messages. A primary responsibility of the speaker is to express his or her ideas and thoughts as clearly, logically, and persuasively as possibly, so that the listener, regardless of his or her background and pre-existing knowledge, can fully comprehend the intended meaning of the messages.

The systematic study of speech has not been fully developed in collectivistic cultures as in individualistic cultures. In East Asian cultures in particular, a holistic approach dictates how people evaluate speech. The words are considered only part of, and are inseparable from, the total communication context, which includes the personal characters of the parties involved and the nature of the interpersonal relationships between them. In this holistic approach, verbal messages are means to enhancing social connection and harmony rather than promoting speakers' individuality. Verbal messages are also important, but the emphasis is not placed on the technique of constructing and delivering clear verbal messages for maximum persuasiveness. Instead, verbal messages should conform to culturally defined rules or social expectations, based on already established social relationships or positions of the communicators in the society. It is therefore important to be sensitive to subtle and implicit contextual cues surrounding the communication process to encode and decode meaning. Without the contextual bases, the speakers' verbal messages are perceived to be pointless, awkward, or even deceitful.

Direct and Indirect Communication Styles

A case in point to illustrate the difference between high-context and low-context communication cultures is the difference between direct and indirect communication styles. A direct communication style, typically practiced in low-context communication cultures, is one in which messages reveal the speaker's true intentions, opinions, and needs, whereas an indirect communication style is one in which the verbal message is often designed to camouflage the speaker's true intentions, opinions, and needs; in other words, the speaker does not mean what he or she literally said. The indirect style reflects a cautious attitude towards the expression of negative and confrontational verbal messages; people tend to use moderate or suppressed expressions for such messages whenever possible. According to Gudykunst and Kim (2003), members of collectivistic cultures tend to be concerned more with the overall emotional quality of interactions than with the meanings of specific words or sentences. Courtesy often takes precedence over truthfulness, which is consistent with the collectivistic cultures' emphasis on maintaining social harmony as the primary function of speech in interpersonal interactions. As a result, members from collectivistic cultures tend to give an agreeable and pleasant answer to questions when literal, factual answers might be perceived as unpleasant or embarrassing (Hall and Whyte, 1979). For example, a person who is invited to a party but cannot go or does not feel like going would say yes and simply not go because a direct refusal is considered more face threatening. The message receiver is expected to detect and appreciate the message sender's desire in protecting mutual face through the use of an indirect refusal.

Whereas an indirect communication style fares well in collectivistic cultures, individualistic cultures, such as the United States and most European cultures, generally prefer a more direct communication style. Good and competent communicators are expected to say what they mean and mean what they say. A person who speaks dubiously or evasively about an important matter is likely to be perceived unreliable, if not dishonest. A high degree of social approval is given to those who are capable of expressing ideas and feelings in a precise, explicit, straightforward, and direct fashion. If misunderstanding occurs, the message sender tends to assume the primary responsibility for failing to construct and deliver an unambiguous message. Message receivers in these cultures are used to relying on the specific words that are said to decode meaning, rather than paying attention to the relational or identity aspect of the message that is never explicitly stated.

Self-enhancement and Self-effacement Communication Styles

Another dimension of communication styles that differentiates between high-context and low-context communication cultures involves the degree to which positive aspects of the self are attended, elaborated, and emphasized in interpersonal interactions: A self-enhancement communication style is used when an individual is open and direct about his or her abilities, contributions, or accomplishments, whereas a self-effacement communication style is used when an individual uses verbal restraints, hesitations, modest talk, and use of self-deprecation when discussing his or her own abilities, contributions, or accomplishments or when responding to others' praises. In collectivistic cultures, such as Japan and China, must of socialization emphasizes the use of self-criticisms by identifying one's shortcomings, deficits, or problems that prevent one from meeting consensual standards of excellence shared in the society. According to Akimoto and Sanbonmatsu (1999), self-effacement helps maintain group harmony because modesty may allow an individual to avoid offense. By playing down one's individual performance and stressing the contribution of others, no one can be threatened or offended. In these high-context communication cultures, the message receiver is expected to detect and appreciate the message sender's modesty, as well as the intention to enhance others' face through self-effacement. It is generally assumed that praises should come from others and the use of self-effacement is often expected to result in the message receiver's positive, rather than negative, evaluations.

In individualistic, low-context communication cultures, however, much of socialization emphasizes the use of encouragements to promote individuals' self-esteem and self-efficacy. Self enhancement helps to promote individuality because it allows an individual to directly assert thoughts, express desires, and promote his or her self image. For example, Research shows that European Canadians are more satisfied with themselves than Japanese (Heine and Lehman, 1999). In addition, due to an analytical thinking style, members of low-context communication cultures are likely to interpret self-effacement messages at their face value. For example, research shows that European Americans perceive Japanese Americans who engage in self-effacing behaviors as low in competence, whereas Japanese Americans do not perceive them as reflecting negative self-evaluations; rather, they describe their behavior as appropriate for the communication context (Akimoto and Sanbonmatsu, 1999).

Elaborate and Understated Communication Styles

The difference between high-context and low-context communication cultures can be further illustrated through the distinction between elaborate and understated communication styles, which involves the degree to which talk is used: An elaborate style refers to the use of expressive language, sometimes with exaggeration or animation, in everyday conversations, whereas an understated style involves the extensive use of silence, pauses, and understatements in conversations. Unlike previous dimensions of communication styles that can be treated as dichotomies and entail opposing cultural values and cognitive styles, this dimension can be considered a continuum, with the United States falling somewhere in the middle. The French, Arabs, Latin Americans, and Africans tend to use an exaggerated communication style. For example, in Arab cultures, individuals often feel compelled to over-assert in almost all types of communication because in their culture, simple assertions may be interpreted to mean the opposite. The Arab proclivity to use verbal exaggerations is considered responsible for many diplomatic misunderstandings between the United States and Arab countries. Similarly, compared with European Americans, whose communication style tends to be restrained and subdued, African Americans' interaction style is often emotionally animated and expressive. Therefore, interethnic miscommunication may arise when African Americans perceive European Americans as verbally detached and distant, and European Americans may perceive African Americans as emotionally threatening and intimidating.

On the other hand, many Asian cultures, such as the Chinese, Japanese, Koreans, and Thai, tend to use an understated communication style. For example, whereas European Americans tend to see talk as a means of social control and are more likely to initiate conversations with others when opportunities present themselves, the Chinese tend to see silence as a control strategy. People who speak little tend to be trusted more than people who speak a great deal; therefore, in such cultures silence allows an individual to be socially discreet, gain social acceptance, and avoid social penalty. Silence may also save individuals from embarrassment. When conflict arises, using silence as an initial reaction allows the conflict parties to calm down, exhibit emotional maturity, and take time to identify conflict management strategies that are least face-threatening. Silence may also indicate disagreement, refusal, or anger. Such stylistics differences are also shared by some ethnic groups in the United States. For example, silence is also valued by Native American tribes, particularly when social relations between individuals are unpredictable. In addition, whereas European Americans tend to reserve silence for intimate relationships, for Native Americans, talk is used when the relationship becomes more intimate whereas silence is used to protect the sense of vulnerable self from strangers. Such differences may create problems in intercultural or interethnic communication. The tension between Korean Americans and African Americans that led to the Los Angeles civil unrest, for example, can be attributed to differences in communication styles. For Korean Americans, the use of animation and exaggeration and the readiness to initiate conversations by African Americans may be perceived as threatening and insincere, whereas for African Americans, the verbal restraints and lack of nonverbal immediacy on the part of Korean Americans may communicate a condescending and prejudicial attitude.

Language and Culture

According to the Sapir-Whorf Hypothesis, the language we speak, especially the structure of that language, determines how we perceive and experience the world around us. To date, this position has received a number of criticisms; most research in the related areas does not support a strict interpretation of the Sapir-Whorf Hypothesis. Nevertheless, considerable evidence shows that the high-context and low-context communication styles can be attributed to the languages spoken in different cultures.

The structures of Asian languages, for example, are found to promote ambiguity, and therefore, a tendency to engage in high-context communication. Kawashima and Kawashima (1998) examined the use of pronouns in 39 languages and found that cultures in which speakers can drop the pronouns that indicate the subject of sentences are more collectivistic than cultures in which speakers cannot drop pronouns. For example, in the English language, to produce a grammatically correct sentence, a subject, served by a noun or pronoun, must precede a verb, as in the sentence "He came back." In

Chinese, however, "came back" can stand alone as a correct sentence without a subject. The message receiver must look for contextual cues in order to know who "came back". In the Japanese language, verbs come at the end of the sentence, after the object; therefore, the message receiver cannot understand what is being said until the whole sentence is uttered. The Japanese language also allows the speakers to talk for others without expressing their opinions to others. For example, the Japanese "yes" (hai) simply indicates "I understand what you mean" instead of expressing agreement.

In a similar vein, difference in sentence structures and compositional rules also reflects high-context and low-context communication styles. In the English language, the main clause states the central idea, such as who does what, followed by a subordinate clause that provides contextual cues, such as when, where, why, and how. In the Chinese language, however, it is the subordinate clause that is stated first, followed by the main clause. For example, the sentence "I came late because of a bad traffic jam on Route 95" in English would turn into "Because of a bad traffic jam on route 95, I came late" in Chinese. Similarly, an effective English essay or speech must begin with a clear thesis statement in the introduction, followed by a main body that provides explanations and supporting evidence. However, it is customary for a Chinese essay to begin with a detailed description about the context or environment, and then move on to elaborate explanations that lead to major arguments. Such a circular, high-context communication style is often perceived to be confusing, beating around the bushes, and ineffective by individuals from a low-context communication culture.

Another good example of stylistic differences reflected in languages use is the contrast between an elaborate communication style in the French culture and an understated communication style in the Chinese culture by comparing the structures of their languages. The French language has numerous forms of variations in verbs for different subjects, tenses, and modes, whereas there is no variation for verbs in the Chinese language. Whereas the time orientation is elaborately specified in the French language, one may not be able to infer whether an event happened in the past or is about to happen in the Chinese language by simply relying on the verbal message. Relying on the context to infer the entire meaning often becomes a necessity. Recent research has shown that such communicative differences are associated with individuals' economic behaviors in that individuals speaking intertemporal languages (e. g. , without tenses) tend to save more than those speaking languages associated with future and present tenses (Chen, 2013).

Implications for Intercultural Communication

Cultural differences in communication styles, along with the underlying differences in cultural values and thinking styles, become a major source of misunderstanding, distrust, and conflict in intercultural communication. A case in point is how the long standing interethnic conflict between Isaraeli Jews and Palestinian Arabs can be attributed to the differences in communication styles, which are shaped by the different cultural values and histories they have.

The Arab communication style can be described as high-context, indirect, and elaborate. The speech pattern is referred to as musayra, which means "to accommodate" or "to go along with", and is a communication pattern that orients the speakers toward harmonious social relations and a concern for face saving. Musayra includes four essential features: repetitiveness (used primarily for complimenting and praising others, especially in asymmetrical status relations), indirectness (a cultural tendency to be interpersonally cautious, facilitating politeness and face saving), elaboration (an expressive and encompassing style leading to a deeper connection with the message receiver), and affectiveness (with emotional appeal to build identification with the other and maintain positive face). In contrast, the communication style used by Israeli Jews is low-context, direct, pragmatic, and places an emphasis on assertiveness. This speech pattern is called dugri, which means "straight talk" and involves a conscious suspension of face concerns to allow the free expression of the speaker's thoughts, opinions, or preferences that might pose a threat to the message receiver. Dugri represents a cultural identity for Israeli Jews that developed over time in reaction to historical oppression and the Diaspora experience of Jews. Strength, integrity, and the ability to perform dugri are cultural values that weigh more strongly in interpersonal interactions than the maintenance of social harmony for Israeli Jews.

The diametrically opposite communication patterns undoubtedly pose significant barriers for improving interethnic relations between Israel Jews and Palestinian Arabs. To facilitate intergroup dialogues between two cultural groups, it is of vital importance to help both groups understand such stylistic differences as well as the underlying values and histories that shape them. Scholars have noted that the use of dugri and musayra varies from intergroup interactions to intragroup interactions, especially in communication settings conducive to intergroup dialogue. Both communication patterns are featured more in communication between members of the same group. In an interethnic communication setting, Israeli Jews tend to modify their aggressive style and the Palestinians may take advantage of the opportunity to make assertions, elaborate on them, and argue when necessary.

Therefore, cultural misunderstanding due to differences in communication styles can be reduced by creating a context of equality where one group does not dominate the other. In addition, when members from high-context and low-context communication cultures interact with each other, it is important for both parties to engage in some degree of communication accommodation. The communication accommodation theory developed by Giles and colleagues (1982) helps to guide such endeavors. According to this theory, there is a tendency for members of ingroups to react favorably to outgroup members who engage in communication convergence toward them, such as using a similar speech style or accent. Ingroup members' evaluation of outgroups is based on situational norms in the initial stages of conversation and interpersonal convergence in later stages of the conversation. For communication convergence to occur, there needs to be a match between speakers' views of message receivers' speech style, the actual style used, and the communication norm in the context. If a stranger accommodates our communication style and we perceive the intention to be positive, it will reduce our uncertainty and anxiety and promote greater rapport between the two parties.

Understanding differences in communication styles allows us to know how to communicatively accommodate others in intercultural communication settings. For example, a high-context communicator can be more direct and explicit about his or her true intentions when communicating with someone from a low-context communication culture, with the understanding that the person will pay more attention to the actual verbal message than contextual cues, and care more about message clarity, integrity, and directness than saving face. Likewise, a low-context communicator can be more sensitive to situational cues and use a more indirect style, especially for messages that are potentially face-threatening, when communicating with someone from a high-context communication culture, with the understanding that the other person is more oriented toward relational harmony and face saving.

To sum up, understanding how people from different cultures communicate and where these cross-cultural differences come from helps us revise the interpretive framework we tend to use to evaluate others' behaviors, which is solely based on our own cultural assumptions and values. Understanding these cross-cultural differences does not mean we should do as what Romans do, but instead it allows us to be more open and flexible, and to be able to negotiate these differences by educating culturally different others what these differences mean. In the United States becomes increasingly diverse, as people from different cultural backgrounds develop relationships, whether we have such knowledge can make a big difference.

References

[1] Akimoto S, Sanbonmatsu D. Differences in self-effacing behaviors between European and Japanese Americans[J]. Journal of Cross-Cultural Psychology, 1999(30):159-177.

[2] Berstein B. Elaborated and restricted codes. In A. Smith (Ed.), Handbook of cross-cultural psychology (Vol. 3)[M]. Boston: Allyn and Bacon, 1966.

[3] Chen M K. The effect of language on economic behavior: Evidence from savings rates, health behaviors, and retirement assets[J]. American Economic Review, 2013(103): 690-731.

[4] Ellis D G, Maoz I. Cross-cultural argument interactions between Israeli-Jews and Palestinians[J]. Journal of Applied Communication Research, 2011(30):181-194.

[5] Erez M, Earley P. Culture, self-identity and work[M]. Oxford: Oxford University Press, 1993.

[6] Giles H, Byrun J. The intergroup theory of second language acquisition[J]. Journal of Multilingual and Multicultural Development, 1982(3):17-40.

[7] Gudykunst W, Kim Y. Communicating with strangers: An approach to intercultural communication[M]. New York: McGraw-Hill, 2003.

[8] Gudykinst W B, Matsumoto Y, Ting-Toomey S, Nishida T, Kim K, Heyman S. The influence of cultural individualism-collectivism, self construals, and individual values on

communication styles across cultures[J]. Human Communication Research, 1996(22):
510-543.

[9] Hall E T. Beyond culture[M]. Garden City, NY: Doubleday, 1976.

[10] Hofstede G. Culture's consequences: Comparing values, behaviors, institutions and
organizations across nations (2nd Ed)[M]. Thousand Oaks, CA: Sage, 2001.

[11] Heine S, Lehman D. Culture, self-discrepancies and self-satisfaction[J]. Personality
and Social Psychology Bulletin, 1999(25):915-925.

[12] Kashima E, Kashima Y. Culture and language [J]. Journal of Cross-Cultural
Psychology, 1998(29):461-486.

[13] Masuda T, Nisbett R E. Attending holistically vs. analytically: Comparing the context
sensitivity of Japanese and Americans[J]. Journal of Personality and Social Psychology,
2001(81):922-934.

[14] Martin J N, Nakayama T K. Intercultural communication in contexts (6th ed.)[M].
New York: McGraw-Hill, 2013.

[15] Nisbett R E. The geography of thought: How Asians and Westerners think differently
… and why[M]. New York: The Free Press, 2003.

[16] Peng K, Nisbett R. Culture, dialectics, and reasoning about contradiction[J]. American
Psychologist, 1999(54):741-754.

跨文化沟通以及中美跨文化传播的共性与差异

冯海荣* ■

摘要:在全球化日益快速发展的当今,跨文化传播研究和教学近 20 年在中国渐热,各种研讨推动着跨文化传播的快速发展。美国的跨文化传播研究始于"二战"后,在 20 世纪 70 年代正式确立为一个学科。跨文化传播在随后半个世纪里逐渐形成各种理论范式来解释跨文化交际实践中出现的各种现象。在具体的文化背景中,特定的情境下,中美跨文化传播显示出了共性和差异。探讨这些共性和差异有助于从不同的文化与情境的角度理解跨文化传播,从而补充已有的理论框架,形成新的理论模式,进而帮助人们更好地理解跨文化交际中出现的各种现象。

关键词:跨文化沟通;中美跨文化传播;跨文化交际;文化价值取向

The original paradigm for intercultural communication took form in conceptualizations by Hall and others at the Foreign Service Institute in the United States in the early 1950s. It was established in order to serve the global political, military, and economic development needs of the United States. The scholarly field of intercultural communication was then mainly advanced by university-based scholars of communication in the United States in late 1960s. International Communication Association established a Division of Intercultural Communication in 1970. International Journal of Intercultural Relations begins publication in 1977. Theory development in intercultural communication is emphasized from 1980. The International Academy of Intercultural Relations was found in 1998. Intercultural Communication was first introduced in China in the early 1980s following the "Open Door" policy and the first generation of

---

* 冯海荣,博士,2007 年毕业于普渡大学传播系,现为明尼苏达大学德鲁斯(University of Minnesota Duluth)文学院传播系副教授,主要研究领域为人际传播、跨文化传播、人际关怀和健康传播等。研究成果发表在美国传播领域的顶级期刊并荣获国际传播学会和美国传播学会的最佳论文奖。近年来更多关注中国跨文化传播的发展,多次参加在中国举办的跨文化沟通研讨会。2017 年 7 月受中国海洋大学邀请,做了题为"跨文化沟通以及中美跨文化沟通的共性与差异"的专家讲座,本文即是讲座的内容,成稿时补充了有关文献。

study abroad or "visiting scholars" returning from stays overseas. As Language learning moved from just mastering content and improving learning method approaches, in the late 1980s a "language and culture fad" was evident in increasing conferences and publications. By 1995, the need for a field was evident and the China Association for Intercultural Communication was established. In 1997, the first five textbooks focusing on Intercultural Communication came out to help establish the emerging field. In early 2000, Intercultural Communication also began to flourish in the field of Communication in China. With the fast economy development of China, China has begun to promote Chinese culture in the world. The Confucius Institute has branches all over the world and the recent One Belt and One Road policy demonstrates the ambition of China to lead the world. Intercultural Communication is an interdisciplinary field which has been influenced by Anthropology, Psychology, Sociology, Linguistics, International Relations, and Communication.

What is Culture?

While we have a review of culture and nonverbal communication, it is essential to provide a definition of culture. Culture is created as people adapt to their environments in order to survive, and it results from the process of individuals' attempts to adapt to their contexts in addressing the universal and cultural specific social problems and biological needs (Matsumoto, 2006). Culture has been defined in diverse ways because the concept of culture covers broad domains related to almost everything about human thoughts, activities or products. Within the realm of intercultural communication research, there are three major approaches to defining culture. Martin and Nakayama (2018) believe that the best approach to understanding the complexities of intercultural communication is to pursue the concept of culture from different perspective, and they advocate a dialectical approach which suggests that different definitions offer more flexibility in approaching the topic. Social scientific approach focuses on the influence of culture on communication. The primary concern for this perspective is communication differences that result from culture. Within this approach, the idea of distinct values and behavior patterns shared by a group of people has been particularly emphasized as core elements of culture. For example, Hofstede (1991) defined culture as "the collective programming of the mind which distinguishes the member of one group or category of people from another" (p. 5). In contrast, interpretive approach focuses more on how cultural contexts influence communication. For instance, Spencer-Oatey (2000) defined culture as "a fuzzy set of attitudes, beliefs, behavioral conventions, and basic assumptions and values that are shared by a group of people, and that influence each member's behavior and each member's interpretations of the 'meaning' of other people's behavior" (p. 4). Critical approach often view communication—and the power to communicate—as instrumental in reshaping culture. It views culture as the way that people participate in or resist society's structure.

In both popular media and academic research, the concept of culture is often linked to national boundaries and geographical areas such as the United States, Sweden, China, and Japan (e. g., Jackson and Wang, 2013; Leung, Chiu and Hong, 2010). However, as the above-mentioned definitions indicate, a cultural group is not constrained by geographic locations. To the extent that a group of people share a system of distinctive values and behavior patterns, it can be argued that they embody a relatively unique culture. A good example of research that reflects this conceptualization of culture is Goldsmith and Fitch's (1997) study of advice. In the field of communication, their study was perhaps among the earliest that examined advice from the lens of culture as a speech community. A speech community includes not simply individuals who share geographic location but those who share a system of rules and premises for speaking (Katriel, 1991; Philipsen, 1992). Theoretically, then, culture can be at the levels of nationality, ethnicity, race, gender, age, occupation, and many more.

What is Intercultural Communication/Cross-cultural Communication/ Transcultural Communication?

Intercultural Communication is symbolic exchange process whereby individuals from two (or more) different cultural communities attempt to negotiate shared meanings in an interactive situation within an embedded societal system. Cross-cultural communication is becoming familiar with other cultural norms and to improve their interactions with people of different domestic and international cultures. Transcultural communication focuses on cultural elements/aspects in transfer, transition, and hybridity.

A model of intercultural communication (Fig. 1):

This model of intercultural communication illustrates that culture is a part of every communication act. More Specifically, it illustrates that the messages you send and the messages you receive will be influenced by your cultural beliefs, values, and attitudes. Note also that the circles overlap to some degree, illustrating that no matter how different the cultures of the two individuals are, there will always be some commonalities, some similarities, along with differences.

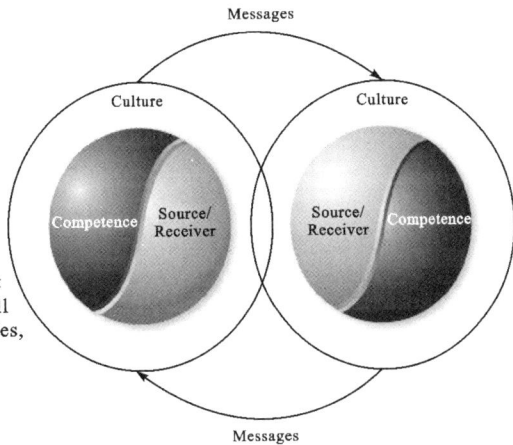

Fig. 1   A Model of Intercultural Communication

A Comparison of Intercultural Communication in China and the U. S.

Intercultural Communication Research in China is currently developing in two disciplines: Foreign Language Teaching/Learning and Communication. Research of Intercultural Communication demonstrates a few characteristics. First, A number of theoretical and analytical models have been introduced to China from the U. S. without critical analysis. Some theories are not completely fit into the Chinese culture and contexts. Second, perspectives of thinking are different in China and the U. S. In the U. S. , Intercultural Communication as a field started as practical problems, then moved to theory building. In China, Intercultural Communication started from theory without a clear focus on practical problems. Third, so far, we haven't seen sound intercultural communication theories based on Chinese cultural context. However, in recent years, we have seen tremendous efforts of theorizing intercultural communication in the Chinese context. We are expecting exciting contribution of Intercultural Communication research in China to the Development of Intercultural Communication in the world.

Six Dialectics of Intercultural Communication

Martin and Nakayama （2018） suggest six dialectics for intercultural communication research and practice. Cultural-Individual Dialectic：Intercultural communication is both cultural and individual. Communication is cultural，suggesting that we share some communication patterns with members of the groups we belong to. Other communication patterns are idiosyncratic or unique to the individual. Personal-Contextual Dialectic：Although individuals communicate on a personal level，the context of the communication is also important. In different contexts individuals take on different social roles. Differences-Similarities Dialectic：Human beings are simultaneously both different from and similar to each other. Overemphasizing differences can lead to prejudice and stereotyping. Overemphasizing similarities may prevent us from noticing the important cultural variations that exist. Static-Dynamic Dialectic：Intercultural communication is both static and dynamic because some cultural patterns remain relatively constant over time while others shift. History /Past-Present/ Future Dialectic：To better understand intercultural communication，it is important to think not only about the present but also about how history affects our present interactions. Privilege-Disadvantage Dialectic：Cultural members may be simultaneously privileged and disadvantaged，or they may be privileged in some contexts and disadvantaged in others. The dialectical approach is not a theory but a lens from which to view the complexities of intercultural communication. Dialectical approach allows us to look at the issues and ideas from various angles，sometimes holding contradictory notions，but always seeing things in processual，relational，and holistic ways.

Hofstede Cultural Value Orientation

Social psychologist Geert Hofstede suggests five cultural value orientations which have guide intercultural communication research and practice. They are individualism-collectivism，power distance，masculinity/femininity，uncertainty avoidance，and long term versus short term orientation toward life.

Individualism：More emphasis is placed on the individual than on the family，work teams，or other groups. Some claim that this is the most important European American value.

Collectivism: More emphasis is placed on the family, particularly extended families, work teams, or other groups. Power distance: This refers to the extent to which less powerful members of institutions and organizations expect and accept that power is distributed unequally. In low power distance cultures (Denmark, Israel, and New Zealand), people believe that less hierarchy is better and that power should be used only for legitimate reasons. High power distance societies (Mexico, the Philippines, and India) value social hierarchies, and decision making and relationships between people with different statuses are more formalized. Masculinity/femininity: This two-dimensional value refers to both the degree to which gender roles are valued and the emphasis placed on so-called masculine versus feminine values. People in Japan, Austria, and Mexico seem to prefer a masculine orientation, expressing a general preference for gender-specific roles. People in northern Europe seem to prefer a feminine value orientation, reflecting more gender equality and a stronger belief in the importance of quality of life for all. Uncertainty avoidance: This value relates to how threatened people feel in ambiguous situations and how they choose to deal with them. Cultures with low uncertainty avoidance (Great Britain, Sweden, Ireland, Hong Kong, and the United States) have fewer rules, accept dissent, and are comfortable taking risks. Cultures with high uncertainty avoidance (Greece, Portugal, and Japan) prefer more extensive rules and regulations in organized settings and seek consensus about goals. Long-term (Confucian) versus short-term orientation to life: This dimension was added to Hofstede's original three by Asian researchers. It has to do with a society's search for virtue versus truth. Cultures with a short-term orientation (Western religions of Judaism, Christianity, and Islam) are concerned with possessing the truth, look for quick results in endeavors, and exert social pressure to conform. Cultures with a long-term orientation (China Mainland, Hong Kong, Taiwan, Japan, South Korea, Brazil, and India) respect.

High-Low Context Communication

Anthropologist Edward Hall advocates high-low context communication which has been utilized in intercultural communication research and practice. High-context communication is defined as a communication style in which "more of the information is either in the physical context or internalized in the person" whereas low-context communication occurs when "the mass of information is vested in the explicit code" (Hall, 1976: 79). In terms of message production, it is believed that people in high-context cultures tend to rely more heavily on relational and contextual aspects of communication and nonverbal cues to convey their messages and minimize the content of verbal messages. In contrast, people in low-context cultures tend to rely more extensively on explicit verbal codes for constructing messages. Correspondingly, in terms of message reception, communicators in high-context cultures rely more heavily on the context and nonverbal expressions and gestures to perceive and interpret meanings. High-context communicators, as both senders and receivers, are expected to be indirect and to "read between the lines" (Gudykunst and Matsumoto, 1996; Wu and Rubin, 2000). In contrast, communicators in low context cultures are expected to be more straightforward and value the principle of "say what you mean and mean what you say."

Model of Intercultural Development Continuum

The Intercultural Development Continuum (IDC) describes a set of orientations toward cultural difference and commonality that are arrayed along a continuum from the more monocultural mindsets of Denial and Polarization through the transitional orientation of Minimization to the intercultural or global mindsets of Acceptance and Adaptation. The capability of deeply shifting cultural perspective and bridging behavior across cultural differences is most fully achieved when one maintains an Adaptation perspective (Hammer, 2011)(Fig. 2).

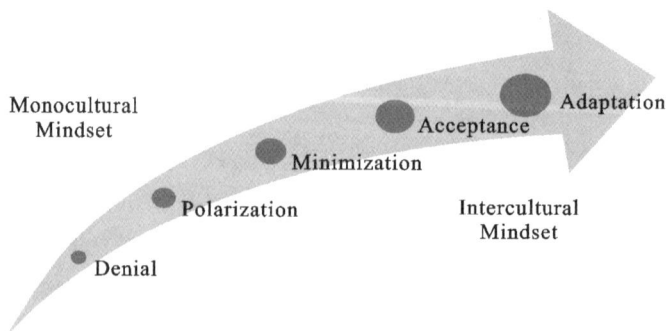

Fig. 2   Intercultural Development Continuum

Denial

A Denial mindset reflects a more limited capability for understanding and appropriately responding to cultural differences in values, beliefs, perceptions, emotional responses, and behaviors. Denial consists of a Disinterest in other cultures and a more active Avoidance of cultural difference. Individuals with a Denial orientation often do not see differences in perceptions and behavior as "cultural". A Denial orientation is characteristic of individuals who have limited experience with other cultural groups and therefore tend to operate with broad stereotypes and generalizations about the cultural "other". Those at Denial may also maintain a distance from other cultural groups and express little interest in learning about the cultural values and practices of diverse communities. This orientation tends to be associated more with members of a dominant culture as well as members of non-dominant groups who are relatively isolated from mainstream society because both may have more opportunity to remain relatively isolated from cultural diversity.

Polarization

Polarization is an evaluative mindset that views cultural differences from an "us versus them" perspective. Polarization can take the form of Defense ("My cultural practices are superior to other cultural practices") or Reversal ("Other cultures are better than mine"). Within Defense, cultural differences are often seen as divisive and threatening to one's own "way of doing things". Reversal is a mindset that values and may idealize other cultural practices while denigrating one's own culture group. Reversal may also support the "cause" of an oppressed group, but this is done with little knowledge of what the "cause" means to people from the oppressed community. When Polarization is present in an organization, diversity typically feels "uncomfortable". The intercultural competence development strategy for individuals or groups at Polarization is to help them recognize when they are overemphasizing differences without fully understanding them; and, second, to help them search for commonalities and adopt a less evaluative stance toward understanding differences.

Minimization

Minimization is a transitional mindset between the more Monocultural orientations of Denial and Polarization and the more Intercultural/Global worldviews of Acceptance and Adaptation. Minimization highlights commonalities in both human Similarity (basic needs) and Universalism (universal values and principles) that can mask a deeper understanding of cultural differences. Minimization can take one of two forms: (a) the highlighting of commonalities due to limited cultural self-understanding, which is more commonly experienced by dominant group members within a cultural community; or (b) the highlighting of commonalities as a strategy for navigating the values and practices largely determined by the dominant culture group, which is more often experienced by nondominant group members within a larger cultural community. This latter strategy can have survival value for non-dominant culture members and often takes the form of "go along to get along". When Minimization exists in organizations, diversity often feels "not heard". When responsibilities and tasks in an organization or educational institution can be accomplished successfully using commonality strategies without the need to attend to difference, Minimization mindsets are reinforced. The intercultural competence developmental strategy for Minimization is to increase cultural self-understanding, including awareness around power and privilege as well as other patterns of cultural difference (e. g., conflict resolution styles), culture-general frameworks (e. g., individualism/collectivism), and culture-specific patterns.

Acceptance

Acceptance and Adaptation are intercultural/global mindsets. With an Acceptance orientation, individuals recognize and appreciate patterns of cultural difference and commonality in their own and other cultures. An Acceptance orientation is curious to learn how a cultural pattern of behavior makes sense within different cultural communities. This involves contrastive self-reflection between one's own culturally learned perceptions and behaviors and perceptions and practices of different cultural groups. While curious, individuals with an Acceptance mindset are not fully able to appropriately adapt to cultural difference. Someone with an Acceptance orientation may be challenged as well to make ethical or moral decisions across cultural groups. While a person within Acceptance embraces a deeper understanding of cultural differences, this can lead to the individual struggling with reconciling behavior in another cultural group that the person considers unethical or immoral from his or her own cultural viewpoint. When Acceptance is present in organizations and educational institutions, diversity feels "understood. "

Adaptation

An Adaptation orientation consists of both Cognitive Frame-Shifting (shifting one's cultural perspective) and Behavioral Code-Shifting (changing behavior in authentic and culturally appropriate ways). Adaptation enables deep cultural bridging across diverse communities using an increased repertoire of cultural frameworks and practices in navigating cultural commonalities and differences. An Adaptation mindset sees adaptation in performance (behavior). While people with an Adaptation mindset typically focus on learning adaptive strategies, problems can arise when people with Adaptation mindsets express little tolerance toward people who engage diversity from other developmental orientations. This can result in people with Adaptive capabilities being marginalized in their workplace. When an Adaptation mindset is present in the workplace, diversity feels "valued and involved". The intercultural competence development strategy for Adaptation is to continue to build on one's knowledge of cultural differences and to further develop skills for adapting to these differences, including engaging in "cultural mediation" between cultural groups that are experiencing problems.

The W-Curve Acculturation Model of Intercultural Communication

When sojourners return to their original cultural contexts, they may experience the adaptation process anew, including culture shock (reentry shock). Sometimes this adaptation is more difficult because it is unexpected. Scholars depict this process as the W-curve theory of adaptation because the sojourners seem to experience a second U-curve (Fig. 3); the anticipation of returning home, culture shock in finding that it is not exactly as expected, and the gradual adaptation (other terms for the process are reverse culture shock, reentry shock, and repatriation).

There are two fundamental differences between the first and second U-curve of adaptation:

a. Personal change: In the second U-curve the individual has changed because of the adaptation experience and is not the same person as before he or she left.

b. Expectations: The sojourner does not expect to experience culture shock in returning home, and family and friends do not expect the sojourner to have difficulties. The sojourner also may encounter cultural and political changes he or she did not expect.

International students and returnees from overseas work assignments may find that they are expected to be slightly different, but are expected to fit in as if they had never left. Returning military personnel may find returning to be stressful (perhaps even more stressful that deployment) and they, too, must recognize that the cultural context of reentry is different from being overseas. Sojourners who leave their nations during times of political strife and return when peace is restored may find that there exists ambivalence on the parts of those who stayed towards those who left (Martin and Nakayama, 2018).

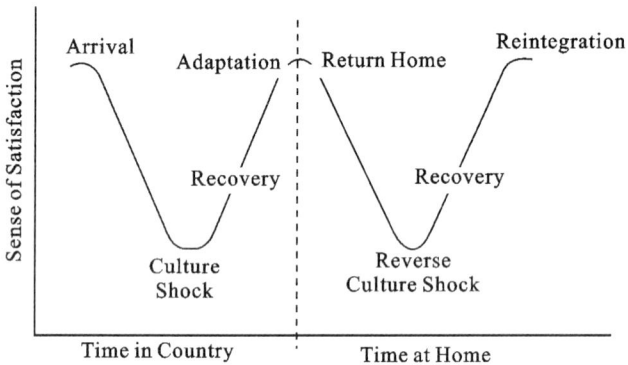

Fig. 3   The W-Curve Acculturation Model

The goal of researching in intercultural communication is to help people becoming flexible intercultural communicators. Dynamic flexibility refers to integrating knowledge, open-minded attitude, culture-sensitive skills, and communicating ethically with culturally dissimilar others. This conceptual idea needs lots of practice in reality.

References

[1] Goldsmith D J, Fitch K. The normative context of advice as social support[J]. Human Communication Research, 1997(23):454-476.

[2] Gudykunst W B, Matsumoto Y. Cross-cultural variability of communication in

interpersonal relationships. Communication in personal relationships across cultures[M]. Thousand Oaks, CA: Sage, 1996:19-56.

[3] Hall E T. Beyond culture[M]. Garden City, NY: Anchor, 1976.

[4] Hammer M R. Additional cross-cultural validity testing of the Intercultural Development Inventory[J]. International Journal of Intercultural Relations, 2011(35):474-487.

[5] Hofstede G. Cultures and organizations[M]. Berkshire: McGraw-Hill Book Company Europe, 1991.

[6] Jackson L A, Wang J L. Cultural differences in social networking site use: A comparative study of China and the United States[J]. Computers in Human Behavior, 2013(29):910-921.

[7] Katriel T. Communal webs: Communication and culture in contemporary Israel[M]. New York: State University of New York Press, 1991.

[8] Leung A K-Y, Chiu C-Y, Hong Y-Y. Cultural processes[M]. New York: Cambridge University Press, 2010.

[9] Martin J N, Nakayama T K. Nonverbal codes and cultural space. Intercultural communication in contexts (7th ed)[M]. New York, NY: McGraw-Hill Education, 2018:273-314.

[10] Philipsen G. Speaking culturally: Explorations in social communication[M]. Albany: State University of New York Press, 1992.

[11] Spencer-Oatey H. Culturally speaking: Managing rapport through talk across cultures [J]. London, Continuum, 2000.

[12] Wu S Y, Rubin D L. Evaluating the impact of collectivism and individualism on argumentative writing by Chinese and North American college students[J]. Research in the Teaching of English, 2000(35):148-178.

中国海洋大学与德克萨斯 A&M 大学共建孔子学院回顾

周　红*　■

摘要:中国海洋大学(OUC)与德克萨斯 A&M 大学(TAMU)共建孔子学院,经过十年的建设,在汉语教学、文化推广及两校合作及交流等方面取得了成绩。本文从三个方面梳理和回顾十年的发展状况,并在此基础上展望孔院未来发展前景,通过建立三方有效驱动力关系,重新规划孔院办学定位,建立多层次教师梯队,以此来实现可持续发展目标。

关键词:孔子学院;中美共建;德克萨斯 A&M 大学;中国海洋大学

　　国家汉语国际推广领导小组办公室(以下简称国家汉办)自创办孔子学院以来,本着面向全球开展汉语教学、传播中华文化,促进中外人文交流和民心相通,推动多元多彩人类文明发展的初心,始终坚持中外双方平等合作、互利共赢的办学模式,在 13 年的快速发展中已具全球规模。据国务院副总理刘延东在第十二届全球孔子学院大会的主旨报告中的最新数据,迄今已在 146 个国家和地区设立 525 所孔子学院和 1113 个孔子课堂,中外专兼职教师数达到 4.6 万人,累计开设汉语班次 41 万个,各类学员达 916 万人。孔子学院的建立"带动 60 多个国家将汉语教学纳入国民教育体系,推动 170 多个国家开设汉语课程或汉语专业,拉动全球汉语学习人数迅速攀升至 1 亿"[①]。

　　德克萨斯 A&M 大学(以下简称 TAMU)作为大型的公立大学,致力于在广泛的学术和专业领域中的知识发现、开发、交流和应用。在以提供高质量的本科和研究生课程为其使命的同时,大学始终将全球性视角注入其教学、研究和公共服务项目中,而迈向国际化一直是 TAMU 发展的重中之重。基于此目标,TAMU 提议承办孔子学院,并因着与中国海洋大学在海洋领域十多年的合作,明确中方合作学校为中国海洋大学(以下简称 OUC)。2007 年 9 月,OUC 与 TAMU 正式签署共建孔子学院的合作协议,2008 年 4 月 28 日举行揭牌仪式,

---

　　* 周红,中国海洋大学文学与新闻传播学院教师、副教授,现任德克萨斯 A&M 大学孔子学院中方院长(2016—2018),主要研究领域为现代汉语和对外汉语教学。

　　① 马箭飞.办好孔子学院,贡献中国智慧[N].中国教育报,2018-01-26.

孔子学院正式开始运作。孔子学院是 TAMU 中国语言、文化、研究和科技教育交流的中心项目,是大学教育和拓展服务的一部分,不仅以全力推广汉语教育和中国文化为己任,而且致力于推动 TAMU 与中国在文化、学术交流和科学研究等领域的多边合作,通过组织和赞助交流访问、研讨会,提供"孔子学院奖学金""新汉学计划""中国政府奖学金"及总部夏令营、教育工作者访华团等项目,建立 TAMU 师生与中国的联系,为大学师生提供服务。

经过近十年的建设发展,德克萨斯 A&M 大学孔子学院(以下简称 TAMU 孔院)如何坚持自己的特色,做到可持续发展,本文通过回顾和总结孔院历程建设,提出可持续发展的新思考。

一、TAMU 孔院定位:从推广汉语及中国文化到大学对外交流的平台

2004 年在国家汉办最初设定在全球建立 500 所孔子学院的目标时,TAMU 就瞄准了这个项目,并一直在为建立孔院做前期准备。到 2007 年,全美建立了 15 所孔院,其中有 13 所是和大学合作建立的,其中有洛杉矶加利福尼亚大学、普渡大学、夏威夷大学、俄克拉荷马大学、马里兰大学、密西根州立大学等,但在德州此项目尚属空白。TAMU 抓住机遇,在德州率先启动建立孔子学院项目,认为"孔子学院的建立将极大地提高 A&M 大学的中文教学能力,并推动校园及社区团体的国际化进程"[①]。

在孔院筹备建立阶段,TAMU 将项目分为两段,第一阶段——2007 年秋季,成立孔子学院,并开始中文教学;第二阶段——从 2008 年开始,加强中文教学,并拓展各项文化推广活动。根据这个定位,从 2008 年到 2012 年,TAMU 孔院把推广汉语项目和举办文化活动作为主要工作目标,用汉语教学作为敲门砖,在揭牌仪式之前就开始为大学开设汉语学分课,并在五年之内,帮助人文学院建立了汉语辅修专业,为大学学科建设做出了贡献,奠定了孔子学院在大学的地位。与此同时,以社区汉语课及文化课为推手,进一步扩大教学范围,把汉语教学深入到社区,并结合中国文化推广活动,逐步扩大了孔子学院的影响力。经过五年的良好运作,工作得到各方肯定,TAMU 于 2013 年 7 月与国家汉办续签了第一个五年协议。

回顾前五年的工作,TAMU 孔院最先建立的目标大部分已经实现。未来的发展,不应再把资源集中用于最早确立的校内学分汉语课程,而是要更多地开发新的领域和项目。2013 年,国务院办公厅对外发布了《孔子学院发展规划

---

① A&M 大学孔院"关于在美国德州 A&M 大学建立孔子学院的提案",2007 年 2 月。

（2012—2020年）》，强调要"进一步加强孔子学院建设，促进中外教育交流与合作，充分发挥孔子学院综合文化交流平台作用，推动中华文化走向世界"，要"坚持科学定位、突出特色"。这一新的发展规划促使 TAMU 孔院重新审视自己的目标，2012 年在为续签协议撰写的未来发展方案中，对孔子学院的工作重新作出定位——大学对外交流的平台。具体来说，保持原有项目的同时，强调开发更多与文化和学术相关的项目和交流合作，为 TAMU 的师生从事有关中国的学习和研究牵线搭桥，并提供相关服务。自此，TAMU 孔院"外寻突破，内生发展"。在"外寻突破"上，借助总部不断推出的奖学金、访华团组等项目资源以及中国海洋大学的项目资源，帮助大学师生及当地学区的学生到中国学习、研究和访问，其中先后帮助 12 名学生申请了"孔子学院奖学金""中国政府奖学金"到中国学习；帮助两位 TAMU 教授申请"新汉学计划"到中国做研究，参加学术会议；组织人文学者到中国海洋大学进行学术访问；连续几年组织学生团组到中国学习或访问，其中有汉语辅修专业"暑期汉语夏令营"，"发现中国"高中生夏令营，TAMU 军校生访华夏令营等，这些团组项目也都落地在合作院校中国海大，很好地将两校连接了起来。在"内生发展"方面，孔子学院深入了解 TAMU 各个学科寒暑期赴华项目，与"出国留学项目办公室"合作，推出赴华"行前培训项目"，到目前为止为大学 10 个专业的 570 余名师生作了行前培训，为大学的留学项目做出了贡献，同时也让更多的学科了解了孔子学院，为寻求未来的合作奠定了一些基础。再如，通过支持汉语辅修项目、教育学院双语教育项目、医学院医学汉语项目、当地学区汉语项目等，将汉语教育不断深入到院系及学区，做他们的资源保障。

二、TAMU 孔院特色：建设研究型孔院

从 2004 年诞生至今，全球孔子学院逐渐改变了仅以传播中国文化和汉语教学的模式，发展呈现多元化趋势。2014 年 4 月文化建设蓝皮书《中国文化发展报告（2013）》在北京发布。报告显示，2010—2013 年除了以汉语言文化推广为主的普通孔子学院之外，各类特色孔子学院发展起来，如中医孔子学院、商务孔子学院、旅游孔子学院、音乐孔子学院、舞蹈和表演孔子学院、饮食文化孔子学院、茶文化孔子学院等。报告认为，特色孔子学院的发展走出了一条推广中华文化的新途径。以欧洲的孔子学院为例，英国在孔子学院领域内不仅以数量第一占据着龙头老大的地位，而且各具特色，更多元化。比如清华大学和伦敦政治经济学院（LSE）合办的商务孔院、由伦敦南岸大学承办的中医孔院等。2015 年由外语教学与研究出版社（外研社）和牛津布鲁克斯大学（Oxford Brookes University）共同创办的全球首家专注出版和新媒体的孔子学院在英国牛津布鲁

克斯大学揭牌成立。

在美国，纽约州立大学商务孔院、密西根大学音乐孔院、奥古斯塔大学中医孔院等，也为我们提供了很好的例证，即要将孔子学院办出自己的特色，才能可持续发展。在 2018 年《美国新闻和世界报道》提供的大学综合排名中，TAMU 排名 69 位。作为公认的研究型大学，它在工程、商科、教育和人才发展领域都有高水平的研究生项目，它还拥有德州仅有的一所兽医学院。作为中国一流高校的中国海大，在海洋领域的科学研究处于世界先进水平。两所学校同属理工科优势大学，偏重于自然科学方面的研究。自 2008 年孔子学院开始正式运作起，双方达成一致，确定 TAMU 孔院要发展研究型孔院，我们在开发项目时也凸显这个特色。例如，2012 年 TAMU 孔院在大学建立了一个中国研究学者社区（China-Study Faculty Community）。建立的目的，一是邀请这些研究中国的教授、学者来做讲座，分享了多学科领域的研究成果；二是为他们寻找与国内院校进行交流合作的机会；三是请他们来共商孔子学院的发展思路，为孔院出谋划策。这个社区的建立，为大家提供了学术交流的平台，也树立了孔子学院在大学内的中国文化使者的地位。再如，2015 年孔子学院完成了年度研究报告《2000—2015 中文在德克萨斯的推广》，在"德州中文教师协会年会"上发表，引起广泛热议。报告调查了过去 15 年间德克萨斯中文教学项目的历史发展及现状，指出了德克萨斯州中文项目的地区不均衡等问题，为未来德州中文项目的发展规划提供了很好的参考资料。后续的几年，孔子学院每年更新数据，并扩大调研范围，以此来完善研究项目。

三、OUC 与 TAMU 共建孔院的合作成效

近年来，TAMU 孔院的工作重心是推动两校人文及教育领域之间的交流，并开展了一系列的务实合作。两校海洋领域的学术合作是双方合办孔院的前因，而孔院的建立和发展，又为双方合作增添了新的可能，拓展了合作的范围。

2011 年孔子学院邀请 OUC 文学与新闻传播学院教授、儿童文学研究所所长、著名儿童文学学者朱自强赴 TAMU 进行学术访问。访问期间，朱自强教授举办了"中国儿童文学发生期的美国影响"的学术讲座，与 TAMU 英文系、社会学系、历史系师生进行了一系列的学术交流。在时任中方院长罗贻荣教授的推动下，一起与 TAMU 克劳蒂娅·尼尔逊教授进行磋商，形成了双方合办首届中美儿童文学高峰论坛的意向。OUC 希望将中美儿童文学论坛办成每两年一届的例会。2012 年 6 月，第一届中美儿童文学高端论坛在青岛成功举办；2014 年，在美国举办第二届中美儿童文学高端论坛（与美国南卡罗来纳大学合办）；2016 年，OUC 主办第三届中美儿童文学高端论坛暨首届国际儿童文学论坛；2018

即将在美国召开第四届中美儿童文学高端论坛暨第二届国际儿童文学论坛(与普林斯顿大学合办)。目前中美儿童文学高端论坛在学校各方的大力支持下,已办成了定期召开的高端学术论坛,并不断有学术成果的产出,成为两校合作的一个成功范例。孔子学院在两校合作方面的作用也日渐重要。

由OUC朱自强教授和TAMU劳蒂娅·尼尔逊教授任主编,OUC罗贻荣教授任副主编的"当代美国金质童书"(后更名为"美国大奖小说")系列书籍的出版,是在孔子学院推动下形成的两校学者深化学术交流与合作的另一项成果。该丛书2013年5月出版第一辑,目前已出版三辑共14种。

2016年,由孔子学院牵头,与TAMU在设计领域探讨两校的合作,最终达成了"中美跨文化交流"设计作品互展项目。美方承办单位为TAMU学生活动中心视觉艺术委员会和建筑学院;中方承办单位为OUC工程学院工业设计专业。设计主题为"可持续性生活空间"。两校学生分别就这个主题进行作品设计,将各自的作品通过电子文档发到对方学校,用3D技术打印出来,两校同时展出对方的作品。这种基于学生培养的互动,深化了合作交流的内容。

2017年5月,由孔子学院美方院长Randy Kluver博士带队,TAMU传播学系两位教授前往OUC文学与新闻传播学院进行学术访问。访问期间,两位教授分别作了学术讲座,出席了"多重视角下的新闻传播——中美联合工作坊";另外,两校新闻传播专业就专业领域合作还进行了高层会谈。双方都希望在传播学领域建立合作伙伴关系,共同推动学术会议、学者访问、学生交换等方面的合作。2018年5月,TAMU传播学系系主任将到OUC进行学术访问,届时将继续与OUC新闻传播专业探讨下一步的合作。2018年5月,TAMU人文及教育学院教授团即将访问OUC。双方将在经济、管理、传播学、语言教育、政治学等多个领域进行一次大对话,找到各个领域的合作方向,推动多学科之间的交流。访问将采取学术讲座、专业对话、人文教育论坛等活动方式,建立双方相应学科间的联系,寻找合作机会。同时这次访问也会给OUC带来新鲜的学术空气。

四、OUC与TAMU共建孔院的未来发展

全球孔子学院经过了13年发展后,速度逐渐变缓,这是事物发展的必然规律。回顾十年建设,TAMU孔院在夯实汉语教育的基础上,做了大量的文化推广、合作交流的工作。但是工作中出现的问题、困境,也越来越明显。未来如何可持续发展需要我们重新定位和思考。

1.加强各方工作机能,建立有效驱动力关系

孔子学院的建设和发展是中外合力推动的结果。应进一步加强各方的职责

和权能,建立有效的合作机制,并使之成为有效的驱动力。在孔子学院总部资源配备的前提下,TAMU 作为办学主体,从顶层进行设计、整体规划,重视并支持孔子学院的工作,配备全职及专职管理人员,与中方人员协同工作,这是孔子学院继续发展的重要保证。孔子学院自身工作效能的提升,需从工作机制的创新、与 TAMU 职能部门建立更广泛的联系、扩大工作范围等方面来实现。中方合作院校在培育选派优秀师资、为孔院学术研究、学术交流提供更多人力和资源保障等方面也起着举足轻重的作用。

2. 建立高端对话平台,重新规划孔院办学形式

2013 年,应国际研究学系主任罗伯特·杉德利博士(Robert Shandley)邀请,孔院中方院长邓红风教授在秋季学期为国际研究系高年级开设了一门学分课程"国际视野中的中国"。通常高年级研讨课选修人数在 15 人之内,而"国际视野中的中国"却有 24 名学生选修,在大学产生了良好的反响,也是北美孔院开设非汉语教学类学分课程的一个先例。通过此次合作,TAMU 提出应对孔院的课程进行改革,高端定位,多开设与学科相结合的课程。对于中方院长的人选,提出应选拔学术型人才来更好地推动两校学科交流与合作。

纵观汉语国际教育的历程,从最初"请进来"的专业汉语教学向全方位"走出去"汉语国际推广转变后,汉语教学也转向了大众化、普及型、应用型的教学。从并不乐观的历年招生情况来看,目前孔院开设的课程基本处于兴趣班的层面,没有更高层次的办学形式。这是一般孔院普遍存在的现象。通过组织更高层次知识阶层的对话、更深刻的文化思想交流论坛、学术研讨会、互派访问教授开设高级研修课程等,提高孔院在中国研究和中美文化交流方面的影响力,这样才能实现可持续发展。

3. 重新定义教师身份,建立多层次教师梯队

刘延东副总理在 2018 年第十二届孔子学院大会的发言中强调,要优化布局,提高办学水平,深化教师、教材和教学方法改革。教师在教育中起着至关重要的作用,目前派出教师的主体大多是从事语言教学的老师。第一,从汉语教师自身来说,综合素质的培养和提高有待加强。只从事单一的汉语教学,是远远不够的。具备协助开发新项目、独立负责项目、跨文化交际、外语等多方面的能力十分重要。第二,语言教师固然是教师队伍的基础,但单一的教师队伍,限制了高层次教学与研究计划的开展。合作院校在选拔培养教师方面,需要从多层次、多学科的角度来考虑。建立一个多层次的教师梯队,派出能在大学相应学科开设高级研究课程的教师,是建立双方学科合作纽带的最好方式,这对于提升孔院软实力至关重要。

4. 科学设定未来方向,契合两校合作办学目标

应 TAMU 校长迈克尔·杨(Michael Young)邀请,2016 年 11 月 OUC 校长于志刚率代表团访问了 TAMU。在工作会谈中,两位校长对两校多年合作的成效以及全面战略合作的重要性都给予了高度的肯定,并一致认为还有更大的合作空间。双方商定将推进两校合作的系统开展,探讨建立以"泛海洋和环境"为主题的联合研究中心,开展本科和研究生层次的合作办学。对于孔子学院来说,在两校人文学科的合作方面还有很长的路要走。在促进两校人文学者之间深度合作的前提下,谋求两校人文学科联合培养学生的发展愿景,将是孔子学院长远的工作目标。

总之,如何办好孔子学院、贡献中国智慧、服务一流大学建设,是我们的思考和追求。

参考文献

[1] "刘延东:深化合作 创新发展 为构建人类命运共同体贡献力量"http://www. xinhuanet. com/2017-12/12/c_1122100649. htm(新华网).

[2] 数读孔院:孔子学院介绍及全球孔子学院发展概况 http://conference. hanban. org/news/ detail8. html(汉办官网新闻中心).

[3]《孔子学院发展规划(2012—2020 年)》http://www. hanban. edu. cn/article/2013-02/28/ content_486129. htm(汉办官网新闻中心).

[4] 蔡慧清. 孔子学院可持续发展动因探析[J]. 西南民族大学学报(人文社科版),2012(3).

[5] 张虹倩,胡范铸. 全球治理视域下的汉语国家教育及孔子学院建设:问题、因由与对策 [J]. 社会科学,2017(10).

[6] 李晓琪. 汉语国际教育事业的发展与展望——纪念孔子学院成立十周年[J]. 华南师范大学学报(社会科学版),2014(5).

[7] 孔子学院 10 年发展回顾 http:// news. china. com. cn/world/2014-09/15/content_ 33514532. htm(中国网新闻中心).

跨文化学习

李萌羽*　■

摘要:本文旨在和大家分享跨文化学习的意义,介绍文化以及跨文化交际(传播)等概念与学科发展情况,以及霍夫斯泰德、霍尔的价值维度理论,以培养跨文化意识,了解文化的差异性,更好地接受和欣赏文化的多样性,提升跨文化交流能力。

关键词:跨文化学习;跨文化意识;跨文化交际;文化价值维度

跨文化学习是一个旅行,并且是一个终生的旅行,每个人在此旅行中担任的都是一个文化大使的角色,能否做一个好的文化大使,与我们的跨文化学习是密切相关的。跨文化学习之旅将使我们超越本土文化的局限,逐渐超越狭隘的自我,在这个过程中不断进行文化反思,获得个人精神上的成长,有效提升跨文化交流能力。

一、跨文化学习的意义

首先我和大家分享一首我之前写的小诗,在多年的跨文化传播教学中,我在不断思考跨文化学习的意义,在 2016 年春季学期的"跨文化传播学"课堂教学之后,我写了下面的这首小诗,表达了我对跨文化学习意义的理解。

Some Reflections on Intercultural learning
跨文化学习之思(2016 年 5 月 18 日)
On one of my intercultural communication study class,
在一次跨文化传播学课堂,
I talked about intercultural learning,
我和同学们分享跨文化学习的意义,
The significance of breaking through the narrow self,

---

　* 李萌羽,中国海洋大学文学与新闻传播学院教授,主要研究领域为跨文化传播和中西文学比较研究。本文是在 2017 年中国海洋大学国际文化月跨文化系列讲座中应邀所做的"跨文化学习"讲座基础上整理而成,内容略有删改。

打破狭小的自我世界，

And embracing the big SELF，

拥抱大我的天地。

A caring，loving Self in this universe，

在宇宙构建一个充满关切和爱意的大我，

In close relationship among human beings and nature，

建立和他人及自然密切的关系。

The cultivation of an open personality，

培育一种开放的人格，

Learning to be a multicultural world citizen.

学做具有多元文化视野的世界公民。

Intercultural learning is a life-long journey.

跨文化学习是一个伴随我们终生的旅程，

Hopefully we can grow in the journey day by day.

希望我们每天都能够在旅程中成长。

A girl gave me five chocolate candies during the break time，

一位女生在课间给了我五颗巧克力糖，

Sharing the sweetness of her SELF with me.

我们一起品尝着大我世界的甜美。

在这首诗中，我认为跨文化学习的意义在于能够帮助我们走出狭小的自我世界，做一个"大我"。这个"大我"，是一个对周围世界，对来自不同文化的人，对我们生活的宇宙和自然充满关切和爱意的"大我"。而且这个"大我"应具有一种开放的人格，具有多元文化的视野。正如苏格拉底所说："我既不是雅典公民，也不是希腊公民，而是世界公民。"

在我和美国跨文化交际知名学者麦克·普洛斯教授编著的《跨文化交际教程》中撰写的前言中我阐释了类似的对跨文化学习意义的理解："我们生活在一个全球化的时代，地球所有的公民都是紧密相连的，这既是一个令人兴奋的体验，也给我们带来了巨大的挑战。在现实层面，我们的生活必然愈来愈呈现出跨文化的态势。提高我们的跨文化交流能力至关重要，因为我们必须逐渐学会成为多元文化人，在跨文化交流中培养批判性思维，最终做一个世界公民。"①

中国跨文化交际学会前会长贾玉新教授曾应邀来我校做跨文化学习的讲

---

① 李萌羽，Miachael H. Prosser. 跨文化交际教程［M］. 北京：高等教育出版社，2012：XI，汉语由本文作者翻译.

座。有一次我们在上海参加一个国际跨文化交际研讨会,在一起交流时,他说从事了几十年的跨文化交际教学和研究,在不断思考跨文化学习的意义,有一天他突然领悟到,跨文化学习从根本意义上来说就是学会做人。在我校所做的那次讲座中,他以"小悦悦事件"为例,谈到我们文化中有些人人性的冷漠。孔子的"仁者爱人"的理念只在狭小的跨文化交际学所说的 insider(圈内人),特别是和我们有密切的亲属关系的范围内有效,而对 outsiders(圈外人)则漠不关心,这是一种狭隘的"小我"人格。我们应该打破这种局限,做一个具有"大我"视野和胸怀的人。

二、全球化语境下的跨文化学习

我国的《国家中长期教育改革和发展纲要(2010—2020)》(以下简称《纲要》)提出,要"加强国际交流与合作,培养大批具有国际视野、通晓国际规则、能够参与国际事务和国际竞争的国际化人才",要"加强国际理解教育,推动跨文化交流,增进学生对不同国家、不同文化的认识和理解"。《纲要》把大学生的跨文化意识和跨文化交际的培养提到了一个新的高度。在以全球化、国际化、多元化和信息化为特征的当今世界,跨文化交流愈来愈频繁,培养具有国际意识、跨文化视野,具有娴熟的跨文化交流能力的人才成为高等教育发展的迫切需要。

当今社会,一方面,跨文化交往变得愈加常态化,另一方面,激烈的文化冲突也日益频发。正如《中国文化的精神》的作者王柯平所言:"在我们的瞩望中,新千年是一个充满希望的和平与发展的时代。然而与所有的期待恰恰相反,它从一开始就笼罩在恐怖主义、恐惧、仇恨、紧张、冲突和战争之中,其中还掺杂着许多其他形式的苦难和不幸。"①新千年的不和平因素主要来自对外来文化和多元化差异的敌对态度,哈佛大学的萨缪尔·亨廷顿在《文明的冲突》一书中指出,当今世界主要的冲突来自不同文明、价值观和宗教的冲突,如伊斯兰教和西方基督教文明的冲突,若彼此不能很好地理解对方的文明和文化信仰,就会制造更多的敌意和紧张关系,乃至演化成世界范围内的恐怖主义。这就使得跨文化学习变得至关重要。1992 年,联合国教科文组织的国际教育大会发布了《教育对文化发展的贡献》的大会文件,这份文件特别强调了理解跨文化性或多元文化主义(interculturality/ multiculturalism)理念的重要性,"跨文化性或多元文化主义意指关于不同文化的知识和理解,以及在一国内部各种文化成分之间和世界各国不同文化之间建立积极的交流与相互充实的关系。鉴于当今世界所独有的大

---

① 王柯平.中国文化的精神[M].北京:外文出版社,2007:36.

量因素,各个现代国家都必须不同程度地面临多元文化现象。"①全球化时代的跨文化学习一方面要求我们在一国文化范围内要了解不同文化的多样性、丰富性和差异性。如我们国家有 56 个民族,不同的地域又产生了不同的文化,我们应在充分理解我们本民族文化的基础上培养对其他文化的理解。另一方面,就世界文化而言,各国文化更是绚烂多彩,跨文化学习要培养对人类文化多样性的尊重,承认文化差异性的价值,理解不同的价值观、宗教信仰、生活方式选择、语言及非言语表达的多元性,以一种开放的视野和心态接纳异质文化,从而提高跨文化交际能力。

三、文化及跨文化交际(传播)学科介绍

1. 文化概念

关于文化的概念,有 200 多种定义,对这一概念的界定也成了一门学问,下面简单梳理一下中西方对文化的不同阐释。

在中国文化中,"文"通"纹",是指各种交错的纹理。《易·系辞下》中说:"物相杂,故曰文。""化"指变化、生成,如《易·系辞下》所言:"男女构精,万物化生。"《周易·贲卦》进而把"文"与"化"联系在一起:"观乎天文,以察时变;观乎人文,以化成天下。"天文是指大化自然,人文是指人伦秩序。郑玄注说"天文在下,地文在上,天地二文,相饰成《贲》者也。犹人君以刚柔仁义之道饰成其德也。"可见,在天文、地文、人文三者关系中,由人文化成的文化是核心,人文之道与德最为重要。

在西方,美国著名文化学专家克罗伯和克拉克洪撰写的《文化:一个概念定义的考评》一书,共收集了 166 条文化的定义。在此我们举两个具有代表性的定义。一个是英国著名人类学家爱德华·泰勒于 1871 年出版的《文化的起源》一书中关于文化的界定:"文化,或文明……是一个复杂的整体,包括知识、信仰、艺术、法律、道德、风俗,以及人类作为社会成员所获得的任何其他能力和习惯。"②泰勒把文化视为一个复杂的系统,认为它既包括外在的习俗和行为习惯,也包括知识、艺术、法律等人类创造的精神产品,还也包括信仰和道德等文化的深层结构。另一个定义是美国人类学家克利福德·格尔茨对文化所做出的阐释。他认为文化是"文化模式的积累,有组织的重要符号系统。"③在此我们可以看到格尔

---

① 转引自赵中建. 全球教育发展的历史轨迹:国际教育大会 60 年建议书[M]. 北京:教育科学出版社,1999:498-499.

② Edward Burnett Tylor. The Origins of Culture[M]. New York:Harper and Row,1958:1.

③ 转引自李萌羽,Miachael H. Prosser. 跨文化交际教程[M]. 北京:高等教育出版社,2012:6,汉语由本文作者翻译.

茨从符号学的角度,把人定义为符号制造与使用者,认为使用符号是人类基本的存在形式,由此形成了不同的文化模式。

有关文化的两个比喻能够帮助我们更好地理解文化的内涵。一是文化"作为冰山"的比喻,我们欣赏的音乐、艺术,吃的食物,穿的衣服,见面的问候,行为举止和礼仪都属于在冰山上方的文化表层内容,为显性文化,它们只占冰山的一小部分。而我们对环境、时间、行动、交流、空间、权力的感知和态度以及我们的思维方式等,则是在冰山下面的隐性文化,正是这些占据冰山以下的隐性文化更多影响我们的交流。另一个是"文化作为洋葱"的比喻,洋葱的特点就是其多层性,在洋葱的最外层可以观察到住房、食物、衣服等文化的表层内容,再往里一个层面是礼仪如鞠躬、握手一类的日常行为规范,最里面一层是信仰和价值观等,它不是显而易见的东西,却影响着我们的行为,在跨文化交流中来自不同文化背景的人因为信仰和价值观的差异性可能会导致诸多交流的障碍。这两个关于文化的比喻有助于理解文化由外及内的不同层面的内容。

2. 跨文化交际(传播)概念及学科发展

跨文化交际(传播)指跨文化交往中拥有不同文化背景的人们之间的信息、知识和情感的互相传递、交流和理解过程。它主要探究文化与交流之间的关系以及如何提高与来自不同文化背景下的人有效交流的一门学科。

"跨文化"最早由 19 世纪文化人类学家所提出。跨文化交际作为一门学科,创始于 20 世纪 50 年代的美国,是在博采众长、吸收众多相邻学科的理论和成果基础上发展起来的一门交叉学科。美国文化人类学家爱德华·霍尔的经典之作《无声的语言》(*The Silent Language*)的出版,被视为跨文化交际学科开端的标志。20 世纪 60 年代中晚期,美国的许多大学都开始开设跨文化交流课程。20 世纪 80 年代后跨文化交际在理论和实践层面取得重大成就,在美国国内外传播。20 世纪 80 年代首先传入我国的外语界,形成了跨文化交际学,主要侧重于探讨语言、交流与文化之间的关系。后被引介到新闻传播学科,形成了跨文化传播学,侧重探讨文化与传媒之间的关系,被引介到经济、管理学领域形成了跨文化商务沟通,侧重于探讨文化与商务沟通的关系。在研究方面,国内许多学者如许国璋、胡文仲、邓炎昌、刘润清、高一虹、贾玉新、单波等对跨文化交际或传播的理论建构、教学以及研究等做出了很大贡献。

四、跨文化交际学文化价值维度研究的代表性理论

在跨文化交际学中,最具影响的文化价值维度研究理论是霍夫斯泰德价值维度和霍尔的高语境和低语境价值维度。它们对我们的跨文化交流实践中的认知和行为有很好的指导作用。

1.霍夫斯泰德价值维度

吉尔特·霍夫斯泰德是荷兰管理学家、社会心理学家以及著名的跨文化研究专家。他对 IBM 公司 72 个国家的公司员工进行了与工作相关的价值观的调研。1980 年他发表了基于对 IBM 公司 11.6 万员工调研的研究结果,即霍夫斯泰德价值观维度,主要内容包括个人主义和集体主义(Individualism and Collectivism)、权力距离(Power Distance)、不确定性规避(Uncertainty Avoidance)、阳性主义和阴性主义(Masculinity and Femininity)等价值维度。

个人主义—集体主义是霍夫斯泰德提出第一个文化价值维度。个人主义文化是指一种组织松散的社会结构,尤为重视个体的价值和利益。集体主义文化则是一种严密的社会结构,其中有内部群体与外部群体之分,把内部群体的利益看得最为重要。如在个人主义文化中父亲教导孩子要学会自己独立思考,个体的价值最为重要,而在集体主义文化中父亲则教导儿子必须做对家族最有益的事情。

霍夫斯泰德认为个人主义和集体主义是所有文化价值观的核心。根据他的研究,美国、澳大利亚、英国、加拿大、荷兰和新西兰是最具个人主义倾向的国家,而巴基斯坦、印度尼西亚、哥伦比亚、委内瑞拉、巴拿马、厄瓜多尔和危地马拉则属于高度集体化的文化。在欧洲和北美的大部分北部和西部地区个人主义表现比较明显,集体主义可以在中美洲、南美洲、中东、亚洲、非洲和太平洋岛屿等观察到。然而,即使在相同的个人主义或集体主义类别中,也存在一些差异。

大致说来,西方文化和东方文化分属个人主义和集体主义价值维度。这两种不同的维度可以追溯到它们不同的文明起源。众所周知,西方文化深受古希腊和犹太—基督教文明的影响。在希腊,严酷的地理环境使其发展出了一种重视个体价值的文化,它强调个人在与恶劣环境的斗争中所具有的能力,很少关注权威。早期希腊文化中对个体价值的尊崇在文艺复兴时期被重新发现,在启蒙运动时期,独立、平等、自由等个人主义价值观成为时代的核心理念。

东方文化的集体主义维度则要归因于中国传统文化和儒家思想。几千年来,儒家思想在塑造东亚人的文化和历史中扮演着重要的角色,比如在韩国、越南、日本,尤其是中国。孔子云"仁者爱人""己欲立立人,己欲达达人",认为"爱"和"立"是建立在对他人的"爱"和"立"互惠的关系上。在中国当代文化中,集体主义文化仍然盛行。大多数中国人重视自己的家庭以及他们所属的群体的利益。然而随着时代的变迁,越来越多的中国人也更加重视个体生命的价值。

权力距离是霍夫斯泰德提出的第二个维度。权力距离具有大与小的显著差异,分为较大的权力距离和较小的权力距离。拉里·萨莫瓦和理查德·波特进一步研究后指出:"有意或者无意,权力距离较大的文化教导他们的成员,世界上人与人之间是不平等的,都各居其位,社会上有许多垂直的从属关系,每个人在这种社会关系中各居其位。社会等级无处不在,并且不平等的关系被机制化了。"①较小的权力距离的文化则认为:"社会的不平等应该减少到最小。下属认为他们和上级都是平等的人,上级也是这样认为。"②在马来西亚、危地马拉、巴拿马、菲律宾、墨西哥、委内瑞拉、阿拉伯国家、厄瓜多尔、非洲、新加坡和巴西,人们可以观察到较大权力距离的文化,而美国、英国、瑞士、芬兰、挪威、瑞典、爱尔兰、新西兰、丹麦、以色列和奥地利等国家则属于较小的权力距离文化。

霍夫斯泰德用权力距离指数来评测不同国家的权力距离。他的研究结果表明,受儒家文化影响较大的国家权力距离指数得分较高,讲罗曼语的国家(西班牙语、葡萄牙语、意大利语和法语)得分居中,讲日耳曼语言国家(英语、德语、荷兰语、佛兰德语、非洲裔美国人)的权力距离指数中得分较低。

权力距离维度理论对我们的日常交往很有指导性。在我和麦克·普洛斯教授编著的《跨文化交际教程》教材的第三章曾分享我的跨文化故事,其中谈到我和普洛斯教授第一次在哈尔滨工业大学召开的跨文化交际国际学术研讨会上见面时的趣事。鉴于他在学界的威望,我向他打招呼时按照中国文化的习惯尊称他为"普洛斯教授",他却笑着说,不要这样称呼我,每个人都叫我"麦克"。在后来日本熊本召开的跨文化国际学术研讨会上,我们第二次见面,我称呼他"麦克",他则称呼我"李教授",看来我们彼此对对方的文化都有了更多的了解。

在儒家文化中,家庭关系是其他社会秩序的基础,它强调等级关系,由此产生了一种较高的权力距离文化。然而,目前中国的权力距离正趋向于变小。在大多数中国人的关系中,相对开放和自由的氛围正在形成。在组织关系中,上司对下属更为友善、更为温和。在家庭关系中,尤其是在城市里,孩子越来越被视为与父母平等的个体,父母能较好地考虑他们的观点和感受。

人们通常认为美国是一个较小权力距离的国家,美国人之间的交流相对比较平等。譬如在学校里,学生们可以通过自由提问和表达自己的观点来打断老师的讲课。而在中国的课堂很少有这种情况出现。尽管如此,一些人认为美国在权力距离上呈现出较高权力距离的倾向。富人和普通民众之间的差距越来越大,更不用谈穷人了。5%的富人比95%的人拥有更多的财富,社会财富越来越处于富人的控制之下。

---

① 转引自李萌羽,Miachael H. Prosser.跨文化交际教程[M].北京:高等教育出版社,2012:109,汉语由本文作者翻译.

② 转引自李萌羽,Miachael H. Prosser.跨文化交际教程[M].北京:高等教育出版社,2012:109,汉语由本文作者翻译.

不确定性规避是霍夫斯泰德提出的考察不同国家文化价值观的第三个维度。不确定性避免是指一个社会及文化感受到的不确定性和模糊情景的威胁所做出的情感和行为反应。处于高度不确定规避的文化为了避免不确定性和模糊性,常通过制定规则向其成员提供稳定性,不能容忍偏离正道的观点和行为,焦虑和压力高是他们的特点。处于低度不确定规避的文化比较容易接受生活中的不确定性和模糊性,喜欢冒险,灵活性强,认为规则越少越好。罗伯塔·罗斯和桑德拉·福克纳依据霍夫斯泰德的不确定性规避指数,进一步分析了处于高度不确定性规避文化公司员工的情感特点为"往往担心过多,工作压力大,不信任外国经理,不愿意与对手妥协,不喜欢组织中的冲突,不喜欢改变。"①相反,处于低度不确定性规避文化中的人们"每天顺其自然地面对它,感觉压力小,不太具有攻击性和情绪,具有好奇心。学生们对开放式的学习环境感到满意,通常更能容忍偏差和创新的想法和行为。"②

关于不确定性规避维度,不仅在不同的国家、不同的文化中,即便是在一个文化内也有很大的差异性。譬如以我的家庭为例,儿子在美国读研究生时,学校有一个赴日本公司实习的机会。因为他从小在国内看日本动漫,受日本文化影响很大,所以他就报名参加此海外实习活动,以第一名的成绩被录取。当他把这个消息告诉我们时,我们却不赞成他到日本去,因为担心他会把美国的机会失掉,这样看来,我们处于高度不确定性规避的思维中,认为他在美国找到导师也不容易,万一导师又招到了新学生,会失掉在美国的机会,所以不想让他改变稳定的生活。但孩子觉得到国外实习能够积累一些工作经验,体验新的文化,他愿意去尝试一下。他的思维是一种低度不确定性规避,他按照自己的想法去了日本,在日本每晚工作之余,还为美国导师用电脑跑实验数据,和美国导师保持着联系,后来美国导师让他继续跟着读博士。看来处于低度不确定性规避文化的人生活得更放松些,更乐意尝试新的事物,可能收获也更多些。

霍夫斯泰德使用阳性主义和阴性主义术语来区分性别在价值观、行为和交流方式上的差异性,这是他提出的又一文化价值维度。他将阳性主义界定为:"社会对性别角色做明确区分的一种文化取向。(男性应该自信、阳刚,看重物质上的成功,女性则应该更谦虚、更温柔,更关心生活的质量。)"③阴性主义文化则

---

① 转引自李萌羽,Miachael H. Prosser.跨文化交际教程[M].北京:高等教育出版社,2012:111,汉语由本文作者翻译.

② 转引自李萌羽,Miachael H. Prosser.跨文化交际教程[M].北京:高等教育出版社,2012:111,汉语由本文作者翻译.

③ 转引自李萌羽,Miachael H. Prosser.跨文化交际教程[M].北京:高等教育出版社,2012:112,汉语由本文作者翻译.

为"不去刻意区分男女在社会中性别角色。（男性和女性都应该是谦逊、温柔、关心生活质量的。）"①

由此，我们看到，在阳性主义文化中，自信、坚韧和雄心等雄性特征被高度重视，经济增长、企业业绩和成就被置于首要地位，而女性则被视为第二位的性别，女性的温柔、关爱和养育等阴性主义的特征被贬低。此外，阳性主义文化强调工作的价值，认为一个人来到这个世界上，工作和成绩是其人生目标。这一文化还进一步区分了男性和女性在工作中的不同角色。认为男性应该在政治、科学和经济领域承担一些重要的工作，而女性则应该是在外做服务工作的服务人员或在家照顾孩子和做家务的家庭主妇。

在阴性主义文化中，人们更为重视生活的质量、关爱和环境问题，认为生活中最重要的事情不是物质上的问题，而是相互关爱的关系，人们应该享受生活，珍惜生活的质量。就工作态度而言，它的原则是"为了生活而工作"，而不是"为了工作而生活"。阴性主义文化对性别持平等和灵活的看法，认为不仅女性，而且男性也可以扮演养育的角色。由于它强调了养育和照顾的价值，在人与环境的关系上，也不像阳性主义那样强调人对环境的征服，而是更为重视人与环境的和谐共存。

霍夫斯泰德还提供了阳性主义维度指数来衡量一些典型国家的性别维度，如日本阳性主义指数得分最高，属于阳性主义文化价值尺度。北欧国家得分最低，属于阴性主义文化维度。

2. 霍尔的高语境和低语境理论

作为跨文化交际学的创始人之一，爱德华·霍尔对非言语交流的研究更为重视。他发现人们在交流的过程中，不同的文化对交流的语境和言语的表达有不同的侧重点，为此提出了高语境文化和低语境文化理论。高语境文化中信息的传递主要通过环境信息，或者是通过个人内化了的信息，很少通过明确的言语或讯息进行交流。中国、日本、沙特、西班牙文化属于高语境文化。低语境文化指的是大多数的信息通过明确的编码（例如语言）来进行传递，如加拿大、美国，大多数欧洲国家属于低语境文化。低语境国家和高语境国家之间的沟通常常出现摩擦，原因在于低语境的人给出的信息太多，而高语境的人没有提供足够的信息和背景。

在《跨文化交际教程》中，有一个课后题讲到霍尔在日本东京的一个旅馆的经历。一天他回到旅馆的房间，发现别人的东西放在那里，当他问服务员怎么一

---

① 转引自李萌羽，Miachael H. Prosser. 跨文化交际教程［M］. 北京：高等教育出版社，2012：112，汉语由本文作者翻译。

回事时,服务员把他带到了另外一个房间,东西放置的和他原来的房间一样。"这是你的新房间",服务员告诉他,但没有向他进一步解释。一开始他感觉很气愤,后来他才了解到在日本文化中因为他被视为大家庭中的一员,而不仅仅是客人,所以他的东西被搬到了新房间里也没有事先告诉他。这是关于高语境文化和低语境文化的一个典型例子。我们在与不同语境文化的人相处的时候要注意灵活处理。和日本人打交道要尽量委婉,与美国人相处则要直截了当。

跨文化交际学中相关理论还很多,为我们分析文化类型和行为提供了有益的指导,但是因为时代、环境的变化以及文化本身的复杂性,我们要根据具体情况进行分析。

总之,跨文化学习是一个旅程,这个旅程的开始是要系统学习这门学科的相关理论知识,培养跨文化意识,更多了解文化的差异性,更好地接受、欣赏文化的多样性,在跨文化交流实践中增强交流的灵活性,减少文化中心主义和刻板印象,以一种超越某一特定文化的更宽广的视野,解决、整合冲突,做一个具有跨文化人格的人。

对美国"以学生为中心"教学模式的体验与思考

孙 凯*

摘要：本文通过对美国"以学生为中心"教学模式的观察，发现在这一模式中，教师在课前大纲的准备、课堂教学方式、对学生学习效果的考察以及课后对学生的指导等方面都是"以学生为中心"，学生的积极性在这一模式中得到充分的调动，包括课前的充分准备、课堂上的积极参与以及课后的消化与反馈等方面。由于这一模式充分调动学生作为学习主体的能动性，所以提出了需要改变传统的教学模式，包括规范化课程教学大纲的建设、改变传统教学方式和"一锤定音"式的考试模式，并充分利用网络教学平台，加强"以学生为中心"的师生交流。

关键词：美国；以学生为中心；教学模式；访学体验

虽然在 2017—2018 学年度我作为中美富布赖特研究学者再次来到美国，作为名副其实的研究者进行一年的学术研究，但是，2009—2010 学年度在美国麻省大学作为"学生"那一年的经历，以及对美国"以学生为中心"教学模式的体验，至今仍然印象深刻，并早已经将其融入我的教学之中。受益于中国海洋大学和国家留学基金委"青年骨干教师 1∶1 配套项目"的资助，笔者于 2009 年 9 月来到美国马萨诸塞大学政治学系，进行为期一年的"编外学生"生涯。站在讲台上 7 年之后，再次在一个全新的环境中成为全日制学生，感触良多。尤其是对美国课堂贯穿始终的"以学生为中心"的教学模式，将教学的两个参与主体——学生和老师的作用得以充分发挥，从而更高质量的实现教学目标。由于外语教学的特殊性，"以学生为中心"的教学模式在外语专业的教学中较早得以重视，本文主要通过笔者所参与的政治学和公共管理的课程来考察"以学生为中心"的教学模式在美国课堂中的贯穿①，希冀能对改变人文社科类课程的传统教学模式有所启发。

---

* 孙凯，中国海洋大学法政学院教授、博士，泰山学者青年专家，美国达特茅斯学院富布赖特研究学者(2017—2018)，美国麻省大学年度访问学者(2009—2010)。本文的写作是基于作者 2009—2010 学年度在麻省大学研修期间参与美国课堂教学的体验与思考。

① 笔者选修的课程包括本科阶段课程"公共政策中富有争议的议题"，研究生阶段课程"国际制度""国际环境政治"。

"以学生为中心"的教学模式主要从两个方面体现出来,一个是教师的"教",另一个是学生的"学"。这种教学模式与传统的"以教师为中心"的教学模式下教师是课堂的主体,课堂教学以教师讲授为中心,学生作为消极的知识接受者有很大的不同,下面笔者主要从这两个方面记录笔者的一些观察。

一、教师:"一切为了学生"

在"以学生为中心"的教学模式中,"一切为了学生"成为教师在课前准备、课堂教学、课后考察评估等方面的指导思想。这主要体现在课堂教学实施前的大纲准备、课堂教学的组织以及多种教学模式的运用、对学生学习效果的考察和检验、课后对学生的指导四个方面。

1. "以学生为中心"的教学大纲设计

每门课程都必须有精细的教学大纲,并以各种模式等提供给学生,是麻省大学对教师的基本要求。学生可以从教室的个人主页、选课系统、系教务老师的办公室等查看教学人纲。教学大纲绝对不是教学计划与教学内容的简单罗列,而是对本课程的一份详细缜密的安排和教学"路线图",一般包括课程介绍、教学目标、教学内容、教学模式、考核模式以及每周的教学计划和阅读任务等。值得一提的是,大纲中一般都包括对学生遵守学术规范的"友情提示",其中对学生作业和学期论文的"抄袭"有相当严厉的规定。通过阅读大纲,学生在选课之前就可以知道本课程的详细教学内容,从而对自己的学习计划进行调整和安排。

2. 课堂教学中的多种教学方式的贯穿

美国课堂教学的灵活性虽然笔者早有耳闻,但"百闻不如一见"。"公共政策中富有争议的议题"每周三次课,每次课主导的教学模式都不一样。一般来说,每周三次课关注的是一个议题。第一次课是以教师讲授为主,但即使在这一个环节中,教师的任务也绝对不是"布道者",而通常是在讲授的过程中,提出一些问题,激发学生去思考和讨论;第二次课是通过教师精选的与本议题相关的纪录片和一些新闻报道,对这个问题从现实的角度让学生得以更为感性的认识;第三次课则是小组讨论,由于选修这门课的学生有 200 多人,所以分为 7 个小组,每个小组由研究生"助教"组织讨论,让学生的观点得以充分的阐述。

"以学生为中心"的教学模式在笔者参与的研究生阶段的课程中体现得更为明显,在课堂中教师的讲解不会超过 1/3 的时间,大部分的时间都是教师根据大纲上罗列的本周要讨论的问题,对学生的思想进行激发,学生则根据自己的阅读,对这些问题进行阐述和互相在思想上的砥砺。

3. 学习效果的检验:老师的"多种法宝"

"考考考,老师的法宝",考试是检验学生学习效果的主要模式,但在美国课堂中,老师似乎更加灵活地运用这一"法宝"。任何一门课的学生成绩,绝对不是仅凭一次两次考试而"一锤定音"。"公共政策中富有争议的议题"这一门课,根据老师的设计,一共为 300 分,其中包括 4 篇政策备忘录共计 60 分(学生写 8篇,每篇 2 页,选 4 篇得分最高的计分);3 篇针对某一议题的短文共计 90 分(每篇要求 5 页);期末考试计 50 分;讨论环节中的课堂演讲共计 30 分;课堂出勤与积极参与计 40 分;讨论环节的出勤与参与计 30 分。从这个考核设计来看,期末考试仅占总成绩的 1/6。学生的"平日成绩"占很大的比重,这就使学生不可能靠期末的几天"突击出围"。"国际制度"和"国际环境政治"由于是研究生层次的课程,在麻省大学政治系的研究生教育多注重科研能力的培养,因此这两门课的考核模式主要是学期论文,占总成绩的 60%,另外课堂讨论与参与占 40%。

4. 课外时间对学生的指导

在麻省大学,每个老师都有自己独立的办公室,很多老师的办公室就是一个小型的图书馆,平时没课的工作日也大都来办公室工作。在学生指导方面,每个老师在学期中都必须设定自己每周的"办公时间",即在办公室学生可以随时来访的时间。一般每周 2~4 次,每次 1~2 个小时。这样,在课堂上未能解决的问题或者学生在课余阅读和学习过程中有问题的话,可以在老师的"办公时间"随时过来和老师当面交流。如果学生在"办公时间"不能到办公室和老师交流,老师一般都在"办公时间"之外可以提前预约另外的见面时间。这样就给予师生交流的充分空间,从而有助于老师对学生的指导。

二、学生:学习主动性的充分发挥

在"以学生为中心"的教学模式下,学生的学习积极性得到充分的发挥,这主要体现在以下三个方面。

1. 课前的充分准备

有人用这样一个比喻"如果上课前没有做好充分准备(主要是指认真阅读制定的阅读材料等),就如士兵到战场上没带枪一样",确实如此。本科生的课堂人数较多,"滥竽充数"者或许能够奏效,但研究生的小班制课堂,若课前没有做好充分的准备,规定的阅读材料没有认真研读,则在讨论的时候根本不知道别人在说什么,更不用说有针对性地提出批判性的观点了。"以学生为中心"的教学模式的教学效果能否得到充分的发挥,学生认真阅读、课前充分准备是一个基本的前提。本科阶段的每周的阅读量相对小些,在研究生阶段,有的老师说,你必须是一个"reader",根据不同的专题,大部分的时候每周需要阅读 1~2 本书。由于教学大纲上大都罗列了本周要讨论的问题,这样学生在准备的时候也会"有的放矢"。

2.课堂上的积极参与

美国学生在课堂上大都比较积极,老师也欢迎学生随时在听课的过程中针对自己不清楚的地方或者有争议的地方提出自己的见解。这部分原因是课堂的表现也占最终成绩的一部分,但更为重要的是,美国学生将这种参与看成"言论自由表达"的文化的体现。当然有时候老师为了将一个问题系统性提讲完,也会暂时对举手提问的同学"视而不见"。学生的问题有时候是针对课堂上正在讲解的内容,有时候是针对自己阅读过程中所难以理解或者有不同观点的问题等。笔者上课的一名教授说过:"学生在讨论和提问中能够更好地发挥学习的积极主动性。"

3.课后的消化与反馈

由于课程的考试模式与学生成绩的评价标准,学生的平日成绩占最终成绩相当大的比重。有的老师要求学生在学期之内写一定数量的课堂的"反思"(reflection),即每学期完成几次对上课内容的整理与思考。另外,学生在阅读文章之后,大都需要写一个"阅读日志"(reading log),这并不是对阅读内容的摘抄,而是要求学生进行批判性阅读,认真了解作者的观点、方法等,以及对这种观点与方法进行评述。另外,学生还会有"团体作战"的机会,即根据不同的任务,将学生分成多个小组,完成某个课题并向全班同学演讲,这样,学习就不仅仅是一种个体行为,从而无形中培养了学生的团队协作精神。

三、对改变传统教学模式的思考

对于传统教学模式的改变,一些老师在不同程度上也进行了探索与尝试,其中不乏借鉴"以学生为中心"的教学模式中成功的经验。但总体来说,并没有将这些经验制度化,而是零星地、散落地使用。因此,笔者认为,要改变传统的教学模式,必须从以下几个方面进行加强,并将其制度化,贯彻到教师的教学组织和学生的学习过程中。

1.规范化课程教学大纲的建设

教学大纲是师生本学期"思想之旅"的路线图,如果没有清晰的路线图,没有目标地"漫游",则旅行的乐趣会大打折扣。因此,教师在学生选课之前(最迟应该在开学之初、学生对课程进行"选购"阶段)应该将清晰的教学大纲提供给学生,对大纲的编写可以提供相对具体的模板,但不拘泥于形式。这样学生在选课之初就可以知道这次"旅行"的目的地、沿途的"主要景点""攀登高峰"的方式等,这有助于帮助学生明确的学习目标的树立。

2.改变"布道式"的课堂教学方式

本科生课堂"布道式"的教学方式应该淘汰,研究生阶段更应该注重"启发式""研讨式"的教学方式。在教学方式上,教师应该改变单纯的知识灌输者的角色,而应该灵活地运用多种教学方式,包括小组讨论、情景模拟、教学纪录片讨论等方式,充分发挥学生作为教学参与主体的能动性。"老师所教的,就是为了学生以后不需要老师",因此,应该有意识地注重学生学习能力的培养和激发,从而为学生创造性地学习、科研以及适应未来对不断变化的社会打下基础。

3. 改变传统"一锤定音"的考试模式

传统的考试模式,使学生的学习目标集中在学期末的考试上,而美国"以学生为中心"的教学模式上,平日成绩在学生的总成绩中占很大的比重。所以中国的教学考试模式使学生"期末很忙",而加大平日成绩,则会使学生"平时很忙",而到期末的时候更能游刃有余。这也是难怪在国内高校大学生每学期 5～7 门课是很正常,而在美国,若选修 3～4 门课就很难招架的原因所在。因此,应该大幅度增加各种平日成绩在总成绩中的比重,这包括课堂的积极参与、小组讨论、小论文、课堂反思、阅读日志等方面,教师应该对平日作业情况进行详细的记录,在本科教学方面,也可以适当"雇佣"研究生助教。

4. 充分利用网络教学平台,加强师生交流

中国海洋大学在教学平台的引进与建设上,在国内属于比较领先的。因为我校早在几年前就引进了在美国大学中广泛使用的 blackboard 这一网络互动教学平台,但我校对这一平台的利用并不充分。麻省大学也在使用这一平台,并将这一平台的互动作用发挥得淋漓尽致。在平台上都有每门课程的网站,师生在不能面对面交流的情况下通过这一平台进行互动交流,并将课程的材料都发到课程网站上,供学生学习使用。学生之间也通过这一协作平台进行课题讨论、小组作业的完成等,甚至是一些考试、测验等也通过平台完成。我们应该加大对这一平台的使用率,使其充分发挥师生面对面交流之外有益补充的作用。

小结

总之,"以学生为中心"的教学模式是对传统教学模式中教师和学生角色的一种挑战,教师的是课堂的设计者、引导者、组织者,需要更为积极地调动学生作为教学主体的能动性,从而实现"以学生为中心""以人为本"的教学目标。但这绝不意味着对教师工作量和工作标准的降低,相反,在这种模式下,对教师提出了更高的要求,不仅需要有过硬的业务能力,还需要具备相当的管理水平,以对教学的各个环节进行全面的协调,这也对教师提出了更高的要求和更大的挑战。

参考文献

[1] Robert E, Bills. An Investigation of Student Centered Teaching[J]. The Journal of

Educational Research，1952,46(4):313-319.

[2] Fred Dowaliby，Harry Schumer. Teacher-Centered versus Student-centered Mode of College Classroom Instruction as Related to Manifest Anxiety[J]. Journal of Educational Psychology，1973,64(2):125-132.

[3] Dollie Lewis Sparmacher. Student-Centered Teaching[J]. The American Journal of Nursing，1950,50(12):787-789.

[4] Renate Pitrik，Andreas Holzinger. Student-Centered Teaching Meets New Media：Concept and Case Study[J]. Education Technology & Society，2002,5(4):160-172.

[5] Dennie Smithcnry，Joan Gallagher-Bolos. Whole-Class Inquiry：Creating Student-Centered Science Communities[M]. NSTA Press，2009.

[6] 周明侠.面向问题的小组课题工作———一种以学生为中心的教学模式[J].现代大学教育,2004(5):22-25.

[7] 贺国庆.外国教育专题研究文集[M].保定:河北大学出版社,2001.

领进门之后对学生的教育：对美国本科教学的体验

潘进芬*

摘要：本文通过对美国本科教育特点的观察以及对作者旁听杜克大学本科课程的体验，从人才培养理念，本科教学的课堂实践、实验设计、对学生的提问以及作业设计等的特点，以及小班授课的教学模式等方面总结了作者感触颇深的美国本科教学和我国教学中差异显著的地方。美国本科教育非常重视培养"动手"和"动脑"两方面全面发展的人才，在本科课程的教学中，教师不仅用生动的方法启发学生入门，更多的是通过课堂和课后的实践、作业等途径教育学生如何去"深入修行"、完成入门之后的能力培养。这样的教学理念和方式将更好地培养创新性人才。

关键词：美国；人才培养理念；本科教学；课堂实践

美国的教学质量全球闻名，留学美国是很多学生的首选，2016—2017 年美国国际留学生的数量达到 1078822 人（https://www.usnews.com）。美国大学何以能吸引世界优秀学者呢？ 2017 年我作为访问学者的身份到杜克大学学习交流，有了深入了解美国大学的机会。这所世界知名的精英学府培养的知名校友包括前总统尼克松，前国务卿赖斯，多位普利策奖和诺贝尔物理、化学、文学、医学奖获得者，以及多位世界知名商人（如百事 CEO）。在 2018 年 USNews 全美国大学排名中位列第九，在 2018QS 世界大学排名中位列第 21。尤为难得的是，杜克大学近年来逐渐把国际发展战略的重心挪到了与中国的合作办学中，与武汉大学合作开办了昆山杜克大学。利用这个难得的访学机会，我旁听了杜克大学"生物海洋学"（Biological Oceanography）等本科生课程，深切感受到中美教育的差别，而这种差别直接影响到人才的培养和质量。

一、人才培养理念

杜克大学创立于 1838 年，被称为美国南方的哈佛，是公认的全世界最优秀

---

* 潘进芬，中国海洋大学环境科学与工程学院教授、博士，美国杜克大学访问学者（2017—2018），香港科技大学访问学者（2012）。本文是作者 2017—2018 年度在杜克大学研修期间参与美国课堂教学的体验与思考。

的学校之一，更是少有的同时具备强大学术研究实力和冠军级运动队的美国精英高校。其校训是"Knowledge and Faith"（知识与信念）。哈佛大学的校训是"Truth"（真理）——将追求真理作为其人才培养的终极目标。而麻省理工学院的校训是"mind & hand（思维与双手）"，培养既会动脑，又会动手的人才。美国的教育理念兼重动脑和动手两个方面的培养，前者即培养逻辑分析能力，后者则是培养实现思维成果的行动能力，包括科技发明与创造的能力。美国的研究生培养更是强调手、脑的均衡发展。英语的"博士（PhD）"是"Doctor of Philosophy"的缩写，但这并非是指望文生义的"哲学专业的博士"，而更多的兼有"Doctor"所寓指的动手能力和"Philosophy"所寓指的"哲学家"那样的思维力。被用来称呼教育的最高学位是因为培养一个人同时具备这两种素养是其教育的终极目标。然而，在我们的意念中，"博士"首先想到通晓古今的博学之士或者精通某种技艺的人才，例如"茶博士""酒博士"。美国著名的常青藤学校斯坦福大学工程学院大楼门口地面上镶嵌着一块金属牌匾，上面刻着一句话："Teachers open the door but you must walk through it yourself"（师傅打开门，修行靠个人），牌匾的右下角注明这是"Chinese Proverb"（中国谚语）。与咱们说"师傅领进门，修行靠个人"，道理是一致的：教师有责任引导、帮助学生进门，从而在正确的方向上精进学习。

二、师父领进门

美国优秀大学的本科课程都是一个完整的体系。杜克大学整个课程体系是由专门的课程委员会集中力量精心设计的，核心课程更是经过了千锤百炼。另一方面，学校和院系在本科生课程投入上毫不吝啬。学校每门课程都有一个独立的网页平台，内容包括任课老师在课程开始之前就已经上传的课程要求、大纲、课件、讲义、作业以及阅读材料。课堂教学上也有很多独有的特色。

1. 师生难辨的课堂

美国大学的课堂，老师总是想方设法让学生参与到课堂上来，避免自己在那里唱独角戏，这是美国常见的上课方式。不仅老师要与学生互动，学生之间也要互动，课堂上的气氛很热烈，学生可以站到讲台上侃侃而谈，而老师则和其他同学一起静静地听讲，师生角色难以分辨。

2. 在实验与实践中学习

从实验中学习抽象的理论概念。教授很少在课堂上讲抽象的概念和规律，每次上课都是设计各种各样的实验和讨论，把学生分成多个小组，让他们在实验和讨论的实践过程中学习理论概念，并通过自己的观察和总结来发现规律。让学生参与现场试验从自己动手的过程中获得知识，不仅印象深刻，而且领悟也透彻。每到上课这一天,教授早早就准备好了当天的教学实验,让学生通过具体的实验来掌握抽象的概念和定律。"生物海洋学"课程为了让学生更好地在实践中了解相关知识,设置了四次出海采样,让学生自己动手去发现规律、认识并掌握规律。

3. 没有现成答案的课

在课堂上,当课程涉及很多抽象的概念时,老师会想方设法让课堂生动多彩,不枯燥乏味,把"生物海洋学"这门课讲成了全系最受学生欢迎的课之一。老师的办法就是引用一些生动有趣的案例,让学生自己去思考,鼓励每个人发表自己的意见,老师从来不给固定的答案,也没有固定答案,老师只是引导启发,并顺势把经典性的理论带出来,而学生通过思考学习、检索资料,每人给出自己的答案。

4. 作业是个浩大的学习工程

在杜克大学的听课经历使我体会到,中美大学的本科教育中对"作业"的理解很不同。咱们国内很多课布置的作业很少,甚至一学期下来一次作业都没有,直到最后期末进行一次闭卷考试来考核学生的学习。即使有老师布置作业,也多是书本内容的简单重复,没有什么挑战性。在杜克大学听课,发现在课堂上老师很少滔滔不绝地讲授教材内容,大多是在讲解作业和阅读材料。这些作业都是精心设计的,通过做作业来让学生领会其中概念、规律和理论。有些作业的难度很高,非常富于挑战性,学生必须经过分组讨论、组员们齐心协力分工去图书馆广泛查阅书籍和期刊论文等资料才能完成。可以说美国的本科专业课程教育,不仅仅是教学生知识,更是教学生如何活学活用这些知识,并根据个人兴趣确立自己的研究题目、设定研究目标、方案,经过检索、归纳总结甚至实验研究来完成题目,即更多的是学习如何做科学研究。几年的本科学习中学生逐步就学会了如何开展创新性的科学研究。

和国内很多课程一样,"生物海洋学"课程也布置写论文的作业,但是并不是简单地交一篇论文而已,而是要在老师的指导之下,从选题到收集材料再到完成论文。老师不给学生论文题目,也不划定所研究的问题的范围,而是让学生自己去找题目。老师这门课就是给学生"开个门",进门这第一步需要学生自己抬腿迈进,从动手和动脑两方面努力地提高各方面技能,学生自然而然培养起独立思考和勤于动手的能力。

三、小班授课的教学模式

小班教育是美国高等教育成功的法宝,也是一流大学的优势所在。为了保证大学的教学质量严格控制大学的招生人数和每个课堂的学生人数可以说是世界一流大学的共同特征。全美 294 所四年制全国性大学中,小班(人数不多于 20 人的课堂)占总课堂比的平均数为 45.8%。著名的常青藤盟校耶鲁大学小班授课的课程比例为 75.2%,而哥伦比亚大学小班比例达到 82.9%(http://www.usaedu.net/content-64-16829-1.html)。杜克大学与其他美国一流大学一样是根据自己的师资力量和教学设施来规定招生名额的,学生人数几十年不变,更不会为了挣钱而扩招。杜克大学校师生比远远低于 0.2,学生人数大约 1 万 5 千人,包括近 7000 名本科生和近 8000 名研究生。

杜克大学把资源集中在本科教育上,并且安排资深教授给更多班级授课。无论本科课程还是研究生课程,师生比都在 0.2 之内。70% 的课堂学生少于 20 人。学校根据各个学科的性质而规定班级的人数,需要上训练技能的课的学生不得超过 10 个,如果学生多了,即使费用提高,学校也会为了保证教学质量不惜聘用新的老师再开一个新班来授课。如果学生对某个老师的学问很崇拜,想从他那里多学些东西,就可以找这个教授"商量"出一门课,这是算正规学分的。地点、课时和教材都由老师和学生双方来定。

"生物海洋学"课程有 5 个学生,还配有一个助教(TA)。对于研究生来说,小班授课意味着你可以任意挑选想要加入的实验室,而且导师也要接受学生的挑选,不仅要学识卓越并且要待人处事非常公平合理才能保证自己能招到学生。小班授课还有以下优点。

(1)促进学习。学生更喜欢规模小、学生之间关系更紧密的课堂,虽然这意味着他们无法翘课从而提高了出勤率。同时,在小班的课堂里,老师对每个学生的情况掌握得好,可以根据他们的个人特点进行针对性教导。老师更容易得知教学效果、及时调整教学方法,学生的学术成长也更受关注、学生学习更有积极性。学生有问题可以得到及时的解决,学生在班上也有更多的机会发言。

(2)敢于提问。大胆地问问题是美国课堂最鲜明的特色,也是美国教育十分重要的环节。当你在一般大学里上百人的班里上课时或许你会不好意思举手提问,但是在小班化的教学中,当你遇到不清楚的地方时你会更大胆地举手问问题,并且能很快地得到答案。

(3)加强沟通、参与项目。杜克大学小班授课与一般四年制大学最大的不同在于学生和教授的交流。小班教学使学生能够直接在需要的时候找到任课教授而不是助教,教授可以给予每一个学生更多一对一的指导。不仅如此,这使本科学生也可以有机会参与老师的项目、与教授共同完成一个项目,而在许多四年制大学中,教授只会允许研究生参与他的项目。小班授课的学生通过这样的机会能够获得更多实践,并且能更熟练地掌握知识。

(4)加强团结协作。小班教学给学生提供了更好的环境去与同学交流讨论。

这在大课中是不可能的。而在小班授课的课程中,学生之间的互相讨论是课程中十分重要的一个环节。通过这样的交流能够更快地与同学建立起良好的关系、培养团队协作的精神。

国际学生机会更多。小班教学能够对于国际学生更有益处,使他们更容易通过与老师的交流来调整自己的学业进度,并且有更多的机会去提高自己的英语能力来适应美国的生活。同样地,随着我国高校本科教育的发展和进步,更多的留学生也会来到我国留学,小班授课在提高我国高等教育质量的同时,无疑也是对他们有利的。

从以上优势我们可以看出,小班授课对于美国优秀的本科教育功不可没。

小结

知识和能力并重、以小班授课模式为主,以及"师父领进门"之后更注重对学生"个人修行"中的独立思考和创新能力的锻炼和指导,造就了美国大学全世界领先的教学质量。中国海洋大学在本科教学改革中处于国内领先地位,今后如果能借鉴美国的经验将为我国培养更多的、更优秀的有海洋特色的国际型人才,为我国福海强国做出贡献。

参考文献

[1] Bai Y, Chang T S. Effects of class size and attendance policy on university classroom interaction in Taiwan[J]. Innovations in Education and Teaching International, 2016, 53 (3): 316-328.

[2] Freeman S, Eddy S L, McDonough M, et al. Active learning increases student performance in science, engineering, and mathematics[J]. Proceedings of the National Academy of Sciences, 2014, 111(23): 8410-8415.

[3] 贺国庆. 美国研究型大学本科教育的百年变迁与省思[J]. 教育研究, 2016, 37(9): 106-115.

[4] 侯建国. 加强协同创新实现人才质量和科研能力双提升[J]. 教研室工作暨教学改革研讨会学习材料, 2016.

[5] 刘海燕. 美国大学"教"与"学"改革运动及启示[J]. 复旦教育论坛, 2016(1): 16.

[6] 石毓智. 为什么中国出不了大师:探讨钱学森之问[M]. 北京:科学出版社, 2012.

第七部分

PART SEVEN

悉尼科技大学:澳大利亚科技大学的"领头雁"

赵 静*

摘要:悉尼科技大学是澳大利亚科技大学的领军学校,建校不到 30 年发展迅速,不仅是因为其确立了务实的办学目标和发展道路,而且形成了一套贯彻办学理念的有效的体制机制。虽然悉尼科技大学不是传统意义上的综合性大学,也不是世界一流大学,但其是一所非常有特色和研究价值的大学,对大学理念的认知、发展道路的选择、资本运作水平、与业界的密切合作、人才引进和评价模式等值得中国一流大学建设参考借鉴。

关键词:澳大利亚;UTS;科技大学;办学实践

悉尼科技大学(University of Technology Sydney,UTS)成立于 1988 年,前身是成立于 1964 年的新南威尔士理工学院(New South Wales Institute of Technology)。虽然建校时间短,却成了澳大利亚科技大学的领军学校。近年来,UTS 在世界大学排行榜上一直呈现快速上升趋势,在最新的 2018 年 QS 排名中位列全球 176 名,2016—2017 全球新兴大学(建校 50 年以内)排名全球第八位、澳洲第一位,全澳综合排名第九,仅排在澳洲八大院校之后。

笔者通过研究认为,UTS 快速发展的根本原因在于学校对自身精准的定位、务实的办学理念和思路,大学制定了适合自身发展的战略,且分工明确、职责明晰,重视团队协作与沟通,善于市场化运作,从每一个层面、每一个细节确保学校总体战略的具体实施,不断朝着目标迈进。我国从 20 世纪 90 年代发起了"211 工程""985 工程"重点大学建设计划,2015 年又提出"双一流"计划,2017 年开始统筹推进一流大学和一流学科建设。希望通过对悉尼科技大学发展的探究为国内一流大学的建设提供参考和借鉴。

一、准确定位,确立大学办学理念和发展目标

一所大学的定位是根据其自身历史、背景、特点、层次、类型、使命等确立的;

---

* 赵静,曾任中国海洋大学国际合作与交流处专家与交流事务主管,国际教育学院副院长,现为中国驻悉尼总领事馆教育领事。本文是作者经过一年来与悉尼科技大学校级领导、主要行政部门领导、学院领导以及与学生、教师多层面、多角度的观察、交流和对相关大学资料研究的成果。

办学理念是一所大学的灵魂,内含于大学的愿景、使命、目标、战略和行动等方面,反映了大学想做什么、该做什么和要怎么做的观念,是大学对自我以及与社会关系的认知,大学开展的教学、科研、社会活动等都是围绕这一理念展开的。

UTS 作为澳大利亚技术联盟(Australian Technology Network)的五个杰出成员之一(另外四校为科廷大学、昆士兰科技大学、南澳大学、墨尔本皇家理工大学),愿景是成为世界领先的科技大学,发展目标是通过知识传播和教学促进世界专业领域、业界和社区的发展。

UTS 被认为是一所以教学实践为导向、科技创新为核心的充满活力和创造力的大学。UTS 对于"科技大学"的定义不同于传统的理工类大学,而是以创新和应用科技为内涵,与业界密切联系,通过制定课程、研究方向为业界提供技术支撑和智力支持,主要途径包括以实践为导向,以科研为启发,培养优秀毕业生;投身前沿创新与科技研究;奠定以教学与科研相结合的鲜明的双重学术身份;创造浓厚的学术氛围,积极参与社会事业;与各专业、行业和社会各界保持长期稳定的关系;造就在全球适用的学术成就和前瞻视角。

学校选择成为世界领先的科技大学,是基于历史、传统、背景、优势等多方面考虑的。该校 1843 年初创时为悉尼机械学院,1882 年成为悉尼理工学院,1964 年成为新南威尔士理工学院。1988 年,在新州议院法案下,升格为悉尼科技大学。目前,UTS 有学生 42670 人,其中研究生 11860 人,留学生 12380 人,教职员工 3350 人,是澳大利亚最大的大学之一,下设九个学院,分别是文化与社会科学学院、商学院、设计、建筑设计与建筑学院、工程与信息技术学院、卫生学院、法学院、理学院、卫生研究生学院。主要研究领域包括跨学科创新、数据科学和分析、商科、传播学、创造性智能与创新、设计、建筑设计与建造、教育学、工程、卫生、信息技术、国际问题研究、法律、科学。

与业界的联系、科技与创新是深入大学骨髓的 DNA,利用之前的专业优势以及位于市中心的区位优势,悉尼科技大学与周边的企业、工业保持了一贯的密切联系合作。学校所在的市中心 ULTIMO 区原是工业区,虽然经过产业升级换代,悉尼 40% 的科技企业、创新企业仍然群聚在这一区域,集中在大学方圆一公里内。产业密集度和产业链与大学选择发展方向密切相关。

学校充分认识到自身的特点和发展条件,没有选择像悉尼大学走大而全、稳而深、注重学术的发展道路,也没有选择走新南威尔士大学走工程学科优势、综合全面发展之路,而是选择最适合自己的道路,突出科技与创新相关内容,以创新、实际、应用为发展方向并切实推进,取得了显著的发展成效。

二、积极谋划，制定务实的学校总体发展战略和治理架构

悉尼科技大学每五年制定一个学校总体发展战略，这个战略既要符合国家法律和校规，又要确保全面性、科学性和可执行性。学校一切具体工作都是围绕总体战略展开的，总体战略是学校发展的导航和重中之重。

治理结构是大学的骨架，是支撑起整个大学，维持大学正常、良好运转的根本。悉尼科技大学的治理架构是从上而下的：校董会制定学校总体战略；校长作为第一负责人负责战略的部署和执行；分管的各位副校长根据总体战略制定分管领域的发展战略，例如科技战略、国际化战略等；各个副校长在分管的部门内进行任务再次分解和分配，具体落实到每一位工作人员的岗位职责上。

根据《1989 年悉尼科技大学法案》(University of Technology Sydney Act 1989)和《2005 年悉尼科技大学章程》相关条款制定的《悉尼科技大学总则》(UTS General Rules)规定，悉尼科技大学治理结构由校董会(council)、学术委员会(academic board)和高级管理委员会(senior management committee)三个层次构成。

校董会包括了财务委员会、基础建设委员会、审计与风险委员会、商务活动委员会，校董会的总人数为 20 人，包括名誉校长、校长、学术委员会主席、2 名新州教育部长任命的负责财务的成员、8 名由校董会指定的外部人员、5 名被选举的成员（包括 2 名学术人员、1 名非学术人员、1 名研究生和 1 名本科生）。校董会成员还包含至少一名毕业于本校的外部人士。

学术委员会包括常务副校长，副校长（共 3 名，由校长提名），学校图书馆馆长，悉尼科技大学学生协会(UTS Students' Association)主席，学院副院长（每个学院各两名，由学院院长提名），原住民教育研究委员会(Board of Studies for Indigenous Education)主席。学术委员会选任委员包括由每个学院的教员从教学人员当中选举出来的委员，每 30 名全日制（长期和固定期限）教员选举 1 名委员，每个学院至少有 2 名代表，分别是由每个学院选出的 1 名学生并由院务委员会提名 1 名候补委员、由本校非授课型课程研究生选举出的 1 名研究生。

高级管理委员会下设校长、常务副校长、国际事务副校长、科研副校长、教学与学生事务副校长、企业合作副校长以及资源管理副校长。

校长作为学校的最高行政官，是学校学术和行政管理的主要负责人，校长要负责为学校谋取利益，促进学校的发展；处理学校的学术、行政、财务和其他事务；实行对学校教职员工的全面监督和管理，对学生的福祉和纪律负责。

学校治理结构的科学、民主、专业化水平决定了学校制定总体战略的全面、合法、合理和高度可执行性。同时，学校认为发展战略不仅仅是高级管理层所要

关注的,而是需要每一位员工了解并结合自己的工作,每一位员工都要考虑自己的岗位如何为学校战略发挥作用,做出贡献,对每一个工作人员的业绩考核也是根据具体任务的分配。

三、执行有力,学校各方面对总体战略的高质量实施

(一)校领导的杰出领导力

校长的个人能力和魅力对学校的发展起了关键的引领作用。学校迅速发展的这几年,有几位非常有代表性、能力非常突出的校领导。学校共有八位校级领导,包括一位校长(Vice Chancellor)、一位教务长兼高级副校长(Provost and Senior Vice President)和六位副校长(Deputy Vice Chancellor and Vice President)。

现任校长 Attila Brungs,出生于 1972 年,牛津大学无机化学博士毕业,是学术和工业界的优秀科学家,2009 年加入 UTS 担任科研副校长,2014 年升为校长(Vice Chancellor),不仅精力旺盛、吃苦耐劳,而且有雄心壮志、魄力和魅力。

国际事务副校长 William Purcell,曾任纽卡斯尔大学商学院院长,2009 年加入悉尼科技大学,负责国际合作与发展。国际合作经验丰富,非常敬业,社会关系广泛,善于获取社会赞助。

资源副校长 Patrick Woods 来自于企业,是一位曾在 20 几个国家成功经营企业的高管,擅长财务管理和资金运作,已经不再关注个人财富积累,而是希望为社会做贡献,实现个人价值,对学校建设有着非常强烈的使命感和专注的兴趣。

这几位学校核心领导被称为悉尼科技大学"铁三角",均有很强的专业背景,了解大学发展的需求,有很强的领导能力,决策有力且善于团队协作、与人合作密切,因而领导成效显著。

(二)科研战略的大力引领

1.明确发展愿景,制定相应战略

悉尼科技大学的发展愿景是成为世界领先的科技型大学,其中科研发挥着核心作用。学校 2016—2020 年科研战略目标是通过不断提升影响力、卓越、声望,使学校成为国内外领先的科技大学,科研水平进入全澳前十名,某些特定领域进入全球前十名。

UTS 科研工作的愿景是秉承理工大学传统、创新研究方式、形成蓬勃向上的合作研究文化,使命是引领澳大利亚科研人才培养之路、开发、采用并向毕业生传授全新领先的科研范式,创造具有显著社会、环境与经济效应的科研成果。

学校的科研工作旨在确保为社会与产业带来实质性效益。自 2010 年以来，UTS 比以前更重视科研，制定了一系列的策略和实施了政策鼓励和支持科研，并明确了 UTS 的于澳洲其他院校不同的科研目标——重点在工业应用和对社会的贡献和影响。通过聘请学术权威，建立了有一定影响力的科研中心，工作方向是聚焦以下科研领域：医疗、数据科学、可持续性、社会未来、未来工作和业界；专注于产生具有影响力的卓越研究成果，辅导、领导和培养专业人才，提高科研成果的转化率，改善科研环境；在与澳大利亚产业机构和国际合作伙伴（学术和业界）的合作方面提高到一个全新水平；显著提高非传统来源的研究成果，同时争取更多的竞争性资助经费；重视培养下一代学术和业界研究人员；发展科研基础设施、科研管理框架和治理，最大程度提高科研能力。

2.重视科研提升，加大投资力度

学校统计发现，近 25 年来科研力量虽有所增加，但如果没有好的硬件支持，非常影响科研产出。因此，学校大力加大对科研关键基础设施设备的投入，为学术人员提供有利的工作条件。2016—2020 五年内投资逾 22 亿澳元，投入大量资金兴建实验室和购置设备，促进科研实力和规模的发展在创新、理工特性的科研方式、重视科研人才培养、强化教与学的关系、进一步推进五大关键科研课题领域的五个方面，不断增强自身的科研水准与实力，持续发展科研合作关系，共同应对澳大利亚面临的最大科研挑战。

悉尼科技大学有顶尖的科研实验室，实验室设备比"八大"中的某些院校还要好。学校仅计算机实验室就有 6 个，还有 400 台 MAC 电脑供学生使用，每台 MAC 都安装了苹果和 Windows 双系统，方便学生使用，并安装了最新教学软件。除此以外，对于实验室设备的维护使用也十分高效。工程及信息学院的运算集群，虽然在规模上可能略逊于其他学校的运算集群，但是得益于专业的维护团队（包括多个从"八大"毕业的博士），运算集群使用效率高，运行稳定并且能及时更新最新的科研软件。

3.与业界联系密切，学术与社会服务相结合

悉尼科技大学有与工业、私人企业密切合作的传统，业界和企业也发现该大学没有架子、更容易合作。学校对科研的评价标准主要是科研收入、高质量论文数量和 ERA 评估。ERA 评估是澳大利亚大学获得联邦政府经费的重要依据，同其他澳大利亚大学一样，UTS 各个学院和研究中心每年积极申请澳大利亚研究委员会（Australian Research Council，ARC）项目，大学科研与创新处（Research and Innovation Office，RIO）主要负责此类竞争性项目的申请，RIO 根据不同的项目类型划分工作团队，对学术人员申请项目提供专业性的指导和协助，对提升项目成功率发挥了积极作用。而除了 RIO 以外，大学还设立了创

新与参与办公室(Innovation and Enterprises),这一办公室的主要目的是与企业一同发现问题,设计项目,然后组织悉尼科大相关院所的科研人员进行研究、解决问题,从而帮助企业更好的发展;大学还通过独立设置的公司如 Pivot Pty Ltd 方便科研成果迅速地进行转化、投入市场。除了科研管理方面的创新,大学还瞄准国家和市场的重大需求,结合自身优势,灵活设立或改革科研中心,如将人工智能确定为优先发展领域后,迅速组织工学院、理学院和相关院所成立人工智能研究中心,短短几年在澳大利亚 AI 领域处于领先地位;还成立可持续发展研究中心(Institute for Sustainable Futures,ISF),面向实际问题汇聚科研力量进行研究。

(三)国际化战略对大学运行的有力支撑

悉尼科技大学的国际化战略描绘了学校国际化发展目标并制订了切实可行的行动计划,确保了跨文化和国际视野融合进学校工作的方方面面,使每位工作人员和学生都能适应在一个国际化的环境下工作和学习。

1. 国际化战略的七大目标、六个工作侧重

悉尼科技大学的国际化战略包括概括了学校国际化发展目标以及实现目标的方案。为确保跨文化和全球视野根植学校生活的方方面面,教师和学生都要做好准备在一个国际化的环境中工作和学习。目前的战略有效期为五年,至 2019 年结束,七个主要目标如下。

借亚洲时代和新兴经济的机遇期打造全球网络;通过创新方式拓展全球科研合作伙伴关系,促进科研水平和国际声誉;通过学生交流和文化交流提高国际领袖的声誉;为学生提供新的机会培养他们的国际交往技能及国际化的学习体验;发展与国际校友的联系;为国际化发展做出更多贡献;扩大招收留学生。

战略主要侧重六个方面的工作:通过重点科技合作伙伴计划发展高质量的战略性国际研究的联系;通过国际领导力项目促进学生流动,发展新的高质量、短期学习机会和对国际志愿者的实习项目;通过发展新的教学法、帮助学生适应未来国际化研究的重点方向来继续推进课程国际化;通过多层次的教学支持帮助国际学生增加教室、校园和社区的体验;继续发展大学重点领域与当地院校的合作项目,履行大学作为国际公民的责任;培育国际校友,促进全世界校友的紧密联系,通过与学校的联系做出贡献并受益。

2. 广泛开展国际合作

自 2010 年以来,UTS 大力度地加强了国际合作,特别是在中国,包括 KTP 计划(Key Technology Partnerships,简称 KTP 计划),双博士学位,CSC 学生免学费和 KTP 学者互访,建立联合科研中心。

大学所在的地理位置方便了国际交流，也吸引了大批国际学生，在校生中有30％多的国际学生，在校生也有30％多人在读期间出国交流学习，带动了理念、知识的碰撞、交流和大学文化的多元、包容。

UTS 与全球 50 多个国家和地区 380 多个国际性大学和政府机构建立了合作关系，有科研合作、项目、师生交流，交换学生，国内研究（260 个合作伙伴）、短期留学、短期课程、课程合作、教育培训、奖学金、海外课程（香港、上海）等多种项目和机会。

3.重点发展"主要科技合作伙伴计划"(KTP)

悉尼科技大学从 2010 年开始启动了 KTP 计划，目标是选拔一定数量的旗舰校际合作伙伴。在学校发展中起到了非常有力的推动作用。该计划的主要目标为聚焦有限资源；与选择的合作伙伴发展高质量的以科技导向为主、广泛且深入合作的关系；促进和支持重点科研合作人员的互访；支持联合研究、教学和交流项目。主要内容包括科研合作、双博士或联合博士项目、KTP 访问学者项目和学生交流。

目前悉尼科技大学共有 16 个 KPT 伙伴，计划总数不会超过 20 个，其中包括华中科技大学、北京理工大学、上海大学、中山大学、香港科技大学，还有欧洲的 3 所、印度 5 所和美洲 3 所大学。

大学对 KTP 的选择程序主要包括对现有合作的回顾；学院提供信息；国际副校长和科研副校长进行审核并选定合作院校；联系这些院校，介绍大学情况并邀请他们来访；发展关系，由研究人员探讨合作可能并回顾进展；邀请这些院校在互利共赢的基础上成为 KTP。

学校通过发展 KTP 计划，鼓励学者们建立和发展国际网络；为 KTP 计划的学者提供访问悉尼科技大学的经费；鼓励合作大学建立学者互访项目；通过视频会议与学者们讨论可能的科研合作；为建立联合研究项目或者联合研究中心提供行政支持；为大学研究人员和 KTP 合作伙伴互访提供建议和支持；为 KTP 框架下的双博士或者联合博士提供行政支持；联合审核目前的合作进展；共同确保校内经费优先权；共同申请外部经费；寻找机会分享信息和实践经验。目前通过 KTP 项目，已经创建了与上海大学的智能信息系统联合研究中心、与华中科技大学的移动通讯联合研究中心、与中山大学的卫生科技与创新联合中澳研究中心、与上海大学的智能化城市联合研究中心、与华中科技大学的网络身份认证联合研究中心和与北京科技大学的数据挖掘和服务科技联合研究中心。

（四）引进优秀人才，注重人力资源效益

一流大学的根本是一流人才，而获取人才的方式无外乎自身培养和外部引进。悉尼科技大学在向综合性研究型大学的发展过程中，根据自身发展需要，在整合学术和管理架构的同时,面向全球吸引最优秀的人才推进战略的实施。这些人才包括大学的领导者、部门和学院的主要负责人和教师、教学科研服务人员等。在招聘方面,学校通过政策与流程选拔合适的人选,并通过试用期考察和关键绩效指标(KPI)考核对人员加强管理。

UTS 的 KPI 考核结果与职位/职称提升挂钩,绩效指标是根据每一位员工的实际工作内容个性化设计的,在员工的年度计划中列出,年度计划表格分为计划、回顾、改进、结果四个栏目,在计划一栏中列出一年中所要进行的工作要点,后续几个栏目再根据实际情况进行微调,最终将完成的结果以数据和文字的方式呈现。整个考核过程务实高效,避免了走形式、走过场。

UTS 非常重视人才引进,有着非常灵活和开明的政策。如果确系人才,例如澳大利亚研究理事会(ARC)青年学者、澳大利亚研究理事会早期研究成果学者(ARC DECRA)、高引用率学者,学校会简化审核过程,提供非常便利、有利的入职条件吸引他们加入。学校十分注重对青年学者的引进,学校的教授学者都有年轻化的趋势,吸引了不少优秀青年学者。对青年学者的政策也十分友好,比如工程与信息学院的杨易老师从高级讲师升任教授,刘同亮博士刚毕业就担任讲师,对青年人才的破格提拔力度大。同时,在招收博士研究生和研究生硕士时,相比于传统名校注重于学生的学习成绩和学术水平,大学更看中学生的实践能力和创新能力。这样相对宽门槛的招生要求,有助于刚加入学校的青年老师招收研究生,也使得学生的发展方向百花齐放,不仅有学术能力强的研究生,还有实践能力强的研究生。悉尼科技大学的研究生待遇也比较好,吸引了更多全球优秀研究生。2016 年开始,大学计划在未来几年解聘 200 名左右年纪大薪水高的教师,引进 400 名左右年轻学术人员。

(五)资本运作与经费保证

悉尼科技大学目前每年收入约 10 亿澳元,其中 25% 来自联邦政府,75% 来源于学生学费以及学校资源的运作。政府投资后由学校董事会决定如何使用,学校每年向联邦政府提供财务报告。

学校总收入的约 58% 会用于教职工工资,会将盈余存入银行,收取利息,利率大约为每年 5%,在达到一定数额时使用,例如建造大楼或者科研投资,不足部分可以向银行贷款。同时学校也会向社会发售债券。过去十年,学校花费了 14 亿澳元用于校园大楼的建设。

学校遵守法律法规和相关政策从事经营活动,包括运用人力资源为业界提供科研支持和专业咨询服务;充分利用设施资源,对外租赁学校场地、设施,按照市场价格收取费用;利用专业知识为业界、企业做市场调研、创业初始建设、签署知识产权使用协议以及营销、募集捐款;充分利用学校资源组织短期培训课程、承办会议、经营校医院诊所、出版刊物等。

为避免带来法律风险，有效风险进行管理，学校通过"accessUTS AccessUTS 有限公司""Insearch 悉尼科大 Insearch 有限公司"两个控股公司对这些经营活动进行管理。学校的这些经营每年大约会带来 5000 万澳币的盈利，为学校的建设、科研和人才培养提供了有力的资金保障。

（六）以实践为基础的教学与优质的学生服务

悉尼科技大学的生源一直都不错，主要和它的地理位置有关，位于悉尼城中心，交通方便；以实践为基础（practice based）的课程结构和教学方法也保证了毕业生的高就业率。

悉尼科技大学的学费比传统"八大"便宜很多，但是上课体验几乎是一样的。很多 UTS 的专业会有实习课程，在澳洲工作，雇主重视的是工作经验而不是学校排名，这使得该校的学生更容易找到工作，在社交网站 LinkedIn 发布的报告中，最受雇主欢迎的澳洲大学排行中，UTS 名列第二（仅次于悉尼大学），这也是很多学生选择 UTS 的理由。

悉尼科技大学有着跨文化的校园生活，提供了多种多样的国际学习与科研交流项目，帮助学生做好就业准备。学校也有着独特的教学模式、科技水平，与业界有着密切的合作。但学校认为，所谓科技不仅仅是科学、技术、工程、机械，科技是一种改变社会的工具，所以同样重视社会科学和艺术类课程。

高质量的教学、以学生为中心的学习和实践、世界标准的设备、与业界的密切合作、被高度认可的课程体系以及强大的服务支持系统都是实现学校目标必不可少的要素。

1. 实践型教学模式

悉尼科技大学重视通过灵活和多层面的以实践为方向的教育带给学生对专业实践的综合体验；以国际学生交流和国际文化参与为中心内容，为学生提供立足国际职场的专业实践机会；教授具有科研启发性和综合型的知识，通过最前沿的科技培养研究生终生学习的学术严谨性。

灵活和多层面的以实践为方向的教育主要形式包括基于工作的学习、实习、实习科目、真实和模拟的野外实践、课堂上和网上的模拟或角色扮演、问题为导向的实践、多媒体案例学习、客座讲座或者专业人士的报告。

立足国际职场的专业实践机会主要包括国际学习和交流、国际学生来校学习、跨文化交际与团队工作、向不同的学生和员工学习、国际职场案例学习、网上跨校项目等。

教授具有科研启发性和综合型的知识包括目前的科研理念和发现；研究进程并理解本领域知识的构建；科研的评判与综合；探究性学习与创造性成果、参与本学科领域的原创性研究、教职人员参与本学科教与学的奖学金项目。

学校设计的课程相对于纯理论课程有不同之处,它包含高水平的实用课程,和工业界保持着密切联系。比如法律系设有模拟法庭课程,人类学系在新闻和传媒制作方面实力强劲,工程系和计算机系提供一年的实地工业实习。

学校的人类学和社会科学系很注重实用,特别注重在批判理论方面的研究。系里设有澳大利亚独立记者协会,该系的毕业生大部分进入澳大利亚广播集团(ABC)效力。

UTS在电影制作研究方面闻名于世,深入参与了许多好莱坞、迪士尼的大型科技制作电影,包括"魔戒三部曲"、"黑客帝国"系列、"加勒比海盗"系列等。

2.教学信息化和专业化管理服务

大学通过面向未来学习计划(learning futures)将悉尼科大教学模式深入到每一个课程中。其教学模式的特点为:通过动态的和多层次的实践教育构建面向专业实践的组合方式;通过学生的国际流动和把国际和文化体验作为核心教学环节实现在全球工厂实施专业实践;使科研与学习相结合,为学生提供面向科技前沿的学术磨炼,使他们获得终身学习的能力。实现创新与合作,重新想象教育是UTS面向未来学习计划的理念。为达到这一目标,悉尼科大在教学条件、教学管理和教学支撑等方面做了全面改进,教学楼经过改造设置更多开放空间和讨论室,供学生进行合作式学习,教室的设置更加适合教师进行"翻转课堂"和开展课堂讨论;依托网络和学校完善的信息系统开展课堂外的学习与师生互动,学校教学部门适时地进行监管和服务;大量新的技术被应用。

在UTS教学和学生事务副校长主管部门中有一个名为"连接智慧中心"(Connected Intelligence Center)的部门,主要目的是通过数据分析等技术手段为学校教学和学生管理部门及学院提供及时的有关教学、科研等具体问题的分析和建议。如在学生进行企业实习的过程中通过大数据软件对学生每天实习记录的文本分析及时发现情况,并通过人工智能系统对学生进行提醒或辅导。该部门目前在我国仅与北京师范大学有学术联系,在澳大利亚其他大学中也暂未有类似的设置。

四、他山之石,对中国高校建设一流的借鉴

正是通过以上的发展历程,UTS得以强劲地发展,在澳大利亚科技高校中发挥着领头雁的作用,其世界排名也不断提升(表1)。

表1 2015—2018 年 UTS 的国际排名状况

排名榜单	2018	2017	2016	2015
QS	176	193	218	264
Times（THE）	201～250	201～250	251～300	201～250
US News	260	294	413	448
CWUR	暂无	714	758	815
QS Under 50	8	8	14	21

通过对 UTS 的研究，我们认为对我国当前建设一流大学具有重要的借鉴意义，如下三点尤为突出。

1. 一流大学要明确自己的使命，制定符合自身实际的发展战略

从 UTS 的案例可以看出，每所大学都有适合自己的不同的发展道路，必须要清楚自己的使命才不会迷失方向。一流大学建设要根据客观现实和自身特点制定切实可行、突出特色的发展道路和发展战略，不能百校一面、盲目追求高大全。学校发展战略是学校发展的总路标，是学校工作最根本性文件，要通过学校制度、治理结构改革，确保战略的全面、科学、民主和可执行性。执行战略更要学校各方面工作和全体人员的共识和不折不扣的配合，执行水平最终决定战略的成效。

2. 一流大学应更加密切与业界、社会的联系

一流大学更要在知识创新和传播方面表现优异，要走出象牙塔，加强与社会、业界的联系，建立长期性、机制性的合作关系。科研和教学要接地气，需要业界和社会对大学的参与和指导。社会、业界与高校不仅是合作关系，更要参与到高校的内部管理中来，以社会的思维和视角影响大学的办学方法和内容。社会、业界对大学决策的参与有利于他们在贡献智慧的同时成为利益共同体，帮助大学获得更多社会资源，也能让大学治理结构更加科学合理。

3. 一流大学应该具备高水平市场运作能力

一流大学不能仅靠政府拨款，要适应市场经济，不断增强市场运作能力，这是一流大学长远发展必须具备的。一所大学尤其是一流大学的建设仅靠政府投资是不能满足其办学需求的，要通过提供教育质量和水平，培养优秀人才，提供良好的社会服务，以卓越的品质和声誉赢得社会的广泛认可，除了获取政府资助，还要通过社会捐助、社会服务、资本运作获得更多的经费来源，这才是一流大学生存之道和保持大学生命和活力所在。

参考文献

[1] UTS官网：https：//www. uts. edu. au/.

[2] UTS strategy：https：//www. uts. edu. au/sites/default/files/strategic_plan_2016. pdf.

[3] UTS Internationalization strategy：https：//www. uts. edu. au/partners-and-community/ initiatives/internationalisation/internationalisation-strategy.

[4] UTS governance：https：//www. uts. edu. au/about/uts-governance/about-governance-uts.

[5] UTS rules：https：//www. uts. edu. au/about/uts-governance/rules.

[6] Committees at UTS：https：//www. uts. edu. au/about/uts-governance/committees-uts.

[7] UTS Annual Report 2016：https：//www. uts. edu. au/sites/default/files/gsu-aboututs-pdf-annualreport-16-roo. pdf.

[8] QS world university rankings：https：//www. topuniversities. com/university-rankings/ world-university-rankings/2018.

[9] CWUR World University Rankings：http：//cwur. org/.

[10] 邬大光. 世界一流大学解读——以美国密歇根大学为例[J]. 高等教育研究,2012(12).

[11] 郭宝宇等. 澳大利亚的一流大学建设[J]. 现代教育论丛,2017(213).

[12] 卓奕源等. 澳大利亚莫纳什大学内部治理结构研究及启示[J]. 浙江工业大学学报,2015 (1).

推进高等教育国际化进程的典范:剑桥大学国际化评析

崔骋骋* ■

摘要:20世纪以来,作为世界领先大学之一的剑桥大学,在推进高等教育国际化进程中,通过不断调整自身的活动策略以及院校的组织化策略,使其在激烈的国际高等教育竞争中仍保持着领先的地位,并为整个世界、英国以及该校自身的发展做出了积极的贡献。

关键词:剑桥大学;高等教育;国际化

英国是世界上公认的高质量教育国家,无论是教育质量还是科研成果都在世界上名列前茅。英国的高等教育发展可追溯到中世纪。自中世纪到18世纪,剑桥大学和牛津大学打破宗教限制,开始高等教育的精英教育;1963年的《罗宾斯报告》发布后,英国高等教育开始向大众化发展,但每年招收的学生由国家统一控制,大学和学院的功能界限相当明显。直至1992年,随着经济全球化进程发展,英国在坚持原有大学精英教育特点的同时,逐步开放高等教育,实施高等教育国际化。1992年相继有若干所学院升格为大学,或与大学合作允许发放学位证书。据英国高等教育统计局的数据显示,2016—2017年,在英国攻读全日制研究生学位的留学生占到了全英学生总数的42%。①

作为英国高等教育领头羊的剑桥大学,早在1229年便出现了来校学习的国外学生。自1318年教皇约翰二十二世(John XXII)对剑桥大学综合学园(即可在国际上网罗生源的学园)的地位进行确认后②,学校正式成为可以招收国外其他大学师生来此讲学、学习的教育机构。

剑桥大学在经历了15世纪的人文主义思潮、16世纪的宗教改革、17~18世

---

* 崔骋骋,中国海洋大学国际合作与交流处事务主管,主要从事高等教育国际化、高等教育管理方向的研究。本文的资料来自剑桥大学官方网站及维基百科。

① https://www. hesa. ac. uk/news/11-01-2018/sfr247-higher-education-student-statistics/location.

② Elisabeth Leedham-Green. A concise history of the University of Cambridge[M]. New York: Cambridge University Press,1996:5.

纪的宗教矛盾和内战的洗礼,以及 19 世纪在《剑桥法》督促下所实施的一系列改革后,20 世纪以来学校的国际化进程日渐加快。学校的使命就是通过国际最高水准的教育、科研,以为社会做出应有的贡献。① 目前剑桥大学已招收了来自130 多个国家、超过 8800 名的大量优秀学生前来学习。② 此外,学校还通过增设新的系所和新的荣誉学位、开设新课程和国际学术交流活动,像一块磁铁一样吸引着国内外知名学者来此交流或任职讲学。

在竞争激烈的国际高等教育舞台上,剑桥大学不断推进的国际化进程仍将会使其在很长一段时间内继续保持领先地位,为整个世界、英国以及该校自身的发展做出积极贡献。

一、20 世纪 80 年代以来剑桥大学国际化策略

剑桥大学一直热情欢迎来自全球各地的学者和学生,并且努力保持学校的独特之处。20 世纪 80 年代以来,学校采取了多种策略以加快自身的国际化步伐。

(一)活动策略

活动策略是指,高等教育机构中的一些学术活动与服务,通过融合形成一系列的国际化方法。③

1. 促进学生流动的国际化

1980 年以来,受英国政府重新开拓留学生市场的驱动,剑桥大学启动各类奖学金项目,如剑桥国际奖学金计划(Cambridge International Scholarship Scheme,CISS),剑桥海外奖学金(Cambridge Overseas Trust),剑桥欧洲信托奖学金,剑桥中国留学生奖学金等,以此不断吸引来自欧盟国家及海外的优秀学生前来就读,并鼓励本校的学生能走出国门去国外学习。据统计,剑桥大学每年会设立 400 余个奖学金项目以资助来自世界上 85 个国家的 1100～1400 名在校生。④

除采用奖助学金形式促进学生的国际化流动外,剑桥大学还通过积极参与

---

① http://www.cam.ac.uk/about-the-university/how-the-university-and-colleges-work/the-universitys-mission-and-core-values.

② http://www.cam.ac.uk/global-cambridge/global-study.

③ Has de Wit. Internationalization of higher education in the United State of American and Europe: a historical comparative, and conceptual analysis[M]. New York:Greenwood Press,2002:120.

④ https://www.cambridgetrust.org/about/.

欧盟国家设立的伊拉斯谟（Erasmus Exchange Program）交换项目计划①等形式，与世界许多知名高校建立友好的国际联盟关系，互派学生进行短期的交流访问。

此外，为了使学生能够充分利用假期时间，学校还专门设立了各类假期奖学金，并开展了各类暑期学校，以鼓励本校学生去其他国家学习当地的一些课程，了解不同国家的文化，丰富学生的假期文化生活。

从剑桥大学学生统计办公室提供的数据来看，目前该校共招收了来自130多个国家的8800余名留学生。② 在所获得的数据中，学校虽然没有单独统计欧盟国家学生的数量，但是在2010—2011学年度到2015—2016学年度短短的几年间，海外留学生的总数已由520人增长到835人，增加了60.6%。③ 由此不难看出，20世纪80年代以来，剑桥大学在不断拓展海外留学生市场。而且据此我们也可以推断，随着学校招生规模的逐年扩大，海外留学生的人数也相应呈现不断上升的趋势，学校招收的来自欧盟国家的学生数量也应当是逐年呈现上升趋势，学生的国际化流动势头强劲。

2. 促进教师、学者流动的国际化

为了使学校能够更好地适应国际化发展的要求，剑桥大学在推进教师、学者流动国际化进程方面也做出了许多积极的尝试，并取得了显著成果。

剑桥大学自创办之初就有吸引国内外学者来此讲学的传统，剑桥大学前任名誉校长亚力克·布鲁斯（Alec Broers）爵士是澳大利亚人。20世纪80年代以来剑桥大学继承和发扬了这项传统优势，通过开设一系列国际性研究中心和项

---

① 伊拉斯谟项目是欧盟在1987年设置，旨在面向全世界发展教育、培训，特别是培养年轻学者的合作交流项目。其主要宗旨是加强高校间的合作；致力于为学生提供交流机会，扩大学生知识范围，提高学生包括科研能力、学习技能在内的综合能力，使学生从国际交流中获益。它所主要采用的策略包括：①提供在三个欧洲国家学习硕士课程的机会；②为第三世界国家的毕业生和学者提供奖学金；③通过与第三世界国家高校建立伙伴关系来鼓励欧洲向全世界敞开大门；④通过与第三世界国家互相承认资格认证来提升欧洲高等教育的基调、曝光度和可进入性。Erasmus Mundus（欧洲研究生课程）项目，作为原伊拉斯谟计划的扩展，定位在"硕士"层次的高等教育交流，通过建立100个跨大学的"欧洲硕士专业"点和提供近上万个奖学金和访问学者名额的方法，吸引更多外国教师和学生在欧洲的大学学习，加强欧盟成员国大学之间的学术联系，提高欧洲高等教育的质量和竞争力，扩大欧洲高等教育在世界上的影响。该项目既面向欧洲学生，也面向第三国（欧洲以外）的留学生和访问学者。这是一项为了改善欧洲高等教育的质量所进行的合作和流动项目，旨在通过和第三世界国家的合作来增强对不同文化之间的了解。

② http://www.cam.ac.uk/global-cambridge/global-study.

③ https://www.undergraduate.study.cam.ac.uk/sites/www.undergraduate.study.cam.ac.uk/files/publications/undergrad_admissions_statistics_2011_cycle.pdf；https://www.undergraduate.study.cam.ac.uk/sites/www.undergraduate.study.cam.ac.uk/files/publications/undergrad_admissions_statistics_2016_cycle.pdf.

目,如剑桥中亚论坛(Cambridge Central Asia Forum)、印度伙伴关系(Cambridge India Partnership)、非洲研究中心(Centre of African Studies)、拉丁美洲研究中心(Centre of Latin American Studies)、南亚研究中心(Centre of South-Asian Studies)、临床医学院(School of Clinic Medicine)、生物科学学院(School of Biological Science)等,吸引了来自世界各地的众多优秀学者、教师。不同学术文化之间的碰撞增加了学校在更广阔学术圈和整个世界中的可接近性和价值,同时也促进了学校与不同国家之间的学术文化交流。

正是剑桥大学这种积极进行跨学科国际性研究的理念,使剑桥大学永远保持着创新的活力,不断吸引来自世界各地的学者与其开展合作研究或教学。据统计,目前剑桥大学的国际教职工总数为 2278 名,占在校教职工总数的41.5%。①

3.开发国际课程

为了实现高等教育国际化的目标,在课程中增加国际化的内容也是至关重要的一环。国际化课程是一种为国内外学生设计的课程,在内容上趋向国际化,旨在培养学生能在国际化和多元文化的社会工作环境下生存的能力(OECD,1996)。

20 世纪 80 年代以来,剑桥大学国际化课程的数量逐步增多。学校通过专门设立对不同国家进行研究的系所,比如法语系(Department of French)、以中国和日本研究为主的东亚研究系(Department of East Asian Studies)、西班牙语和葡萄牙语系(Department of Spanish and Portuguese)等,并在这些系所开设各类相关课程,采用不同国家相应的语言对学生进行教学,以使在其中学习的学生能够进一步掌握相应国家的历史、文化、语言、宗教等方面的内容,拓宽学生的知识面,增进他们对其他国家的了解,同时也为学校未来的国际交流储备人才。

此外,随着科学技术的不断发展,剑桥大学在不断发展自身实体国际课程的同时,还利用先进的科学技术不断开发不同学科的网络留学课程,②使在校学生不出校门也能够通过网络接触到世界上每个学科领域最为先进的知识和研究动向。

4.剑桥现象——与全球产业界的密切联系

20 世纪 80 年代以来,学校通过专利转让、创办或衍生产业公司等形式与世界各地的各类产业形成密切合作关系,在进一步推进自身国际化进程的同时,促使学校所在区域乃至更广范围内形成高科技产业群,被科技产业界称为"剑桥现象"。

---

① https://www.topuniversities.com/universities/university-cambridge.
② http://www.ice.cam.ac.uk/courses/online-courses.

首先,在科技成果转化方面,学校充分发挥自身智力和人才优势,成功将自己的科技创新与研究成果向应用开发层面转移,使其在全球各类企业中开花结果。目前,剑桥科学院已开发出了许多新技术和新产品,如科学园的计算机革命已进入第四代;卡文迪什实验室的基础物理研究已进入到食品及食品生产有关的微型粒子研究领域。

其次,在教学与科研方面,学校通过邀请产业界人士前来讲座或授课,让学生到公司实习;设立由产业支付薪金和提供研究资金的科研岗位;接受产业委托的科研任务;通过与诺基亚、微软等诸多跨国公司或集团联合建立研究所、实验室等形式,与全球产业界也保持着十分广泛的联系。

除注重加强自身与世界各类产业之间的密切联系以促进自身发展外,剑桥大学还为促进世界各类产业的可持续发展做出了积极努力。比如剑桥大学通过设立可持续性领导计划(The Cambridge Programme for Sustainability Leadership,CPSL),为来自世界各地产业界的高层领导开设诸如气候变化领导项目(Climate Leadership Programme)等各类研讨班,以使来自不同国家、不同产业的领导者对全球系统和可持续发展的准则有更深刻的理解,从而使他们能够更为有效地应对全球多元化竞争的挑战。据统计,在过去的 25 年间,各类项目研讨班共吸引了来自 40 多个国家的 8000 多名领导人前来参加;而且为了能够给来自世界各地的领导人提供便捷的服务,该领导计划在北美、南非、澳大利亚等地均设有相应的管理办事处。[①]

可以说,剑桥大学在立足于教学与科研的基础上,不断拓展自己的国际视野,将国际合作伙伴延伸到产业界,较好地处理了教学、科研与经济效益之间的关系。

(二)院校国际化组织策略

院校国际化组织策略是指为实现国际化目标,建立一些拥有自主行事能力的组织部门,并为保障国际化实施而制定的一系列相关政策、制度和运行机制。[②] 可以说,院校国际化能否成功推进,在很大程度上是由组织策略来决定的,如果没有组织机构和制度的相应支持,国际化进程是难以顺利推进的。

据统计,目前剑桥大学所设立的各类组织部门主要有:

1. 国际办公室(the International Strategy Office)

剑桥大学国际办公室前身是国际教育办公室,是剑桥大学国际合作的核心

---

① https://www.cisl.cam.ac.uk/network.

② Has de Wit. Internationalization of higher education in the United State of American and Europe: a historical,comparative,and conceptual analysis[M]. New York:Greenwood Press,2002:120.

管理机构和主管办公室,并负责为该校提供国际事务方面的战略建议。国际办公室下属的咨询学院以及其他相关部门,还能够为新来的留学生提供注册、签证等方面的信息,以尽可能帮助他们解决各类问题。①

2. 住宿服务部(Accommodation Service)

剑桥大学住宿服务部的主要职责是帮助国外学生或教职员工找到合适的住处。在住宿服务部的网站上都有关于居住的房屋类型、结构、设施等方面的详细信息,国外学生或教职员工在来学校之前都可以通过浏览网站以了解各类住宿信息。此外,当国外学生或教职员工来到剑桥后,住宿服务部还可以为他们提供各类交通、医疗等生活方面的实用信息,为他们解释房屋租赁合同并提出建议,以减少他们在生活上遇到的麻烦。②

3. 语言中心(Language Centre)

剑桥大学语言中心成立于 1990 年。作为一个学术服务部门,语言中心通过先进的计算机技术,为校内教职员工或学生提供语言学习的机会,并为他们提供超过 140 种语言的语言学习多媒体资源,这其中还包括一些很少使用,甚至已经濒临灭绝的语言资料。可以说,国内外的师生只要有需要,语言中心就能够满足他们对不同语言学习和研究的需求。③

4. 剑桥大学学生会(Cambridge University Students' Union)

一直秉持着"学生帮助学生"理念的剑桥大学学生会,能够为本校所有学生提供各种类型的帮助,如帮助租用学校的各类场馆或设施、为学生提供各类商品的优惠券等。剑桥大学学生会就像一个大家庭,将学校中的所有学生融入进来,为学生的切身利益着想。这对于新生,特别是身居异乡的国外新生来说,无疑会增加他们的归属感,尽快适应学校环境,减少孤独感和寂寞感。④

5. 新人和访问学者团体(Newcomers and Visiting Scholars Group)

新人和访问学者团体主要是为新到学校的教职员工、访问学者提供生活上的帮助。该团体会经常性地开展一系列社交文化活动,比如在每周二早晨安排喝咖啡时间、每年举行一次午餐会等。开展这些活动的主要目的是让新来的教职员工或访问学者与剑桥的居民相互沟通交流,以使他们尽快融入剑桥的生活环境中,结交更多新朋友。⑤

---

① http://www.admin.cam.ac.uk/offices/international/.
② http://www.accommodation.cam.ac.uk/.
③ http://www.langcen.cam.ac.uk/.
④ http://www.admin.cam.ac.uk/offices/international/.
⑤ http://www.admin.cam.ac.uk/univ/newcomers/.

二、剑桥大学国际化的影响

"大学像其他人类组织,如教会、政府、慈善组织一样,处于特定时代总的社会结构而不是之外。大学不是孤立的事物,不是老古董,不会将各种新事物拒之门外;相反,它是时代的表现,是对现在和未来都会产生影响的一种力量。"①从中世纪蓬勃走来的剑桥大学,通过采取各种策略促进国际化进程的经验表明,其国际化趋势的加快对于整个世界、英国以及学校自身都会产生一定的积极影响。

(一)对世界的影响

1. 为世界各国培养了大批杰出人才,促进了不同国家的社会经济文化发展

剑桥大学的国际化使学校形成了一个国际化、多元化的师生群体。学校通过为他国教师和学生提供优质资金支持、学习资源以及设立各类国际合作项目等形式,为世界各国培养了大批政治、经济、教育、科技、文化领域的杰出人才,包括众多诺贝尔奖获得者。

仅以培养诺贝尔奖获得者为例,1904—2017 年,剑桥大学共培养和造就了98 位诺贝尔奖奖金获得者②,奖项涉及物理、化学、经济学、医学、文学等各个领域,有学者甚至将其称为"诺贝尔奖得主的摇篮"。而且在这 98 位诺贝尔奖得主中,非英国裔或非英国籍的获奖者也占到了不小的比例。可以说,剑桥大学培养和造就出的诺贝尔奖获得者来自全球众多国家,他们的杰出成就为全人类的思想发展,乃至为整个世界的进步都起到了重要的推动作用。

除培养和造就众多诺贝尔奖获得者之外,剑桥大学还为世界各国培养了许多优秀的科学家和文化名人。如中国科学家丁文江、赵忠尧、蔡翘、华罗庚、王竹溪、张文裕、曹天钦等,作家萧乾、叶君健、徐志摩等;印度前总理尼赫鲁、拉吉夫·甘地;马来西亚前总理赫曼;新加坡前总理李光耀等都是剑桥大学的校友。剑桥大学培养和造就的这些优秀人才对自己所属国家的政治、文化、科学等方面的发展也都做出了积极贡献。

2. 有利于在国际上形成创新联盟,加强国际合作和文化交流

剑桥大学开展的各类国际合作研究项目,特别是关于国际上共同关注议题的各类国际学术研讨活动,如气候变化问题、国际安全问题等,使不同国家的优秀人才能够形成国际创新联盟,促进国家间的交流合作,从而为全球化政治和经济的稳定、科技的创新发展做出积极贡献。

---

① Abraharn Flexner. Universities American English German[M]. Oxford:Oxford University Press,2003:1.

② http://en. wikipedia. org/wiki/University_of_Cambridge.

此外,凭借着自身的语言优势,剑桥大学创办的各类学术刊物已吸引了世界上来自 108 个国家的超过 24000 位学者前来投稿,而且学校出版社在北美、澳大利亚、非洲、西班牙、巴西等地均设有分支机构。① 这也意味着学校出版社出版的各类学术著作和刊物已在全球范围内形成了较大规模的销售网络,基本获得了全球的学术认可。来自世界各地的学者能够更为便捷地相互学习、借鉴他国先进的学术理念,促进相互间的学术文化交流和发展。

(二)对英国的影响

1. 促进和保持英国成为高等教育强国的行程,增强国家竞争力

总体来看,剑桥大学采取的各种国际化策略不仅促进了学校自身国际化进程的加快,而且对整个英国高等教育界的发展也起到了积极作用。多元化的师生构成、多元化的国际合作研究项目、多元化的产业合作……如此多元化的环境使学校具有更为先进的理念、更为宽阔的眼界,并创造出了许多先进的科研成果。可以说,作为英国高等教育界首屈一指的学校,剑桥大学在国际化进程中所收获的种种"财富",同样也是英国国家的"财富"。在剑桥大学和牛津大学等一些世界知名大学的引领下,英国成为世界上名副其实的高等教育强国。

2. 为英国科技的进步和产业创新注入了活力

20 世纪 80 年代以来的"剑桥现象"向我们证明,剑桥大学通过与全球各类产业形成密切的合作关系,不仅集成了"教学、研究、社会服务"三项职能,而且大大拓展了各自的传统范围,把大学的学术从知识的创造、传递和应用,自觉地与国家需要、国家利益密切联系起来,为国家产业的发展提供了卓越的智力资源和有竞争力的产业技术,改造了英国的保守传统与陈旧学术,促进了国家的进步与发展。

3. 拓展英国高等教育市场,增加英国政府财政收入

20 世纪 80 年代以来,随着各国高等教育界向剑桥大学输入教育资源数量的不断增多,不仅增加了剑桥大学的留学生人数,同时也使英国高等教育市场得到拓展。从泰晤士报高等教育网站统计的结果来看,2018 年剑桥大学的国际留学生人数占在校总人数的 35%。② 与此同时,由于学校向欧盟留学生收取的学费远高于本国学生,而且留学生在学校学习期间的生活费、交通费等费用也都会在英国当地消费,所以随着剑桥大学留学生人数的逐年增长也会间接增加英国政府的财政收入。

4. 推动英国高等教育改革

① http://www.admin.cam.ac.uk/offices/v-c/speeches/20060131.html.
② https://www.timeshighereducation.com/world-university-rankings/university-cambridge.

十几年来,剑桥大学作为研究型大学国际联盟成员(全球 11 所世界领先研究型高校之一),积极与全球各大高校、研究机构的学者合作开展研究。在与世界各地学者开展各类国际合作活动中所获得的先进理念或科研成果,对英国其他高校来说无疑也起到了一定的榜样和引导作用,同时不同学术背景学者之间的思维碰撞,也会直接或者间接促进英国乃至世界各科研领域的延伸。可以说,剑桥大学已成为英国其他高校的典范,各高校都在借鉴剑桥大学成功经验的基础上不断探索创新,推动自身的改革发展。

(三)对剑桥大学自身的影响

1.实行开放式办学方针,增加学校的教育价值和文化价值,促进本校教师和学生的发展

剑桥大学通过聘请国内外著名学者、教师来此讲学,使来自其他文化背景和教育体系的教师把他们的文化传统和教育背景带入到剑桥大学的教育体系中来。

此外,在课堂内外,英国本土学生通过与国外留学生关于不同文化观点的碰撞交流、共同参加科研项目、课外活动等多种方式,能够不断扩大自己的交往圈,了解其他国家的文化、价值观、思维方式、行为方式,增加跨文化的感性认识和敏感性。

2.提升学校的科研水平,扩大影响,提高在国内外的声望

剑桥大学通过开展各类国际学术研讨和研究活动,与国内外众多知名的学者交流、合作开展研究,使学校能够吸收其他国家学者的先进经验,活跃学术气氛,不断提升自身的学术研究能力;而且剑桥大学与产业界的密切合作也带动了一些交叉、边缘学科的产生,从而促进了学校学科的新发展。

国际合作研究与产业合作所带来的丰硕成果,使学校在国内外的声誉不断提高。在 2001 年和 2008 年英国研究评估活动(the Research Assessment Exercise,RAE)中,剑桥大学在整个国家中排名第一,其中有 95% 的研究成果都获得了 5 或 5 * 的国际级优异评价;2006 年汤姆森科学研究(Thomson Scientific Study)表明,剑桥大学是英国各高校中论文产出量最多的学校,而且在英国 21 个主要研究领域中,剑桥大学的研究成果在其中 10 个研究领域中都居于榜首。

此外,根据不同排名机构对世界大学的最新排名来看,剑桥大学在世界各知名大学中也都有很高的声望和地位。如在 2017—2018 年,英国《泰晤士报》根据学校师生的比例、男女学生比例以及国际学生数等指标,对世界大学进行的评估

中,剑桥大学综合排名第二,仅次于牛津大学①;由教育组织(Quacquarelli Symonds,QS)按照各大学的科研能力、雇主和公司对学生的满意度、学校师生的比例、国际学生和国际教职员工的比例等指标,所发表的年度世界大学排名中,剑桥大学综合排名第五,仅次于美国的麻省理工学院、斯坦福大学、哈佛大学、加利福尼亚理工大学。②

3.增加学校的经济收益

受英国政府的影响,20世纪80年代以来剑桥大学积极开拓留学生市场,积极对外交流,大大推动了高等教育国际化的进程。随着学校招收留学生数量的逐年增多、向留学生收取学费的逐年增长,不仅弥补了因政府减少教育经费所造成的经费不足的问题,而且使学校可自由支出经费的数目不断增长,增加了学校的经济收益。

此外,剑桥大学通过与国内外产业界的密切联系合作、采取大力发展学校出版业等形式,成功实现了学校知识资本的国际转化,获得了十分可观的经济收入,并提高了学校的国际影响力。据统计,2008—2009学年度剑桥大学实际获得的经费收入共计10.74亿英镑,其中科研经费2.34亿英镑,占经费总额的22.6%;学生学费收入0.77亿英镑,占经费总额的7.2%;而雅思、剑桥英语等机构的收入高达2.16亿英镑,剑桥大学出版社的收入也有1.74亿英镑,两项合计3.9亿英镑,占总经费的36.3%。③

4.提高资源使用效率

表面上看,大量留学生的到来会增加学校的负担和教师的工作量。而事实上,由于学校师生比例偏低(据2018年泰晤士报高等教育网站,剑桥大学生师比为10.9:1)④,教师负担较轻,所以,近年来随着学校国际化进程的加快,留学生人数的增多能够提高生师比,适当扩大班级规模,学校在无须为留学生增添额外教师和设备的情况下,就能够促使学校人员配置趋于合理,避免人浮于事的问题产生,并且能够有效地利用一次性消耗的教学实验用品⑤,更充分地利用学校中的各种现有资源。

---

① http://www.topuniversities.com/world-university-rankings.

② https://www.topuniversities.com/university-rankings/world-university-rankings/2018.

③ 杨慧琳.英国高等教育观感[J].读书,2010(3):75.

④ https://www.timeshighereducation.com/world-university-rankings/university-cambridge.

⑤ 张建新.英国高校学生的国际流动[J].比较教育研究,2003,5:82.

澳大利亚高等教育的发展及其启示

丁　一* 　宋文红

摘要:澳大利亚是当今世界高等教育强国之一,其高等教育的发展经历了从殖民地时期到传统体制时期,再到双轨制时期,最终走向一体化几个阶段。随着澳大利亚八校联盟的建立,其高等教育在改革与创新中不断发展。澳大利亚的高校注重独立性发展,拥有实践性强的战略发展规划,坚持"以学生为中心"的大学之本,注重学生的全面发展。从中,我国高校可以借鉴其经验,树立以生为本的教育理念,务实推进高校发展战略规划,重视科研投入的同时培养学生的可受雇性,不断提高高等教育的质量,发展与我国国情相结合、具有中国特色的高等教育。

关键词:澳大利亚;高等教育;启示

澳大利亚的高等教育发展历史虽然不长,但迅速地成长为具有当今世界领先水平的高等教育强国,从其自身的发展历史来看,其高等教育是在一次又一次的改革中不断发展的,尤其是八校联盟的建立,使得澳大利亚高等教育进入了一个新的历史阶段。

一、澳大利亚及其高等教育发展简史

澳大利亚是南半球经济最发达的国家和全球第 12 大经济体,根据 2016 年世界银行的相关数据显示,澳大利亚 GDP 总计为 1.205 万亿美元(2016 年国际汇率),人口为 2413 万(2016 年)。① 澳大利亚人口呈现高度都市化的特征,主要集中在东南部经济发达的地区。

目前,澳大利亚的高等教育水平已达到世界一流,科技的国际影响力也很强,先后有 13 位科学家获得过诺贝尔奖。根据 2016 年 QS 全球国家和地区高等教育实力排行榜的数据显示,澳大利亚的留学综合吸引力排名第四,位列美

---

* 丁一,中国海洋大学法政学院教育经济与管理专业,2017 级硕士研究生。

① https://data.worldbank.org.cn/country/AU.

国、英国、德国之后。① 澳大利亚官方统计数据显示,2016 年中国留学澳大利亚的数量达到 19.6315 万人。② 澳大利亚的教育设置都比较强调个性化培养和应用性特色,使每个学生能够发挥其个体的潜能,并能将在学校中掌握的技能运用于各个行业。基于澳大利亚曾长期作为英国殖民地的历史,其高等教育体系主要沿袭了英国模式和脉系。"二战"前,澳洲高等教育水平比较低,"二战"之后,随着知识经济时代的到来,澳大利亚的高等教育获得飞速发展的契机。澳大利亚自然资源富饶,但是人力资源比较短缺,因此十分注重通过发展高等教育来实现人力资源的开发,将高等教育摆在重点发展的位置。如今的澳大利亚不仅是世界高等教育大国,更是高等教育强国。澳大利亚共有 38 所公立大学,3 所拥有自我认证资格的私立大学。③ 根据 2018 年泰晤士报世界大学排名显示,在全球前 100 名高校中,澳大利亚有 6 所大学入榜,其中前 50 名有两所高校,分别是墨尔本大学(32 位)、澳洲国立大学(48 位)。④ 而澳大利亚教育部的统计数据显示,2016 年澳大利亚大学生总数为 1457209 人,海外留学生人数为 391136 人。⑤ 相比起 2413 万的人口总数来说,其高等教育普及程度非常高,高等教育的发展规模也在不断扩大。

由于殖民地的特殊历史,澳大利亚与传统的主权国家相比,其高等教育的发展具有一个明显的差别,即高等教育的发展先于国家主权的建立。其高等教育发展从整体上可以分为两大阶段,以 1901 年组成澳大利亚联邦为分界点,在这之前,高等教育的发展是建立在澳大利亚定居之初的殖民地背景下;1901 年 1 月 1 日,澳大利亚的六个英国殖民区改为"州",并且各自交出一部分权力,成立了澳大利亚联邦。这是澳大利亚新时期开始的标志,而在澳大利亚联邦成立后的高等教育发展过程中,还有另一个重要节点,即第二次世界大战。"二战"前,澳大利亚的政治和经济发展都受到英国的牵制。"二战"后逐渐由依赖英国转向依赖于美国,而且澳大利亚进入经济迅速发展的时期。伴随着经济的腾飞,澳大利亚的高等教育也进入了新的发展时期。根据澳大利亚高等教育的运行体制,

① 2016 年 QS 世界高等教育系统国家实力排名 Top10. http://www.sohu.com/a/85497936_105583.

② Selected Higher Education Statistics-2016 Student data. https://www.education.gov.au/selected-higher-education-statistics-2016-student-data.

③ The Australian Higher Education System. https://www.go8.edu.au/page/australian-higher-education-system.

④ World University Rankings 2018. https://www.timeshighereducation.com/world-university-rankings/2018/world-ranking#!/page/1/length/25/sort_by/rank/sort_order/asc/cols/stats.

⑤ Selected Higher Education Statistics——2016 Student data. https://docs.education.gov.au/node/45146.

可以将澳大利亚高等教育主要分为以下几个发展阶段。

（一）殖民地时期的高等教育（1850—1901）

在最初建立澳大利亚殖民地时，由于当地建设的需要，催生了第一批大学。尤其是 19 世纪 50 年代淘金热的出现，使得对技术人才的需要不断增加。1850 年 10 月 1 日，新南威尔士殖民区根据立法委员会的法案创建了全澳第一所大学——悉尼大学，标志着澳大利亚大学建设的开端。三年后，维多利亚殖民区创办墨尔本大学。随后不久，澳大利亚按照每州一所大学的模式，在其余各殖民区（州）又创办了四所大学，分别是南澳大利亚殖民区的阿德莱德大学、塔斯马尼亚殖民区的塔斯马尼亚大学、昆士兰州从新南威尔士殖民区分离之后成立的昆士兰大学及西澳大利亚州的西澳大利亚大学。这六所大学在"二战"之前为培养殖民地的领导人和训练各类高级专业人才做出了重大贡献。由于殖民地特性的影响，早期的这些大学承袭了英国传统保守主义大学的模式，注重课本知识传授而很少开展学术研究，更注重对于实用技术的传授，普遍具有实用性的特点。①

（二）传统体制时期的高等教育（1901—1965）

1. 州政府与联邦政府联合资助阶段（1901—1946）

在各州都建立了一所大学之后的这段时间内，澳大利亚的主要需求还是体力劳动者，对高层次专门人才的需求很低，已有的六所大学基本能满足当时社会的需要，同时世界大战对国家经济发展带来的负面影响使得国家没有更多的资金投入更多大学的建设。从 1914 年至 1945 年的 30 余年间，澳大利亚大学的发展一直处于十分平缓的状态，几乎没有什么进展，直到第二次世界大战之后，1946 年澳大利亚国立大学的成立才打破这种僵化局面。

第二次世界大战可以说是澳大利亚高等教育发展历程中的一个重要节点。地广人稀的特点导致"二战"时澳大利亚的兵力资源和劳动力资源都十分紧张。由于缺乏合理的领导者与对人力的合理调配，在"二战"中不得不征用许多未成年人与女性参与战争。随着战争形势的好转，需要更多的劳动力投入到战后的经济重建中。但澳大利亚缺乏的不仅是足够的技术工人，更需要高层的领导者及其对未来的远见卓识。必须要培养这些人才，他们将是战后经济发展的主要动力。"二战"后，全球的科学技术迅猛发展，引起了人们对大学教育的高度重视。1946 年 8 月 1 日，澳大利亚成立了第一所全日制研究型大学——澳大利亚国立大学，任务是承担"和国家利益有重大关系的研究生阶段课程的研究和学

---

① 王斌华.澳大利亚教育[M].上海：华东师范大学出版社，1996：39.

习"①,这种大学担负的国家使命使得澳大利亚国立大学和澳大利亚联邦政府产生了紧密的联系。

2.联邦政府主导阶段(1946—1965)

1957年9月,以凯斯·默里为主席的澳大利亚大学委员会针对当时澳大利亚大学财政困难,经费难以得到满足的问题向联邦政府提交了《默里报告》(Murray Report)②,报告指出,当时澳大利亚大学的规模远远不够,需要继续扩大,同时大学的办学经费严重不足,急需联邦政府拨款对大学进行资助。《默里报告》的出台不仅缓解了大学办学经费不足的问题,而且也为解决与之相关的其他问题提供了可能性。联邦政府则借此机会进一步加强了对大学的干预和控制。

1964年,联邦政府发布了《马丁报告》(Martin Report),报告中明确肯定了人力资本思想在澳大利亚政策中的地位。从此之后,学生不再被认为是一个公民应得权利的享有者,而是被看作一个自主选择的投资者。1946—1975年,13所大学被建立起来,平均两年多就产生一所新大学。

(三)双轨制时期的高等教育(1965—1988)

20世纪下半叶,人力资本理论成为教育领域中最具影响力的经济理论,从1965年开始,英国高等教育被分为大学和多科技术学院、教育学院两大部分,英国高等教育的双重制从此确立。英国多科技术学院的建立对澳大利亚的高等教育产生了直接的影响。1964年发布的《马丁报告》认为,复杂的理论和实践操作只有接受过高水平培训的人员才能完成,然而在现代工商业社会中,企业规模的扩大与组织结构的复杂化都需要高水平的教育管理者,技术者与管理者的供给需要形成平衡,如何依靠教育实现这种平衡就显得尤为重要。而当时澳大利亚的高等教育体系发展很不平衡,高等教育系统过于强调学术教育。针对这个问题,报告建议增加高等教育类型,建立大学、高级教育学院和师范学院,完善高等教育体系,为社会提供广泛多样的高等教育。到1988年,澳大利亚的高等教育机构中综合性大学和高级教育学院分别侧重学历学位教育和职业技术教育,它们同属高等教育的范畴,彼此并无交叉,为澳大利亚高等教育的双轨制。③

(四)走向一体化的高等教育(1988—至今)

1988年召开的经济合作与发展组织部长级会议中,会议主席是澳大利亚就业、教育和培训部部长约翰·道金森。会议中形成了一个重要共识,即教育与经

---

① Our History. http://www.anu.edu.au/about/our-history.
② 王斌华.澳大利亚教育[M].上海:华东师范大学出版社,1996:182.
③ 西蒙·马金森.澳大利亚现代教育史[M].沈雅雯,周心红,蒋欣译.杭州:浙江大学出版社,2007:57.

济的联系越来越密切,相互之间的区别不断减少,教育趋向于与经济融合,职业教育和普通教育也将不断合流。① 1988 年 7 月道金森发表了高等教育白皮书,其中最重大的一项变革是逐步取消综合性大学与高级教育学院并存的双轨制,代之以"一体化",目的在于改变高等教育的内部结构,减少院校数目的同时扩大其办学规模,同时增加专业设置的多样化。当前全球化竞争逐渐加剧,大学需要通过减少数量提高质量来增强其竞争性,所以实行高校一体化是必然趋势;同时随着新公共管理运动的兴起,教育部门不再是单纯的公共部门,需要与社会各领域进行交流与合作,所以需要转变其职能,通过构建竞争性的教育市场,解决经济、社会、文化或其他领域的问题。在这个过程中,八所研究型大学也就是日后形成八校联盟的大学和其他类型大学的分界日益明显,在科研经费以及高级学位数量等方面都远远超过其他类型的大学,为之后八校联盟的成立及其在国际高等教育界形成自身竞争优势奠定了基础。

2001 年布莱登·尼尔森开始担任澳大利亚教育部部长,针对当时大学教育存在的注重科研忽视教学、教学经费紧张、教育公平失衡等问题,2003 年他发表了《我们的大学:支撑澳大利亚的未来》(*Our Universities*:*Backing Australia's Future*),提出了一系列的改革措施。相比起过去大学的发展主要依靠政府拨款获得资金来源,改革中更强调加强大学与产业界的联系,也就是进一步推进澳大利亚大学资金来源的私有化进程,减少政府对大学的控制。大学应从以依赖政府经费支持为主转向通过自身寻求资金来源,在自由市场中展开竞争。②

二、当前澳洲大学改革发展现状和特点

从澳大利亚高等教育的发展历史中可以看出,高等教育的每一次进步,都建立在不断改革的基础之上。当前随着科学技术的日新月异与全球化经济社会的不断发展,澳大利亚的高等教育也迎来了新的发展机遇与挑战。如何在 21 世纪保持澳大利亚高等教育发展的领先地位,在巩固已有优势的同时形成自己新的竞争优势,是当前澳大利亚高等教育需要重点关注和解决的问题。

成立于 1999 年的澳大利亚八校联盟(Group of Eight)是国际上知名的代表澳洲教育整体水平的学校联盟,是澳大利亚一流大学的合作共同体,并以其教育的综合水准和科研的广度与深度而享有盛誉。成员学校包括澳大利亚国立大

---

① Service A G P. Young people's participation in post-compulsory education and training:executive summary and list of recommendations[J]. Australian Government Publishing Service,1991.

② Nelson B. Our universities :Backing Australia's future [R]. Canberra:Commonwealth of Australia,2003.

学、悉尼大学、墨尔本大学、新南威尔士大学、莫纳什大学、阿德莱德大学、昆士兰大学、西澳大学。八校的校长(或副校长)组成联盟的董事会,董事会主席由各校校长轮流担任,每年会举行 5 次董事会议,现任主席是昆士兰大学副校长彼得·赫杰(Peter Høj)教授。八校联盟中的学校都位于澳大利亚的重要首府城市,研究型研究生占 50% 以上,本地和国际学生总数的大约 30% 都在联盟大学中学习,联盟学校的毕业生就业率和起薪都较高,相比起其他大学学生更可能进入研究生阶段学习。① 澳大利亚八校联盟也常被比作澳洲版的"常青藤联盟"。

八校联盟在发展的过程中形成了自身的竞争优势,通过整合各校优势资源、吸引多渠道的经费资助,与各国高校进行研究合作,体现研究型大学的优势和特色。和英美两国相比较,澳大利亚政府在高等教育市场推广、促进国际合作等方面更为积极,为八校进一步走向世界,以及吸引各国优秀学者来澳交流提供了更广阔的平台。八大院校在发展改革中都有着自身的特点,较为突出地表现在以下六个方面的共性。

1. 高校自身治理的独立性不断增强,丰富办学方式

20 世纪末的新自由主义思想给高等教育的发展提供了新的思路,高等教育并不是单纯的公益事业,高等教育应该有自身的发展道路,在建立自身的资金来源的同时可以获得一定收益。因此政府逐步减少对大学的拨款,将大学从单纯的公益事业中剥离。但政府对高等教育依旧拥有调控权,一方面通过立法、政策等与拨款相结合的方式对大学进行宏观调控;另一方面,政府通过"购买"毕业生、科研成果等形式对大学进行有条件的拨款。政府对高等教育投资是有条件的,高校对政府的教育需求的满足程度决定了其能从政府手中获得资金支持的额度。通过这样的改革,联邦政府从高等教育的提供者转变为监督者。② 政府角色的转变使大学的管理权的大部分从外部逐渐让渡给内部。八校联盟的高校都有着相对独立的自主发展权,可以根据自身及市场的需要自主确定招生名额、课程设置等事项。大学从政府手中获得了更多的自由,但同时也意味着要受到更多的来自市场的约束,大学的管理者从以往的对于政府政令的接受者转变为根据市场需求自主制定管理学校政策的执行者,这对大学治理、课程设置、资金管理等方面都提出了新的要求。

2. 制定切实可行的发展战略规划,融入大学的每个利益相关者

高校的战略规划在澳大利亚大学的发展过程中是至关重要的,不仅为高校

---

① The Go8 Team and Member Information. https://go8.edu.au/page/about.

② 何晓芳. 新自由主义背景下的澳大利亚高等教育管理模式转型[J]. 清华大学教育研究,2012(6):55-60.

未来的发展提供了愿景目标,更为这些发展规划了切实可行的实施道路。澳大利亚大学非常重视"战略规划"的作用,近些年八校联盟中的重大改革,都与战略规划的重新制定密切相关。以阿德莱德大学"启迪之光"战略发展规划(Beacon of Enlightenment Strategic Plan 2013—2023)为例,在 2008 年时,阿德莱德大学就曾制定和实施了一个五年发展战略并取得了良好的成效,到 2012 年时,学校的科研绩效得到了显著提高。为了更好地迎接全球化和数字化带来的全新挑战与国际高等教育面临的诸多压力,2012 年,校长沃伦·柏丙顿教授经过三个月的调研、论证和研究,形成了一个十年发展战略规划,描述了阿德莱德大学 2013—2023 年十年的发展战略规划,包括以自由精神不断开拓新领域的研究、员工的国际化、民主和包容的学生团体等。除了规划的制定,阿德莱德大学更注重战略规划的贯彻与实行。规划颁布后,学校成立了专门的宣讲团队,通过宣讲让规划深入人心,将理念转化为行动。同时,在学校里上至校长,下至普通教职工和学生都对十年发展战略规划深刻理解并且高度认同,并能够找准自己在这个战略规划中的责任和定位。"启迪之光"不仅仅是学校管理层的战略规划,而是将所有规划的细节都融入学校的每一个成员中,从学校领导到普通学生,每个人都是利益的相关行动者,这就给这个战略规划的实施提供了更为坚实的基础和更强的行动力。① "启迪之光"战略规划是对自由与探索、摆脱外部干预的大学精神的继承与发扬,秉持着阿德莱德建校时确立的价值方向和使命,同时根据时代的特征,应对高等教育不断国际化的全新浪潮,吸引更多的国际学生与教师,更新学习方式,保持与时俱进的优越性。大学不是只禁锢于自身学问的象牙塔,"启迪之光"也更加注重高校对社会提供的服务与功能,促使更多的科研项目转化为实际的社会生产力,坚持学以致用,将教学与科研相结合,增强学生在毕业之后对社会的适应能力。

莫纳什大学于 2014—2015 年间通过收集校园中包括教职工、学生等全员的意见形成了 2015—2020 年五年的战略规划(Strategic Plan)。在这五年间,莫纳什大学的目标一是建设具有国际高水平的教育和研究,将解决社会问题作为学校建设的重要任务,迎接时代的巨大挑战;二是国际化建设,形成国际化的教育网络,扩大国际教育规模,形成国际合作的研究力量,共同应对世界问题及机遇;三是不断进取,与政府、企业及其他机构建立长久有活力的伙伴关系,通过学校教育为社会培养具有进取精神且有能力的学生,并且能够将学校中的研究应用到实际的工作中,不断推动社会的发展;四是增强包容性,在放宽其他条件的前

---

① Beacon of Enlightenment Strategic Plan 2013—2023. https://www.adelaide.edu.au/VCO/beacon/shining/.

提下,将才华与能力作为吸收学生与员工的标准,形成学生与员工相互学习、共同成长的良好环境,建设与社会密切联系的多元化大学。① 莫纳什大学的战略规划更多地将学校所有成员作为一个整体进行考虑,希望学校中所有的学生与员工能够与学校一同成长,其中国际化战略是整体战略中的重点,莫纳什大学希望通过国际化的研究与合作,建设国际一流大学,形成自身的竞争优势。

与莫纳什大学相似的是,昆士兰大学也将国际化战略作为学校极其重要的发展战略,其国际战略的提出建立在这样的背景之下:国际竞争日益激烈,网络成为教学研究的重要途径,学校也需要跟上全球教育的动态发展,满足学生的学习需求。昆士兰大学的战略目标是建立国际一流大学,加强与合作伙伴机构的合作不断扩大学校的全球影响力,通过提高学校办学水平吸引全球的优秀人才,同时积极寻求政府资金的支持,为在校学生创造机会参与国际交流,鼓励学生积极参与社会与全球问题的研究和解决。昆士兰大学的国际发展战略比较成熟,成为众多高校学习的对象。②

3.将可受雇性学习融入教学日常,提高专业人才的职业能力

随着高等教育的普及与大众化,大学毕业生数量不断增加,但经济形势的不稳定使得大学毕业生在劳动力市场中的竞争不断加剧。同时,雇主对毕业生的期望与要求不断提高,希望毕业生就业之后能尽快适应工作,为企业增加效益。这种不平衡的状态需要高校在实施高等教育的过程中进行协调和弥补,提高大学生的可雇性技能。从而有效解决毕业生的就业问题。2002 年,澳大利亚工商总会与澳大利亚商业理事会联合发布了报告《未来所需的可雇佣性技能》(*Employability Skills for the Future*),在报告中,可雇佣性技能的定义是:获得就业的同时能够保持和发展职业生涯,激发个人潜能,发挥个人价值所需要的战略战术。可雇佣性技能不仅仅是就业技能,更是在获得就业之后能够维持和发展自身的职业所需要的长期的能力。报告归纳出 13 项个人特质和 8 种可雇佣性技能,形成了"可雇佣性技能框架"。13 项个人特质有:忠诚、奉献、诚信、热情、可靠、个人展示、常识、自尊、幽默感、工作和家庭生活之间的平衡观、处理压力的能力、动机和适应性;8 种可雇佣性则是交流能力、团队工作能力、解决问题能力、创新进取能力、计划组织能力、自我管理能力、学习能力、技术能力。③

可雇佣性技能框架为各高校相关课程的设置提供了体系和方向。以墨尔本

---

① Strategic Plan. https://www.monash.edu/about/who/strategic-plan.

② Global Strategy. https://global-strategy.uq.edu.au/.

③ Education D O. Employability skills for the future[J]. Department of Education Science and Training,2002.

大学为例，从 2008 年开始推行"墨尔本模式"（The Melbourne Model），首先向学生传授基本的学术基础，之后再提供专业技能的学习，以此来培养学生的可雇佣性技能。墨尔本大学将课程中纯学术性的教学转向更多地培养学生的可雇佣性技能，每个专业都有适合本专业的具体技能培养要求，同时每门课也列出了明确的技能培养目标。这种教学方式的改变给教师的授课带来了不小的挑战，不仅需要通过教学方式的改革来达到教学目标，更要设立科学有效的评估体系来衡量学生的学习进程。除了在初期的学习过程中的可雇佣性技能的培养，针对即将毕业的学生，墨尔本大学为其提供了工作实习、参与研究项目等更具有实践性的培养方式，使其更快地进入工作的状态。除了对学生的培养，墨尔本大学同时积极吸引优秀的招聘者来扶持学生的就业，通过定期举办招聘会、向各国优秀企业推荐本校毕业生等形式，建立起学校与招聘者之间的密切联系，有利于学生和企业都能够更好地了解自身的招聘需求，达成双赢的效果。[①]

针对日益激烈的工作竞争，新南威尔士大学为在校生提供了多种与专业发展和志愿服务相关的项目，来培养学生多方位的个性能力，帮助其构建专业技能，增强在工作选择中的竞争力。学生可以参与一个兴趣测试，来发现自身技能与性格等方面的特点，之后根据测试结果学校会推荐给学生一系列适合其发展的项目加以选择，项目涵盖了兴趣发展、专业培养、创业机会等多个领域，新南威尔士大学有超过 450 名的志愿者为学生的课外发展提供服务。[②]

而这种可受雇性技能的培养与应用型大学的发展模式还有一定的区别。应用型大学在一开始进行学科专业设置及制定人才培养方针时，就以社会需求作为其办学的导向，应用型大学会根据行业发展动态对学科专业等进行调整。研究型大学首要的任务还是进行学术型的教学和科研，培养学生的就业技能是对其综合素质及能力的一种提升，而并非全部的目的和重心。[③]

4. 以生为本建设各类服务支持平台，增强学生学习能力和成长体验

在当前各国的教育改革中，都在努力进行从"以教师为中心"向"以学生为中心"的转变。"以学生为中心"教学方式的突出特点就是，改变以往的教师选择教学形式及控制教学进度的模式，转而让学生自己选择适合自己的学习方式，根据自身的学习情况调节自己的学习进程，从而达到因人而异、因材施教的教学效果。澳大利亚的高校十分重视学生的能力发展，"以生为本"成为当前高校改革

---

① Careers and employability. http://careers. unimelb. edu. au/.

② Professional Development & Volunteering. https://student. unsw. edu. au/development.

③ 张俭民. 我国应用型大学建设的可行路径探讨——澳洲大学应用型人才培养模式的启示[J]. 当代教育理论与实践，2017(9)：38-42.

中的重要标准之一,将对学生的教学、管理和服务和谐融为一体,学校的工作不仅仅是对学生的管理,也包括为学生提供良好的服务。

以悉尼大学为例,1995 年建立了教与学中心(Institute for Teaching and Learning),目的是为了通过更好地服务教学,提高悉尼大学的教学质量。通过对学生的问卷调查等形式,确定学生对于自身学习的需要,之后针对学生的需求不断调整教学目标和形式,同时开展一系列的"先锋学习"实验等探索性的教学实践,提供一系列的研究和项目合作,提高教师的教学水平与能力。除了在教学活动中进行协调,该中心还起着监督和评估的作用,通过对教学成果进行调查和询问,进行教学的反馈,从而促进教学活动的良好发展。①

阿德莱德大学则注重网络平台的作用发挥,利用云服务技术搭建以学习、管理为核心的信息化平台,从而使教师和学生都能从云端获取自身所需要的知识。学校在线上的云服务平台中上传 MOOC 课程供学生学习②,同时在线下对学生实行精英化的小班探索式教学,增强教师与学生之间的互动,保证学生与教师之间的交流和互动。线上与线下教学模式的互补,使学生更好地找到适合自身学习的方式,从而激发学生自主学习的能动性。

在"墨尔本模式"中,很多方面都体现了"以生为本"的管理特点。一是在培养理念上,墨尔本大学认为一流的大学需要一流的学生,学生才是整个大学的中心,所以一流的师资和一流的科研水平是为了培养出学术能力出色、人品健全、能适应多文化多竞争环境的全面的人才。学生的利益是衡量一切服务与政策的标准。二是在培养方式上,墨尔本大学在学校的各项工作中都努力贯彻着培养学生全面综合能力的方针,在教学中不断根据学生需求进行课程改革,拓宽学生学习宽度的同时保证学习的深度,在教学的过程中锻炼学生的学习能力,同时也注重培养学生的科研能力和就业能力。墨尔本大学鼓励学生根据自身特点打造属于自己的墨尔本体验。③ 在进入大学之前,学生可以参加为新生举办的专门活动,比如与职员、学者和高年级同学进行交流,参观校园等;也可以参加拓展课程提前学习第一年的大学课程。入学之后,学校鼓励学生从第一天就开始规划自己的墨尔本体验,不仅仅是自己的专业,还可以根据自身的兴趣爱好拓宽学习的宽度,进行专业外的知识学习。同时进行未来的职业规划,学校的学习中心会给学生提供各种各样的信息和服务支持。在校学习过程中,可以申请参与学校

---

① Learning Center. https：// sydney. edu. au/education-portfolio/academic-enrichment/lc/index. shtml.

② Flipped Learning in Adelaide. https：//www. adelaide. edu. au/flipped-classroom/.

③ The Melbourne Model&. Student support. https：//futurestudents. unimelb. edu. au/explore/.

的实习与对外的交流项目,大学的最后一年,学生将参与"高峰体验"(Capstone experiences)①,目的是将学生在本科阶段学习、科研等过程中学到的知识综合应用于实践。在毕业之后,不论学生是参加工作还是选择继续深造,都能继续享受墨尔本体验带来的持续优待,获得有帮助的信息及服务。

5.建设一流的科研队伍,促进学研用一体化运作

在研究型大学中,强大的科研队伍是学校建设发展的保障。当前的高校改革除了建设能力强的科研队伍以外,更要注重学研用一体的思路,科研不是仅仅局限在大学内部,更要与社会实践相结合,推动社会生产力的发展,解决社会问题,达成高校与社会之间良好的互动与合作。

阿德莱德大学在"启迪之光"战略规划中提出②,在 2013—2015 年,至少要增加 10 名在国际上具有影响的研究型教授来提升学校的科研水平,主要是吸引相应的专业领域中世界排名前 1‰的知名研究者;学校致力于通过实行具有吸引力的研究生招收和保留政策培养一支庞大的研究队伍,并以增加一倍全额奖学金的条件来吸引优秀博士生;通过小班探究的学习方式将科研融入本科教学,大学中各个年级的优秀学生都能够获得专业人士的指导;科研小组将研究重心放在国家重点科研项目上,加强和产业之间的合作,努力将科研成果转化为生产力,更好地解决国内乃至国际重点关注的社会问题。

墨尔本大学为应对日益激烈的国际竞争,培养具有全方位竞争能力的学生,在 2002 年就提出了指导教学的九原则③,并于 2007 年正式修订实施。其中,第 2 条原则指出,在教学中应该融入浓厚的研究文化和知识转化文化。研究文化是指教师应该在教学的过程中营造研究的氛围,培养学生探究知识,独立思考的能力,将学习与研究相互渗透和融合;知识转化文化是指学生能够将所学知识转化为实际应用的能力,这个过程不仅仅是知识的应用,更在实践的过程中培养学生思考及判断力,实现学研用相结合。

澳大利亚国立大学的研究项目聚焦了多种与社会发展密切相关的领域④,例如环境与可持续性发展、区域与全球环境、未来安全、健康与医学等,通过在澳大利亚当地的实践与探索,再拓展到全球领域,寻求全球范围内的合作与发展。

---

① Developing Capstone Experiences. http://melbourne-cshe. unimelb. edu. au/resources/teaching-and-learning/curriculum-design/developing-capstone-experiences.

② Beacon of Enlightenment Strategic Plan 2013—2023. https://www. adelaide. edu. au/VCO/beacon/shining/.

③ Nine Principles Guiding Teaching and Learning. http://melbourne-cshe. unimelb. edu. au/__data/assets/pdf_file/0007/1761442/9principles. pdf.

④ Research & innovation. http://www. anu. edu. au/research/innovation.

除了传统的科研投入外,更注重对学生的科研创新思维的培养,学校专门设有"启迪节"(Enlighten Festival),为学生提供场所与思维空间,涉及的思想启迪项目包含从历史到未来,从微小粒子到宇宙探索。学生可以自由思考,与同学进行交流,并可以提出任何创新性想法。具有研究可能性的想法可以在"启迪节"之后转化为具体的研究方向,从而激发学生的研究热情,拓宽学生的研究思路。

西澳大学拥有超过 75 家全国范围内的研究和培训中心,同时研究经费总额占西澳洲地区所有大学研究经费的 80%。在西澳大学,研究强调学术好奇心的重要作用,鼓励学生充分活跃思维,从自己的兴趣出发发掘新的研究课题。除了超级计算中心、博物馆等基本的研究机构,西澳大学还拥有类似于 2050 未来农场项目(Future Farm 2050 Project)这样的与实际生产相结合,面向未来的具有创新性的研究机构。[①] 为鼓励学术研究的发展,西澳大学拥有丰富的奖学金奖励机制,分为国内奖学金与国外奖学金两个部分,鼓励学生参与学术研究。

三、澳大利亚大学发展的启示

回顾澳大利亚高等教育的发展历史,从殖民地时期大学的艰难发展到拥有数所国际知名大学,尤其是八校联盟的发展及其改革历程,有很多值得借鉴的地方。

1. 坚持和发展"以生为本"的发展理念

从澳洲高校发展经验来看,无论是学校整体的管理还是具体的教学实施过程,成功的原因都离不开以生为本。比如在阿德莱德大学的未来整体规划过程中,将学生作为利益的密切相关者纳入考量的范围。墨尔本大学和悉尼大学在具体的教学活动中都十分重视学生的学习热情,通过课程及活动的设计,充分调动学生的自主性,为学生打造适合个体发展的学习环境。这种发展理念可以说是大学的本有之义,高等教育质量的高低评价的标准最终会落脚学生质量的高低上。从我国目前努力建设一流高校的实践来看,一流高校建设的基础是培养出一流的学生,尤其在高等教育普及度不断提高的今天,作为高等教育基石的本科教育应该更加得到重视。当前我国本科教育专业区分性强,对通识教育的认知不到位;对学生的自主学习能力发掘不够,依旧是以教师为中心进行知识的传授。在今后的改革中,应将通识教育的重要性摆在专业教育的前面,给学生更大的自由发展的空间,充分活跃学生的自主学习热情,提升综合素质。

虽然科研在研究型大学中是发展的重点,但不应将重视科研和做好教学相对立。"985 工程""211 工程"高校建设已经告一阶段,这些高水平大学的基础硬

---

① Research. https://study. uwa. edu. au/research/.

件设施已经比较完善,需要的是加强对人的培养和质量文化的建设,从软件上进行升级。而在这个过程中,高校应将学生的培养作为根本,在此基础上加大科研力度,避免唯科研成果论,扭曲科研的本质。

2.落实高校发展规划,提高高等教育质量

在不断扩大我国高等教育规模的同时,我们也要清醒地认识到对于质量的忽视导致了我国高等教育质量的下滑。针对这个问题,八校联盟中高校制定并具体落实的发展规划十分值得我们学习借鉴。例如,阿德莱德大学的战略规划十分清晰并注重细节,从领导到学生都能够认真学习和践行,相应的教育质量就必然能够得到保障。我国的高校不乏相应的发展规划,但针对性和可操作性有待加强。规划的制定只是发展方向的确定,如何能将规划落到实处,是更为重要的问题。目前我国高校制定规划多是在学校的管理层进行,而像教师和学生这样应该执行规划的行动者却不能准确掌握发展规划,所以我们应向阿德莱德大学借鉴经验,在学校中从上到下对规划进行普及教育,人人都能理解规划,人人都能从自身出发用自己的方式践行规划,将所有的细节落到实处。同时也要加强对教育教学质量的监督和评估,丰富评价主体,明确主体的职责和功能,完善评价标准和体系,形成全面的质量保障体系。

3.加强校企合作,重视经验积累

高校科研离不开资金支持,为保证科研经费的投入,除了国家政府的支持,还可以与社会企业达成合作,吸引资金投入。与企业的合作不仅能丰富资金来源,更能推动高等教育与社会发展之间的接轨,使科研能服务于社会发展。除了学生在校期间的学习,学生毕业之后的工作及再深造也是我国高校目前应着力关注的地方。对于学生的"可受雇性"的培养,我国高校还有待改革,以使毕业生就业与企业用人达到平衡。应学习澳洲高校的优秀经验,将受雇性的培养与教学深入到高等教育的每一个阶段,使学生能更好地成长为社会所需要的人才。

虽然澳大利亚高等教育的发展比较成熟,具有很强的优越性,但也存在着一些问题需要我们注意。当前澳大利亚高等教育的市场化程度十分高,但这也就意味着会过度重视市场化带来的经济利益,而在一定程度上忽视了教育根本上的文化功能。随着我国高等教育水平的不断提高,必然也会面临着向外进行教育出口、进行文化产业化的需求,如果一味追求教育的扩张而忘记了教书育人的本分,就会使高等教育的发展偏离正轨。在市场化和教育出口的过程中,我们应不忘初心,牢牢把握教育的根基所在,保持大学之本。

附　录

APPENDIX

"海洋"一词的英译与辨析

邹卫宁　崔　航[*]　■

摘要:伴随着国家对海洋事业的不断重视,"海洋"一词的翻译也备受关注。然而,一提到"海洋"的翻译,一般多用"ocean/sea",不免出现以一概全现象。其实,在英语中"海洋"的表达多种多样,有"marine""maritime""oceanic""oceanology"等,各有重点,纷杂难辨。本文旨在通过具体实例,对"海洋"一词的英译进行分类,厘清各英文候选词的含义,以期为"海洋"一词的英译做一个范本,为涉海领域的文本翻译提供更多的参考和选择。

关键词:海洋;英译;辨析

21 世纪是海洋的世纪。党的十八大报告明确提出,提高海洋资源开发能力,发展海洋经济,保护海洋生态环境,坚决维护国家海洋权益,建设海洋强国。随着《山东半岛蓝色经济区发展规划》《浙江海洋经济发展示范区规划》等的出台,海洋经济已经被纳入到国家"十二五"时期现代产业建设发展规划之中,上升到国家发展的战略层面。世界各国也纷纷把未来发展的目光聚焦于海洋,把合理有序地开发利用海洋资源、保护海洋环境、发展海洋经济作为求生存、求发展的基本国策。在这一背景下,涉海领域的翻译也自然成为国家对外交流的重要方面。"海洋"一词本身的翻译也显得愈发重要。然而,传统的"海洋"英译多用ocean/sea,不免出现以一概全的情况。笔者以"海洋翻译"为关键词,在中国知网进行搜索,发现有关"海洋"一词英译类论文甚少,尚有广阔的潜在研究空间。

* 邹卫宁,生前为中国海洋大学外国语学院英语系教授,中国海洋大学国际合作与交流处翻译室主任兼首席翻译,青岛市人民政府外语顾问、同声传译译员、北京外国语大学特聘"翻译证书"考试培训项目青岛地区主讲教师。2015 年 10 月在第十届全国高校英语报刊教学学术研讨会上,被推荐为"全国高校英语报刊教学研究会会长"。作为学校首席翻译,随山东省、青岛市和中国海洋大学的领导经常出访欧美等国,在各类国际会议上担任同声传译,具有丰富的同传临场经验,同时还翻译了大量的对外宣传画册和音像制品。其主要研究领域为国际会议口译及新闻英语。崔航,中国海洋大学外国语学院英语系 2012 级硕士研究生,澳大利亚新南威尔士大学口译及笔译研究生。曾获全国口译大赛山东赛区二等奖两次,华东大区三等奖一次及全国半决赛最佳人气奖;取得了全国翻译资格考试二级口译员证书,澳大利亚全国翻译认证机构颁发的专业口译员及专业笔译员认证;入选新南威尔士大学翻译及口译项目师资库,现在澳大利亚从事口译及笔译工作。本文原载于《东方翻译》2014 年第 3 卷,略有修改。

一、"海洋"一词的来源

《圣经·创世纪》开篇就有关于"海"的记载："And God said, Let the waters under the heaven come together in one place, and let the dry land be seen: and it was so. And God gave the dry land the name of Earth; and the waters together in their place were named Seas: and God saw that it was good."（神说，天下的水要聚在一处、使旱地露出来。事就这样成了。神称旱地为地，称水的聚处为海。神看着是好的。）（春夏秋冬渝，2011）中文"海""洋"二字意为："百川汇聚之处"即为"海"；"洋，多也"（吴泽炎，黄秋耘，刘叶秋，2004：1771，1802）。可见，中英文中关于"海洋"的最初概念是互通的，都有"水的聚集之处"之意。

英文中 ocean 和 sea 都可以表示中文"海洋"的概念，但两词略有区别。《朗文当代高级英语辞典》的解释如下：

sea："n. 1 esp. BrE［尤英］‖ ocean esp. AmE［尤美］-［(the) U］the great body of salty water that covers much of the Earth's surface; ocean 海，海洋。2［C］(often cap., as part of a name 一般大写，尤用于海洋名称) a large body of salty water smaller than an ocean, either a. a part of the ocean···海（海洋的一部分）b. a body of water (mostly) enclosed by land 内海"（艾迪生·维斯理·朗文出版公司辞典部，2003：1361）

Ocean："n. 1［(the) U］esp. AmE［尤美］‖ sea esp. BrE［尤英］-the great mass of salt water that covers most of the Earth's surface 海洋，大洋 2［C］(often cap. As part of a name 常用大写，作为专有名称的一部分) any of the great seas into which this mass is divided 洋"（艾迪生·维斯理·朗文出版公司辞典部，2003：1037）

由此来看，两者都可表示一般意义上的"海"，ocean 多用于美式英语，还指大洋，如大西洋（Atlantic Ocean）、太平洋（Pacific Ocean），若整体指代"海洋"也使用该词。Sea 多用于英式英语，比 ocean 面积小，通常指紧连着陆地的海域。美国国家海洋和大气局（NOAA）网站也验证了这一点："Sea are smaller than oceans and are usually located where the land and ocean meet. Typically, seas are partially enclosed by land."（NOAA，2014）（笔者译：从地理学上来说，sea 比 ocean 面积小，通常用于描述海陆交接处海域。一般来说，sea 指被陆地包围的海域。）英文中还有"sea change"的用法，最早来源于莎士比亚戏剧《暴风雨》。《朗文当代高级英语辞典》相关条目如下——sea change："n.［singular］a very big change in something 巨变"（艾迪生·维斯理·朗文出版公司辞典部，2003：1771）。

二、机构名称中"海洋"一词的翻译

在海洋科技的发展中,高等院校、科研机构及相关政府部门扮演着重要的角色,对于推动海洋科技进步、加强国内外交流合作起着重要作用。因此,在翻译时,应结合这些机构所属的海洋领域、学科侧重点,体现出科技翻译的标准化和严谨性。在此,笔者搜集了各类涉海机构名称中"海洋"一词的英译,进行探讨。

(一)高等院校中"海洋"一词的英译

我国院校名称中"海洋"英译多采用"ocean"一词。以中国海洋大学(Ocean University of China)为例,其前身为山东海洋学院(Shandong College of Oceanography),1988 年更名为青岛海洋大学(Ocean University of Qingdao),2002 年更名为中国海洋大学。类似的还有广东海洋大学(Guangdong Ocean University)、上海海洋大学(Shanghai Ocean University)、大连海洋大学(Dalian Ocean University)、浙江海洋学院(Zhejiang Ocean University)等,其校名英译均使用了"ocean",比较统一。

另外,"ocean"一词也多见于我国台湾地区及其他亚洲国家的涉海高校。创立丁 1953 年的台湾省立海事专科学校(Provincial Taiwan Maritime Technology College)后经改革,成为台湾海洋学院(National Taiwan College of Marine Science and Technology),1989 年更名为台湾海洋大学(National Taiwan Ocean University)。前不久,韩国海事大学(Korean Maritime University)也在其校名中加入"ocean"一词,并正式更名为韩国海事海洋大学(Korean Maritime and Ocean University)。

从各大高校名称英译的变迁中不难发现,随着办学规模不断提升,学科范围不断扩展,以"海洋"命名的院校其英文译名也都从最初选用"oceanography""maritime technology"等涉及海洋科学领域的专门词汇,发展到使用"ocean"这一内涵概念更广泛的词,来体现高校海纳百川、兼容并蓄的包容性,以达到招生引才及对外宣传的目的。除此之外,以"海洋"命名的高校还包括高雄海洋科技大学(National Kaohsiung Marine University)、台北海洋技术学院(Taipei College of Maritime Technology)及东京海洋大学(Tokyo University of Marine Science and Technology)等。

(二)科研院所及政府机构中"海洋"的英译

纵观国内以"海洋"二字命名的机构院所不在少数。综合来看,译法有如下几种:

(1)将"海洋"译为 oceanography,如国家海洋局第一海洋研究所(The First

Institute of Oceanography，SOA）、中国海洋学会（Chinese Society for Oceanography）。

（2）将"海洋"译为 oceanology，如中国科学院海洋研究所（Institute of Oceanology，Chinese Academy of Sciences）。

《朗文当代英语大辞典》oceanography 释义为："n. ［U］the scientific study of the ocean 海洋（地理）学"（汪榕培，2011：1293）。笔者查阅了包括朗文、牛津、剑桥、韦氏等主流英语字典，均未找到 oceanology 一词。作为参考，笔者在英文维基百科中发现，oceanography 和 oceanology 是同一词条："Oceanography, also known as oceanology and marine science，is the branch of Earth Science that studies the ocean"（Wikipedia，2013）。可见，两词含义相同，但 oceanology 比较少见。"oceanology"由词根"ocean"加词缀"-ology"构成，其中尾缀"-ology"表示某一学科。中国科学院下许多研究所英译均出现了该词缀，如中国科学院微生物研究所（Institute of Microbiology，Chinese Academy of Sciences）、中国科学院动物研究所（Institute of Zoology，Chinese Academy of Sciences）、中国科学院心理研究所（Institute of Psychology，Chinese Academy of Sciences）等。由此来看，"中国科学院海洋研究所"的英译之所以选择"oceanology"，是因为其更能体现中科院各所之间是一个有机统一的整体。

（3）将"海洋"译为 oceanic，如国家海洋局（Sate Oceanic Administration）、台湾海洋大学海洋文化研究所（Institute of Oceanic Culture）、中国海洋工程咨询协会（China Association of Oceanic Engineering）。

（4）将"海洋"译为 ocean，如中国海洋工程学会（Chinese Ocean Engineering Society）、国家海洋技术中心（National Ocean Technology Center）、国家海洋标准计量中心（National Center of Ocean Standards and Metrology）。

根据《牛津高阶英汉双解词典》第七版 oceanic 释义："adj. ［usually before noun］（technical 术语）connected with the ocean 海洋的；大海的；与海洋有关的"（霍恩比，2009：1378）。该词置于名词前，多用于专业的术语中，如 oceanic crust（海洋地壳）、oceanic climate（海洋性气候）等。美国国家海洋和大气局（National Oceanic and Atmospheric Administration）名称也选用了该词。

需要注意的是，这里出现的"中国海洋工程咨询协会"与"中国海洋工程学会"都有"海洋工程"一词，译法却不同。中文"海洋工程"在英文中可以找到三种译法。其中两个比较常见的译文，即"marine engineering"和"ocean engineering"，其实是略有区别的。根据英国斯特拉斯克莱德大学（University of Strathclyde）及美国罗德岛大学（University of Rhode Island）官方网站对两个专业的介绍，"marine engineering"偏重于船舶设计、建造组装及船舶机械；

"ocean engineering"则涉及跟环境本身有关的机电工程结构,比如海底光缆系统、海岸建筑设施、海洋油田等。(University of Strathclyde,2014;University of Rhode Island,2014)第三种译法"oceanic engineering"比较少见。在 Google 搜索引擎中输入"oceanic engineering"一词,除了美国电气与电子工程师协会 (IEEE)的海洋工程协会(Oceanic Engineering Society)有相关结果外,其余均显示为 ocean engineering。

西方国家几个有名的涉海研究院所有:Woods Hole Oceanographic Institution (伍兹霍尔海洋研究所)、Virginia Institute of Marine Science(美国弗吉尼亚海洋科学研究所)、The Australian Institute of Marine Science(澳大利亚海洋科学研究所)、Scripps Institution of Oceanography(斯克里普海洋研究所)、Irish Marine Institute(爱尔兰海洋研究所)等。从以上列举的几个机构名称来看,多用"marine science"一词。翻译为汉语时,"marine science"与之前提到的 "oceanography"分别译为"海洋学"与"海洋科学",一字之差,其区别在于前者包含的学科范围更广,如美国波士顿大学(Boston University)官网在介绍其与海洋有关的课程项目时提到:"The Boston University Marine Program (BUMP) provides a rigorous, interdisciplinary education in marine science. Our curriculum encompasses biologic, chemical, geological, and physical oceanography as well as policy and the spatial dynamics of marine systems. "(Boston University, 2014)因此作为学科,"oceanography"应当是包含在"marine science"之内的。

三、海洋法中"海洋"一词的英译

《法律大辞书》对海洋法的解释为:"简称海法,与陆地法及空中法相对称,关于海洋法规之总称也。更可分为二:(一)国际海法。(二)国内海法。"(郑竞毅, 2012:949)国际海法指"国家与国家间关于海事之法规也。例如通商航海条约,船舶捕获法……皆属之……"(郑竞毅,2012:1059)国内海法又分为公海法与私海法,前者为规定国家与私人间关于海事的法规,"大多是以船舶航海对于公益方面之规定,故涉于行政法规者较多,如船舶法",后者为"不属于公海法而关于海事普通之司法……如无其他独立私海法之规定,则以私海法即为海商法矣"。 (郑竞毅,2012:528)

英文中也有几个表示"海洋法"的词语,比较常见且在翻译时容易混淆。这里我们列出 4 个进行比较,找出其内涵上的区别,以期在英汉互译时能够更准确。

(一)Law of the Sea

《牛津现代法律用语词典》对其给出的解释为:"the rules governing the

relationships between states regarding the use and control of the sea and its resources. "(Garner,2003:29)这是最符合上述"国际海法"的定义的,主要是在国际公法领域,对各国(而非公司和个人)在海上边界、海洋污染、海上资源归属等方面做出规定的法律。该领域法律规范主要来源于联合国海洋法公约(United Nations Convention on the Law of the Sea)。

（二）Maritime Law 及 Admiralty

Admiralty 一词最早用于海军将领的职衔,后来用于指代由海军机构演变而来的海事法院。(关正义、李婉,2012)传统上 admiralty law 仅表示用于解决船只营运中出现的合同、侵权纠纷,不包含政府及国际的航运规定。然而,随着时代发展,maritime law 及 admiralty law 两词含义逐渐趋同,前者更常用。如今,两词可互换使用。《牛津现代法律用语词典》对 admiralty law 的释义为："…… referring to the law of marine commerce and navigation, the transportation at sea of persons and property, and marine affairs in general. ……admiralty or maritime law is a division of private law. "(Garner,2003:29)可见,该词表示一切与船只及海运相关的法律,更符合上述中文"私海法"或"海商法"定义。《法律英汉词典》给出该词的释义为"海商法,海事法"。(五南编辑部,1988:485)《中华人民共和国海商法》英译为"Maritime Law of the People's Republic of China",这些都印证了这一点。

（三）Marine Law

此译文含义最广泛,可以用来泛指一切与海洋、水域相关的法律法规。既可以用来指各国间达成的海上边界协议,也可以指有关捕鱼配额、海上货物运输、船舶营运等方面的法律规定。可以说此译文涵盖了上述两个译文的含义。

四、其他与"海洋"有关词语英译

文学作品中,常常使用 water 及 salt water 来取代"海洋"一词。Pond 可指代大西洋,《牛津高阶英汉双解词典》第七版对 pond 的释义为:"across the pond (informal) on the other side of the Atlantic Ocean from Britain/the US 在大西洋彼岸。"(霍恩比,2009:1534)《朗文当代英语大辞典》对 deep 的释义有:"n. the deep poetical the sea［诗］海洋。"(汪榕培,2011:466)在口语中,表示海洋、大海的还有 briny。《美国口语词典》指出 the briny 词条有海洋的意思:"briny 原为 brine(高浓度的盐水)的形容词,译为'(像 brine 一样)咸'。最初用作诗的用语 the deep(海)的修饰语……人们在亲切的交谈中使用这一表达方法。"(Edward G. Seidensticker,1991:94)还有 drink 也可指海洋:"the drink［话］海

［湖、池、川等］字面意义是'那个饮料'。这一表达法主要在人或物落入水中的场合使用。海是具有代表性的，但只要是比落下去的人或物大的'水体'，不论什么都可以。"（Edward G. Seidensticker，1991：211）此外，还有"Davy Jone's locker"，《英语典故辞典》对其释义为："海底，水手的坟墓，葬身鱼腹。Davy Jones 是传说中的海魔。自 18 世纪开始成为常用航海用语，意为海洋之底，海底坟墓。"（华泉坤，盛学莪，2001：109）

除了"海洋"一词，还有许多其他与"海"有关的词语，其英译也需要特别注意。据《海洋大辞典》：海洋养殖业为"mariculture industry"，要与水产养殖"aquaculture"进行区分。"海洋石油"英译为"offshore oil"，切不可字对字译为"ocean oil"。此外还可用颜色指代"海"的英译，如"海洋经济"可英译为"blue economy"等。

中文里还有一些词语有"海"字，而译文无"海"字，如海关（customhouse）、海啸（tsunami）、海军（navy）、前海一线（coastline）、海峡（strait）、峡湾（fjord）、洱海（Erhai Lake）等。

五、结语

作为科技翻译的一个方面，海洋科技翻译应当本着内容准确、结构严密、概念清晰、语句达意的原则进行。作为译者，首先面对的就是"海洋"一词的英译。由于中文"海洋"一词含义广泛，因此其英文翻译也灵活多变。不同的词语搭配、不同的应用场合都要选用不同的英文候选词语。在翻译中需要具体情况具体分析，切不可以一概全、千篇一律。

参考文献

［1］艾迪生·维斯理·朗文出版公司辞典部.朗文当代高级英语辞典［M］.北京:商务印书馆,1998.

［2］春夏秋冬渝.圣经.创世纪(中英文对照)［EB/OL］.(2011-07-18)［2014-3-4］.http://www.360doc.com/content/11/0718/11/5649817_134237555.shtml.

［3］关正义,李婉.海商法与海事法的联系与区别——兼论海商法学的建立与发展［J］.法学杂志,2012(6):35-39.

［3］国家海洋局科技司.海洋大辞典［M］.沈阳:辽宁人民出版社,1998.

［4］华泉坤,盛学莪.英语典故辞典［M］.北京:商务印书馆,2001.

［5］霍恩比.牛津高阶英汉双解词典(第7版)［M］.北京:商务印书馆,2009.

［6］吴泽炎,黄秋耘,刘叶秋.辞源(修订本)［M］.北京:商务印书馆,2004.

［7］五南编辑部.法律英汉词典［M］.台北:五南图书出版公司,1988.

［8］汪榕培.朗文当代英语大辞典［M］.北京:商务印书馆,2011.

［9］郑競毅.法律大辞书［M］.北京：商务印书馆，2012.

［10］BOSTON University.［EB/OL］.［2014-02-26］. http：//www. bu. edu/bump/.

［11］GARNER A B.牛津现代法律用语词典［M］. 北京：法律出版社，2003.

［12］NOAA National Ocean Service. What is the difference between an ocean and a sea?［EB/OL］.（2014-3-25）［2014-05-01］. http：//oceanservice. noaa. gov/facts/oceanorsea. html.

［13］Wikipedia. Oceanography［EB/OL］.（2014-02-23）［2014-03-04］. http：// en. wikipedia. org/wiki/Oceanograp.

［14］Seidensticker G E.美国口语词典［M］.张文华译.北京：外语教学与研究出版社，1991.

［15］University of Strathclyde. Naval Architecture，Ocean and Marine Engineering［EB/OL］.［2014-05-28］http：//www. strath. ac. uk/naome/.

［16］University of Rhode Island. Ocean Engineering［EB/OL］.［2014-05-28］http：//egr. uri. edu/oce/.

韦努蒂的文化翻译观对新时期我国外宣翻译的启示

——以"蓝色经济"英译为例

邹卫宁　迟　鑫[*]

摘要:有效的外宣翻译策略对新时期我国语言及文化的传播具有重要作用。韦努蒂的"异化"翻译主张有助于抵抗文化帝国主义,彰显本国语言及文化特色。讨论"蓝色经济"的英译时,试采用韦努蒂的"异化"翻译策略,并通过研究我国主要外文媒体的译法,验证"蓝色经济"英译的可行性,希望为"蓝色经济"英译提供一种可以推广的译法,并对新时期外宣材料的翻译有所启示。

关键词:外宣翻译;异化;蓝色经济;英译

一、引言

外宣翻译,即对外宣传材料的翻译,已成为翻译研究的一个热门话题,外宣翻译的质量直接影响到交际效果,质量好的外宣翻译有助于让世界更好、更确切地了解中国,并进一步促进双方的合作和交流。当前,国际社会对中国发展变化的关注程度越来越高,了解中国的愿望更加强烈,对外宣翻译也就提出了更高的要求。

2009 年 4 月,胡锦涛视察山东时从战略全局的高度指出:"要大力发展海洋经济,科学开发海洋资源,培育海洋优势产业,打造山东半岛蓝色经济区。"同年10 月,胡锦涛再次视察山东时强调要建设好山东半岛蓝色经济区。^① 于是,上到山东省委、省政府,下到各个部门、各个单位都在全力落实胡总书记的重要指示,全力发展山东半岛蓝色经济区。要打造和建设好山东半岛蓝色经济区,就必须要加快推进海洋经济对外开放,自然就涉及翻译及对外宣传工作。而作为译者,首先面临的就是主题词"蓝色经济"的翻译。

＊　迟鑫,2014 年硕士毕业于中国海洋大学外国语学院,主要研究领域为英汉对比研究与翻译及口译方向,曾获得全国口译大赛山东省赛区一等奖,获全国翻译资格考试二级口译证书,从事大量口译及笔译工作。现为中国海洋大学中英联合研究中心秘书。本文原载于 2014 年 2 月《鸡西大学学报》,略有修改。

①　参见《山东半岛蓝色经济区发展规划》(2011),国家发展和改革委员会。

本文将结合我国当下的发展情况,根据韦努蒂的文化翻译观,初步探讨"蓝色经济"一词的英译,以期为新时期外宣翻译工作的开展提供新的思路。

二、韦努蒂的文化翻译观

1995 年美国著名翻译学家劳伦斯·韦努蒂(Lawrence Venuti)在其著作《译者的隐身》(*The Translator's Invisibility*:*A History of Translation*)开头,引用诺曼·夏皮罗(Norman Z. Shapiro)的话:"我认为,翻译文本应该是透明的,看起来不像译文。优秀的翻译好像一块玻璃,只有有微小的瑕疵的时候,如刮痕啦,气泡啦,你才注意到它的存在。最理想的状态是什么问题也没有,它从来不需要引人注目。"①实际上长期以来,西方翻译界都倾向于让译文像透明的玻璃,将"流畅"作为衡量译文的主要标准,流畅的翻译则一直占据支配地位。②这里夏皮罗所说的"透明"以及翻译界的通用标准"流畅",都是"归化"(Domestication)的翻译策略,旨在让目的语读者对外国文本和文化的陌生感降低到最低程度。

但是韦努蒂认为,这种"归化"的翻译策略,使得译文中没有了任何外国语言或文体特点,好像读者在读的不是一种译文,而是原文,一点儿洋腔洋调都没有。③ 在韦努蒂看来,这种"归化"的翻译法,不仅仅抹掉了原文的独特性,更重要的是体现了一种权力关系和文化认同感。他认为,"归化"翻译策略是一种"采取民族中心主义的态度,使外语文本符合译入语的文化价值观"的翻译策略④。他认为当下强势国家语言与弱势国家语言之间的翻译转换是不平等的,它往往将任何外国文本转换为英美国家文化所接受的文本,实际上是对外国文本的侵略,掩盖的是外国文本的独特性。

因而,韦努蒂强调长期被人们忽略的"异化"的翻译策略,冲击"归化"翻译占主流地位的英美价值体系。实际上早在 1813 年,德国思想家施莱尔马赫(Friedrich Schleiermacher)就在其长篇论文《论翻译的不同方法》(*On the Different Methods of Translating*)中提出"译者要么尽量不打扰原文作者,让

---

① Venuti, Lawrence. The Translator's Invisibility:A History of Translation[M]. London:Routledge, 1995,1.

② 刘军平. 西方翻译理论通史[M]. 武汉:武汉大学出版社,2012,443.

③ Venuti, Lawrence. The Translator's Invisibility:A History of Translation[M]. London:Routledge, 1995,1.

④ Venuti, Lawrence. The Translator's Invisibility:A History of Translation[M]. London:Routledge, 1995,1.

读者靠近作者，要么尽量不打扰读者，让作者靠近读者"①。施莱尔马赫的"让作者靠近读者"就是我们前面说的"归化"翻译策略，而韦努蒂的"异化"翻译理论就是"让读者靠近作者"的做法。

所谓"异化"翻译策略，要求译者"选择被译入语主流文化价值观所排除在外的外国文本和翻译策略"②，通过保留原文中某些异国情调的东西，故意打破目的语习惯的语言和文化规范，目的在于让读者品味原汁原味的原文语言和文化，彰显两种语言国家的语言文化差异。同时通过文化干预，"抑制翻译中种族主义的暴力"③，对试图压制外来他者的英语国家文化霸权主义提出了挑战和质疑。

三、新时期我国外宣翻译的要求

21世纪是一个提倡文化多元化的时代，是一个"东西文化相互补充"的时代。④ 而且中国的经济迅猛发展，中国的崛起已经受到了世界的瞩目。中国的对外开放，让中国对西方世界了解越来越多，但是国外的人对中国的文化、意识形态等却一直停留在几十年前的状态，国外读者希望了解中国，中国也需要让世界更加了解中国的语言、文化以及生活的方方面面。

于是，在2012年1月4日至5日在北京召开的全国对外宣传工作会议中，中共中央对外宣传办公室、国务院新闻办公室主任王晨强调，要准确把握国内外形势发展变化，切实提高对外宣传能力水平，更加积极有效地传播中国声音、弘扬中华文化、展现中国形象。

在外宣工作中，如果只按照"归化"的翻译策略，中国的语言及文化特色就会在翻译过程中消失殆尽，中西方文化的差异在译文中被掩盖，中国文化的民族性、独特性将被抹杀，如此一来，那"传播中国声音、弘扬中国文化、展现中国形象"的要求便无法实现。西方人对中国的了解停滞在几十年前，其中一个原因，就是译者过分依赖于"归化"翻译策略，一味地倾向于西方人的思维模式和行为、语言习惯，没有推出具有中国特色的、反映中国文化的词汇和意象。⑤ 因而，要

---

① Schleiermacher, Friedrich. On the Different Methods of Translating [M]. Chicago：The University of Chicago Press，66-89.

② Venuti, Lawrence. The American Tradition[A]. The Routledge Encyclopedia of Translation Studies[C]. London and New York：Routledge，1997.

③ Venuti, Lawrence. The Translator's Invisibility：A History of Translation [M]. London：Routledge，1995，1.

④ 徐兴盛.外宣翻译中中国特色词汇对待：异化？归化？——基于国内经典英译和国外媒体英译的思考[J].重庆广播电视大学学报,2011(2).

⑤ 陈卫安.归化和异化策略在外宣翻译工作中的应用[J].重庆工学院学报(自然科学版),2007(4).

"传播中国声音",要让中国的声音走向世界,就需要译者主动翻译出我国文化中特有的因素,就需要兼顾"异化"的翻译策略。

此外,根据韦努蒂的文化翻译观,在我国外宣翻译中多采取"异化"的翻译策略,也是对文化帝国主义的一种抵抗①,反映了我们对外语文本和外国文化所表现的道德态度。② 抵抗英美文化及文本对我国文化及文本的侵略,塑造我国独特的文化身份,更有利于"中国声音"的传播。

四、"蓝色经济"英译讨论

蓝色经济,又称海洋经济。现代蓝色经济包括为开发海洋资源和依赖海洋空间而进行的生产活动,以及直接或间接为开发海洋资源及空间的相关服务性产业活动,这样一些产业活动而形成的经济集合均被视为现代蓝色经济范畴。③

自胡锦涛于 2009 年首次提出"蓝色经济"开始,山东省上上下下便开始重视利用地区优势,发展蓝色经济,还特别设立了山东半岛蓝色经济区建设办公室,全面发展山东半岛蓝色经济区,各种新闻媒体对各项工作进展的报道更是比比皆是。

《中国日报》是中国国家英文日报,被全球读者誉为中国最具权威性和公信力的英文媒体,是中国了解世界、世界了解中国的重要窗口④,而《新华网》则是中国最大、具有全球影响力的国家重点网站⑤,因而《中国日报》和《新华网》一直是外宣材料翻译的先驱和领头羊。笔者利用互联网搜寻整理自 2009 年至今的《中国日报》和《新华网》有关"蓝色经济"的报道后发现,在提及"蓝色经济"时,两种媒体使用的词汇不尽相同,同一种媒体在不同的时期,甚至不同的报道使用的词也有所差别。

2009 年是建设山东半岛蓝色经济区工作全面展开的初始阶段,媒体给出的英语对应词汇相对来讲比较保守。

The authorities of Changdao, an island county set at the juncture of Bohai Bay and the Yellow Sea, have announced a major commitment to establishing a

---

① Venuti, Lawrence. The Translation Studies Reader[M]. London & New York: Routledge. 2004,541.

② 郭建中. 韦努蒂访谈录[J]. 中国翻译,2008(3).

③ http://baike. baidu. com/view/2785695. htm.

④ http://baike. baidu. com/view/125636. htm.

⑤ http://baike. baidu. com/view/154954. htm.

"blue marine economy" in the area. ①

Soon after his visit, "guidelines for building the Shandong Peninsula Marine Economic Zone" were released and the Shandong Party committee and provincial government held meetings to plan implementation of the strategy. ②

上面的两个例子都是在胡锦涛视察山东省之后不久出现在《中国日报》上面的。其中一个用"blue marine economy",另外一个用直接在提及"山东半岛蓝色经济区"时使用了"marine",而没有提到"blue"。这些报道避讳使用"blue",就算用,也很小心翼翼,避免单独使用"blue",这主要是中西两文化对颜色词"blue"的理解差异造成的。

在汉语中,蓝色象征海洋,也有宽广辽阔、洁净、开朗和美好之意。如"蓝天白云","蓝图"等③,而在英文中"blue"除了表示颜色以外,还有负面的含义,"忧郁的,愁闷的",比如"blue Monday"(倒霉的星期一)④,也可指"色情的,黄色的",比如"a blue movie"(色情片)等等。正因为两种文化对"blue"(蓝色)有不同的诠释,所以我们在外宣翻译中,一向采用了"归化"的翻译法,即"让作者靠近读者",避免让西方读者感觉到负面的含义。

但是持"归化"论者往往忽略了一个事实,那就是在西方文化中,"blue"也有"海洋"之意,因为可以让人联想到"海洋"。比如荷兰的国旗,旗面自上而下由红、白、蓝三种颜色组成,蓝色就代表海洋,象征人民的幸福;笔者不久前到葡萄牙殖民地的佛得角交流访问,见其国旗上也有大面积的蓝色,据当地人介绍,该蓝色代表的就是海洋和天空。

有意思的是,从近两年的媒体报道来看,《中国日报》以及《新华网》中采用的关于"蓝色经济"的翻译越来越"大胆"。

The Shandong Peninsula Blue Economic Zone inked at a promotional conference in Beijing a package of contacts that include 23 programs valued at 255 billion yuan (38.6 billion U. S. dollars). ⑤

But in modern times the oceans have taken on a different hue with a strong

---

① Chinadaily. com. Bohai Bay Gets Green Light for "Blue" Economy[OL]. (2009-07-23)[2012-11-26]. http://www. chinadaily. com. cncndy2009-07/23/content_8461815. htm.

② Chinadaily. com. Weihai Port Pivotal to Coastal Economic Zone[OL]. (2009-11-12)[2012-11-26]. http://www. chinadaily. com. cncndy2009-11/12/content_8954775. htm.

③ 蔡永贵. 颜色词翻译中的归化和异化[J]. 内江科技,2010(3).

④ 蔡永贵. 颜色词翻译中的归化和异化[J]. 内江科技,2010(3).

⑤ Xinhuanet. com. China Launches First Ocean Economic Zone to Boost Marine Economy[OL]. (2011-02-18)[2012-11-26]. http://news. xinhuanet. com/english2010/china/2011-02/18/c_13738980. htm.

blue (marine) economy holding the promise of steady and sustained economic growth. ①

China's "blue economy" development is picking up speed, driven by central government approval of maritime development zones in coastal regions, experts said. ②

可以看到，2009 年在提及"山东半岛蓝色经济区"时，尚只用"marine economic zone"来表示，到了 2011 年，《新华网》已经用"blue economic zone"来表示了。《中国日报》也是从"blue"和"marine"同时出现，过渡到用"marine"来补充说明"blue"，再到后来直接用"blue economy"表示"蓝色经济"。不能不说，这些措辞上的细微变化，体现的是两媒体对于翻译策略的转移，体现的是两媒体对于"中国因素"的取舍。

正如前文中提到的，随着中国迅速崛起，中国需要让西方世界听到"中国声音"，在外宣过程中，将"蓝色"在中文中的含义保留，是一种试图传达中国文化的翻译策略，我们了解西方文化中对"blue"的一些负面意义，但是同时，我们更希望在外宣材料中保留中国文化的因素，"蓝色经济区"的发展，可以说是中国新时期的一个新的发展特色，外宣过程中，有特色的事物要尽可能地保留文化因素，才能让西方人了解到原汁原味的中国特色以及中国文化。因而，新时期我们更推崇仅用"blue economy"来翻译"蓝色经济"，主张让外国读者靠近我们中国的文化。

同时，采用"异化"翻译策略，拒绝使用"marine""ocean""marine-related"等词语，拒绝用这些词来补充解释"blue"，根据韦努蒂的文化翻译观，也是对文化帝国主义的一种抵抗，抵抗英美文本对我国文本的侵略，塑造我国独特文化身份。

事实上，采用异化策略直接翻译具有民族特色的词汇，在我国的外宣工作中早已经有了成功的先例。"龙"的翻译就是一个典型的例子。"龙"是中华民族的精神象征，在普通老百姓心中，"龙"是吉祥、顺利的化身，而西方人一见到"dragon"，想到的却是恶魔。但是很多时候我们依旧使用"dragon"来表示"龙"，也并没有引起歧义。中国香港、新加坡、韩国和中国台湾在 20 世纪 60 年代到 80 年代经济飞速成长，被称为"亚洲四小龙"。除了"Four Asian Tigers"以外，

---

① Chinadaily. com. Blue Economy Gets a Lift〔OL〕. （2011-08-19）〔2012-11-26〕. http：// usa. chinadaily. com. cn/epaper/2011-08/19/content_13151332. htm.

② Chinadaily. com. China Accelerates "Blue Economy" Development〔OL〕. （2012-10-18）〔2012-11-27〕. www. chinadaily. com. cn/business/2012/10/18/content_15828561. htm.

国际上也已经普遍接受了"Four Asian Dragons"的称呼。另外,李安导演的电影《卧虎藏龙》英文名字就是"卧虎藏龙"的直译——"Crouching Tiger, Hidden Dragon"。《卧虎藏龙》是迄今为止唯一获得奥斯卡最佳外语片的华语片,也是迄今全球票房最高的华语片。这部电影的高票房以及最佳外语片的获奖,就是电影名英译成功为外国人所接受的有力证据。

更加令人欣慰的是,笔者发现的在澳大利亚新南威尔士大学堪培拉校区新增设的 Blue MBA① 的课程介绍,据该校的有关人员介绍,Blue MBA 就是针对蓝色经济及相关海洋学科的工商管理硕士课程。

五、结语

韦努蒂提出的"异化"翻译观,主张让"读者靠近作者",倡导原汁原味的译文,抵制英美文化的霸权主义,对于推动文化交流是非常具有积极意义的。基于近几年我国综合实力的提升以及主要外宣媒体的报道中"蓝色经济"的英译变化,在韦努蒂"异化"翻译思想的指导下,"蓝色经济"的翻译采用"blue economy"的译法,更能够彰显中国语言及文化特色,有助于蓝色经济建设的对外宣传。

随着中国在国际社会的可见度越来越高,世界人民也越来越渴望了解真实的中国,因而,新时期外宣翻译应该着重突出中国语言及文化特色,尽可能地为西方读者呈现真实的中国文本。"异化"的翻译方法给新时期的外宣翻译提供了新的视角,在我国外宣翻译中提倡"异化"翻译,是新时期的需要。

---

① 指蓝色工商管理学硕士。

后 记

　　全球化视野下创新人才培养是当前世界高等教育发展面临的一个重要课题。本书围绕着中国海洋大学国际化战略推进与创新人才培养实践收录了 40 多篇论文。这些论文既反映了大学国际合作与人才培养实践及其研究现状、取得的阶段性成果，也反映了我们是如何认识国际合作交流问题、如何面向挑战去推进国际化战略的实施。

　　收录的论文主要来源于两部分，一是向学院教师以及合作院校教师的约稿，二是海外专家在学校的报告。论文的内容包括综合研究、国际合作成效研究、国际合作平台建设、国际化人才培养实践、国际化课程建设、跨文化交流和域外体验、海外院校案例研究等。校内教师对境外合作交流的专题研究及其真知灼见，对大学国际化人才培养和科研合作推进起到了引领作用；海外专家学者在我校的报告、跨文化讲座、合作教学实践等面向广大教师和学生，开阔了师生的国际视野，推动了国际化人才培养实践探索。而大学开放办学所走过的路程和营造的氛围，也彰显着大学不断追求卓越的品质，形塑着大学的文化。

　　本书还收录了中国海洋大学原国际合作与交流处翻译室首席翻译邹卫宁教授的两篇有关翻译的论文，以飨读者，也以此纪念这位在我国同声传译领域取得令人瞩目的成就，并为学校国际合作交流做出不可磨灭贡献的学者和同事。

　　《淮南子·览冥训》有云："乞火不若取燧，寄汲不若凿井。"中国高等教育的发展，最终还是要扎根中国大地办大学；大学国际合作交流也只有不断探索适合自己的发展道路，才能真正收获丰收的喜悦。本书即将付梓之际，要感谢各位欣然接受约稿的老师，在假期里完成了撰写和修改；感谢各位莅临中国海洋大学做报告和讲座的专家，他们又对原来的报告文本进行了修改和补充；感谢国际合作与交流处的同事曲静老师整理了图片资料及说明，外国语学院徐德荣老师把关本书英文目录；感谢李华军院士在百忙中撰写序言以及对文集出版给予的鼓励和支持。期待本书的出版为我国高校一流大学建设和创新人才培养带来有益的启迪。

宋文红

2018 年 3 月